Ludovica Squirru Dari

Horóscopo chino
2019

KEPLER

Argentina - Chile - Colombia - España
Estados Unidos - México - Perú - Uruguay

1.ª edición Noviembre 2018

EDICIÓN
Francisco Gorostiaga

PRODUCCIÓN GENERAL E IDEAS
L. S. D.

COORDINACIÓN EDITORIAL Y CORRECCIÓN
Marisa Corgatelli

DISEÑO Y SUPERVISIÓN DE ARTE
Natalia Marano

FOTOS TAPA, CONTRATAPA, INTERIOR Y PÓSTER CALENDARIO
Claudio Herdener - gatophoto@gmail.com
gatophoto.blogspot.com

RETOQUE DIGITAL
Alejandro Calderone - accphoto@gmail.com

ILUSTRACIONES DE INTERIOR
Marina Fages - fagesguyot@gmail.com

VESTUARIO
Claudia Pandolfo - claudiapandolfo@gmail.com
Portofem
Sedas pintadas por la artista plástica Andrea Arcuri
andreaarcuri@gmail.com

PEINADO Y MAQUILLAJE
Gabriel Oyhanarte - gabrieloyhanarte@gmail.com

BIJOU
Mai Cassal

COLABORACIONES ESPECIALES
Miguel Grinberg - mutantia@gmail.com
Cristina Alvarado Engfui - islacentral@yahoo.com
Ana Isabel Veny Llabres - zonaatomica@gmail.com
Hoby De Fino - Entrevistas - @hobydefino

COLABORACIONES
Fernando Demaría

AGRADECIMIENTOS
Gaba Robin - gabarobin@yahoo.com.ar
María Urtasun - urtasunmaria@hotmail.com
Granja Educativa Don Mario
Fco. Narciso Laprida 1850, Mtro. Rivadavia - Burzaco
Fundación Espiritual de la Argentina
http://www.ludovicasquirru.com.ar/html/fundacion.htm

DIRECCIÓN DE INTERNET
www.ludovicasquirru.com.ar

CORREO ELECTRÓNICO
lulisquirru@ludovicasquirru.com.ar

Reservados todos los derechos. Queda rigurosamente prohibida, sin la autorización escrita de los titulares del *copyright*, bajo las sanciones establecidas en las leyes, la reproducción parcial o total de esta obra por cualquier medio o procedimiento, incluidos la reprografía y el tratamiento informático, así como la distribución de ejemplares mediante alquiler o préstamo público.

© 2018 by Ediciones Urano, S.A.U.
Plaza de los Reyes Magos 8, piso 1.º C y D – 28007 Madrid
www.edicioneskepler.com

ISBN: 978-84-16344-34-5
E-ISBN: 978-84-17312-99-2
Depósito legal: B-23.149-2018

Fotocomposición: Ediciones Urano, S.A.U.

Impreso por: REINBOOK Serveis gràfics, S.L. – Passeig Sanllehy, 23 – 08213 Polinyà

Impreso en España – *Printed in Spain*

Dedicatoria

A Dalái Lama

A los Cerdos de Tierra,
que llegan a su Tai Sui,
año celestial
Cecilia Herrera
Juanjo Campanella
Henry Peruzzoti
Catman, Claudio Herdener

A los Cerdos de Metal
Natalia Marano
Joaquín Sabate, jr
Ludovico Mori
Javier de Pontevedra
Doña Ignacia Merino
Eduardo Fantino
Martín Scioli
Diego Curatela

A los Cerdos de Fuego
Fernando Romero
Lucía Romero
Elio Marchi
Simón Jacovella
Miki Quesada
Camilo y Lola
Jorge Hermida
Diana Boudourian
Clara López Gordillo

A los Cerdos de Agua
Padre, Eduardo Squirru
Domingo Grande
Pepita Celada

A los Cerdos de Madera
Elvira Domínguez
Guadalupe Vilar
Vicky Bardi

Y a los que me hicieron pasar una buena temporada en el chiquero.

L. S. D.

Índice

Prólogo porcino 11
Introducción a la Astrología china,
por Cristina Alvarado Engfui 35
Signos mixtos 41

Astrología poética

Rata 44
Búfalo 60
Tigre 76
Conejo 94
Dragón 110
Serpiente 128
Caballo 144
Cabra 160
Mono 174
Gallo 190
Perro 204
Cerdo 220

Fundar es decirle «sí» al universo,
por Miguel Grinberg 240
El I ching en imágenes, *por Fernando Demaría* 256

Predicciones mundiales 2019
para el año del Cerdo de Tierra 260
Predicción general para el año del Cerdo
de Tierra 2018/4717 269

Predicciones para la Argentina basadas
en la intuición y el I CHING 285
Los astros y sus influencias en 2019
para Latinoamérica, Estados Unidos de América,
y España *por Ana Isabel Veny Llabres*.................... 292

PREDICCIONES PREVENTIVAS
Rata 315
Búfalo 325
Tigre 335
Conejo 345
Dragón 355
Serpiente 365
Caballo 375
Cabra 385
Mono 394
Gallo 404
Perro 415
Cerdo 424

Tabla de los años lunares exactos 435
Tabla Ki 9 estrellas 438

Un viaje por los años del Cerdo 441

Bibliografía 445

Prólogo porcino

Equinoccio de otoño.

Sutil movimiento del espíritu para contarles, querido zoo, mis últimos viajes en universos paralelos, un domingo de tenue lluvia en el DOYO, entre el final del verano y el otoño.

Aterricé en Feng Shui, mi casa en Traslasierra, con un bagaje de experiencias cromáticas, hiperrealistas, extrasensoriales, revitalizadoras, de alta maestría en el CRONOS-KAIROS, tiempo del calendario gregoriano y del TZOLKIN, y de los calendarios que perdimos por estar atrapados en la ilusión materialista.

Afortunada en cada elección consciente de METANOIA[1] (cambio de rumbo) entre el purificador gallo de fuego que no dejó ningún rincón del inconsciente colectivo sin picotear, investigar, iluminar y la disolución de relaciones ambiguas, de lastre, adheridas a células que fueron renovándose en cada luna nueva, en los eclipses que nos visitaron: solares, lunares, en la *blue moon* de sangre de finales de enero y sus consecuencias en los planos invisibles, que son la usina de las acciones que nos moldean el KUNDALINI.

Afirmo que escribir lo que experimento me ordena, me sana, poda las lianas en las que me columpio en *el planeta de los simios* inhalando y exhalando prana.

Volver a SAN LORENZO, lugar sagrado en el corazón de Catman y LSD, es una fiesta. Los diez años de la Feria del Libro y los logros de NANCY VILALTA y su equipo de mujeres llenas de vitalidad fueron un empujón para transmutar agosto, mes que trae siempre «un mar revuelto emocional».

El desensillar en el cuarto preferido en el segundo piso del HOTEL HORIZONTE con panorámica al Paraná y sus perfumes de azahar y río, resucitaron mi invierno interior y masajearon mi corazón vagabundo.

Estuvimos en la inauguración de la Feria del Libro en la calle, una mañana inundada de sol que unió al pueblo, al intendente, a los delegados de España, para anunciar que SAN LORENZO es «TERRITORIO LITERARIO» y base cultural de la provincia de SANTA FE.

Es un deleite para LSD, y supongo que para cualquier escritor, conocer a otros del mundo, con su riqueza poética, filosófica, social y cultural.

---

1. Metanoia (del griego μετανοῖεν, *metanoien*, cambiar de opinión, arrepentirse, o de *meta*, más allá y *nous*, de la mente) es un enunciado retórico utilizado para retractarse de alguna afirmación realizada, y corregirla para comentarla de mejor manera.

Y así fue en esos días, en los que convivimos con hermanos de Brasil, Perú, Ecuador, Paraguay, México y España.

Asistir a las bulliciosas cenas en el club de la proporcionada ciudad, con sobredosis de adrenalina para compartir experiencias, admiración o simplemente dialogar con escritores repletos de ego siempre es divertido y un espejo donde intento reflejarme.

SAN LORENZO es lo que dejaron San Martín y su ejército gaucho: una base cordial de lazos nacionales y universales que sus habitantes han logrado cultivar en más de dos siglos.

El Paraná se ensancha con su flora y su fauna entremezcladas, brindando un aire reconfortante; caminar por su orilla es un mantra, una gran oportunidad para sacudir el *spam* diario y ancestral, para recuperar la capacidad de asombro, la fe y la tolerancia.

Presenté el libro del año del gallo el 6 de septiembre de 2017 en el teatro Aldo Braga, con una fiel concurrencia del zoo, y celebré retornar a una ciudad que está presente todo el año en mi memoria selectiva.

Bus ida y vuelta desde Capital a Rosario, deseando fertilizar aún más los campos de la pampa[2] húmeda con la esperanza de que den sus frutos a pesar de la inclemencia del cambio climático.

La primera gripe del año se incubó entre San Lorenzo y Buenos Aires. Caí en mi cama porteña como una piedra del plegamiento caledónico.[3]

OMOMOM. De nuevo la familia, mi hermana yegüita en un SOS.

Tenía que organizar mi sistema inmunológico y levantar mis defensas para no caer definitivamente en «algo conocido»; necesitaba rehacerme con lo aprendido en diez años de constelaciones familiares.

Con fiebre me levanté el 9 de septiembre para presentar en el CCK a MIGUEL GRINBERG y su maravilloso libro: *Las ochenta preguntas*, que sus amigos, músicos, periodistas y personas del mundo del arte le hicimos al gran MIKEGREEN, que estrenó –muy a su pesar– la década de los 80.

Noche mágica en la CÚPULA AZUL.

Té, miel, limón, jengibre.

Dormir, soñar.

La gripe es una oportunidad para hacer MUTIS y olvidarnos del mundo.

---

2. Llanura de gran extensión sin vegetación arbórea.
3. El plegamiento caledoniano: un conjunto de movimientos tectónicos ocurridos hace aproximadamente 330 millones de años. Fruto de este plegamiento orogénico surgió la cadena caledoniana, de la que se conservan vestigios en Escocia, península Escandinava, Canadá, Brasil, Norte de Asia y Australia.

Un viaje a Viedma, invitación del Concejo Deliberante para cacarear más predicciones, junto a una Expo sobre el árbol a cargo de Catman, con fotos, y nuestro anfitrión Juan Carlos Marchessi, artista plástico local, que se desvivió para que LSD estuviera felizmente atendida y mimada en la ya querida Viedma y, enfrente, Carmen de Patagones.

Catman se hizo la rata[4] y partió al paraíso serrano a seguir con las actividades de hombre orquesta.[5]

La suave velada se desarrolló con una asistencia perfecta entre ambas ciudades y alrededores.

El intendente, los concejales, sus mujeres, hijas y amigos pudimos intercambiar nuestras visiones del país y del mundo en un clima de gran cordialidad y cariño.

CECILIA LEIVA, gran anfitriona, y su colmena de abejas amigas dieron cariño y apoyo a la estancia que compartí con MARCELA y RODOLFO, que pasaron días adorables en Carmen de Patagones caminando, viendo atardeceres y degustando la pizza en lo de DANILO.

Amo el olor del río Curru Leuvu o Negro, el viento que me despeina cuando sopla fuerte, el aroma de flores que viven en sus orillas y embriagan a cualquier mortal en el preámbulo de la primavera.

Viedma y su gente amable, dulce, de sonrisas abiertas, miradas serenas y buen humor.

Le debo al querido PAULO CAMPANO, caballo fogoso, su invitación hace unos años a su librería DON QUIJOTE para conocer este punto clave de belleza geográfica y estratégica del país, donde el presidente ALFONSÍN soñó trasladar la capital del país, hace treinta años.

Dejé el corazón al viento en Viedma y muchas venas y arterias abiertas con su gente para reencontrarnos en la Fundación Espiritual de la Argentina.

Un domingo traslúcido y sereno remonté el cielo azul turquesa en un vuelo a Buenos Aires, sabiendo que me esperaba un tiempo sin tiempo en la árida constelación familiar que no da tregua a mi vida de empleada del cosmos.

El mes y medio de primavera lo dediqué a reencontrarme con mi ADN, y la atención *full time* de la salud de Margarita, a quien por suerte rescatamos a tiempo de su excaballeriza hacia el Hospital Fernández.

---
4. En Argentina se dice así cuando no se asiste a un lugar. Se usa especialmente cuando los chicos faltan a la escuela sin conocimiento de los padres.
5. Un hombre orquesta es un músico que toca varios instrumentos musicales al mismo tiempo usando sus manos, pies, miembros y varios aparatos mecánicos.

Ángeles me auxiliaron para asistirla: YISSA, ADRIANA, SILVIA, y dieron lo que son y tienen en los planos materiales y espirituales.

Y en estéreo les digo: ¡GRACIASSSSS, AMIGAS DEL TAO!

Quedé felizmente fulminada; desobedecí a Hellinger y su forma de dar ayuda, y me llevé todas las materias a marzo nuevamente.

Mientras encarnaba el *dogbook*, intenté hacer «alineación y balanceo»[6] y recolocarme para la nueva etapa de lanzamiento del libro y gira de casi cuatro meses, NON STOP.

La presentación en la Usina del Arte[7], el lunes 13 de noviembre a las siete del difuminado y ventoso atardecer porteño fue una celebración histórica.

Este templo de dimensiones siderales fue el lugar elegido.

Mil quinientas personas llegaron a la cita.

SEBASTIÁN y el zoo de Villa Luigi trajeron a DONNA, la «star» perra de la raza de mastines napolitanos que LINO, mi perro amigo, nos brindó para la producción canina.

Acompañada por los mágicos Juan y Gabriel, de prensa de Urano, y mis custodios Claudia, Gabriel, Catman, salí a saludar en la calle empedrada a fanes y amigos.

Me acompañaron el coro de la CRISTOFORO COLOMBO a través de PEDRO AMSON, amigo y productor de la idea de ladrar afinadamente en la apertura unos *blues*, *spirituals*, y algunos acordes de Piazzolla que silenciaron al bullicioso zoo que estaba en el anfiteatro, dispuesto a pasar una tarde de alto voltaje.

Mi entrañable GIPSY BONAFINA hechizó con su voz y humor al zoo, y junto a otro gran amigo y artista con quien vivimos en Traslasierra, Andrea Prodan y su Roma Pagana, dieron magia después de la charla que ofrecí presentando el libro canino y sumando en el escenario a Miguel y Flavia Grinberg con su capítulo sobre la pareja fundacional.

¡¡¡QUÉ NOCHE!!! Firmé libros hasta quedar manca, se acercaron amigos, gente de otras vidas, espíritus sedientos de prana, y supe que sería un libro especial, amoroso, tierno, delicado para los lectores que me acompañan desde hace treinta y cinco años.

Con el empujón de una noche en la que nadie quería volver a la caseta, fuimos los íntimos al bodegón El Obrero y compartimos el *backstage* de un lanzamiento canino con buenos presagios.

UN DÍA EN *OFF*.

---

6. Término proveniente de la mecánica automotriz. La autora hace referencia a hacer los ajustes necesarios para tener un buen andar.
7. La Usina del Arte es un centro cultural que ocupa el edificio de la vieja Usina Don Pedro de Mendoza, en el barrio de La Boca, Ciudad de Buenos Aires.

15 de noviembre. Fecha inolvidable por la desaparición del ARA San Juan. Y como conjuro en el aire también un vuelo infernal junto a Claudia y Alejandro Caderone. Destino: Miami. Allí debutaría en la Feria del Libro por primera vez, haciendo prensa en los días previos.

Nadie nos esperaba en Miami; malos datos al salir del gigante aeropuerto y decidimos tomar *yellow taxi* rumbo al hotel que quedaba *downtown*; zona que está creciendo cerca de teatros y estadios, donde es posible ver a LADY GAGA o a LUIS MIGUEL, si se cruzan los astros.

Al fin, un cuarto con terraza y vistas al puerto y un buen desayuno para resucitar después de una noche eterna de turbulencias.

Cuando viajo más de diez horas o a otro hemisferio, pido no tener prensa, entrevistas y descansar del *jet-lag* y de la mochila emocional del todavía pulverizador año del gallo de fuego.

La tecnología que tenía en mi cuarto me excedía. Teléfono sin botón digital, que podía recibir y enviar mails, hablar sin marcar ningún dígito... Por eso, quienes me llamaron esa mañana no me encontraron; pues hasta que me fui, una semana después, nunca me entendí con los nuevos amos del destino del viajero.

GRACIAS, URANO-KEPLER, pues mi *loft* tenía una vista en la que el sol salía desde el mar directo a mi cara, iluminándome y prediciendo al estilo estadounidense «Have a nice day».

Al día siguiente, NITSY, la encargada de prensa cubana, me citó en radio Caracol, donde tuve una entrevista muy grata y distendida.

Como recompensa me invitaron a un almuerzo tardío junto a su marido y a José, el chófer que estaba un poco distraído soñando con pescar sirenas en alta mar. Deliciosa comida cubana, que recordaba el mágico país y a su valiosa gente.

Nos pusimos al día sobre temas del año sin vernos, y acerca de las entrevistas y reportajes que haría, la mayoría de medios muy importantes de Miami, y de sus presentadores.

Madrugón con vista a la bahía, desayuno con frutas y zumos del Caribe y partir a la radio donde RAÚL GONZÁLEZ, venezolano muy querido y popular, y su producción me recibieron como «en casa».

Me explayé sobre predicciones mundiales y de su devastado país en este tiempo SIN PRECEDENTES.

De allí a Telemundo, con mi adorado MARIO VANUCCI, el astrólogo mexicano, caballo de fuego apasionado y equilibrado. Allí me sorprendieron con un *set* del año del perro que ni Bertolucci en *El último emperador* hubiera soñado.

Le pedí a Mario que me presentara en la Feria del Libro, y aceptó relinchando.

Tuve el honor de que el Consulado Argentino en Miami me invitara a un almuerzo junto a otros escritores, y tanto el embajador MARCELO MARTÍN GIUSTO como el cónsul y los agregados culturales fueron muy abiertos a ideas y propuestas. Brindaron un ágape delicioso y, desde un apartamento más cerca del cielo que de la isla donde está insertado, se mostraron muy interesados en la difusión de LSD y sus predicciones orientales.

Con Claudia y Alejandro matizábamos en los desayunos, almuerzos y alguna salida nocturna.

El domingo 19 de noviembre amanecí con tal solazo en mi cara que tuve que correr las cortinas para no sufrir una insolación antes de la presentación que era a las 11 de la mañana.

Dudé de que fuera alguien: era un día perfecto de playa en Miami, esos que se extienden hasta que sale el lucero.

Claudia, con su sonrisa que contagia al más triste de los mortales, apareció en mi cuarto para maquillarme y dar su opinión sobre el *look*.

Alejandro se sumó, en gran compromiso de reemplazar a Catman en su seguimiento de *blow up* y acompañarnos en el debut en la primera feria bilingüe a la que fui invitada gracias a LUCÍA, MARIELA y NITSY, mujeres visionarias y talentosas que conducen el hilo del *bestseller* de LSD en USA.

Llegamos un domingo alegre y con un público que caminaba entre *stands*, libros, escritores, conferencistas y las aulas de la Universidad de Miami, donde estudia la mayoría del crisol de razas del mundo esperando lograr el «american dream».

Me «instalé», lo cual significa que inhalé y exhalé y preparé mis siete cuerpos. Luego, con los asistentes puntuales, entre ellos el embajador y su equipo, después de gratas presentaciones di mi visión sobre el mundo y el país a través de la astrología china en menos de veinte minutos

Todo fluyó, se engarzó, llegó a la audiencia que asistió interesada en conocer a la autora argentina *bestseller* del fin del mundo.

Firmé libros, saludé a los amigos que viven en Miami: ALFI, JUAN, PABLO, mi querida serpiente charrúa de GRAZIANO, que me llevó bombones de regalo, y fue tan *easy going* el parto que tenía ganas de hacerlo otra vez.

La queridísima MARIELA nos invitó a almorzar a Brickell junto a su marido y amigos y nos empachamos de cuentos, cultura, amigos y buena energía. Una tarde suave y con el sol tiñendo de dorado el barrio más vibrante de Miami... y a dormir.

Dos días más en esta región del planeta que ya es la meca de multitudes, visitar a ESTEBAN en su nueva caseta, cenar con MÓNICA PRANDI, generosa amiga de mis partos personales y profesionales y decir: GRACIAS A LA VIDA.

Regresar a Córdoba, vía Santiago de Chile, en un vuelo apacible y de recompensa por el del nefasto 15 de noviembre. Ya la desaparición del ARA San Juan era tema mundial.

Nos despedimos en el aeropuerto de Santiago de los amigos; ellos a Buenos Aires, LSD a Córdoba, a recibir el premio CORAZÓN DE LA MODA, que me daba el reconocido diseñador NÉSTOR MORO.

Tenía ganas de volver a Feng Shui, donde Catman había quedado a cargo de instalar una piscina que sería parte del *boom* de la temporada y donde la pasó muy mal, pues estas misiones que le encarga LSD cuando no me acompaña de gira le producen estrés, mal humor y pase de facturas. OMOMOM.

Noviembre ardiente en Traslasierra, reencuentro con cortocircuito, hasta felicitarlo por lo bien que quedó «Esther Williams», nombre con el que bautizamos a la nueva piscina, que fue disfrutada por el zoo que pasó por nuestra pacha[8] en el agobiante verano del Cono Sur.

Y desde allí a REFUNDARNOS.

La fecha –desde hace quince años– es el 4 de diciembre, pero atravesamos una experiencia de gran aprendizaje. Debido a que el 3 de diciembre de 2017 caía en domingo, convocamos a la creciente población esa tarde para llegar a la medianoche del 4 de diciembre juntos y celebrar otro aniversario.

El diluvio que comenzó al mediodía y finalizó cerca de las 4 de la tarde produjo un malestar grupal entre fundanautas[9] y LSD que concluyó cuando pasamos la celebración para el 4 de diciembre, la fecha en la que se llevó a cabo desde el inicio.

El sol salió más brillante que en otros aniversarios, y un cielo despejado nos insultaba: ¡¡¡NO CONFIARON EN MÍ!!!

Desilusión, frustración, carreras hacia el campo, cuando mucha gente había asistido como a misa. NUNCA MÁS.

HASTA EL PRÓXIMO BIG-BANG LO HAREMOS EL 4 DE DICIEMBRE, QUERIDO ZOO.

El 4 de diciembre amaneció nublado y con posible amenaza de lluvia;

---
8. De Pachamama, Madre Tierra.
9. Término creado por la autora para hacer referencia a las personas que desean refundar espiritualmente su país de residencia (Argentina).

pero Miguel, Flavia, Guillermo, Catman, Silvia Grillo y yo estábamos dispuestos a refundarnos en Ojo de Agua «caiga quien caiga».

Tuvimos el apoyo de ELBIO y de los amigos de la Feria de las Rosas, que desplegaron en armonía y silencio sus puestos artesanales, junto a la pareja fundacional de MARIO y LUNA, médiums de la TRIAC, y mis ahijados, LOS HUESOS DUROS DE ROER; un recital digno de una sinfonía de Mozart.

El mensaje se asentó como un buen vino añejo con el esfuerzo de las inclemencias del tiempo y el espacio. Compartimos nuestra larga mesa con los amigos que nos apoyan en la idea de buscar nuevos caminos en esta etapa de transición en el planeta y en el universo.

La semana continuó con seminarios de meditación dinámica, medicina núbica, constelaciones familiares, eneagrama[10] e I CHING.

La escuela Manuel Belgrano, a través de PATRICIA, su directora, nos abrió las aulas para dar algunos seminarios.

MUCHAS SEMILLAS EN TIERRA FÉRTIL GERMINANDO...

Regreso a Buenos Aires, breve escala hacia el clásico diciembre en Montevideo.

Retornar a una ciudad que quiero y me quiere; con medios gráficos, radiofónicos y televisivos conocidos que crecen cada año.

Visitar a los amigos del alma, CECILIA, ANABELLA, compartir el cariño del personal del hotel RADISSON, su generoso gerente HORACIO, junto a INÉS y ALEJANDRA, siempre atentas a mejorar la gira; otro premio de oro al libro extranjero más vendido del Uruguay.

El 20 de diciembre en el preámbulo del solsticio de verano presentamos el libro junto a ANA ISABEL VENY, astróloga uruguaya que escribe hace años las predicciones de Latinoamérica con gran certeza.

Al día siguiente tenía una entrevista en un programa muy visto en Uruguay al que me pidieron que asistiera.

Cuando llegué al vestíbulo del canal, sentado, esperando la entrevista había un sacerdote... o eso pensé al verlo.

–¿De dónde eres? –me preguntó.

–Del cosmos –le respondí, y siguió naturalmente el diálogo distendido y muy amable.

INÉS SCORZA estaba sobreexcitada ante esta situación, y cuando el entrevistado se encaminó hacia el estudio nos dijo:

–¡¡Es el cardenal Daniel Sturla!!

---

10. El Eneagrama de la Personalidad, comúnmente conocido como Eneagrama es una mapa de la personalidad, una tipología útil como camino de autoconocimiento y por tanto de crecimiento personal.

Catman y yo no teníamos la dimensión del hombre que me antecedió en el reportaje.

El 23 partimos al ARGENTINO HOTEL, donde la alegría de su gente estallaba en partículas de luz, emoción, anticipados fuegos artificiales, pues en esos días se confirmó la esperada licitación del hotel por los próximos 30 años, a quienes lo mantuvieron, cuidaron, preservaron brindando a sus huéspedes merecidos descansos y estancias inolvidables para transitar duros años en nuestros convulsionados países.

Con su habitual perfil bajo, RENÉE Y JUANJO MÉNDEZ REQUENA pasaron junto a sus huéspedes una Navidad plena de esperanza y frutos compartidos en comunidad con sus empleados, que son joyas dignas del sueño de PIRIA.

Unos días de caminatas en el mar, el clásico baño que me doy para sacar el *spam* 2017 y reencontrarnos con Catman en diálogos y partidos de canasta, mirando la rambla al atardecer.

INESPERADO FIN DE AÑO EN BUENOS AIRES.

Hacía mucho que no estaba allí, pero el deber familiar me brindó un trago amargo.

Pasé la medianoche rumbo al estreno de 2018 mirando un documental de Carl Sagan y sintiendo la soledad urbana, silenciosa y muda del 1 de enero en Buenos Aires.

El 3 de enero emprendimos la gira patagónica con Catman.

Nuestro GPS era ir juntos hasta TIERRA DEL FUEGO, MADRYN y PIRÁMIDES, luego él retornaría al reino serrano y yo realizaría el resto de la gira estival y marítima por la costa atlántica.

El debut hacia USHUAIA desde aeroparque nos golpeó con las multitudes que salían como hormigas a tomar el merecido descanso del demoledor año del gallo que aún transitábamos.

OMOMOM, MANTRAS, POSICIÓN VERTICAL SIN AFLOJAR hasta subir al avión, que nos demoró una hora más porque reponían combustible con los pasajeros dentro.

Esas cuatro horas y media entre el cielo pampeano y el que cambia abruptamente cuando se mezcla con el mar y provoca fuertes turbulencias fue otra prueba con Catman en el ansiado retorno a USHUAIA.

Volver siempre me reconforta al fin o al inicio del mundo, según quién cuente la historia en estas latitudes, donde las huellas del bien o del mal solo son vistas por las inclemencias del clima y de corazones que se endurecieron como piedras neolíticas en cada etapa de su existencia.

Estar allí aporta toneladas de aprendizaje, amigos nuevos, experiencias y la gratísima estancia en el hotel Las Hayas, cada temporada más placentero.

Catman estaba destemplado; le costó varios días aclimatarse al frío del Sur, que osciló entre 3 y 8 grados; y casi siempre con cielos cargados de nubes bíblicas, cambios de luz dignos de Turner, Dalí, El Bosco, Xul Solar, Rembrandt, en fin, de los que soñaron esta paleta con ubicuidad.

JEFFREY, el querido amigo conejo, nos recibió junto a AGUSTINA, la chica de la BOUTIQUE DEL LIBRO, con quienes tuvimos empatía y trabajamos con la prensa al día siguiente en total armonía.

El 5 de enero, la gran cita en el teatro Niní Marshall, colmado de un público atento y silencioso que participó en el evento con compenetración, atención y entusiasmo.

Me presentó MANUEL VALDIVIA, el perro amigo que conocí el año anterior y con quien sintonizamos INSTANT KARMA.

El impacto de la desaparición del ARA San Juan saliendo del puerto de Ushuaia al más allá socava mi corazón y anima mi deseo de buscar respuestas «en vivo y en directo» entre la población del lugar.

Y, querido zoo, en cada sitio donde recalé hice la misma ceremonia de preguntar al I CHING, a través de un participante, sobre el destino de sus 44 tripulantes.

La carta que salió fue «El Retorno». Hexagrama número 24 del I CHING.

Un silencio desde el fondo del mar inundó la sala.

Y desde una butaca, en la penumbra, una mujer preguntó:

–¿Y qué pasó con Santiago Maldonado?

–Suba y saque una carta del I CHING –le propuse.

Efectivamente, la descendiente de Manuel Belgrano, como se autoproclamó, revoloteó por el escenario y sacó la carta número 2 "Lo Receptivo", carta relacionada con la mujer en el sentido holístico, para seguir meditando en Santiago, chivo expiatorio, descuartizado políticamente en otra vergüenza nacional.

NOCHE EMOTIVA Y DE GRAN COMUNIÓN CON EL ZOO FUEGUINO.

Al día siguiente, Manuel nos invitaba a un paseo por los confines de Ushuaia, con sus parques dignos de *El señor de los anillos*, una panorámica del canal de Beagle diferente, y una visita a un templo sagrado, dentro de un bosque de ensueño, donde me sumergí en una meditación dinámica mientras intercambiamos unos mates «de otra galaxia» y escuchamos poesía SUFÍ.

Otro lugar secreto y sagrado al que fuimos conducidos por el perro cancerbero del templo, Manuel, que brindó su hospitalidad con gran entrega y devoción.

Él enraizó en Tierra del Fuego por destino, amor y trabajo, eligiendo el místico territorio compartido con AMELIA, su gallita atleta que supo conquistar a MANUEL con desafíos dignos de las Olimpíadas.

Crearon un hogar cálido y colorido allí, con esa extraña y eterna noche de enero en la que nunca oscurece, y donde quedan los reflejos del sol austral tiñendo confesiones y secretos entre ceviche, paellas y postres del mejor restaurante peruano del mundo.

Nos llevaron al hotel y nos despedimos «hasta siempre», entrañables amigos del inicio del mapamundi.

Después de caer como piedras en esos colchones mullidos, soñar con piratas, bucaneros y nibelungos, nos esperaba, en el día previo a la partida, un gran regalo de EUGENIA, dueña de las sucursales de la Boutique del Libro: un *tour* privado en el «tren del fin del mundo», y una visita al Parque Nacional de Tierra del Fuego con un simpático guía rata de madera en el horóscopo chino.

Disfruté este trenecito tan pintoresco a partir de la estación muy bien diseñada con un vestíbulo plagado de fotos en blanco y negro desde las cuales nos miraban antiguos pobladores yamanes y onas junto a los colonizadores de remotas épocas.

Conmocionante la historia de la cárcel y sus presos que construyeron, en condiciones inhumanas, las vías de tramo angosto por las que se transportaba leña talada del actual cementerio de árboles que se ve desde el amoroso trenecito.

Cruces en medio de un paisaje de elfos, enanos y hadas, lleno de misterio y con sorprendentes cascadas y ríos que corren paralelos al trayecto. La mañana seminublada tenía una luz para templar alma y memoria, transportarnos hacia otras esferas para imaginar cómo habrá sido la vida allí hace dos siglos.

Duele ver árboles, entre ellos lengas, como esqueletos sin enterrar, testigos de cada visitante, viajero o extranjero que se aventure en el trenecito, hoy más parecido a los europeos que a los nacionales.

Catman sacaba fotos, estaba en su propio viaje; nos amábamos en silencio.

Al llegar nos esperaba el amable guía, que nos enseñó con pasión el Parque Nacional de Tierra del Fuego, su flora y fauna, antes de llegar a LA PATAIA y recorrer los caminos de madera que no existían cuando fui hace treinta años.

ALLÍ SE SIENTE LA SEPARATIVIDAD CÓSMICA.
Que es intransferible.

GRACIAS, BOUTIQUE DEL LIBRO Y KEPLER, por este *bonus track* del libro, que es mi aliado en viajes y secretos, y me abre portales únicos para que siga inspirándome en el caudal que aún tengo para brindarles.

En esta estancia, tanto ANGIE como AGUSTINA me impregnaron de fragancias de Just, algo que perdura aún *under my skin*.

Invitamos a JEFFREY al ALMACÉN DE RAMOS GENERALES DE USHUAIA antes de ir al aeropuerto rumbo a Madryn y la ternura que existe entre nosotros nos templó el alma con un «gracias totales».

Vuelo apacible, viendo desde el avión el contraste de las dunas con el desierto patagónico antes de aterrizar en Trelew.

Hacía 36 grados centígrados en plena siesta, y el aire quemó mi respiración al bajar del avión.

Allí nos recibió PABLO, el querido amigo y librero de LA BOUTIQUE DEL LIBRO, y nos montó en un coche con aire rumbo a Madryn.

BETO, el multifacético hombre nacido en Pirámides, nos deleitó con la historia de su abuelo, y matizó con sus riesgos de bombero voluntario.

Demostró algo que me taladra el *cuore* en cada lugar que visito: el amor por su tierra, fauna y flora, y su afán por contagiarlo.

EZEQUIEL nos esperaba en el hotel TERRITORIO, obra de arte de la zona, y fue muy grato reencontrarlo.

Organizamos todo para la presentación en el teatro cine de Madryn para el día siguiente.

Madryn es otra plaza donde me esperan con admiración, cariño y mucha atención.

Reencuentro con el conejo de metal dueño del teatro, y mucho cariño para darme aire a través de ventiladores por doquier.

Un público muy receptivo colmó la sala, y seguí consultando el I CHING con la pregunta sobre la desaparición del ARA San Juan.

Salió la carta 45 «La Reunión, La Recolección».

Más información para seguir buceando en el lecho marino.

Un día en *off*, a veces el cuerpo necesita bajar el telón y soñar con ser una sirena en ese océano lleno de enigmas.

Entre La Pataia –con su jornada de excursión en el extremo de la isla– y Madryn había tenido una incipiente gripe, que estalló durante el descanso. Como sabía que al día siguiente partíamos hacia Pirámides, me dediqué a tomar más té con miel del que bebí en el último lustro.

Y con la alegría de compartir este viaje a la Península de Valdés con Catman, que no conocía el lugar, nos entregamos a pasarlo «chévere» con los queridos hermanos PABLO y EZEQUIEL, que nos llevaron haciendo una vez más de guías de turismo.

¡¡QUÉ AMOR SIENTO POR PIRÁMIDES Y SU GENTE!!
Catman se dejaba sorprender por todo lo que lo rodeaba.

Y mi corazón vagabundo buscaba esa panorámica que anuncia una vista de la querida Pirámides, para posar con la bandera argentina en esta cita impostergable.

Bajamos por la pendiente hasta llegar al pueblo, y recordarlo con los sentidos paso a paso. Llegamos al hotel que nos designaron, en el otro extremo respecto del que estuvimos el año anterior, y fuimos recibidos por PITU con gran calidez.

Mi gripe empeoró, y necesité urgente «la soportable levedad del ser» en una cama con vista panorámica al mar y las dunas.

Pasé la tarde medio zombi, sabiendo que al día siguiente debía presentarme en LA CASA DE LA CULTURA, ante la gente más amorosa del lugar y los turistas que siempre asisten a mis conferencias.

El día amaneció bien, pero por la tarde se levantó un viento frío que me obligó a quedarme dentro de la simpática oficina de turismo muy mimada por RITA y sus amigas, y con la presencia de JAVIER ROLDÁN, el amable intendente del lugar.

Catman se aventuró por la costa de los riscos y piedras para capturar imágenes del mar, sus visitantes y el cielo fundido en un dorado azulado que tiñó el atardecer.

Fue muy emotivo el encuentro, la gente asistió con sus perros, rumbo al año del signo y se sentaron cómodos en sillas, o en el suelo, sobre esterillas.

Después fuimos a reponer combustible de proteínas al mismo restaurante que visitamos con Claudia el año anterior.

PITU me esperaba con el brebaje que tomé durante tres días, y me curó definitivamente: té, miel, dos cabezas de ajo molidas, que estaba buenísimo.

Dormí como una ninfa y amanecí mejor.

Pudimos caminar por el pueblo, estar al aire libre, conocer nuevos lugares y descansar.

Días de sol y aire muy agradables nos regaló Pirámides, y el mejor de los tesoros: tomar contacto con ROBERTO BUBAS, el guardabosques mítico del lugar, inmortalizado en la película *El faro de las orcas*, con quien intercambiamos mensajes y libros, y representa al perro este año en el libro.

Otra carta por el ARA San Juan en Pirámides: la número 4, «La Necedad Juvenil».

Al día siguiente una camioneta bien lustrada nos llevó hasta el aeropuerto de Trelew para regresar a Buenos Aires por dos días. Atraso de tres horas... OMOMOM. Y ante mi sorpresa, la primera piloto mujer con la que volé en mi vida.

Por suerte, con FENG SHUI a favor, llegamos a medianoche a Buenos Aires.

Y me despedí de Catman por quince días: él rumbo a las sierras, para ocuparse de nuestros lugares y sus visitantes y LSD hacia la costa atlántica.

Un día y medio en Buenos Aires, con temperatura y sensación térmica de ciencia ficción.

Acomodar los chakras de la hipersensible gira patagónica, y remontar a la zona del país donde por suerte, aún, parte de la clase media y también gente más humilde disfruta de «las olas y el viento».

Me acompañaron a Mar del Plata, MIGUEL y FLAVIA GRINBERG, autores del capítulo «La pareja fundacional», que también desde hace quince años están plenamente comprometidos con la Fundación Espiritual de la Argentina.

El vuelo atrasado... OMOMOM. Gastás más en los bares del aeropuerto durante las esperas que en el supermercado chino.

Nos pusimos al día, intercambiamos ideas y experiencias, disfrutamos un vuelo placentero y vimos nuestro atlántico azul verdoso desde las alturas.

CLAUDIO, el gallo amigo de la tierna juventud, nos esperaba para dejarnos en Torres de Manantiales, útero, templo de dimensiones solares y lunares para nuestra estancia.

La cita al día siguiente era en Villa Ocampo.

Y la nota que tuve en radio BRISAS con la aguda y cálida LUZ DUBEDOUT me condujo hacia un libro, recomendado por ella, *Las voces del desierto*, de Marion Morgan, que me resucitó de un largo letargo existencial, sacudiendo mis telarañas de seguir con piloto automático en las verdaderas razones de la vida, y me dio fuerza para transitar un verano hostil, árido en la constelación familiar. GRACIAS, AMIGA DEL TAO.

La cita anual en Villa Ocampo creció aún más que en otros años.

Las mujeres del lugar, a cargo de prepararlo todo, eran otras: cambios en el gobierno y sus secretarías de cultura. Y como siempre, las formalidades de quienes somos visitantes antes de salir junto a MIGUEL a ladrar nuestras predicciones.

Alegría, abrazos, reencuentros, y una firma larga y amena en el vestíbulo de la casa, para resguardarnos del rocío. EL PADRE CIELO NOS ESPERÓ, PUES APENAS NOS FUIMOS SE DESENCADENÓ EL DILUVIO. La carta que salió sobre el ARA San Juan fue la número 18, «El Trabajo en Lo Echado a Perder». NADA QUE AGREGAR.

Me reencontré con GABRIELA LOMBARDI, gerenta de las torres, y recordamos años en los que hacíamos *shows*, conferencias, y buenas comidas junto a su padre, quien construyó en Mar del Plata algo colosal, el lugar que sigue siendo nuestro hermoso hospedaje allí.

Mike y Flavia se marcharon temprano hacia Buenos Aires, y a mí me buscaron MARCELA, RODOLFO y JOSÉ ROZA, para la presentación en Villa Gesell, y me dieron una sorpresa muy agradable en el viaje, con una escala en Mar Pequeña, donde almorzamos frente a la laguna.

Cuando salía de las torres, a unos metros, un apuesto galán me gritó «LUDOVICA, TE AMO», y hasta que no me abrazó fuerte, no supe quién era: JUAN CRUZ BORDEU, tan cachorro y cariñoso.

En la camioneta de José, nos pusimos al día con los amigos, y disfruté este viaje que siempre es un regalo visual en verano, y con templada temperatura en esta ocasión.

La sorpresa del cuarto de siempre en el mejor hotel de Gesell, el HOTEL AUSTRAL, con vista al apartamento de MARCELA, fue un premio alucinante.

EDUARDO, el gerente, dragón cálido como el clima, me dio la bienvenida y me invitó a cenar esa noche.

Qué bien te atienden, el trago de bienvenida y los cuatro platos de comida como en Italia, de ninguno de los cuales me privé, pues LSD sube unos kilos en la gira, que los baja en épocas de sedentarismo.

BRUNO, el dueño, y su mujer me saludaron cálidamente en el *spa*, piscinas de dimensiones para premios de Esther Williams, y solo placer, placer y placer en mi estancia «gesellina».

La presentación en El Churrinche, con MARCELA, su dueña, me colocó (centró) antes de la presentación fuera, en el patio con el jardín de las MIL Y UNA NOCHES.

Amigos, escenas de respeto hacia las familias que llevan a sus pequeños hijos que se portan como en misa, y la aparición de un lugareño con un PERRO napolitano para las fotos del lugar.

Noche en la que conecté el alma hacia los ladridos telepáticos de MONDO CANE y los compartí con el zoo.

Después un lindo ágape con mis amigos y la idea de presentar el libro al día siguiente en MAR AZUL, lugar que no conocía, y donde ya hay gente viviendo hace tiempo, con lindas casas y pinares.

El sitio donde di la charla es muy agradable, de buen gusto, y a pesar de la poca promoción, acudieron curiosos y amigos.

Reencuentro con JUAN FORN, que vive allí hace décadas, y muy buena sintonía con el resto del elenco.

Retorno al Austral, y además un masaje antes del regreso en bus a Retiro.[11] Qué buena estancia, amigos.

Adoro recorrer la costa atlántica, a pesar de que los difíciles tiempos económicos no permiten giras tan largas.

Entre presentación y presentación de libros conozco mujeres y hombres que se confiesan apenas me ven.

Intento dar buenos consejos, alentarlos, darles datos y conectarlos con otros seres que los ayuden; ver a LSD cuando comienza un año es símbolo de buena suerte.

Estaba absorta leyendo el libro que les comenté; sentí resonancia varias veces, me vi en épocas de viajera por las rutas mayas, que cambiaron mi vida y me dieron una apertura inmensa para comprender mejor el significado de CALENDARIOS SAGRADOS, OTROS TIEMPOS DENTRO DEL TIEMPO; la renuncia a la zona de confort y los desafíos de confiar en quienes te eligen para experiencias trascendentales.

Cinco días en mi hogar porteño, sola, algo que de vez en cuando necesito tanto como respirar.

Escuchar las vísceras y los huesos crujir, saber que aunque tenga algún familiar cerca, no están en mi vida cotidiana, como ese bendito trabajo que Buda me destinó.

No tener compromisos ni horarios, ser un fantasma en el edificio y la ciudad.

Aceptar quien soy y en la que me voy transformando.

No estaba en el plan inicial de la gira retornar a Uruguay a fin de enero.

Los astros así lo quisieron, tuve que aceptar esta impostergable cita para presentar el libro canino en el ARGENTINO HOTEL de Piriápolis, el 29 (día de los ñoquis) de enero.

Llegué dos días antes en un vuelo pacífico, aterrizando con aire marino.

Un cuarto sobre el mar; extrañar a Catman y respirar hondo al atardecer.

Enero es para mí el mes más difícil del año, a pesar de que estoy casi siempre de gira y en lugares maravillosos.

---

11. Se refiere a la Terminal de Ómnibus de Retiro, ubicada en el barrio homónimo de la ciudad de Buenos Aires.

Aparecieron FERNANDO y USCHI DEMARÍA, pasamos revista del último año que nos vimos; e invité a Fernando a que me presentara la inolvidable tarde que nos regaló HUNAB-KU.

Hice prensa los días previos, me bañé en el mar una tarde para sacarme el *spam*, con la gente del lugar que destila ese aroma familiar tan perdido en las grandes urbes, y deposité mi osamenta en la arena húmeda.

Caminé sobre la rambla, sintiendo que mi cuerpo lo agradecía cuando regresé al hotel, y lo evoqué a PIRIA, fundador de un balneario mitológico y lleno de enigmas para dilucidar.

Es difícil en esta era del cruel cambio climático acertar un día en el que se conjugue armónicamente todo: por segunda vez, en veinte años, lo haríamos en las escalinatas del majestuoso hotel, al aire libre y con la puesta de sol como escenografía.

El universo estaba en SINTONÍA.

Fernando dio cátedra, me pasó el micrófono para reencontrarme con el zoo charrúa y ladrarles las PREDICCIONES CANINAS.

COMO UNA APARICIÓN del más allá, hacia la mitad de la conferencia, se encarnó un perro de extrema elegancia, con la estampa de un galgo, desfilando cual modelo *top* y provocando aplausos y una ovación del público, y causando en Fernando y en mí una grata sorpresa.

PARECÍA UNA PUESTA EN ESCENA.

La causalidad nos visitó.

Acto seguido, el galán canino bajó las escalinatas y eligió un refugio entre las chicas que lo recibieron y al instante gritaban «¡TIENE UN ATAQUE DE EPILEPSIA!».

Gritos, gente asustada en la platea, otros huyendo; situación im-pre-vi-si-ble que tuve que pilotar con templanza, serenidad e inspiración.

Lo primero que asocié fue que el perro es un síntoma de lo que nos está pasando en el AQUÍ Y AHORA en la sociedad, en el país y el planeta. Un referente que somatiza y expresa el inconsciente colectivo.

Algo captó el zoo, que estaba literalmente CONSTERNADO. OMOMOM.

La puesta de sol fue un regalo de Shiva, y cuando la noche se asomaba tímida, junto a ANA ISABEL VENY, coautora uruguaya, firmamos libros entre la agitada concurrencia.

Cerré la noche con ESTANI y una chica muy moderna en la parrilla del hotel, comentando el episodio e invitándolos a lo de AGO PÁEZ VILARÓ, en su octógono, el 31 de enero, con *blue and red moon* sobre el mar.

Al día siguiente en el desayuno y durante toda la jornada no se hablaba de otra cosa que del episodio del perro epiléptico.

Caminando por los infinitos pasillos del hotel asocié que el perro que había aparecido por la noche podría ser Piria, pues él era perro de tierra en el horóscopo chino.

Tal vez, el abandono de su castillo, ideas cósmicas, y centros que fomentó fueron la señal de este genio que reencarnó en Uruguay para legarnos este tesoro de hotel, balneario y triángulo energético, QUE SE SIENTE. O al menos algunas personas sentimos la vibración al estar allí.

Cuántas señales nos brinda la vida que a veces no podemos ni queremos VER.

Ago Páez Vilaró, la yegüita que siento hermana, estaba pasando una situación complicada en la constelación familiar.

Retornar al octógono es siempre un placer e indexar con gestos, abrazos y palabras es una ceremonia anual a la que estamos acostumbradas.

Me acompañó Uschi, a quien le divierte explorar nuevos territorios y personas.

Siempre pido permiso al entrar en el octógono, lugar custodiado por elfos, duendes, y aluxes. Era otra tarde soñada.

Poco a poco nos encontramos con Ago, y nos abrazamos antes de que nuestros cuerpos lo hicieran.

A veces las palabras aturden.

Me preparé en su bonita habitación que da al estanque, y esperé la llegada de los sedientos de prana.

La luna fue la protagonista; algunas velas y nosotras sentadas recibiendo la energía de quienes fueron esa noche mágica.

Me acompañaron INÉS y ALEJANDRA, las chicas de Urano, y compartimos una pizza exquisita en su bodegón tan auténtico y sencillo como lo fue su padre, Carlos, y lo es Ago.

Gracias, AMIGA DEL TAO, por compartir tu lugar sagrado.

Febrero empezaba al día siguiente, y recibí una invitación de HOBY y del ZORRITO para ir con ISABEL, quien nos brindó un día de placeres báquicos y afrodisíacos en su templo.

Por la mañana tomaba un vuelo directo a PUNTA DEL ESTE-CÓRDOBA para retornar a mi reino y a los brazos de Catman, que confesó que me había extrañado más que nunca.

La felicidad que siento al «volver a la querencia» es conjugar alma-cuerpo y sentimientos en un concierto de HAENDEL.

Así fue.

Mi agotamiento fue desapareciendo lentamente; escuché a mi cuerpo postergado, dormí siestas históricas y cuando el sol ya no era una bola de fuego, me bañaba cual sirena en el tanque australiano, nadando en círculo para comprender que la tierra es redonda.

Lentamente salía del agua templada y nos sentábamos debajo de la parra a comer las uvas tan merecidas por el trabajo de Catman para resucitarla.

Nos pusimos al tanto del largo mes de estar cada uno en otras tareas de la vida, extrañándonos, aceptando la apuesta a más calidad que cantidad, y disfrutando del verano en Feng Shui.

Me autoconvoqué el 16 de febrero, cuando se iniciaba el año del perro, en la PULPERÍA DE ELBIO, en Barrio Las Rosas para ladrarle a mi pueblo y visitantes las predicciones del esperado amigo del hombre.

Fue una tarde agobiante, que nos esperó hasta que se desencadenó un diluvio bíblico a medianoche.

La sinergia grupal, los temas que desencadené son, ni más ni menos, los que nos atraviesan en la sociedad, el país, el mundo y el planeta.

Dos días antes del retorno a Buenos Aires, y la preparación del viaje a México DF para la Feria del Libro en el Palacio de la Minería.

Catman tuvo que despedir a THEO, su amado gato siamés que lo esperó para marcharse.

OMOMOM.

Verlo sufrir de esa manera fue un hito en nuestra *love-story*.

Aun le queda ALÍ, el hijo de THEO, que pasó a mejor GPS en Capital Federal.

Me costaba muchísimo marcharme a DF sola.

Si bien es cierto que disfruto mucho cada viaje, reencuentro con amigos, mi querido barrio LA CONDESA-ROMA, y el hotel LA CASONA, esta vez tuve que apelar a mi profesionalidad para irme.

Vuelo nocturno en una especie de cabinas futuristas que tienen en Business Aeroméxico.

Qué pena a veces que los problemas de empatía o rechazo entre ambos países se trasladen al malestar de la tripulación con los pasajeros. OMOMOM.

Amanecer rosa fucsia en DF esperando a GIO y a SEBASTIÁN, mis aliados serpiente y dragón para depositar mis siete cuerpos en el hotel.

Al día siguiente comenzaba mi agenda de prensa; lo agradecí, pues son situaciones inexplicables para quien no viaja ni siente el *jet lag*.

LA CASONA es mi útero en DF.

Después de un desayuno con frutas tropicales, huevos Benedict, café, y de sentarme al lado de la fuentecita de FENG SHUI, sentí que necesitaba la «bella horizontalidad del ser» para resucitar.

Me dieron un cuarto amplio, soleado, y desde donde disfrutaba los aromas que subían de la cocina, que comienza a despertar con duendes y hadas al alba.

GRACIAS, HERMANOS ROTH, dueños del lugar, por la calidez que me acompañó en mi estancia. Los camareros, las camareras y los cocineros son eficientes y me hacen sentir siempre muy bien recibida.

Esa tarde cuando desperté sin saber ni siquiera cómo había llegado hasta allí, salí a caminar por el barrio. Lo desconocía.

Antiguos edificios derrumbados, calles con grietas, esqueletos de fachada me saludaron para recordarme la crueldad del año del gallo de fuego en México DF; dos grandes terremotos, huracanes, seísmos, tragedia con el cambio climático, y el peor virus de todos: Trump.

Escribí mi primer poema en la veredita del hotel, donde hay un simpático bar con mesitas fuera.

Sentí que amo México, que estuve en otra vida, que todos vamos a desaparecer tarde o temprano, y que los espíritus están allí al lado riendo, llorando, acompañándote.

Los días previos a la presentación en el debut en el PALACIO DE LA MINERÍA fueron muy productivos.

Visitar a ELOÍNA, mi amiga tigresa que siempre me recibió con sobredosis afectiva, fue un lujo.

El *rating* a través de redes y ciberespacio a todo el mundo fue contundente.

Lo mismo ocurrió con la televisión, sus amenos periodistas y las radios que transmiten en simultáneo.

BRAVÍSIMO, GIOVANNA, cada año mejora la difusión de LSD en México.

Día a día crecía el sentimiento hacia su gente, su terrible problemática, su templanza para aceptar catástrofes y seguir cantando o tejiendo, pintando, cocinando, amando.

LA CASONA me esperaba con amor.

Conseguí excelentes maquilladoras y peluqueras que me dejaban monísima. Y el domingo 4 de marzo madrugué para prepararme para la presentación en la Feria del Libro.

Previo reportaje con la querida PAULINA VIEITEZ, que destellaba luz, amor, más energía solar y lunar que la habitual, nos sumergimos en una conversación entre mujeres con admiración mutua.

Y caminando llegamos con un sol que nos derretía a la plaza frente al PALACIO DE LA MINERÍA, para esperar el gong de la conferencia a las 15 horas.

Hacía mucho tiempo que no estaba en esa zona histórica, alegre, llena de vida del centro de DF.

Qué arquitectura, museos, salones dignos de Moctezuma, y de los que vinieron después.

Amigas de GIO, ELIZABETH, monita de prensa y mucho afecto de mis seguidores me esperaban en la sala para degustar el nuevo libro canino.

LARISA, editora de Urano en México, me presentó y en media hora narré lo que contenía el libro tan esperado por el zoo azteca.

Conocí a MIGUEL HAM, el artista plástico que ilustró el libro canino, y me visitaron ACACIA, CRISTINA ALVARADO y sus amigos.

Firmé más libros de lo imaginado. Y transpiré mucho.

Al salir el sol estaba dorado, más suave y junto a MIGUEL, la pareja de GIO, en un Uber, fuimos hacia el hotel. MISIÓN CUMPLIDA.

Al día siguiente regresaba a Buenos Aires, previo reportaje en televisión al mediodía.

Un nudo en la barriga me retenía en DF.

¿QUÉ ERA?

El tiempo lo traducirá.

Despegar de DF fue similar a cortar una planta por su raíz.

Inexplicable misterio me une a este lugar.

¿Vidas pasadas?

El vuelo fue apacible, tranquilo, y pude dormir hasta llegar a Ezeiza. Un día y medio en Buenos Aires, y cumplir con el compromiso de estar en Resistencia,[12] celebrando el día de la mujer con el zoo de mujeres maravillosas CHAQUEÑAS.

VERO CORA, la cordobesa perrita, organizó todo a la perfección.

Madrugón y estancia en un hotel sobre la ruta hasta la tarde en el CLUB MUNICIPAL, donde aullaban mujeres felices de celebrar más que nunca su día.

Fui a dar una charla a beneficio del Garrahan Resistencia, que creció mucho en los últimos ocho años, desde que fui convocada por primera vez.

Después de darles todo el prana, de sentir el calor térmico y humano en Resistencia, me duché y caí en la cama hasta el alba, cuando me preparé para un vuelo hacia Córdoba.

---

12. Resistencia es la capital de Chaco, una de las provincias argentinas.

Gracias, bendito libro que me columpia de liana en liana para llegar a seres sedientos de un mensaje espiritual.

Retornar a Córdoba, un día en su capital y esperar a GUILLERMO, el tigre que me transporta mágicamente hasta mi hogar serrano.

Y agradecer por encontrar todo en armonía: perritos, parra, casa y aire tan puro que emborracha.

Una semana para digerir tanta experiencia celestial y terrenal.

En Buenos Aires en abril, en un verano que no quiere emigrar, y rumbo a la Feria del Libro el día del animal.

Desvelo intuitivo, acompañando el 13 de junio en Buenos Aires.

Día del escritor, cumpleaños de DALMIRO SÁENZ, y el salto cuántico a la legalización del aborto.

Encendí la vela roja redonda al lado del ángel de la guarda, y continúo el prólogo con la gira a España.

Hace tres días llegué con Catman de un viaje que se acomodará como placas tectónicas o plataformas submarinas en mi sístole y diástole.

Insistí a la editorial Urano que debía estar en la Feria del Libro de Madrid, y que el perro de tierra tenía que ladrar verdades en la Madre Patria.

Volver en primavera también levantaba el ánimo, después de un mes de lluvia en el otoño porteño.

Tanto el día de la partida en Buenos Aires como el retorno desde Madrid fueron con sol.

A la ida, llegar al alba a la aún adormecida ciudad, un sábado, al barrio de Las Letras, fue reconfortante.

Emilio, el anfitrión del hostal Armesto, nos recibió como en casa con un fuerte abrazo.

SHEILA, BELTRÁN, amigos entrañables esos días, mientras nos reencontrábamos con los bares, callejuelas, esquinas, y el cielo –a retazos azul y con chubascos– que se instaló durante la estancia con el antojadizo cambio climático en la loca primavera.

El Gijón y sus espíritus, y EDUARDO MICHEL, en una visita que hicimos a la Embajada Argentina en Madrid, nos recibieron con afecto.

Una semana en La Coruña y Santiago de Compostela, adonde fuimos en tren desde la estación Chamartin, fueron una meditación zen a pesar de los hombres con vozarrón que nos tocaron al lado.

Ambos lugares me dejaron huellas invisibles; la primera por su mágica geografía, mar traslúcido y gélido que saludé desde la Rambla y la ventana, en días de grandes tormentas reales y afectivas.

Llegar a Santiago fue una meca desde niña. Y nos premió con dos días de sol, sin lluvia, algo inusual en la ciudad del apóstol de Cristo.

Vibré dentro de la catedral, y la explicación de esa sensación la obtuve de un camarero paraguayo del lugar.

Siempre me sorprendo, y prefiero seguir con mi brújula interior para llegar a los lugares sagrados.

La lúgubre catedral donde descansan Santiago y el obispo que lo encontró allí ME PRODUJO BOSTEZOS, SUEÑO, PALPITACIONES, y sensación de Tánatos. Y mi mirada fue hacia el suelo.

Recorrí rápidamente la catedral y salí a tomar oxígeno.

Catman se detuvo a sacar fotos.

Le comenté mi sensación de agobio.

Y efectivamente el amigo guaraní nos explicitó que hace diez años la catedral tuvo un derrumbe, y los arqueólogos descubrieron enterrados allí miles de cadáveres de la guerra civil.

OMOMOM.

Y durante el año del cerdo saldrá a la luz oficialmente esta información.

SAY NO MORE.

Madrid me esperaba con el cambio de gobierno –de la noche a la mañana– que una vez más vibré desde el balcón del cuarto 315 del amigable HOTEL VILLA REAL.

Allí, la moción de censura gestada por el PSOE, con su líder, Pedro Sánchez, y todos los separatistas de la actual España lograron remover a Rajoy y muchos de los integrantes del PP, encarcelados o rumbo a serlo, por la plaga endémica de estos tiempos: LA CORRUPCIÓN EN EL PODER.

OMOMOM.

España, estupefacta y feliz, explotó como germen de primavera.

El 31 de mayo fue la presentación del libro en LA RESIDENCIA DE LA EMBAJADA, que es sin duda una de las casas más bellas de la ciudad.

De la mano de JESSICA y su coro de ángeles me instalé lentamente allí a desovillar mis artilugios.

Y a fluir con el WU WEI.

Lentamente comenzaron a llegar los seguidores perennes y vírgenes, guiados por su intuición.

SONIA, mi hada de estética, llevó amigos y curiosos.

RAMÓN PUERTA, el embajador, me presentó con calidez, y le conté al zoo los conocimientos de la astrología china y del I CHING, con consultas incluidas sobre «cómo saldrá Argentina en el mundial», con hexagrama 59, La Disolución; y el mismo embajador preguntó si quedaría el mismo partido político al día siguiente en España.

Allí salió el hexagrama 55, La Plenitud.

Y así fue.

El 1 de junio España amanecía con Pedro Sánchez –rata de agua, igual que Ronaldo, Zidane y la reina Letizia– como presidente.

Estar allí sin duda fue maravilloso.

Ser parte de la transformación de España en esos días nos dio entusiasmo.

Conocí a las libreras de Madrid en una bella velada, organizada por PATRICIA PERALES, a cargo de Urano, que junto con MARÍA, la yegüita que me acompañó los días de prensa allí, cambiaron positivamente mi difusión en España.

Feria del Libro *singing in the rain*, en la caseta 160 y en el reverdecido Parque del Retiro.

Amigos, VIVIAN G., que llegó caminando una tarde mágica en que el sol nos despidió con ganas hasta la próxima cita.

España está actuando en mi ADN, en mis sueños, en mis ganas de quedarme más tiempo, siendo más anónima que famosa, para disfrutar cada sitio, persona, corrientes artísticas y esotéricas que se entremezclan con frenesí.

Lectores queridos, sigo aprendiendo más en los viajes que en mi portátil color Rubí.

Y tienen que saber que cada año aparecen los avatares que se autoconvocan para escribir en este libro, dejar sus voces, inspiración y predicciones.

GABA ROBIN, MARÍA URTASUN, quienes en los CUENTOS CHINOS se desnudan, y los nahuales que me guían desde mi Guatemala en llamas, donde el volcán de Fuego se llevó su gente hacia el XIBALBAY (infierno maya).

El mundo está en alta velocidad, no espera a nadie; si no sabes hacia dónde vas, te arrastrará sin permiso.

ATENTOS, ATENTAS: A PRACTICAR LA MEDITACIÓN DINÁMICA, EL ZAZEN, EL YOGA, EL TAO DEL AMOR Y DEL SEXO, EL DESAPEGO.

WU WEI.

HASTA SIEMPRE.

L. S. D.

Introducción a la Astrología china
por Cristina Alvarado Engfui

El emperador amarillo Huángdì, cosmovisión del tiempo, espacio y destino

...Nunca te entregues ni te apartes junto al camino, nunca digas no puedo más y aquí me quedo.

José Agustín Goytisolo

Todo en la naturaleza es mutable, nada permanece, sin embargo nada se destruye por completo. Este principio fundamental de la física ya lo tenían presente en China a partir de los descubrimientos de uno de los primeros emperadores, Huángdì 黄帝, el Emperador Amarillo, personaje rodeado de mitología y leyenda.

La aportación principal de Huángdì fue la de poner orden a todo lo que era útil a la cultura naciente: la medicina, la agricultura, las tradiciones que conectan al hombre con la naturaleza, el manejo de los metales a partir de la era de bronce, la arquitectura que iba tomando forma en un reino que crecía a gran velocidad.

Huángdì fue el último de los Tres Augustos o Sān huáng 三皇. Él descubrió que las energías del universo se expresan de cinco maneras distintas y estas cinco energías a su vez pueden ser *yin* (polo negativo -) y *yang* (polo positivo +). Introdujo el concepto de «destino» en la filosofía china al indicar que había tres destinos: el destino de la tierra, que habla del desarrollo natural del planeta y sus habitantes, y representa al cuerpo físico; el destino del hombre, que habla del desarrollo intelectual y la evolución de todo ser que siente, y representa a la mente; y el destino del cielo, que habla del desarrollo de todo en todas las dimensiones, todos los tiempos, todos los universos, y representa el desarrollo espiritual.

Estas son las bases de toda la cosmogonía china. El que logra comprender este sistema comprende cómo hacer no solo los horóscopos que pueden leer en este libro, sino también las artes marciales, la dieta, la medicina tradicional china, el fēng shuǐ, la literatura tradicional, la caligrafía, la pintura... Todo en el universo es complejo y a la vez así de simple.

El sistema propuesto por Huángdì

Este sistema es mucho más complejo y su práctica requiere mucho tiempo de práctica multidisciplinaria. Para llegar a tener el nivel de Lǎo Xī 老師 o Gran Maestro del Emperador Amarillo hay que tener en cuenta que lo que se busca en estas disciplinas es mantener de manera integral al ser humano y con ello a todo lo que lo rodea; no solo se trata de obtener poder, riqueza o conocer el destino, sino de mejorar de forma natural, en un ambiente donde la paz y el equilibrio sean el destino común.

Matemática, el lenguaje universal

Como recordarán, en todas las ediciones de este libro, el capítulo que habla de las predicciones generales tiene dos gráficas que básicamente se ven así:

4	9	2
3	5	7
8	1	6

Este es el cuadro Lo Shu original con el cinco en el centro. El cinco en el centro significa que las energías están en su lugar original. Cada año la energía cambia de zona y cada tipo de energía es representada por un número del 1 al 9.

No es coincidencia que tanto la tabla del Ki de las nueve estrellas como la tabla del Lo Shu contengan los mismos números aunque cada año esos números cambien de lugar.

Eso se debe a que cada uno de esos números, que van del 1 al 9, representan el comportamiento cíclico de la energía. La gráfica Lo Shu corresponde a todo lo inherente a la Tierra, sus direcciones, sus zonas, las edificaciones, ciudades, montañas, valles, mares. La gráfica del Ki de las nueve estrellas corresponde a la humanidad: hacia dónde dirige sus pasos, dónde puede asentarse. Contradecir las indicaciones de un cuadro u otro podría afectar seriamente la paz. Es la gráfica que demuestra el destino de la Tierra y el destino del cielo: el destino del hombre depende de cómo este va a manejar estas energías.

Estas energías son cíclicas. A la combinación de todos los resultados posibles, organizados en esas tablas, se le llama Qí Mén Dùn Jiǎ 奇門遁甲, que en forma literal significa guerreros combatientes, seguramente porque se trata de las relaciones entre las energías y cómo, metafóricamente, luchan por el control de las zonas que afectan con su presencia.

Cada dirección en el planeta señala un lugar de donde nace cierto tipo de energía:

Tipo de energía	Dirección donde está	Número en el cuadro Lo Shu	Energía opuesta	Energía que la alimenta	Signos que gobierna
Tierra	Centro y bajo tierra	8, 5 y 2	Madera	Fuego	Búfalo, Dragón, Cabra y Perro
Madera	Este Oriente	4 y 3	Metal	Agua	Tigre y Conejo
Metal	Oeste Poniente	6 y 7	Fuego	Tierra	Mono y Gallo
Fuego	Sur	9	Agua	Madera	Caballo y Serpiente
Agua	Norte	1	Tierra	Metal	Rata y Cerdo

Como seres humanos, nuestros impulsos nos llevan a analizar el mundo, su naturaleza; a clasificar y usar a nuestro antojo el conocimiento y los recursos que nos rodean. Uno de los impulsos más arraigados es el de saber qué nos depara el futuro. Creemos que solo adivinando qué pasará mañana podremos cumplir nuestros deseos, pero las herramientas de la astrología china van más allá de solo predecir el futuro, la astrología china nos ayuda a ver nuestro desarrollo personal de un modo integral. Nos pone sobre la tierra y nos señala el lugar que ocupamos en el universo. Del mismo modo que un solo grano de arena forma parte del océano, el ser humano es una expresión más del planeta; este a su vez es una expresión de todo el universo y el universo es uno entre incontables universos paralelos. Lo que pasa en el destino del hombre (mente) ya ha sido expresado por el destino del cielo (espíritu) y el destino de la tierra (cuerpo).

En este libro que hacemos cada año, señalamos el aquí y el ahora de un trozo pequeñito de esta dimensión; dicho trozo abarca lo necesario para describir los tres destinos. Las predicciones generales abarcan el destino de la tierra, las predicciones por cada signo del zodíaco abarcan el destino del hombre, las predicciones del I Ching abarcan el destino del cielo.

La humanidad como tal lleva millones de años analizando el orden del universo. De tal modo que pasarán todavía millones más para que nos pongamos de acuerdo en una sola convención que resuelva todas las dudas de una vez por todas. Pero algo es cierto: el modelo del orden universal propuesto por Huángdì es uno de los más fascinantes.

A través de miles de años de civilización ininterrumpida, la cosmogonía china nos describe un orden sencillo y complicado a la vez. Sencillo porque se basa en un sistema binario: *Yin* y *Yang*, el cual desprende un sinfín de probabilidades, disciplinas, comportamientos naturales, del mismo modo que un ordenador utiliza el lenguaje binario para transmitir y almacenar información. El sistema es complicado a la vez, pues para comprender ese orden hace falta superar el miedo a las matemáticas y la filosofía. El estudio del universo por medio de la cosmogonía china requiere de concentración, observación, flexibilidad, lo cual no es sencillo bajo el modelo de pensamiento occidental.

De la dualidad complementaria representada por el Taiji: ☯ se desprenden cinco agentes o energías llamadas Qì 氣 (Chi, Ki) que nos describen el orden de todo lo que hay en la dimensión que habitamos. Cuando comprendemos estas energías, comprendemos el universo, pero esto requiere estudios, paciencia y mantener una mente observadora, como la de un niño.

Para elaborar año a año este libro, utilizamos tres de los sistemas oraculares provenientes de China.

El primero es el I Ching, o Libro de las mutaciones o, escrito en chino 易经 yì jīng.

Este sistema requiere de una persona con la sensibilidad para estar conectada con el aquí y el ahora en la dimensión en donde se realiza la consulta. Los resultados son redactados en forma de poesía, para que el subconsciente los tome de modo natural y así podamos prevenir y aprovechar los cambios constantes del mundo en que vivimos.

El siguiente sistema se llama shēng chén bā zì 生辰八字, que significa «los ocho caracteres del día de nacimiento».

En él se utilizan el día, la hora, el mes y el año de nacimiento para localizarnos en el tiempo y el espacio con respecto a los ciclos de la energía del planeta. En este libro, en vez de usar la fecha de nacimiento de cada uno de nuestros lectores, se utiliza la combinación de los datos de los días y los meses a lo largo del año que se va a describir. Se emplean operaciones aritméticas que nos darán un mapa estadístico del comportamiento de la tierra y qué días son propicios o peligrosos. El estudio de los ocho caracteres se puede aplicar a todo: fechas conmemorativas, negocios, objetos, animales; incluso personajes ficticios que tengan una fecha de nacimiento bien determinada. Todo lo creado por «el Todo» puede ser analizado por medio de esta forma de estadística.

La aplicación práctica de este sistema lo vemos en las predicciones generales y las de mes a mes, que están redactadas específicamente para ayudar a la mayor cantidad de gente posible según sus signos zodiacales del año de nacimiento.

El siguiente sistema se llama fēng shuǐ 风水, y es el que ayuda a determinar la calidad de la energía universal y su influjo sobre lo que está en la Tierra. Si un lector nota que la calidad de la energía dentro y fuera de su casa es decadente, buena o destructiva, basta con ver las predicciones para cada dirección de la brújula para saber qué está pasando y cómo corregir, si es necesario hacerlo. Esta técnica bien aplicada puede ahorrarnos muchos descalabros y es menester que la sepan ingenieros, arquitectos, albañiles o cualquier persona que quiera vivir en verdadera armonía con nuestra Pachamama.

Estos sistemas se fueron combinando e influenciando por el Sān Jiāo 三教, es decir, por las Tres Enseñanzas en el siguiente orden de aparición: Taoísmo, Confucianismo y Budismo.

Al combinar el fēng shuǐ que se ocupa del destino de los sitios de la tierra con las demás disciplinas y otras un poco más complicadas como el qí mén dùn jiǎ 奇門遁甲, Guerreros combatientes, el xuán kōng fēi xīng, 玄空飞星 o fēng shuǐ de la estrella voladora, el documento del río Luò Shū 洛书, Lo Shu y la estrella principal, mìng guà o 命卦, que forma parte del análisis avanzado del fēng shuǐ, obtenemos un sistema que ha despertado la curiosidad de nuestros lectores a lo largo de todos estos años, que describo a continuación.

El Ki de las nueve estrellas

De todos los sistemas, el Ki de las nueve estrellas es el más moderno. Fue rescatado y simplificado por el maestro japonés Sonoda Shinjiro (1876-1961 d.C.) quien usando los sistemas antes mencionados descubrió que se podía obtener una síntesis de la suerte de una persona cuando esta se dirige a cualquiera de las direcciones marcadas en el Lo Shu. Entonces, si en la tabla el número Ki de las nueve estrellas de una persona aparece en una dirección poco favorable, no hay que viajar hacia dicha dirección o permanecer en esa dirección por mucho tiempo.

No se predice que tal o cual persona padecerá infortunios, sino que se advierte que de permanecer o moverse hacia la zona señalada, podrían padecerse infortunios. Lo mismo va para los números que caen en casillas afortunadas, una casilla afortunada señala el lugar perfecto para estar o hacia dónde viajar y si no se atiende la sugerencia, no pasa nada afortunado.

Con el tiempo, y si otras disciplinas y comunidades lo permiten, estas antiquísimas prácticas podrán ser analizadas y comprobadas tranquilamente. Evolucionarán y se simplificarán, como ocurrió con el Ki de las nueve estrellas. De este modo, guardamos esperanzas para que no se pierdan estas enseñanzas y se encuentren cada vez más cerca de la gente en este momento tan difícil, en el que la humanidad necesita aprender de la naturaleza y del universo para no pensar solo en su destino (mente) sino en su destino espiritual y el destino de la nave que habita: Nuestro Planeta Tierra.

Que el Tao les sea propicio.

Signos mixtos

Incorporación del signo mixto

En la danza de Shiva, donde todo es movimiento, alma y cuerpo, átomos y moléculas, siento la necesidad visceral de incorporar este año una sección que causará un replanteo en cada uno de los lectores que buscan, año a año, nuevas teorías e ingredientes que nos respondan preguntas acerca de nuestro origen cósmico.

Durante milenios la gran pregunta fue, y sigue siendo, desde qué momento somos seres humanos. Desde el instante de la concepción, o cuando nacemos y aparecemos en el mundo un día, hora, mes y año determinado.

He recibido cartas, informes y peticiones para que tenga en cuenta en mi difusión de la astrología el momento de la concepción como el inicio de la vida astrológica de la persona con todas las innovaciones que eso implica.

Por supuesto que mi visión holística de la vida acepta este desafío y después de un tiempo observando las características de las personas que fueron concebidas durante un año regido por un animal y que nacieron nueve meses después, bajo el ciclo del animal siguiente, he decidido describir las características de esos signos mixtos.

Casi todas las personas, o la mayoría, pertenecemos al signo mixto y traemos en nuestro ADN y alma el espíritu de los dos animales que conviven en armonía o disonancia con nuestra esencia.

Es notable observar cómo dicha influencia navega en la formación de nuestro carácter y personalidad; por eso es bueno abrir la puerta y convivir con esas corrientes subfluviales con la mayor armonía posible, entendiendo que la vida comienza en el milagroso momento de la concepción.

NO SE DESESPEREN, INTEGREN ESTA IDEA EN LAS CARACTERÍSTICAS GENUINAS DE CADA SIGNO ANIMAL.

Las personas que fueron concebidas y nacieron el mismo año tienen acentuados los rasgos del animal emblemático; deben leer como siempre sus características y aceptar esta invitación que les hago para recrear el espíritu de su signo natal.

Nada se pierde, todo se transforma.

Sospecho que encuentran una vuelta de tuerca a la pregunta acerca del «to be or not to be».

BIENVENIDOS AL SIGNO MIXTO QUE LES CORRESPONDA.

Astrología poética

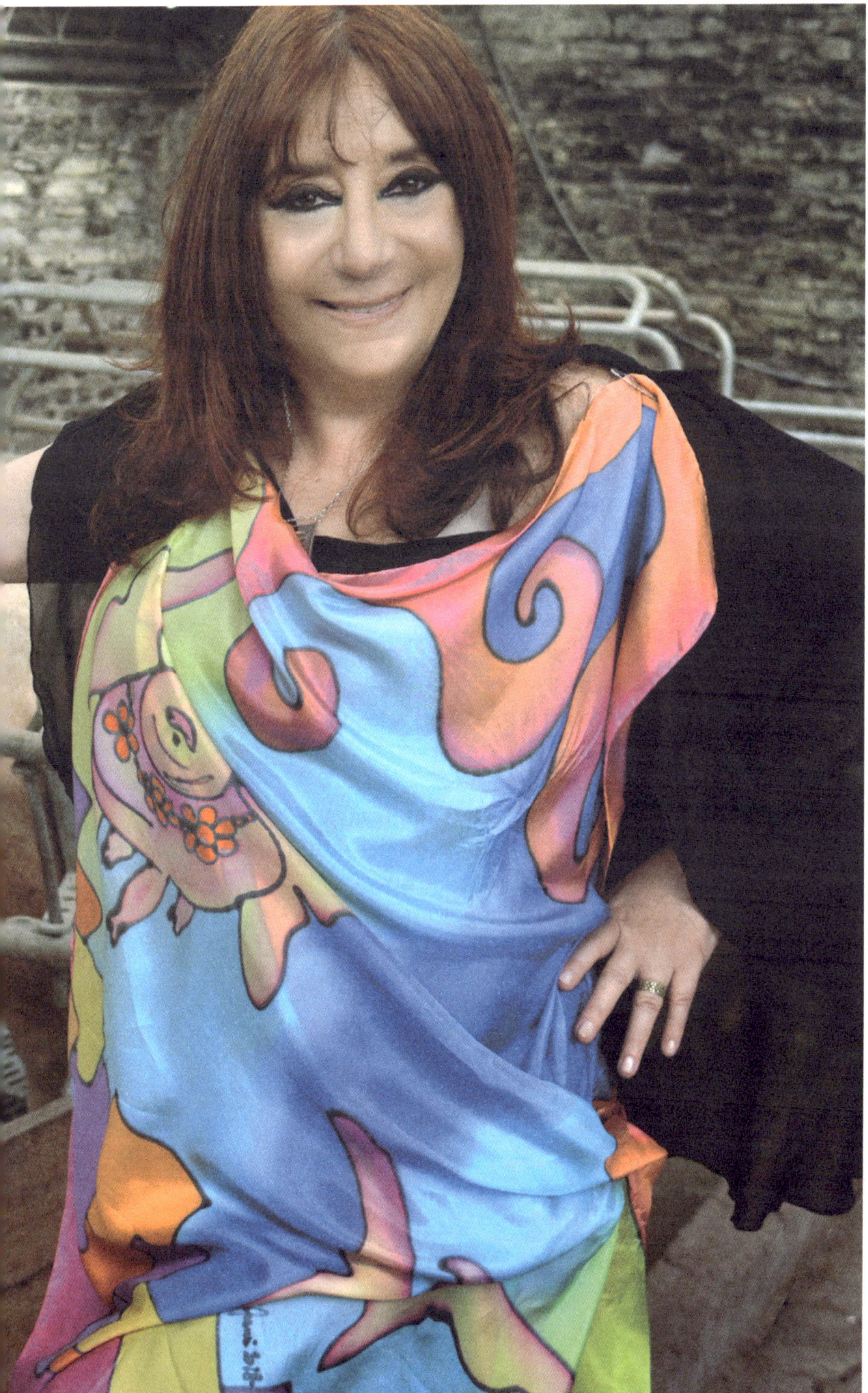

RATA

Café Derby bar
en Compostela.
Mesita al lado de la ventana,
peregrinos sin camino
convergen en busca del apóstol Santiago
historia de 2018 años
que se cae a pedazos
dentro de la catedral sombría
plagada de pecados capitales y mortales sin condena.
Vine en tren, desde La Coruña,
llegué bendecida por los pescadores de alta mar,
sin entierro, ni sepulcro,
sin identidad ni despedidas
ni tumbas de oro y plata
reencontrados en el fondo del mar.

L. S. D.

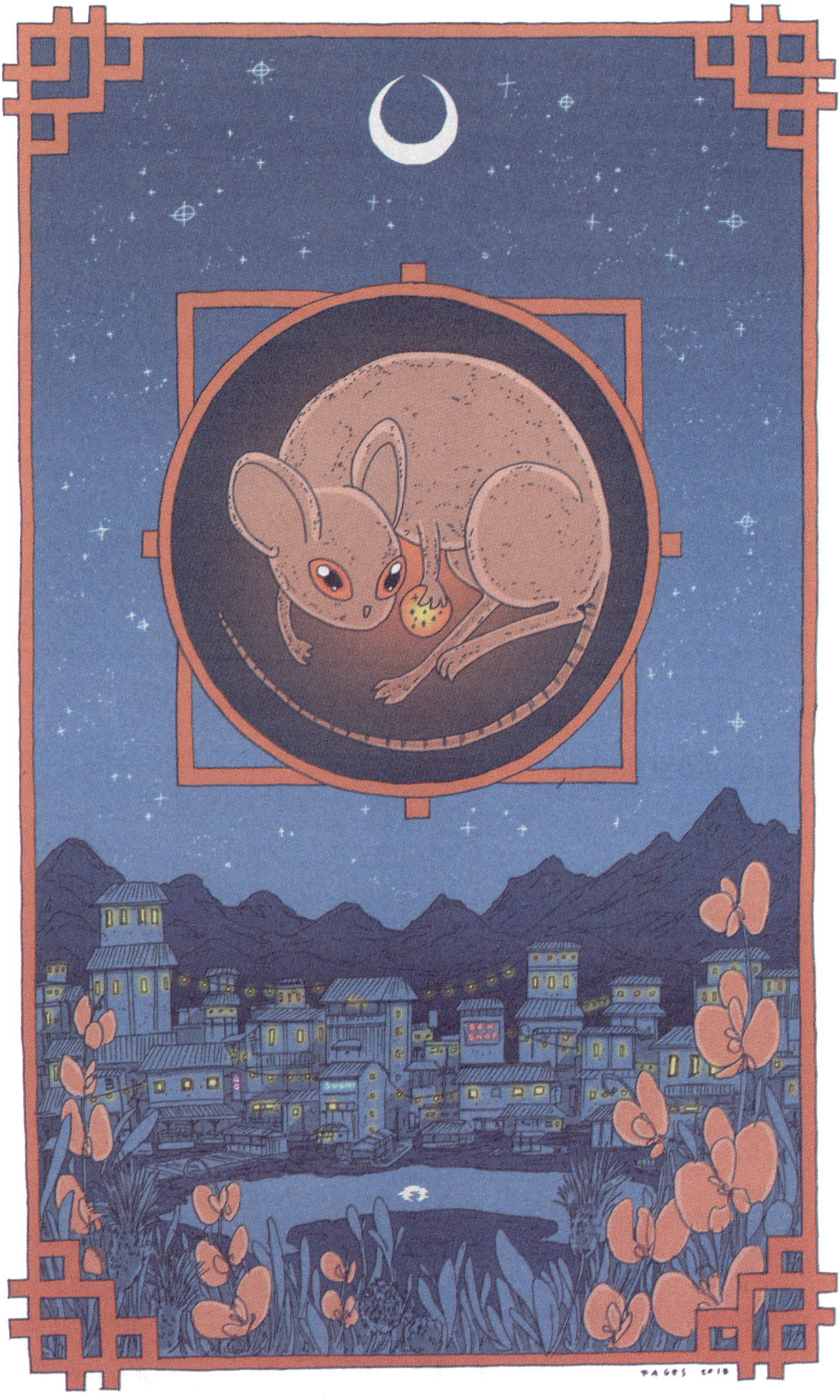

Ficha técnica

Nombre chino de la rata
SHIU

Número de orden
PRIMERO

Horas regidas por la rata
23.00 A 01.00

Dirección de su signo
DIRECTAMENTE HACIA
EL NORTE

Estación y mes principal
INVIERNO-DICIEMBRE

Corresponde al signo occidental
SAGITARIO

Energía fija
AGUA

Tronco
POSITIVO

Eres rata si naciste

18/02/1912 - 05/02/1913
RATA DE AGUA

05/02/1924 - 24/01/1925
RATA DE MADERA

24/01/1936 - 10/02/1937
RATA DE FUEGO

10/02/1948 - 28/01/1949
RATA DE TIERRA

28/01/1960 - 14/02/1961
RATA DE METAL

15/02/1972 - 02/02/1973
RATA DE AGUA

02/02/1984 - 19/02/1985
RATA DE MADERA

19/02/1996 - 06/02/1997
RATA DE FUEGO

07/02/2008 - 25/01/2009
RATA DE TIERRA

Rata • 47

Come sesos perenne.

Estoy en mes dragón, que evidentemente produce encuentros gratos en las calles porteñas.

Hoy, en día rata, me preparé *in and out* para ir al banco y salir con las técnicas de kung-fu, esgrima, taichí y con todas las ceremonias de protección incorporadas en mi vida para llegar «sana, salva y no asaltada» a casa. Finalmente emprendí la caminata hacia la plaza Paraguay, a la que le tengo mucho cariño.

Apareció en la niebla del día ALEJANDRO CALDERONE, amigo y responsable de que aún permanezca virgen de alguna cirugía estética.

Fotógrafo sensible, captura el alma de la naturaleza y nos invita a soñarla; maestro de nuestra piel gracias a la técnica del *photoshop*.

Fue un bonito encuentro para tirarnos flores, y adivinar juntos, con su pícara mirada de roedor, el futuro de ambos y de nuestras parejas: Catman y Hello, la tigresa que me pone *fashion* en cada producción de televisión o gráfica.

Viajar es un arte que pocos saborean desde el inicio del plan hasta la concreción.

Y nos pronunciamos tímidamente por la idea de ir los cuatro a Sicilia o hacia algún meridiano y paralelo del mapamundi. Ambos seguimos nuestras caminatas por el barrio con buenos augurios.

La rata se infiltra por células, alcantarillas, despensas, armarios, por los rincones no ventilados del corazón y del pensamiento.

Es el signo que más capacidad tiene para «hacerte el bocho»[13] desde el primer instante que se cruza contigo.

No hay escapatoria.

Emana un fluido invisible que se expande a cámara lenta hasta atraparnos en un tul que nos envolverá hasta que el destino decida si se queda a vivir con nosotros o le damos salida con algún raticida.

Es veloz como el viento huracanado que sopla en los mares sin dejar nada en pie.

Captura la atención del elegido y socava su psique como un minero hasta pulir un cerebro como el de Einstein o reducirlo, como los jíbaros.

Hilvana cada secuencia de la vida ajena y la edita en su cuarto oscuro.

La rata sabe que sobrevivirá al resto del zoo y otras especies animales y humanas; se toma su tiempo para planificar una táctica

---

13. En Argentina, «bocho» se usa como sinónimo de cabeza, y la expresión se refiere a que trabaja sobre la mente.

para succionarnos el prana, no específicamente los recursos materiales, pero sí lo que aun es más difícil: los recursos creativos y espirituales que no abundan en estas épocas de vacío, salvajismo, grosería, ausencia de ejemplos de carne y hueso y coherencia.

La rata tiene sed de conocimiento, de riesgo, por eso camina por la cornisa de noche sabiendo que su vida está en peligro; pero su intuición y sentido de supervivencia la alertarán ante lo inesperado.

En mi vida, cada Batman que se cruzó conmigo me cambió la cosmovisión y me llevó al borde de la locura o de la cordura, que es su opuesta complementaria.

Una rata que nace con amor, cuidado y educación podrá destacarse en la sociedad.

Desde Shakespeare hasta MARIO VARGAS LLOSA, nos envolverán con sus historias, novelas, comedias, tragedias, y perforarán nuestro inconsciente hasta hacerlo suyo.

Desde sus orígenes humildes, como «EL DIEGO» y TÉVEZ, darán más que hablar por sus escándalos que por sus goles, que además los inmortalizan con viveza criolla.[14]

La rata tiene un *sex appeal* que es marca registrada.

Nadie logrará cambiarle el rumbo que eligió para llegar a BANGLADESH.

Su caudal emocional, creativo y humano la convierte en un ser único e irremplazable.

Tiene el don de atravesar la vida como un paria, un SANYASIN o un jeque árabe.

En cada etapa encontrará mecenas, patrocinadores, amantes, marchantes para trepar a la cima, vivir con los recursos que obtiene disfrutándolos y, si está enamorada, compartiéndolos con generosidad.

Es solitaria, sabe atravesar las pruebas que se le presentan como un acróbata ruso, un caminante del cielo, un andariego, y administrar con precisión su porvenir, condimentándolo con sentido del humor, creatividad y solvencia.

La rata es ciclotímica: desde muy joven deberá tener contención, amigos, y especialistas que puedan decodificar su psique para no estancarse y evolucionar en su vocación.

Su radar para el peligro está en el ADN, se involucra en el campo etérico del prójimo y huye cuando siente que en un instante puede ser el blanco de quien la enfrenta.

---

14. Del portugués *crioulo*, criollo es un término que surgió en la época colonial para nombrar a las personas nacidas en América que descendían exclusivamente de padres españoles o de origen español. ... También se conocía como criollos a los negros nacidos en el territorio americano.

Se reinventará en la vida mil veces; tanto como quiera y pueda. «El fin justifica los medios» es una ley que conoce profundamente en su corazón errático.

Hogareña, cariñosa con hijos, nietos, hermanos y amigos, es una persona necesaria para pedirle consejos, ayuda, o su tiempo.

A veces, el vértigo por meterse en agujeros negros no le permite salir a la superficie, flota cual un náufrago en un mar salado como el Mar Muerto; tal vez alguna sirena la resucite o la enamore para traerla al mundo de los vivos.

En ambos sexos, la roedora crea dependencia emocional con su estilo de convivencia.

Cuando está enamorada es abrumadora: atiende, cocina, limpia, ordena, trae flores y bombones para su amante, recita poemas de cada siglo en varios idiomas, entretiene con su conversación amena y llena de calor el hogar.

Siempre lista para los primeros auxilios, es una gran compañera de la vida cotidiana y de viajes al exterior.

Sabe tocar el punto G física y anímicamente, y seduce sin tregua a quienes tiene en la lente bifocal.

Gran negociadora, nunca pasará hambre, sabe conseguir su queso y guardarlo para épocas de escasez.

Su memoria asombra; detallista, diseca situaciones y personas con agudeza y sentido del humor.

Jugadora empedernida, apuesta a todo o nada.

Trae fórmulas, recetas, consejos que hereda de sus antepasados, a quienes admira o detesta, según haya sido el loto[15] en su constelación familiar.

Conoce las leyes y los códigos del barrio y del país y siempre se adelanta para sacar tajada en lo que pueda.

La rata es multidimensional; puede estar en muchos lugares al mismo tiempo, y desarrollar su cerebro con el último programa de cibernética.

Tendrá una vida azarosa, jamás se aburrirá, pues su instinto de supervivencia la llevará al lomo del buey que Lao Tse usó para predicar el TAO.

L. S. D.

---

15. Es un juego de azar que existe en Argentina.

La Rata y su energía

Rata de Madera (1864-1924-1984)
Una rata aromática.
La madera produce un efecto de relax en esta variedad de ratas. Será más cauta, analítica y tranquila; no le importarán las críticas y sabrá desenvolverse socialmente. Tiene un talento especial para discernir la belleza y el valor de los objetos de arte, y puede ser escritora, pintora o música renombrada. Sobreprotectora con sus seres queridos, se la juega por sus ideales y tiene palabra. Necesita aprobación constante, tiene un *egotrip*[16] que pide aplausos a gritos. Detesta la soledad, inventa laborterapia para entretenerse y a veces desconfía de sus sentimientos.

Rata de Fuego (1876-1936-1996)
Como la Argentina.
Es un ciclón de energía, vitalidad, radiactividad y nerviosismo. Tendrá una vida de novela; apostará a todo o nada y buscará la verdad, la belleza, la justicia. Protectora, generosa, codiciosa, encantadora, persuasiva y dura, tendrá una vida original; se arriesgará e inventará formas de convivencia. Dejará huellas como amante y resultará difícil no sufrir la «rata dependencia» a causa de su sensualidad y erotismo. Estos nativos son brillantes, intelectuales, captadores, sensibles y buenos interlocutores que adoran filosofar hasta el amanecer. Pueden deprimirse si sufren un desencanto sentimental. El miedo a la soledad es peor que la muerte. Poseen una capacidad de trabajo inagotable y coleccionan exespouses, amantes y amigos con los que se llevan muy bien. Con tendencia autodestructiva, las depresiones nerviosas, los ataques de nervios y el abuso de drogas son su talón de Aquiles. Tal vez se dispersen en muchas actividades, pero si encuentran su vocación cuando son jóvenes llegarán a la cúspide de sus ideales.

Rata de Tierra (1888-1948-2008)
Una rata taoísta.
Esta rata está en su medio; por eso sabe desenvolverse con destreza en la vida. Con fuerte personalidad y muy exigente, expresa siempre sus prioridades. No teme hacer concesiones y negociar cuando sabe que no puede ganar. Es la más tranquila de las ratas, brinda paz y

---
16. Es un término que alude a alguien que ansía estar en el centro de todo, ser quien siempre marque el rumbo.

la pide. Puede lidiar con fuertes detractores y salir ilesa. Laboriosa y disciplinada, cumple su rutina y cuando trabaja lo hace con una mesurada y sensible inteligencia. Busca congeniar con los demás, es cariñosa y le encanta recibir a sus amigos en su casa; prefiere las veladas íntimas a las salidas nocturnas. A veces juzga y critica a quienes recorren otros caminos en la vida laboral; puede ser chismosa y dada a aparentar. En su vida sentimental son personas apasionadas, ardientes y muy generosas; tal vez, si están mucho tiempo casadas, busquen emociones extraconyugales para divertirse un poquito. Pero es innegable que esta rata sabe procurarse lo indispensable, y si forma un hogar será cálido, lleno de plantas y animales domésticos.

Rata de Metal (1900-1960)
Todo lo que brilla la atrae.

Busca ganar fortuna y fama a través de su marcada vocación que viene de su infancia, y de contactos influyentes que logra detectar con su olfato. No es tan intelectual como las otras ratas, pero su instinto está más desarrollado; resulta convincente en las conversaciones pues sabe escuchar con atención a su interlocutor. Profunda en sus intenciones, piensa mil veces antes de tomar una decisión. Muy sensible a las críticas, es rencorosa, registra el dolor y la rabia, y no perdona. Cualquier profesión extrasensorial será muy útil para esta rata sensitiva con talentos especiales. Puede elegir ser psiquiatra, educadora, astróloga, investigadora, deportista, detective o trabajadora social. A veces juzga a los demás con mucha severidad y se convierte en alguien muy pesimista, posesivo, materialista y paranoico. Gran hedonista, no se priva de ningún pecado capital.

Rata de Agua (1912-1972)
Una pícara rata molesta.

La agresividad está atenuada por la energía agua. La ambición y la carrera hacia el éxito son secundarias. Su mayor interés es disfrutar plenamente de los grandes placeres de la vida. A esta rata muy refinada le encanta vestirse bien y rodearse de un ambiente agradable. Posee el arte de dar consejos. Discreta y muy aguda para analizar situaciones propias y ajenas, se introduce en el corazón en el momento exacto. Sabe ganar a sus enemigos en su propio juego, y nunca ataca si no la provocan. Tiene una antena parabólica de captación cósmica, poderes telepáticos, de médium, sueños premonitorios, visiones... conviene escucharla con atención. Es burguesa, le encanta el confort, y a veces se olvida de los más necesitados. Le cuesta compartir. Obsesiva con sus actividades, posee una mente muy fértil, capaz de sintetizar conceptos abstractos del arte; puede escribir, pintar y hacer música como los dioses. Su humor suele ser cambiante y llevarla a tener ataques de cólera. Puede ser corrupta y sobornable, pero a la vez tiene muy desarrollado el sentido de la justicia y el deber en el seno familiar.

La Rata y su ascendente

RATA ASCENDENTE RATA: 23.00 a 1.00

Conoce su *charme* y cómo debe usarlo; dueña de muchas contradicciones, es lúcida, crítica, manipuladora, agresiva y muy ambiciosa. Su punto G son los bajos instintos. Buena escritora y ávida lectora.

RATA ASCENDENTE BÚFALO: 1.00 a 3.00

El búfalo templa las extravagancias de la rata y limita su acción. Solidaria, tendrá amistades y amores sólidos y estables. Es obstinada y planea los proyectos con tiempo.

RATA ASCENDENTE TIGRE: 3.00 a 5.00

Agresiva y dominante, se dispersa mucho y se le nota la ambición. El tigre le aporta una dimensión de nobleza y de justicia. Su generosidad es grande y sabe vivir día a día. Cuidado con el tigre, puede hacer que la rata se gaste muy pronto todo el dinero que ganó trabajando.

RATA ASCENDENTE CONEJO: 5.00 a 7.00

Será irresistible, disimulará la astucia de la rata con el encanto del gato/conejo. Confiará en poca gente y seguramente impondrá su opinión sobre las de los demás.

RATA ASCENDENTE DRAGÓN: 7.00 a 9.00

Será expansiva y de gran corazón. Le gusta darse todo tipo de gustos lujuriosos y agasajar a quien ama. Peca de exceso de ambición, pero tiene tanta suerte que se justifica. Sus amores son sinceros y profundos.

RATA ASCENDENTE SERPIENTE: 9.00 a 11.00
Tan astuta que atraviesa los muros. Es un genio de las finanzas, una especuladora genial. Envolvente, mágica, fascinante, tendrá una intuición especial para huir de los peligros y jamás será atrapada.

RATA ASCENDENTE CABALLO: 11.00 a 13.00
Rata con tendencias suicidas, correrá todo tipo de riesgos en su vida. Tendrá una turbulenta vida sentimental, con desboques peligrosos. Generará diversas situaciones límite.

RATA ASCENDENTE CABRA: 13.00 a 15.00
La cabra graduará el temperamento agresivo de la rata y le dará una estabilidad confortable. Será persuasiva, atrevida, mundana, estética; más comprensiva y liberal que pasional.

RATA ASCENDENTE MONO: 15.00 a 17.00
El mono reforzará la lucidez de la rata, y aumentará su clarividencia. No tendrá ningún tipo de moral. Hábil, diabólica, gentil, culta, será irresistible. No tendrá corazón pero sí un sentido del humor genial y negro.

RATA ASCENDENTE GALLO: 17.00 a 19.00
Es inteligente y voluntariosa. Contradictoria con el dinero, le gusta ahorrar y también despilfarrar. No soportará la crítica, le costará enfrentar la verdad. Es la rata más soberbia.

RATA ASCENDENTE PERRO: 19.00 a 21.00
El perro la convertirá en una rata imparcial y desprejuiciada. A pesar de eso, su esencia es ambiciosa. Ideal para ser periodista y para filosofar.

RATA ASCENDENTE CERDO: 21.00 a 23.00
Una rata altruista, llena de contradicciones internas, y ciclotímica. Es muy sensual, inteligente y con gran amor por la vida.

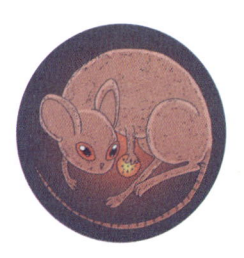

Signo mixto

Rata-Cerdo

Las personas nacidas entre finales de febrero y finales de noviembre de los años 1900, 1912, 1924, 1936, 1948, 1960, 1972, 1984, 1996 y 2008 pertenecen al signo mixto rata-cerdo. Concebidas en un año cerdo y nacidas en un año rata.

¡Qué cóctel para digerir en el Triángulo de las Bermudas!

Son personas muy atractivas por lo complejo de su personalidad. Por la fuerte ambivalencia de ambos signos, lucharán para ganar las batallas de la vida con armas nobles e innobles. Mentalmente torturadas, con una sensibilidad desgarradora, tendrán el pellejo al rojo vivo y sacarán a la luz los principales defectos y virtudes de ambos signos.

La rata, intolerante, introvertida, insensible, agresiva, insaciable, pragmática y entusiasta, convivirá con el cerdo extravertido, hipersensible, familiar, imaginativo, disponible, crédulo y sibarita.

La ambición insaciable de la rata unida con el conformismo porcino dará una persona que se debatirá entre ser víctima de su propio invento apelando a todos los recursos visibles e invisibles del universo. Esta combinación es la más difícil, complicada, exigente y vulnerable del zodíaco chino, pero también la más prometedora.

En la búsqueda eterna del equilibrio, que perseguirá como al arcoíris, aliará la sensibilidad receptiva, no conformista, la inteligencia cínica, extrovertida y abierta del cerdo a la insaciabilidad ambiciosa y fríamente intelectual de la rata introvertida.

Su juventud será difícil, llena de crisis emocionales. La mediocridad de la vida cotidiana la desespera; observa desde su cueva las miserias humanas y se defiende del mundo con una coraza impenetrable. Muy ciclotímica, cuando se deprime es intransigente consigo misma y afecta su entorno con su actitud autista de sectaria intolerante.

Toda forma de talento la fascina hasta cegarla. Oscilará entre un entusiasmo delirante y una melancolía galopante en la búsqueda permanente de la verdad, de lo inesperado, lo imprevisto. Se sumergirá en nuevas experiencias, fuertes, secretas, prohibidas...

Es una provocadora; vivirá en la cuerda floja, con saltos mortales que le pueden costar la vida si no tiene los objetivos claros. Una desarraigada existencial cuya única meta será bucear en su laberíntica vida.

Un caso extraño: un espécimen ermitaño social que necesita rodearse de gente aunque no sea con lazos profundos; produce compromisos afectivos difíciles.

Un extraterrestre podrá tocar el punto G del alma de la rata-cerdo y enamorarla. Cuando queda hechizada por alguien abandona todo por ese gran amor sin medir las consecuencias. Puede llegar a la cúspide con la condición de empujar sus contradicciones hasta los límites, transformando como un alquimista cada acto de su vida.

Cuando logra tener el control de su carácter, es extremadamente rica e interesante, o totalmente perversa.

Su evolución personal, basada en su conciencia, logrará convertir a la rata-cerdo en un ser humano benévolo, símbolo del amor insaciable de la rata con la sed de afecto del cerdo. Conquistará el amor por derecho propio.

La casa de la Rata

Tendrá algo de laberinto, con rincones, nichos y armarios. Jugará con los biombos, con las cortinas rojas o negras. Esto no excluye el confort. Tendrá abundancia de muebles heterogéneos y una mezcla de adornos y estatuas. La rata fantasea con un castillo perdido en medio de un valle oscuro, lleno de cuartos, al estilo Frankenstein o *Los Locos Adams*, pero ¿realmente necesita tanto? Su jardín es tan excéntrico como su casa: pasto sin cortar, árboles sin podar, caminitos sinuosos. Para un jardín interior, se sentirá feliz si tiene ajenjo, orquídeas, tubérculos y muchos cardos; adora las flores secas.

Simbolismo del lugar

Es la dueña de la noche, de lo subterráneo, de los laberintos. Le gustan especialmente los graneros, los sótanos, las orillas de los ríos y de los canales.

Encuesta

1-¿Crees que el mundo virtual (las redes sociales, internet, por ejemplo) ayuda en los vínculos entre las personas?

El mundo virtual abre un nuevo espacio de comunicación pero todavía no tiene sus contextos definidos y eso es lo que da lugar a confusiones y malentendidos que pueden ser muy ruidosos. Entonces, pienso que por el momento, la mejor manera de comunicarse no es la que está mediada por las tecnologías sino aquella en la que participan lo físico y la experiencia en común con el que nos estamos comunicando. Las redes sociales traen nuevas maneras de comunicarnos pero todavía siguen siendo irreemplazables el contacto humano, la gestualidad, el sonido de la voz y hasta el olor de la otra persona. Los vínculos se construyen con muchos planos de nosotros mismos, que por el momento no se pueden recrear en el mundo virtual. Igual, las redes sociales de internet tienen un gran potencial de futuro y como esto acaba de comenzar no me atrevería a ser determinante en mi respuesta. Como ocurre con toda herramienta humana, somos nosotros mismos quienes podemos hacer con ellas cosas buenas y otras no tan buenas.

2-¿Cómo reaccionas ante tus propios errores?
Soy implacable con mis errores. No me los puedo perdonar y solo espero que el tiempo me ayude a olvidarlos. Pero la memoria me traiciona y cada tanto me los trae de nuevo, aunque no lo quiera. Alguno pensaría que el paso del tiempo puede aligerar esa carga, pero no es lo que me pasa. Trato de convivir con mis errores y hacer que sirvan como un aprendizaje, para no volver a cometerlos. Entonces, cometo nuevos errores ¡y vuelta a empezar! No me mortifican tanto los errores pero sí me preocupa la idea de que puedan perjudicar a otros aun cuando sé que son, como todo error, algo involuntario.

3-¿En qué encuentras la belleza de la vida?
En la sabiduría, que es algo que trato de aprender a encontrar en mi universo más cercano. Las veces que he podido detectarla, la he apreciado. Y la aprecio mucho más cuando la descubro tan cerca y cotidiana. Celebro que existan seres con ese don de ser sabios para no doblegarse ante lo inevitable.

4-¿Qué te afecta de los demás y del mundo?
La mediocridad, que es la condición para construir todas las burocracias que dirigen nuestros destinos. Nada puede afectarme más porque eso lleva el germen peligroso del mal. Esas personas son dañinas, y peores en tiempos oscuros. Es un mal latente que volverá a aflorar, seguramente. Otra cosa que no puedo tolerar es la mala intención, que está muy lejos de pasar por un error, aunque algunos intenten disfrazarla como tal.
Tampoco soy tolerante con la mala educación prepotente y con los que se quieren hacer los listos. La llamada viveza criolla[17] me parece una de las peores costumbres que tenemos.
Del mundo me afecta la desigualdad, que va creciendo y contra

---

17. Termino usado para referirse a la viveza y ventajismo de lo argentinos.

la que parece no haber freno. Estamos inmersos en una vorágine que nos pone cada vez más cerca de mayores cataclismos y pareciera que hay un plan para desacreditar a aquellos que intentan llamar la atención sobre esta carrera loca llamada «progreso».

5-¿Cuáles son los mandatos que crees que hay que seguir?
Mandatos hay de sobra y trato de no prestarles atención, pero creo que si nos dejáramos llevar por el mandato del respeto como la norma principal de la existencia, las cosas comenzarían a ir mejor.

Aun cuando muchos vivamos en una época «moderna» una gran cantidad de personas a nuestro alrededor siguen sufriendo mandatos familiares y sociales que no tienen ganas de cumplir, pero lo hacen. No puedo juzgarlos, pero deseo que encuentren la fuerza para liberarse de esas ataduras.

Cuéntame un cuento chino

Leo Damario - Director de cine - Argentina

Asociada al rufián, al embustero, al perfecto ladrón de quesos parisino, la rata nunca dejó de bucear en sus ideas y pensamientos. Mucho más afín a la lucidez que a una lógica díscola y pasional, me pasé esta primera parte de mi vida pensando y luego siendo. Incluso al punto de que mi pobre corazón no ha sabido bien el porqué de su propio palpitar.

¿Cómo amar sin cerebro si el amor es un concepto intelectual de un sentimiento? Solo los seres racionales aman. Los perros no se enamoran. ¿Pero cómo podría un cerebro copular con otro?

Pasarse de listo puede ser un problema. Tan inoportuno como nunca estar listo.

El único trabajo de esta rata, mal vista por los cazadores y amantes de la higiene, es aprender a ser espontáneo. La rata piensa. Y asusta a los elefantes de mil kilos que intentan aplastarla. Seduce y se reproduce. Y corre tan rápido como el discurso de un predicador. Por lo bajo, entre las alcantarillas, haciéndose tan pequeña como le haga falta, tomando la forma que le permita pasar. Sin miedo a mutar y ser de goma. Ninguna pared asustó a la rata jamás. Eso sí, será cuestión de mantenerse en estado para correr de los gatos y las culebras rastreras que la quieren devorar.

PERSONAJES FAMOSOS

PINO SOLANAS
Rata de Fuego

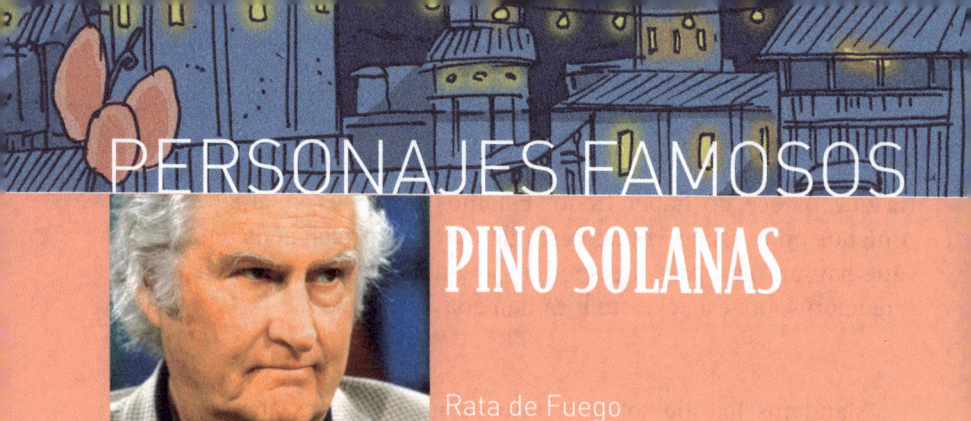

RATA DE MADERA (1864-1924-1984)
Henry Charles Albert David, Marcello Mastroianni, Charles Aznavour, Mark Zuckerberg, William Shakespeare, Henry Mancini, Johan Strauss (padre), Scarlett Johanson, Hugo Guerrero Marthineitz, Narciso Ibáñez Menta, Carlos Tevez, Toulouse-Lautrec, Paula Chávez, Lauren Bacall, Doris Day, Eva Gabor, Andrés Iniesta, Marlon Brando, Lisa Simpson.

RATA DE FUEGO (1876-1936-1996)
Oriana Sabatini, Mario Vargas Llosa, Pablo Casals, Charlotte Brontë, Anthony Hopkins, Antonio Gades, Wolfgang Amadeus Mozart, Norma Aleandro, Kris Kristofferson, Mata Hari, Úrsula Andress, Rodolfo Bebán, Richard Bach, Glenda Jackson, Pino Solanas, Bill Wyman, Jorge Mario Bergoglio, Padre Luis Farinello.

RATA DE TIERRA (1888-1948-2008)
Olivia Newton-John, Rubén Blades, James Taylor, Thierry Mugler, Leon Tolstoi, Robert Plant, Gerard Depardieu, Grace Jones, príncipe Carlos de Inglaterra, Litto Nebbia, Chacho Álvarez, Karlos Arguiñano, Brian Eno, Donna Karan, Vitico, Indio Solari, Irma Salinas.

RATA DE METAL (1900-1960)
Antonio Banderas, Cura Brochero, Sean Penn, John Kennedy, Jorge Lanata, Roberto Arlt, Bono, José Luis Rodríguez Zapatero, Ayrton Senna, Gabriel Corrado, Alejandro Sokol, Tomás Ardí, Spencer Tracy, Tchaikovsky, Nastassia Kinsky, Luis Buñuel, Gustavo Francisco Petro Urrego, Daryl Hannah, Juan Cruz Sáenz, Ginette Reynal, Diego Maradona, Lucrecia Borgia.

RATA DE AGUA (1912-1972)
Raj Patel, Zinedine Zidane, Facundo Arana, Sofía Vergara, Charo Bogarín, Gene Kelly, Antonio Rossini, Antonio Gaudí, Loretta Young, Eve Arden, George Washington, Lolo Fuentes, Cameron Díaz, Lawrence Durrell, Pablo Lescano, Maju Lozano, Valentina Bassi, Pity Álvarez, Roy Rogers, Valeria Mazza, reina Letizia Ortiz, Pablo Rago.

TABLA DE COMPATIBILIDAD

RATA

♥ Amor 🤝 Amistad 🐷 Economía

	Amor	Amistad	Economía
Rata	♥	🤝🤝	🐷
Búfalo	♥♥	🤝🤝🤝	🐷🐷
Tigre	♥♥♥	🤝🤝	🐷
Conejo	♥♥	🤝	🐷🐷🐷
Dragón	♥	🤝	🐷
Serpiente	♥♥	🤝🤝	🐷🐷🐷
Caballo	♥♥♥	🤝	🐷🐷🐷
Cabra	♥♥	🤝🤝🤝	🐷🐷
Mono	♥	🤝🤝	
Gallo	♥♥♥	🤝🤝	🐷🐷
Perro	♥♥	🤝🤝🤝	🐷
Cerdo	♥♥	🤝	🐷🐷

x mal • xx regular • xxx bien

Nota: las compatibilidades son desde el punto de vista de cada animal.

BÚFALO

Tengo tres párpados como los camellos
arena caliza roja
vientos huracanados
intentando borrar huellas ancestrales.
Camino con Urano en Tauro
dejando que todo se disuelva, cambie, transmute;
esa nueva simia no sé quién será.
Espero.

L. S. D.

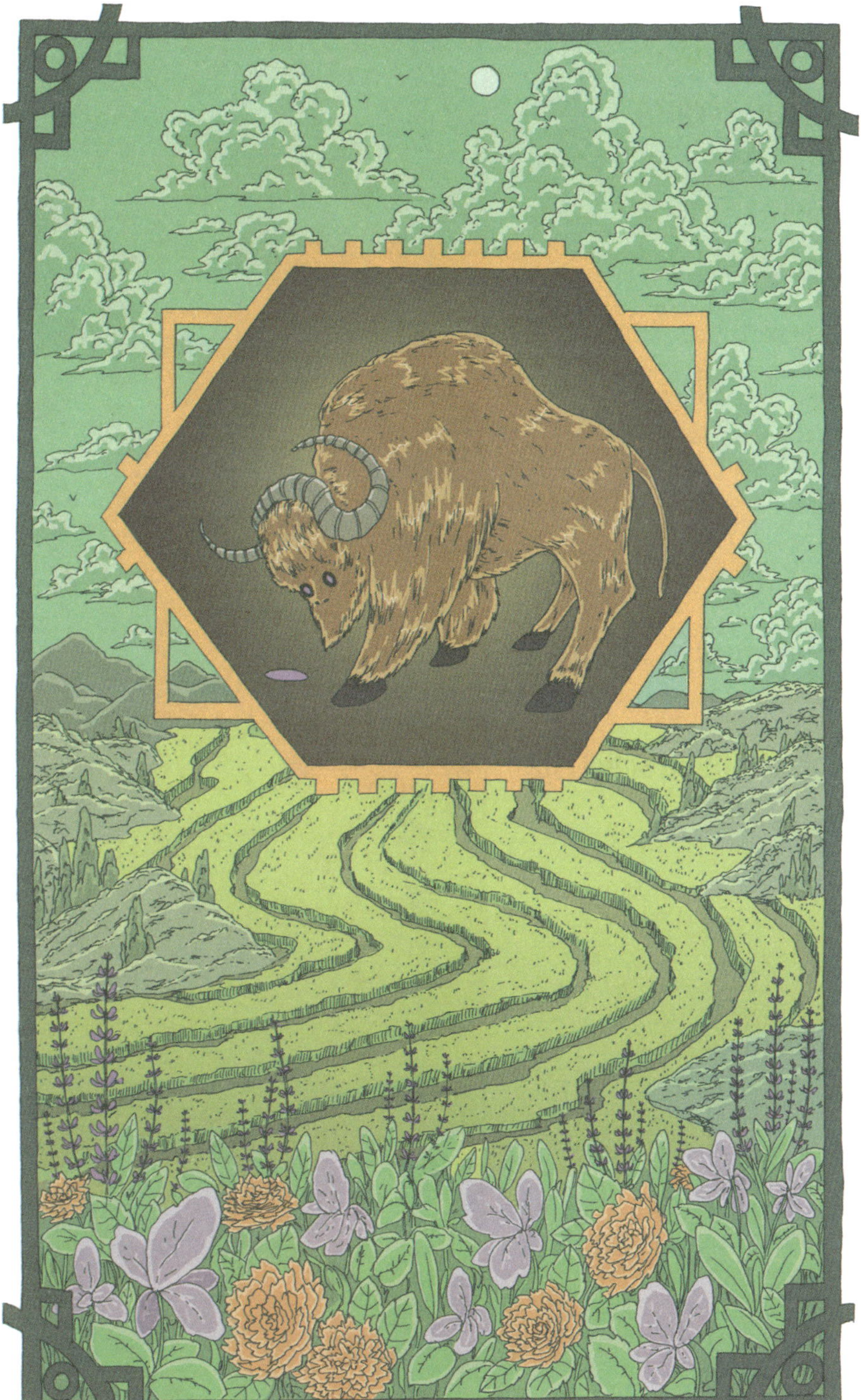
FAGES 2018

Ficha técnica

Nombre chino del búfalo
NIU

Número de orden
SEGUNDO

Horas regidas por el búfalo
01.00 A 03.00

Dirección de su signo
NOR-NORDESTE

Estación y mes principal
INVIERNO-ENERO

Corresponde al signo occidental
CAPRICORNIO

Energía fija
AGUA

Tronco
NEGATIVO

Eres búfalo si naciste

06/02/1913 - 25/01/1914
BÚFALO DE AGUA

25/01/1925 - 12/02/1926
BÚFALO DE MADERA

11/02/1937 - 30/01/1938
BÚFALO DE FUEGO

29/01/1949 - 16/02/1950
BÚFALO DE TIERRA

15/02/1961 - 04/02/1962
BÚFALO DE METAL

03/02/1973 - 22/01/1974
BÚFALO DE AGUA

20/02/1985 - 08/02/1986
BÚFALO DE MADERA

07/02/1997 - 27/01/1998
BÚFALO DE FUEGO

26/01/2009 - 13/02/2010
BÚFALO DE TIERRA

Persevera y triunfarás.

En el pringoso otoño porteño, en el que los días son chicles que se pegotean sin escrúpulos a nuestra realidad cada vez más cruda, hice la cola en el Rapipago[18] para pagar alguna de las facturas que nos caen como flechas envenenadas día a día.

Allí me interceptó una mujer que rebosaba vitalidad para preguntarme si yo era LSD.

–Sí –le dije, y de paso le di una entrada para que me visitara en la Feria del Libro.

Enseguida anunció a la famosa que estaba en el lugar, y produjo una corriente magnética en un chico colombiano que estaba entretenido con esta escena y me dijo:

–Soy búfalo de madera y te amo, y tengo todos tus libros, y mi madre es fan.

Llegó el día de la Feria del Libro, y cuando fui al *stand* a firmar una mujer se presentó:

–Soy Agustina, la búfala de Rapipago. Soy enfermera en un sanatorio y hablo chino.

¡Qué buena presentación!

Realmente estaba aun más eufórica después de la conferencia, y prometió ir a Córdoba a refundarse el 4 de diciembre de 2018[19].

Su presencia sólida y su alma liviana confirmaron que hay signos que tienen tan marcadas las características físicas y espirituales que se distinguen a primera vista.

Mike Green –búfalo– estaba a mi lado, y levantó la mirada hacia ella al escuchar la descripción de su signo, y se solidarizó.

La tradición dice que en China el búfalo es respetado y valorado porque lo llevó a Lao Tse por el país a predicar el TAO.

Su consistencia física es proporcional a su gran capacidad emocional, para soportar las embestidas de la existencia.

Desde niños destilan autoridad; y por eso se les encargan las tareas de ser guardianes y protectores de la familia, de trabajar más que el resto del zoo, de cumplir con roles familiares, laborales, políticos y sociales que le sientan a la perfección.

En ambos sexos son llamados a convertirse en jefes de la manada, a tener rangos en las fuerzas armadas, navales o aeronáuticas, y a desplegar su estrategia.

---
18. Es una empresa que posee locales en los cuales se pagan las boletas de impuestos y servicios.
19. Ludovica se refiere a la ceremonia de «Fundación Espiritual de la Argentina» que lleva a cabo cada 4 de diciembre, en Córdoba.

La vida para el búfalo está asociada a cumplir con su deber, y a veces sufre fuertes encontronazos con gente que no soporta su forma autoritaria de ejercerlo.

Es clave la infancia, la forma de crianza en la familia, los órdenes del amor.

A veces sufre exclusión por parte de hermanos o parientes, pues es tímido, solitario y hasta autista.

Con el tiempo, y si tiene gente que le marque los límites, aprenderá a ser más dócil, servicial y educado.

Resulta realmente una bendición que desde muy pequeño sabe lo que quiere, y apunta a ese objetivo sin detenerse. Conoce bien el territorio donde se mueve, y lo marca con la mirada.

Tiene inteligencia práctica y la aplica en cada acción o situación cotidiana. Pospone lo emocional si tiene que hacer una cirugía mayor en vínculos o relaciones afectivas.

La suma de paciencia, tenacidad y perseverancia del búfalo es su carta de triunfo frente a la liviandad del ser del resto del zodíaco chino.

Su ética y su moral son muy particulares; inflexible en sus creencias ligadas a las de sus antepasados, puede llegar a ser cruel con el castigo a quienes lo desobedezcan.

No tiene buena prensa por algunos negros personajes búfalos de la historia, como Hitler, Saddam Hussein o la dama de hierro, Margaret Thatcher.

Por suerte en el arte está la contrapartida con el flaco Spinetta, Andrés Calamaro, que es mi vecino y lo tengo por encima de mis pensamientos, Renata Schussheim, Meryl Streep y Peter Sellers.

Siempre se destacarán: su rebeldía y su atrevimiento para bufar en su área serán advertidos en la sociedad.

La vida es una experiencia que aceptan desde el parto hasta el final. Saben que deben ser los bueyes de carga en cada situación que se les presente, y resolver ecuaciones matemáticas en tiempo récord.

Algunos búfalos son sociables, disfrutan de eventos, *vernissages*, actos patrios, de todas las reuniones familiares: bautismos, primera comunión, confirmación, casamientos, sepelios. Allí donde haya que fichar, estará el buey.

Es muy probable que en el transcurso de su vida se pelee con amigos, parejas o socios. Su carácter es volcánico, irascible y colérico; no escucha a razones y sigue con el piloto automático sin aceptar sus errores o equivocaciones.

Le cuesta pedir disculpas, su ego es como el obelisco,[20] y solo en la madurez bajará un cambio a sus «bufalitis».
Hiperresponsable, hogareño, será el proveedor o la proveedora de la casa, y a veces, cabeza de varias familias más.
Mientras escucho a Haendel recuerdo el estudio de mi padrino, Rafael Squirru. Él tenía una gran capacidad intelectual, trabajaba a diario para escribir artículos, críticas de arte, libros, poesía, folletos para exposiciones de sus amigos, y en su estudio flotaba un clima bohemio y de gran sentido del humor. Dejó un agujero de ozono en la cultura argentina y en los bares donde predicaba sus teorías sobre arte, mujeres, fútbol y política.
El búfalo ocupa tiempo y espacio en el corazón de los mortales.

L. S. D.

El Búfalo y su energía

Búfalo de Madera (1865-1925-1985)
Un intranauta fiable.
Es el más trabajador de su especie. Infatigable, obsesivo, constante y metódico, tiene un carácter que puede ser temerario. En su afán de perfección, no permitirá que ningún obstáculo lo paralice; necesitará aliados incondicionales que le sigan el ritmo. Ama la naturaleza, la familia, y les rinde culto a los amigos, a quienes adora. Tiene alma samaritana y valora el talento; es muy gracioso y sensual, sabe decir la palabra justa en el momento exacto. ¡Pero jamás lo contradigan, pues es capaz de usar la fuerza!

Búfalo de Fuego (1877-1937-1997)
Un búfalo Big Bang
Este buey será explosivo. ¡Cuidado con provocarlo! ¡SABE LO QUE QUIERE Y LO QUIERE YA! Le encanta participar en los sucesos políticos, ecológicos, ideológicos y deportivos que se presenten, aunque supongan riesgos. Es hiperambicioso y apuesta a lo grande. Logrará llegar lejos en sus metas, sabe explotar sus cualidades y se relaciona bien con los demás. Tiene su propia moral, no le teme a nada, ni siquiera al ridículo. Idealista, no duda un segundo cuando quiere concretar un sueño. Puede ser autodestructivo y desmesurado en sus caprichos, juega con fuego siempre, en muchas ocasiones le falta

---

20. El obelisco es el monumento arquetípico de Buenos Aires, y mide 67,50 m de altura.

sutileza. Adora a la familia, es responsable y muy tierno. Si otros atacan a su prole, se convertirá en una fiera y no sentirá culpa. Puede ser muy extremista en su ideología.

Búfalo de Tierra (1949-2009)
Un búfalo telúrico.
Este buey está preparado para el trabajo forzado y no teme a las dificultades. Es curioso, ruidoso y entrometido. Son personas atadas a la tierra, con un ansia desmedida de poder y buen olfato para descubrir infidelidades de lujo. Les encanta bufar; sus quejidos son llamadas de atención o mecanismos de defensa muy acentuados. Perfeccionista hasta el aburrimiento, nada lo desestabiliza, pues está muy organizado. Sufre secretamente el miedo al abandono, al rechazo y a la pérdida, y para disimular sus sentimientos usa tácticas que resultan agresivas. Cuando el trabajo no le sale como espera, puede convertirse en dictador con sus súbditos. Su manera de expresar amor es a través del sexo. Le cuesta admitir sus defectos y se encierra en sí mismo a la hora de la verdad.

Búfalo de Metal (1901-1961)
Un búfalo heavy duty.
Este buey tiene carisma, un halo, una magia que envuelve instantáneamente a quienes lo rodean. Es el más sociable de todos los bueyes; tiene grandes ambiciones personales, una fuerte vocación y un especial talento para la estrategia. Seguirle el ritmo a este búfalo es un arte: está siempre activo, curioso por el mundo exterior, y movilizado por su vida espiritual que lo conduce a verdaderos laberintos. Tiene un carácter más que irascible; se enojará y hará volar la vajilla por la casa cuando las cosas no salgan como él quiere. Es aconsejable ponerse auriculares y dejarlo con su ataque de «bufalitis». Orgulloso y muy vanidoso, no acepta críticas. Es melancólico, y para él «todo tiempo pasado fue mejor». Posee un gran sentido del humor, aunque le cueste reírse de sí mismo. Un búfalo intuitivo, fiable y sibarita.

Búfalo de Agua (1913-1973)
Un romántico encubierto.
Un tipo de búfalo más realista que idealista. Es paciente, práctico e infatigablemente ambicioso. Astuto y agudo, sabe usar bien las cosas y puede hacer aportes notables porque es capaz de organizar sus actividades y esperar el momento oportuno para actuar. Aunque

tiene un carácter muy dispuesto, razonable y flexible, abierto a sugerencias, no le gusta que se entrometan en sus cosas íntimas. No es tan terco como otros búfalos y se adapta mejor a las contingencias. Le preocupan mucho su estatus y la seguridad. Materialista, se siente respaldado por *la ley y el orden*. Paciente y metódico, se distingue por su capacidad para trabajar en equipo y concentrarse en más de un objetivo a la vez.

El Búfalo y su ascendente

BÚFALO ASCENDENTE RATA: 23.00 a 1.00
La rata aporta al búfalo *charme* y sociabilidad. Este ejemplar será muy refinado, elegirá sus amistades y sabrá qué brebajes usar en el amor para obtener los resultados deseados.

BÚFALO ASCENDENTE BÚFALO: 1.00 a 3.00
Un búfalo inflexible. Sólido, protector, taciturno, no está hecho para las bromas. Su cólera puede ser exterminadora, exigirá incondicionalidad y orden militar.

BÚFALO ASCENDENTE TIGRE: 3.00 a 5.00
Será enérgico, audaz, con coraje y ambición. Autoritario, buscará aprobación en lo que haga y amará viajar. Un búfalo capaz de dar su vida por amor.

BÚFALO ASCENDENTE CONEJO: 5.00 a 7.00
Este será un búfalo refinado, más liviano y con un ácido sentido del humor. Buscará belleza, armonía y estética en todo lo que se proponga, y siempre caerá bien parado.

BÚFALO ASCENDENTE DRAGÓN: 7.00 a 9.00
Un búfalo alado. Imaginativo, ambicioso, autoritario y muy sibarita. Habrá que tener suerte para que nos dedique algo de tiempo pues siempre estará muy ocupado.

BÚFALO ASCENDENTE SERPIENTE: 9.00 a 11.00
La serpiente convierte a este búfalo en un ejemplar muy misterioso y atractivo. Será reservado, rencoroso, astuto y tendrá suerte en el azar, y saldrá a buscarlo.

BÚFALO ASCENDENTE CABALLO: 11.00 a 13.00

Este búfalo no soportará estar encerrado. Febril, ardiente, sensual y rebelde, no se conformará con lo que tiene. Siempre querrá más.

BÚFALO ASCENDENTE CABRA: 13.00 a 15.00

Elegirá la vida cerca de la naturaleza y fomentará la ecología. Un búfalo con tendencias artísticas, y muy tierno. Sabrá ganar dinero con su talento.

BÚFALO ASCENDENTE MONO: 15.00 a 17.00

Tras una máscara de seriedad esconderá humor, manías y especulación. Se adaptará e improvisará en cada momento de la vida sus jugadas, será sociable y buen negociante.

BÚFALO ASCENDENTE GALLO: 17.00 a 19.00

Un búfalo mundano. Tiene pasta de orador y es muy expresivo. Será muy minucioso para el trabajo y exigirá lo mismo de los demás. A veces puede ser artista.

BÚFALO ASCENDENTE PERRO: 19.00 a 21.00

Pasará su vida denunciando la injusticia y tratando de repararla. El perro le aporta al búfalo tolerancia, energía y coraje; vivirá por y para los demás y tendrá una vida sentimental agitada.

BÚFALO ASCENDENTE CERDO: 21.00 a 23.00

Este búfalo adora vivir bien, será muy sociable, gentil y armónico, con una gran sensualidad. Atento a la realidad, no se privará de nada y tendrá amor toda la vida.

Signo mixto

BÚFALO-RATA

Las personas nacidas entre finales de febrero y el finales de noviembre de los años 1901, 1913, 1925, 1937, 1949, 1961, 1973, 1985, 1997 y 2009 pertenecen al signo mixto búfalo-rata. Concebidas en un año rata y nacidas en un año búfalo.
La combinación de ambos animales da una simbiosis perfecta. Este signo es símbolo potencial de los dos animales más reaccionarios y conservadores del calendario. Tendrá una cortina de hierro que no le permitirá que se infiltren cambios en su estructura mental.

Prevalecerá en el buey su espíritu dominante, valiente, pragmático, conservador, poderoso, cultivado, trabajador, honesto, y en la rata su esencia ambiciosa, tenaz, conformista, organizada, insaciable, agresiva, servicial, gentil y afectiva: un *feed-ba*ck notable.

Ambos, rata y búfalo, con su tendencia *yin* enfrentarán al mundo con recursos inagotables. La rata agresiva le da al búfalo apacible el coraje de la lucha, la furia, y la resolución de los problemas.

Este perfeccionista idealista doble *yin* tendrá gustos simples y posibles. Cultivará la amistad, el arte, el deporte con disciplina. Gestará ideas de trabajos en equipo, será conductor y líder, y llevará a cabo con éxito empresas de riesgos.

Su espíritu independiente chocará con el resto de la gente y deberá aprender técnicas de relaciones humanas para insertarse en la sociedad. Su visión de la vida es parcial y arbitraria; le cuesta modificarse, escuchar y aceptar al otro.

El deporte y la política le interesan y es capaz de grandes sacrificios para conquistar los primeros puestos.

Su sentido crítico se despierta con los que se salen del marco habitual de la organización social establecida y quieren cambiar las estructuras. Su escepticismo lo llevará a encapsularse en un microclima plagado de prejuicios y dudas.

Este búfalo-rata tiene nostalgia de un pasado mítico y glorioso del que se considera juez y parte; a veces se siente anarquista y troglodita y es consciente de ello.

No se mira críticamente a sí mismo pero juzga a los demás por su forma de vida; solo un amor puede ablandarlo y modificar su ADN.

Su resistencia física es a prueba de misiles; cuando quiere conquistar un territorio arremete como un toro en una corrida. Metódico, de metabolismo rumiante, puede subir los escalones del poder sin tener completa conciencia de sus responsabilidades con los demás.

Su esquema mental es simple y claro: izquierda, derecha, blanco o negro. No se permite la contradicción; las cosas para él son inmutables. No tendrá piedad con aquellos que duden o que cuestionen sus razonamientos. Cuando pierda el control, su violencia no tendrá límites. No puede aceptar que exista otra verdad que no sea la suya. Quienes no piensan como él están en contra de él. ESA ES SU VISIÓN DEL UNIVERSO. Su manera de brillar puede ser de perfil bajo o eligiendo las primeras planas del mundo.

La rata lo estimula para que baile en el circo, que lo fascina por su ruido, diversidad y colorido. Su peor enemigo es su omnipotencia cubierta con un manto de piedad. Y tendrá a la rata «haciéndole de cabeza» en los momentos clave de su vida.

La casa del Búfalo

Una finca en un valle, una casa en el campo, una casita en el fondo de un parque, o un apartamento en un inmueble rodeado de un gran jardín (o frente a un parque o algunas colinas). Le encanta canalizar su energía con laborterapia de trabajo físico: cargar tierra, bolsas, macetas y palas. Necesita por lo menos un jardín interior, pues su necesidad de verde es vital. Hiedras trepando por las paredes del baño, plantas de salvia y tomillo, macetas de peonías y violetas en la cocina. El búfalo es un artista ecológico que convertirá su entorno en el lugar más estético del planeta.

Simbolismo del lugar

Ama la naturaleza, la tierra, las grandes planicies, los valles abiertos, lo verde. Estaría muy cómodo en el edén.

Encuesta

1-¿Crees que el mundo virtual (las redes sociales, internet, por ejemplo) ayuda en los vínculos entre las personas?
No, me parece un pozo. Lo mismo pasó con la pólvora, los chinos hacían fuegos artificiales y fiestas, y después la cogieron los occidentales e hicieron guerras. Y esto va a terminar en que se cortará el vínculo entre los seres humanos, el «face to face». Van a terminar con la sonrisa, el gesto. Si nos mentimos personalmente, imaginate por medio de internet lo que puedes mentir. No, no, para mí va a terminar, es un pozo negro, está hecho por seres humanos, que es la peor raza animal del planeta.

2-¿Cómo reaccionas ante tus propios errores?
Perdonándome y aprendiendo. Siempre se aprende del dolor. Depende de qué errores; una cosa son los económicos, otra cosa son los humanos. Otra cosa son las frustraciones. El error que más me duele es la estafa moral, la estafa afectiva.

3-¿En qué encuentras la belleza de la vida?
En la bondad, en la alegría, en la confianza. En vivir, no en durar. Es bello todo eso. Parte un poco de la naturaleza humana, cuando conozcamos la naturaleza humana vamos a hacernos menos mala sangre, es la única raza animal que se traga su hábitat, que hace un montón de cosas que los demás animales no hacen. En el mundo, depende de la cultura, también de los límites, el respeto, la ley; qué sé yo, es una combinación muy grande como para simplificarlo.

4-¿Qué te afecta de los demás y del mundo?
De la naturaleza humana y de la humanidad y del mundo la falta de amor. No puedes crecer sin amor. Si lo mamas de pequeño, de bebé, recibes amor. Los gritos no te enseñan a ser feliz. En la enseñanza hay muchas mentiras que pertenecen a la religión, al estatus, a elecciones raciales, a fundamentalismos. Pero todo se cura con amor. Si a ti de pequeña tu madre te daba la teta, te acostaba a dormir y te acariciaba, listo: tú naces de otra manera, naces más humano frente a la sociedad. Cuando no tienes eso, te desarraigan del amor y te conviertes en una bestia muy jodida. Mira, hay un ejemplo, de un bioquímico chileno y un argentino. Cogieron dos ratoncitos y a uno lo pusieron en una jaula y al otro fuera. Al que

pusieron en la jaula no le hacían caso, le tiraban la comida, no le hablaban, ni siquiera lo tocaban. Al otro, le daban la comida en la boca, le acariciaban el lomito, y así los tuvieron un año o año y medio. Después los soltaron frente a otros ratones y el que fue criado con amor jugaba con todos. El otro estaba en un rinconcito, y cada vez que alguno se le acercaba, quería morder. Es verídico, eso es verdad, ¿o no?

5-¿Cuáles son los mandatos que crees que hay que seguir?

Yo soy agnóstico, no pertenezco a ningún club ni a la corporación familiar, me despojo bastante de los sentimientos para sufrir mucho menos. Sigo la energía, para mí todo es la energía, pensamientos positivos, creer, tener constancia, no joder a nadie, ser feliz, valorizar lo que tengo. Yo tengo un montón de años, pero mal viví... Ponle que tengo 70 años, mal viví 10 años, está bien, porque... vale la pena. Porque los otros 60, ¿qué? Entonces, llevo de una mano la alegría y de la otra el dolor, y aprendí a convivir con los dos. Trato de tener sentido común y ser justo. No ser mejor, ni peor: ser justo.

Cuéntame un cuento chino

Paulina Vieitez - Escritora, periodista
y presentadora de televisión - México

Soy mi propia tundra de nieve a veces.
Cabalgo entre los árboles secos de mis heridas,
me alojo en las cicatrices que dejaron,
sufro el frío del abandono en esa inmensidad del interior universo,
no sé cómo esconderme si lo que veo es mi propia sombra,
me enfrento a ella colocándome delante,
dimensionando su oscuridad intuyo la luz,
se prende el fuego de mis entrañas, me vuelvo hoguera,
habito mis miedos, los confronto y disipo sus cenizas,
ocupo el espacio de mi agonía, hago las paces con ella,
viajo hacia la piel ya pura, logro traspasarla, volverme carne de nuevo.

Sé por fin que el calor de otro cuerpo es la llamada, el amor, la respuesta.

PERSONAJES FAMOSOS

ARA San Juan
Búfalo de Madera

BÚFALO DE MADERA (1865-1925-1985)
Gilles Deleuze, Paul Newman, Peter Sellers, Jack Lemmon, Tony Curtis, Carlos Balá, Dick van Dyke, Benito Laren, Lula Bertoldi, Richard Burton, Roberto Goyeneche, Johann Sebastian Bach, Rafael Squirru, Rock Hudson, B. B. King, Johnny Carson, Bill Halley, Malcolm X, Sammy Davis Jr., Jimmy Scott, Bert Hellinnger, Rosario Ortega.

BÚFALO DE FUEGO (1877-1937-1997)
Martina Stoessel, la princesita Karina, Maisie Williams, Camila Cabello, Robert Redford, Warren Beatty, Trini López, Boris Spassky, Jack Nicholson, Herman Hesse, Diego Baracchini, Jane Fonda, Norman Brisky, José Sacristán, rey don Juan Carlos I de España, Dustin Hoffman, María Kodama, Facundo Cabral.

BÚFALO DE TIERRA (1889-1949-2009)
César Aira, Luis Alberto Spinetta, Oscar Martínez, Jairo, Joaquín Sabina, Richard Gere, Meryl Streep, Charles Chaplin, Paloma Picasso, Napoleón Bonaparte, Jean Cocteau, Ángeles Mastretta, Jessica Lange, Fernando Parrado, Billy Joel, Renata Schussheim, Claudio Gabis, Alejandro Medina, José Pekerman, Gene Simmons, Sergio Puglia.

BÚFALO DE METAL (1841-1901-1961)
Margarita Barrientos, José Luis Espert, Louis Armstrong, Enzo Francescoli, Barack Obama, The Edge, James Gandolfini, Boy George, Alfonso Cuarón, Lucía Galán, Carlos Pagni, Ronnie Arias, Alejandro Agresti, Cinthia Pérez, Sergio Bergman, Ingrid Betancourt, Walt Disney, Juana Molina, Jim Carrey, Alejandro Awada, Andrés Calamaro, Andrea Frigerio, Diego Capusotto, Eddie Murphy.

BÚFALO DE AGUA (1853-1913-1973)
Pharrell Williams, Vivien Leigh, Belén Esteban, Albert Camus, Bruno Stagnaro, Carolina Fal, Inés Sastre, María Eugenia Vidal, Nicolás Pauls, Juliette Lewis, Iván González, Cristina Pérez, Sebastián Ortega, Juan Manuel Gil Navarro, Martín Palermo, Alan Ladd, Cecilia Carrizo, Zambayonny, Juan Manuel de Rosas, Carlo Ponti.

TABLA DE COMPATIBILIDAD

BÚFALO

	Amor	Amistad	Economía
Rata	♥	🤝🤝🤝	🐷
Búfalo	♥♥	🤝🤝	🐷🐷
Tigre	♥	🤝🤝	🐷
Conejo	♥	🤝	🐷
Dragón	♥♥	🤝🤝	🐷
Serpiente	♥♥♥	🤝	🐷🐷🐷
Caballo	♥♥♥	🤝🤝	🐷🐷
Cabra	♥		🐷
Mono	♥♥	🤝🤝🤝	🐷🐷
Gallo	♥♥♥	🤝	🐷🐷
Perro	♥♥	🤝	🐷🐷
Cerdo	♥	🤝🤝	🐷

x mal • xx regular • xxx bien

Nota: las compatibilidades son desde el punto de vista de cada animal.

TIGRE

Sin luna nueva.
Calle DURANGO
febrero se despide suave
texturas de microclima
barrendero en la calle
silencio urbano
pájaros saludando entusiasmados.
Vereda con alma
historias entremezcladas
olores a almizcle, sopa de abuelas mayas,
cigarro.
Volvieron las musas
a recordarme.

                                      L. S. D.

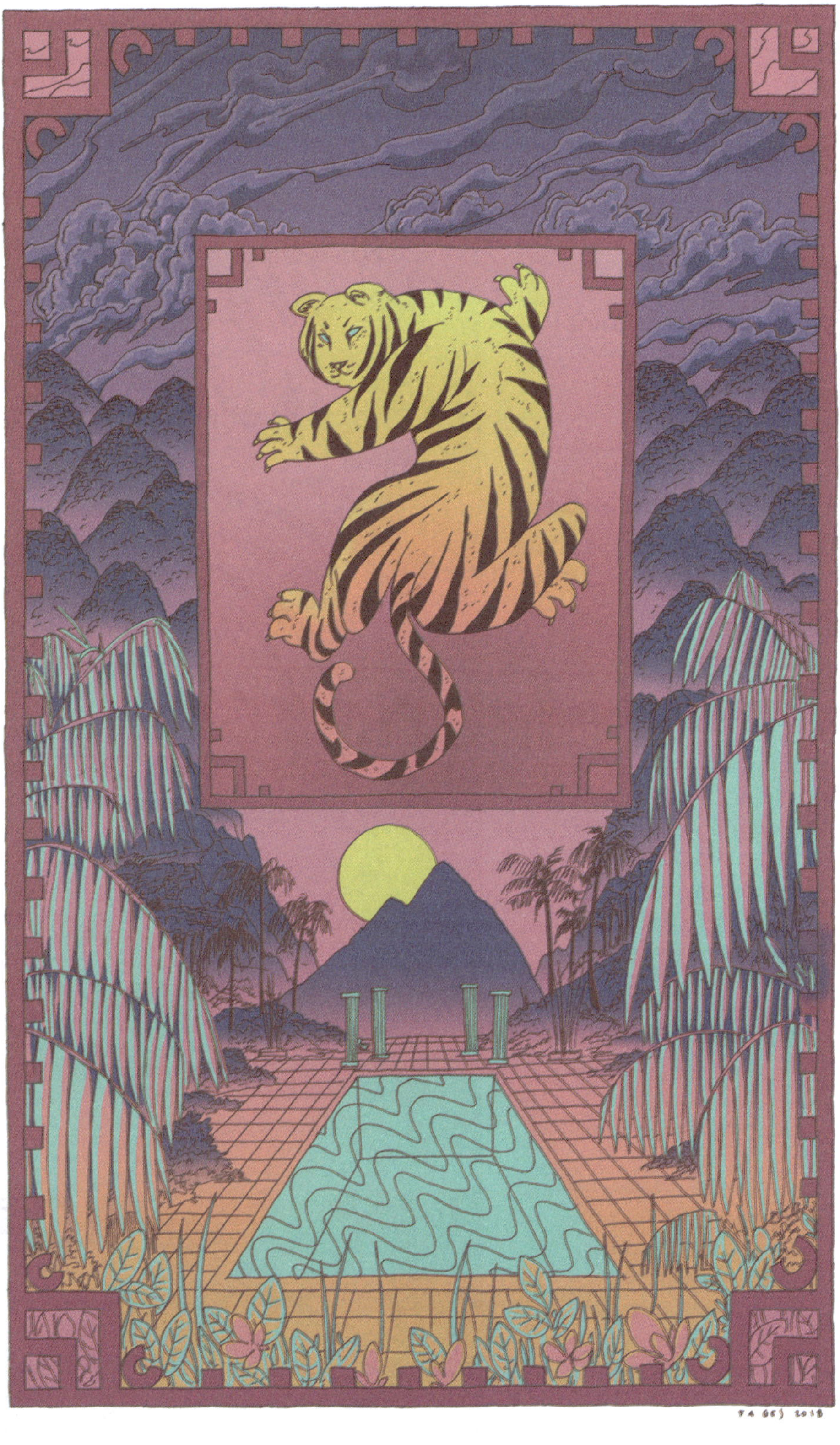
2018

Ficha técnica

Nombre chino del tigre
HU

Número de orden
TERCERO

Horas regidas por el tigre
03.00 A 05.00

Dirección de su signo
ESTE-NORDESTE

Estación y mes principal
INVIERNO-FEBRERO

Corresponde al signo occidental
ACUARIO

Energía fija
MADERA

Tronco
POSITIVO

Eres tigre si naciste

26/01/1914 - 13/02/1915
TIGRE DE MADERA

13/02/1926 - 01/02/1927
TIGRE DE FUEGO

31/01/1938 - 18/02/1939
TIGRE DE TIERRA

17/02/1950 - 05/02/1951
TIGRE DE METAL

05/02/1962 - 24/01/1963
TIGRE DE AGUA

23/01/1974 - 10/02/1975
TIGRE DE MADERA

09/02/1986 - 28/01/1987
TIGRE DE FUEGO

28/01/1998 - 15/02/1999
TIGRE DE TIERRA

14/02/2010 - 02/02/2011
TIGRE DE METAL

Zarpazo inesperado.

Antes de ayer, en el otoño pegajoso y tropical que padecemos los porteños, caminaba cerca de media tarde por la avenida Pueyrredón, casi Santa Fe, y de pronto, como aparecido, sigiloso y silencioso, él estaba casi a la altura de mi cuerpo, caminando en sentido opuesto. Respiré profundamente antes de nombrarlo.

«MIGUEL...», susurré.

Apenas se giró, me inundó su mirada verde oscura y húmeda y nos abrazamos tomándonos todo el tiempo durante el cual no nos vimos. Casi veinte años.

Ambos confirmamos que el afecto, cuando es verdadero, no tiene tiempo ni espacio.

Estaba en el «aquí y ahora». Y él también.

Las palabras básicas y esenciales para reiniciar nuestra sólida amistad de opuestos complementarios, taurinos, y visitarnos en el teatro o en las sierras, cuando «el de arriba» lo disponga.

MIGUEL ÁNGEL SOLÁ no necesita presentación, querido zoo.

Es tigre de metal de oro inolvidable, con vivencias íntimas, familiares, sociales, trascendentales; viajero del planeta y de otras galaxias donde recibe influencias cósmicas para luchar, debatir, vocalizar ideas firmes que necesitan micrófono para llegar al llano, para interceder ante las injusticias con las que convivimos en la jungla, a veces poniendo el cuerpo, el alma, las vísceras.

Tantos trajes pasaron por la esculpida figura de Miguel Ángel, por su piel atigrada con su aroma de rey de la selva siempre listo para el safari multifacético que es adrenalina para su subsistencia.

Miguel tiene marcas invisibles que le sientan muy bien.

Sus rasgos están intactos, sus gestos y su sonrisa se transforman cuando una pluma de cóndor acaricia su memoria, la juventud que aun tenemos en los desafíos que nos ponen o inventamos para crecer, ser otros, desaparecer como un espíritu de los cazadores de prana (energía) que siempre acechan a los que florecen con riego unipersonal.

El tiempo nos dio una tregua en un día nublado y con humedad de ciénaga en nuestra Buenos Aires.

El tigre está siempre al acecho, tiene la percepción y los sentidos más despiertos que el resto del zoo.

Sabe deslizarse con naturalidad en escenarios, pasarelas, estadios, templos, terrenos baldíos.

Su mensaje, a veces de líder, otras de falso profeta, logra cautivar a sus seguidores, hipnotizarlos e incitarlos para la revolución cubana en el caso de Fidel Castro, o es capaz de llevarlos al matadero de forma cruel, como Galtieri a la atroz guerra de las Malvinas.

Su carisma es un arma de doble filo. Saben usarla en su juventud como Marilyn Monroe. Ella quedó en la historia de la humanidad como ícono sexual, a pesar de confesar su soledad irremediable, tatuada por una infancia traumática, imposible de sanar con los amores que obtuvo más como trofeos que por relaciones con hombres que la amaran y cuidaran. Fue una cachorra de tigre a la intemperie, a la espera de un rescate emocional que pagó con su truncada existencia.

El tigre, en ambos sexos y en los que nos acompañan, no sabe medir los riesgos que le impone la vida.

Cuando siente la llamada de la selva sale de cacería, de placeres, hasta quedar exhausto, con armas visibles o invisibles, buscando presas, adictos, soldados que lo convenzan de que es el rey, el líder, el enviado...

El tigre necesita que lo admiren, aplaudan, que estén pendientes de sus antojos y caprichos.

Le cuesta delegar, es manipulador, obsesivo, ciclotímico y muy demandante.

La mujer cumplirá su rol multimedia: madre, esposa por poco tiempo, amante furtiva, empresaria, diseñadora, maestra mayor de obras, amazona, jugadora de quiniela o de fútbol; su energía requiere que transpire, que haga pilates o *gym*, pues si algo la altera puede sacar las garras en el momento menos pensado y dejarte una marca tipo «scarface».

La pasión rige su vida: estará siempre listo para salir de viaje sin boleto de retorno adonde el corazón o el deber lo llamen, para involucrarse con amigos y dar la vida por ellos. Unirá a íntimos enemigos en una noche de nostalgia, abrazando las causas más nobles de la humanidad, aunque sepa que será en vano.

El tigre aprenderá a través de la vida a graduar sus emociones y pasiones, a administrar con más diplomacia lo que nunca soportó y le hizo perder herencias, puestos de honor, trabajos, relaciones más estables que lo aburrían, y que tal vez en la madurez añora.

Su impaciencia y su forma de marcar la cancha son contraproducentes en épocas en las que hay que intentar ser un samurái o un monje zen para convivir con el zoológico inhumano.

En China valoran al tigre blanco, representante del Oeste, pues dicen que protege a los mortales del fuego, de los ladrones y de los fantasmas.

Algo que conozco muy bien viviendo en Ojo de Agua, Nono, donde el BONCITO aún perdura cuidándome.

Signo dotado física e intelectualmente; se rebela ante la injusticia apenas gatea y, si agradece a sus padres sus dones, tendrá un rol destacado en la sociedad y será venerado.

Amigo incondicional, exige obediencia de vida y no perdona la traición.

NO HACE REWIND.

L. S. D.

El Tigre y su energía

Tigre de Madera (1914-1974)
Un insaciable seductor.

Este tigre está preparado para triunfar socialmente, pues adora hacer relaciones públicas y tiene una energía creativa que sabe canalizar sabiamente. Muy responsable con su trabajo, puntual, metódico y disciplinado, es un estratega que adora el cambio y se mueve por instinto. Un tigre idealista, práctico, orgulloso y muy cariñoso. Luchará durante su vida entre la aventura y la estabilidad; buscará fanes que lo sigan y no soportará no ser el primero en todo. Un tigre con efectos especiales.

Tigre de Fuego (1866-1926-1986)
Un tigre huracanado.

¡Prohibido para impresionables! Su carisma, *charme* y *sex appeal* son un atentado a la humanidad. Nació para destacarse por sus buenas o malas acciones, jamás pasará inadvertido, tiene energía solar, lunar y galáctica al por mayor. La mayoría de las veces se desborda y se quema en sus propios proyectos, frustrándose y autodestruyéndose. Es un amante insaciable, víctima de sus pasiones. Después de los cincuenta, tendría que delegar su autoridad, tener algún *hobby* o dedicarse a meditar, pues corre el riesgo de sufrir algún paro cardíaco o embolia. Es un revolucionario, transgresor o vanguardista. Las derrotas lo incentivan para volver al *ring* con más coraje. El matrimonio no es su fuerte; sí las aventuras extramatrimoniales que lo ocupan y absorben. Su lema es «el fin justifica los medios».

Tigre de Tierra (1878-1938-1998)
Un tigre domesticado.
En China tiene fama de ser el tigre que piensa, menos ansioso, más determinado y sagaz que sus hermanos. En este siglo muchos tigres de tierra han muerto trágicamente en accidentes, suicidios o muertes sorpresivas. Este ejemplar es impetuoso y testarudo, pero cuando llega la ocasión sabe pedir consejos a amigos, médicos y abogados antes de tomar decisiones fundamentales. Le encanta planificar la vida de sus seres queridos, y muchas veces se distrae en el camino. Con larga trayectoria amorosa, adora seducir y que lo seduzcan. No es tan celoso, posesivo ni culposo con sus relaciones; si el amor termina, corta sin el menor remordimiento. Un tigre servicial, leal y fiel a sus amigos, aunque a veces desconcierta al cambiar drásticamente el rumbo de su vida en busca de nuevos y mejores horizontes.

Tigre de Metal (1890-1950-2010)
Un tigre inoxidable.
Este felino es despiadado en sus ambiciones. Tiene puntería, convicción, destreza y energía para llevar a cabo sus proyectos, y además cuenta con un encanto y un sentido de la oportunidad notables. Nació para mandar y detesta obedecer. Obsesivo, melancólico y depresivo necesita tener un entorno positivo. Sus ambiciones lo detienen en su TAO. Es muy dependiente afectivamente: una relación dañina podría perturbarlo para siempre. No se detiene en las miserias humanas; su nobleza y su sentido práctico lo arrancan del fango. Tiene humor, elegancia, magnetismo y una extraña belleza que embruja. Quiere mejorar el mundo, y él sabe cómo hacerlo. No acepta otros puntos de vista. Triunfará y sabrá disfrutar del éxito.

Tigre de Agua (1902-1962)
Un tigre médium.
Estos tigres tienen un carácter suave, son adorables, flexibles, tiernos y muy cariñosos. Logran hacerse respetar, dan el ejemplo con sus acciones y no piden nada a cambio. Autodisciplinados, tienen una vida más estable que sus congéneres. A menudo se convierten en artistas notables que deslumbran con su talento y originalidad. Despliegan un gran sentido del humor, son divertidos, ocurrentes y sociables. Protectores, fiables y responsables con su prole, adoran

la vida familiar. Aceptan críticas y pueden superar sus defectos; lo único que no soportan es la traición: son capaces de devorar a sus enemigos sin piedad. Un tigre para cuidar y respetar.

El Tigre y su ascendente

TIGRE ASCENDENTE RATA: 23.00 a 1.00
Esta combinación dará como resultado energía y optimismo, pasión instantánea y explosiva. Será un tigre independiente, con una gran cuota de posesividad e inseguridad.

TIGRE ASCENDENTE BÚFALO: 1.00 a 3.00
Una combinación muy favorable. Será un tigre previsor, perseverante, dotado para las grandes causas. Más realista que los otros. Solitario, tenaz y entusiasta, llegará a los fines honestamente.

TIGRE ASCENDENTE TIGRE: 3.00 a 5.00
Vivirá intensamente sin privarse de nada y jugándose a cada instante. No conocerá el orden, la rutina ni la autoridad. Su casa es el mundo. Su voracidad será su mayor enemigo.

TIGRE ASCENDENTE CONEJO: 5.00 a 7.00
Tendrá su arte y elegirá siempre lo que más le convenga. Buscará la belleza, la armonía y las relaciones influyentes. Actuará con cautela, midiendo los riesgos, asegurando la herencia y la trascendencia.

TIGRE ASCENDENTE DRAGÓN: 7.00 a 9.00
Un prodigio de energía y comunicación. No conoce los obstáculos y juega con las mejores cartas. Amante del lujo, el placer y los viajes. Muy narcisista, le cuesta admitir sus equivocaciones.

TIGRE ASCENDENTE SERPIENTE: 9.00 a 11.00
Este tigre será reservado, seductor y muy ambicioso. No se dejará atrapar fácilmente… un tigre peligroso. La serpiente manejará al tigre enmascarada tras su imagen.

TIGRE ASCENDENTE CABALLO: 11.00 a 13.00
Será un tigre irrefrenable, lleno de matices. Ávido de espacio, libertad, no conocerá las responsabilidades. Se la jugará por los demás, será un orador genial y se calmará en la vejez.

TIGRE ASCENDENTE CABRA: 13.00 a 15.00

La cabra aportará al tigre un sentido estético, saltarín y gracioso. Tendrá un humor lunático, será interesado y muy posesivo. Deberá elegir entre el confort y la libertad.

TIGRE ASCENDENTE MONO: 15.00 a 17.00

La astucia y la destreza se unirán en este ejemplar para comerse al mundo. Nada lo detendrá y a veces utilizará recursos ilícitos para conseguir lo que se propone. Su humor será excepcional y sus amores harán historia.

TIGRE ASCENDENTE GALLO: 17.00 a 19.00

Un tigre que se encuentra segmentado entre los sueños y el deber. Buscará encerrarse en su mundo. Cuando se concentre en algo le aparecerán otras causas que lo llevarán de viaje. Es un ser contradictorio y muy original.

TIGRE ASCENDENTE PERRO: 19.00 a 21.00

Un soldado de gran olfato que defenderá con garras a los demás. Nunca se cansará de luchar, emprenderá nuevos proyectos y aportará sabiduría a quienes quieran escucharlo.

TIGRE ASCENDENTE CERDO: 21.00 a 23.00

El cerdo le aportará al tigre virtudes que resaltan su lealtad. Servicial, generoso, tendrá una familia a la que entregará su vida. Si resulta decepcionado, se hará humo.

Signo mixto

TIGRE-BÚFALO

Las personas nacidas entre finales de febrero y finales de noviembre de los años 1902, 1914, 1926, 1938, 1950, 1962, 1974, 1986, 1998 y 2010 pertenecen al signo mixto tigre-búfalo. Concebidas en un año búfalo y nacidas en un año tigre.

Estas personas tienen una fuerte dualidad en su personalidad, con un conflicto interior de autoridad.

El búfalo domina al tigre, aunque la mezcla es la de dos pesos pesados: la astucia del tigre cazador con la determinación del búfalo serio y responsable. El tigre ávido de experiencias, táctico, astuto, imaginativo, valiente, cultivado, escrupuloso, y socialmente fascinante con el buey moralizador obstinado, burgués, hogareño y trabajador irritable.

El brillo mental del tigre estará atenuado por la pesadez rigurosa del búfalo; al *yang* predominante del tigre le costará equilibrarse con el *yin* del búfalo. Un trabajo riguroso logrará conciliar a dos vedetes del zodíaco chino.

Un signo lleno de contradicciones, molestias de identificación entre el deber del buey y el ser del tigre. La inestabilidad mental acosada con patrones y modelos de éxito y fracaso lo torturará toda su vida. Arrastrado entre las pulsiones irresistibles del felino y la placidez masiva del rumiante lento y metódico, a esta persona de espíritu crítico le costará adaptarse a la realidad social.

Alérgico a toda forma de disciplina y a la crítica, incluso de amigos, sus relaciones con los demás serán muy difíciles y generalmente agitadas. Sus juicios son tajantes e implacables, a lo sumo practica una tolerancia impaciente. Apasionado y directo, su carácter chocará con gente de buenas intenciones que pasará de largo en su vida.

Su gusto burgués se acomoda mal a las dificultades de la vida. A pesar de su magnetismo natural, es una persona difícil para convivir por su fuerte personalidad, su egoísmo y su falta de interés por las preocupaciones cotidianas de los demás.

No aceptará las reacciones hostiles y los límites a sus excesos.

La violencia en todas sus formas es el medio de relacionarse con otros A UN PRECIO MUY CARO.

Capaz de realizar actividades tan diversas como originales, este signo es simultáneamente fuerte y frágil.

Bastante misógino, el tigre-búfalo macho quiere, antes que nada, ser ejemplo de coraje, continuidad y fuerza. Las mujeres de este signo, irresistibles y con un *charme* exquisito, esconderán detrás de esta sensualidad a flor de piel el rigor puritano del búfalo conservador.

Amante del arte en general, todos los ejercicios mentales le interesan. Tendrá resistencia para analizarse y dejar que entren otras corrientes de pensamiento en su vida; es recomendable que no sean tan chovinistas.

A este signo mixto le debemos el marxismo, el islamismo moderno, el terror revolucionario y otros detalles de su falta de sentido común.

La casa del Tigre

Es difícil decir que está hecho para rodearse de formas tranquilas y monótonas. Necesita que el panorama le recuerde la aventura, los paisajes lejanos, lo exótico, el color local, que los objetos estén plenos de significación, que se note la labor artesanal de quienes los concibieron o dibujaron. Le encantan los bambúes, puede tapizar las paredes de su cuarto o cubrirlas con corcho, y rodearse de alfombras de cuerdas, trenzas, sillones de paja, armas africanas o indias para la decoración; pieles de animales y cuadros de caza darán el *look* que le conviene, en colores anaranjados y dorados. Si tiene jardín interior debe pensar en algo parecido a una jungla, a menos que recurra a los bonsáis japoneses, por ejemplo de abedul, que es un árbol muy noble y estético. Con un horizonte lejano, tendrá una buena vista del campo de girasoles. Para el tigre, el Mato Grosso es el jardín ideal, y si no, una isla tropical en el Caribe, con sus lujuriosos frutos y flores.

Simbolismo del lugar

El tigre adora los bosques, valles, montañas y jardines. Ama que haya abundantes árboles y también que crezcan con formas amenazadoras.

Encuesta

1-¿Crees que el mundo virtual (las redes sociales, internet, por ejemplo) ayuda en los vínculos entre las personas?

Si lo que define a una relación como vincular es la circulación de emociones y sentimientos entre dos personas, entonces creo que el mundo virtual no ayuda. No contribuye con su calidad ni con su duración, ni con la importancia relativa que tienen los buenos vínculos en la vida de una persona con relación al resto de sus relaciones sociales.

Las personas aprendemos a generar vínculos en relaciones directas, no mediatizadas, donde se puede poner en juego toda la riqueza del lenguaje, sea verbal o no. En los vínculos de mucha intensidad siempre interviene el contacto físico. Las redes sociales ofrecen una comunicación mediada, y como todo complejo cultural de la modernidad compite por una posición monopólica; entonces desplaza la posibilidad de relaciones vinculares ante la oferta de una comunicación omnipresente con todo el mundo.

Los vínculos son indispensables por lo que representan para nuestro proceso de socialización, de construcción de una identidad, de sostenimiento de un amor propio. Hay gente que sostiene que hoy una de las principales demandas de los sujetos en las instituciones es el reconocimiento. Uno podría aventurar la hipótesis de que esto se debe a la carencia de reconocimiento en la vida cotidiana por la relegación de la presencia de vínculos.

2-¿Cómo reaccionas ante tus propios errores?

Uno de mis talones de Aquiles consiste en la bajísima tolerancia a la frustración. Esto puede explicarse por el hecho de que los niveles de frustración que genero son enormes porque tengo una autoexigencia descomunal que no admite la posibilidad del error, de la imperfección, del fallo.

Entonces, ante el evento de un error emerge un conjunto de emociones y sentimientos como bronca, ira, furia, decepción, tristeza y un profundo desprecio por mi ser que se manifiestan con algún tipo de conducta autoagresiva o autodestructiva. Esta situación es seguida de un espectro de formas de miedo. Miedo a no poder retomar el camino de lo que estaba tratando de lograr. O inclusive miedo a caer en la grieta de la pérdida de sentido de realidad.

Pero también intento aprender de mis errores. Ese es un terreno que no está libre de mi curiosidad y por lo tanto hay ahí sustancia para crear conocimiento. Autoconocimiento, que dicen que es importante.

También reacciono hacia fuera con humildad. Reconozco los errores y trato de indemnizar al que le haya causado daño.

Los errores nos recuerdan nuestra condición humana. Imperfecta. Falible. Al punto de imponernos el sentido de que elementos muy importantes de nuestra identidad y de nuestro ser son producto de, o bien errores en sí mismos. Como las enfermedades genéticas, que son errores desoxirribonucleicos. Yo tengo algunos.

3-¿En qué encuentras la belleza de la vida?
En infinidad de elementos y situaciones. Desde las más sublimes a las más mundanas. Desde las más elevadas moralmente hasta las más perversas y oscuras.

Considero bella la paradoja de un universo perfectamente ordenado por leyes de la física inmaculadas y un mundo de las personas caótico, pero que a su vez está permanentemente referenciándose con esa realidad formal de la matemática cósmica.

Considero profundamente bella la danza de las emociones ante las músicas. Una intersección entre lo puramente animal y lo más sofisticadamente refinado de la cultura; una integración que de algún modo es posible solo a partir de la paradoja que mencionaba antes.

Encuentro belleza en algunas expresiones artísticas, a pesar de que comprendo que los patrones estéticos son culturales y por lo tanto, dinámicos y estacionales.

Encuentro belleza en la oscuridad, la mugre, la precariedad y la vulnerabilidad. Porque creo que solamente desde la carencia es posible la generación de belleza. Y que solo desde la carencia es posible que se pongan en juego, se combinen, se entiendan las pulsiones tanáticas y eróticas. Porque los instintos suponen una carencia. Porque esa es su razón de existir.

4-¿Qué te afecta de los demás y el mundo?
Todo o casi todo me afecta. A pesar de ser bastante ermitaño a veces, y de necesitar la soledad de mi mundo privado, y a pesar de tener intereses trascendentes, estoy muy conectado con los otros. Me afectan el sufrimiento y la alegría. Me interesa compartir y ayudar. Me siento muy presente en el mundo. Estoy muy conectado con mis

perros, con quienes comparto mucho. Me afecta su sufrimiento, que afortunadamente es ínfimo.

Las actitudes negativas de la gente no me afectan tanto porque creo que las comprendo. Creo que es difícil la vida y mentir, traicionar, ser egoísta o inclusive violento hace más llevadera la cosa.

Me desvela el funcionamiento de las instituciones. Cuando pierden su sentido esencial. Cuando son profundamente perversas. Lo comprendo pero no lo admito. Me rebela. Me dispara la intención de cambiar.

5- ¿Cuáles son los mandatos que crees que hay que seguir?

Creo que hay que seguir los mandatos que contribuyan a vivir mejor con los otros y todos juntos. Los mandatos que generan conciencia social, los que estimulan la bondad pura. Los que llevan a la solidaridad y a la generosidad. Los que conducen a la construcción de una ética humana real y presente.

Y considero que hay que destruir los mandatos moralistas. Hay que destruir la hipocresía. Tenemos que olvidar los mandatos que nos imponen una superioridad cultural en nombre del progreso. Porque el progreso no fue más que un mito horroroso y megalomaníaco.

Creo que hay que romper los mandatos que sobrevaloran el sexo y al mismo tiempo nos impiden practicarlo cuando nos da la gana, y sublimar, sublimar, sublimar. ¿Para qué tanta sublimación?

Cuéntame un cuento chino

Agustín Cogliolo - Tigre de Fuego - Astrólogo y tarotista - Argentina

Mi muy querida maestra:
Te escribo esta carta tuteándote descaradamente por la familiaridad que me da el haber convivido contigo tanto tiempo en mi mente, en mi espíritu; eres mi profesora akáshica a través de pampas y sierras desde que aprendí a hablar nuestra lengua, la española. Con mis garras y fauces felinas he devorado cada palabra que ha brotado de tus dedos de mona; y degustando cada vocablo fui adornando mi pelaje con las esencias universales que de ella dimanan, esas que trajiste de Oriente si mal no recuerdo allá por el año de algún dragón rata.

Soy un tigre de fuego, ascendente en búfalo, nacido en el mes y el día de la rata. Esta es la presentación que siempre soñé dar a mi maestra mona, hermana de energía y espejo de la esencia de mi rama anual. También soy astrólogo chino, aún discípulo virtual. Me adjudico el título no porque sepa algo de esta sacratísima disciplina sino porque respiro astros y veo animales en lugar de personas desde antes de saber que horóscopo chino se escribía de esta manera y no «horosco pochino», como yo pensaba en un comienzo cuando mi madre dragona de madera y mi padre caballo de madera me contaban en la cama que yo era tigre, y mi madre me describía la personalidad de los niños felinos.

Desde entonces conozco a Ludovica Squirru y he aprendido con ella a lo largo de muchos años en el colegio, en el parque, en el campo, en la televisión, luego en el ordenador y en alguna conferencia dictada en Resistencia sobre Constelaciones Familiares, que siguiendo su consejo supe hacer.

Nací en las tierras indígenas del Norte, en la verde y subtropical provincia de Chaco, plena de prana que supo trepar por mi shushuma y hacer estragos espirituales en mi entusiasmada personita desde el comienzo. Protegido y alimentado por una abuela búfala, a través de quien en esta vida me reencontré con el yoga, con la meditación y las sabidurías hindúes, sabiendo que las vengo aprendiendo desde antes de nacer tigre. Y soy consciente de la responsabilidad que saberlo confiere.

En este momento en mi mesa, junto a el ordenador, tengo un volumen de *Introducción a la Astrología China* de Ludovica Squirru, *La Biblia de la astrología China* de Derek Walters y *Yoga para Todos* de Indra Devi. Creo que estos libros así desparramados junto a mi diestra me presentan más que un DNI.

Desde el año del tigre de metal vivo atrapado por los encantos de la hermosa capital del país, donde me dedico a la astrología y al tarot, y como *hobby* trabajo como Jefe de *Housekeeping* de un reconocido hotel, porque claro, algún *hobby* debe pagarnos el alquiler.

Voy por la jungla buscando al emperador amarillo junto a mi completo opuesto, mi maravilloso mono de agua, mi amor, mi compañero, con la lealtad y la ternura que le dio su perruna hora de nacimiento, y sus magnéticas serpientes de día y mes que atraparon a mis ratitas también de día y mes.

Te imagino en tu casa de Traslasierra con bastante frío, más que el que tengo yo ahora en el salón de casa, desplazándote en tu mundo, teniendo a tu compañero cerdo cerca y leyendo este *e-mail* mientras te preguntas por su motivo.

La verdad es que yo tampoco lo sé totalmente, algo me trajo hasta el teclado y me sentó a tirarte este papel en una botella que quizá nunca llegue a tu playa. Pero nosotros los tigres no podemos resistirnos a las causas casi perdidas –como tú bien lo sabés– y la poesía misma de la acción nos seduce más que los resultados.

Las ratitas que tengo sobre el lomo están locas por saber; quisiera tu guía, cualquier palabra que me mostrara por dónde se sigue subiendo a la montaña. Creo que llegué al límite de lo que puedo aprender de los astros por mí mismo y tengo tantas cosas que preguntarte, tantas cosas más que quiero saber. Tengo tanta hambre de conocimiento que podría salir a quemarme los ojos mirando estrellas.

Si es cierto que el viento sigue al tigre, comando a los siete vientos a que arrastren esta botella hasta tus playas.

Un enorme abrazo, el Felino Rojo

PERSONAJES FAMOSOS
Leonardo Favio

Tigre de Tierra

TIGRE DE MADERA (1854-1914-1974)
Carla Peterson, Jorgelina Aruzzi, Oscar Wilde, Julio Cortázar, Thomas Merton, Robbie Williams, Leonardo DiCaprio, Martín Tetaz, Meg White, Adolfo Bioy Casares, Joaquín Furriel, Penélope Cruz, Richard Widmark, Eleonora Wexler, Ariel Ortega, Marguerite Duras, Rafael Amargo, Alberto Castillo, Dani Umpi, María Julia Oliván, Germán Paoloski, Emmanuel Horvilleur, Elena Roger.

TIGRE DE FUEGO (1866-1926-1986)
Michel Foucault, Emilia Clarke, Marilyn Monroe, Lady Gaga, Miles Davis, Klaus Kinski, Nazareno Casero, Sai Baba, Mel Brooks, Dalmiro Sáenz, Rafael Nadal, Martín Piroyansky, Luis Suárez, Alberto de Mendoza, Martina Soto Pose, Lea Michele, Robert Pattinson, Oscar Ustari, Alfredo Distéfano, Jerry Lewis, Fidel Castro.

TIGRE DE TIERRA (1878-1938-1998)
Rudolf Nureyev, reina Sofía de España, Roberto Carnaghi, Isadora Duncan, Tina Turner, Alejandro Sessa, Roberta Flack, Alan Watts, Angela Torres, Issey Miyake, Karl Lagerfeld, Ellen Johnson-Sirleaf, Kofi Atta Annan, Ángela Torres, Pérez Celis, Leonardo Favio, Augusto Mengelle, Héctor Larrea, Jaime Torres.

TIGRE DE METAL (1890-1950-2010)
Carlos Gardel, Stan Laurel, Dolli Irigoyen, Matildo Ubaldo Fillol, Peter Gabriel, Miguel Ángel Solá, Quinquela Martín, Norberto «Pappo» Napolitano, Hugo Arias, Stevie Wonder, Oscar Mulet, Laura Esquivel, Michael Rutherford, Charles de Gaulle, Laurie Anderson, Pelito Gálvez, Marcela Tinayre, Teté Coustarot.

TIGRE DE AGUA (1842-1902-1962)
Alfredo Casero, Tom Cruise, Jodie Foster, Caruso Lombardi, Divina Gloria, Ivo Cutzarida, Karina Lascarin, Andrea Bonelli, Ian Astbury, Carola Reyna, Ricardo Iorio, Bahiano, Sandra Ballesteros, Leonardo Becchini, Juanse Gutiérrez, Fernando Bonfante, Simón Bolívar, Ana Tarántola, Silvina Chediek, Juan Namuncurá.

TABLA DE COMPATIBILIDAD

TIGRE

♥ 🤝 🐷

	Amor	Amistad	Economía
Rata	♥♥♥	🤝🤝🤝	🐷🐷🐷
Búfalo	♥♥	🤝🤝	🐷🐷
Tigre	♥♥♥	🤝🤝	🐷🐷
Conejo	♥♥♥	🤝🤝🤝	🐷
Dragón	♥♥	🤝🤝	🐷🐷
Serpiente	♥	🤝	🐷🐷🐷
Caballo	♥♥	🤝	🐷🐷
Cabra	♥♥	🤝🤝	🐷🐷🐷
Mono	♥♥	🤝🤝	🐷🐷
Gallo	♥♥	🤝	🐷
Perro	♥♥	🤝	🐷
Cerdo	♥♥	🤝	🐷🐷🐷

x mal • xx regular • xxx bien

Nota: las compatibilidades son desde el punto de vista de cada animal.

CONEJO

Verde, el hombre en el semáforo rojo se detiene.
Los ciclos del tiempo dentro del universo
Big Bang.
Detenerse a capturar prana
agotado al unísono de la relatividad.
Europa, fin de ciclo.
Crepúsculo interior.

L. S. D.

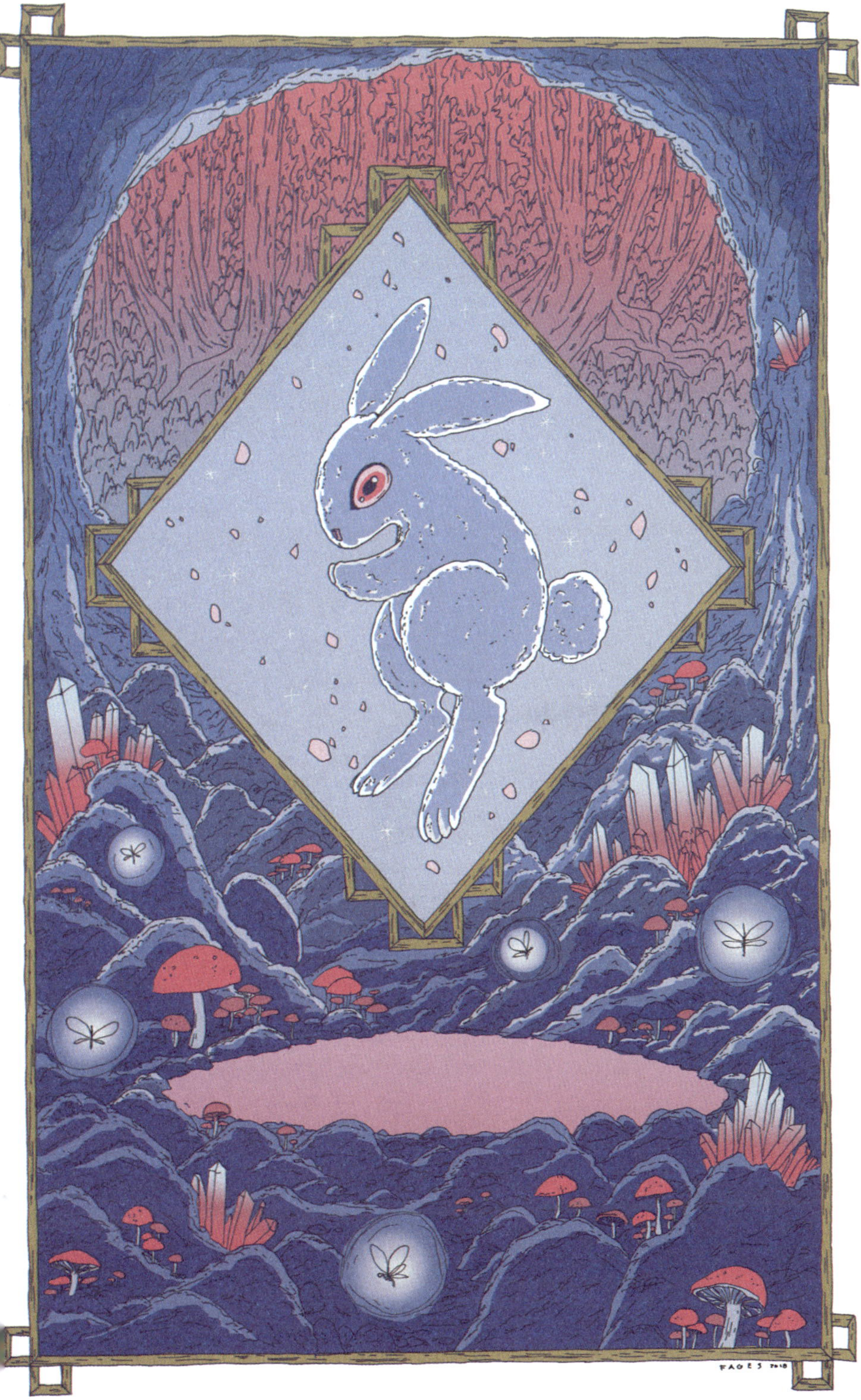
FAGES 2010

Ficha técnica

Nombre chino del conejo
TU
Número de orden
CUARTO
Horas regidas por el conejo
05.00 A 07.00
Dirección de su signo
AL ESTE DIRECTAMENTE
Estación y mes principal
PRIMAVERA-MARZO
Corresponde al signo occidental
PISCIS
Energía fija
MADERA
Tronco
NEGATIVO

Eres conejo si naciste

14/02/1915 - 02/02/1916
CONEJO DE MADERA
02/02/1927 - 22/01/1928
CONEJO DE FUEGO
19/02/1939 - 07/02/1940
CONEJO DE TIERRA
06/02/1951 - 26/01/1952
CONEJO DE METAL
25/01/1963 - 12/02/1964
CONEJO DE AGUA
11/02/1975 - 30/01/1976
CONEJO DE MADERA
29/01/1987 - 16/02/1988
CONEJO DE FUEGO
16/02/1999 - 04/02/2000
CONEJO DE TIERRA
03/02/2011 - 22/01/2012
CONEJO DE METAL

Rent a cat.

El sábado al mediodía me sorprendió en la televisión un excelente programa sobre historia, geografía, lugares mágicos y mitológicos de la isla de Santorini.

La leyenda cuenta que en el año 1600 a. C. un volcán la destruyó por completo y es por eso que su fisonomía de media luna tiene texturas ocres, rojizas, plateadas que tiñen en una paleta de ciencia ficción sus costas que dan al mar Egeo.

Belleza sin igual, es casi seguro que la Atlántida sumergida esté en el fondo del mar, debido al impacto que produjo este fenómeno sísmico.

Me transporté a Santorini, a cada pueblo y callejuela, donde es posible toparse con un burro. Imaginé a sus lugareños, mercados y casas blancas sobre el infinito mar, testigo de la historia de la humanidad.

Lo que más me gustó es saber que allí los turistas pueden alquilar un gato durante su estancia para que los acompañe.

Símbolo de protección, afecto, suerte, magia, conexión con el más allá, este signo sinónimo de conejo en China y liebre en Japón es el médium entre el supramundo y el inframundo; el reino de los muertos que nos guían en la tierra, y de la visión, algo que la mayoría del signo más afortunado del zodíaco chino posee.

El conejo tiene suerte a través de la vida y, si no abusa, puede administrarla de modo tal que le permita revertir con maestría cada situación en la que se sienta atrapado, cazado o rumbo a la hoguera.

Para los chinos es el signo que está acostado en la luna llena sobre una roca y tiene el elixir de la inmortalidad.

La mitología cuenta que Buda lo premió porque un conejo blanco se ofreció como alimento a un campesino hambriento y este lo aceptó para seguir trabajando en el campo.

En ambos sexos se destaca por su armonía, suavidad, belleza, refinamiento, modales, sentido estético y talento artístico.

Es cierto que dependerá mucho de su integridad como persona, del hogar donde nace, el amor y cuidado de sus padres reales o adoptivos, la educación en sus años de crecimiento, escuelas, maestros que se le crucen en el TAO, y su innata curiosidad por salir al mundo, deslizarse en los tejados de zinc caliente, ser gatopardo y camaleónico, sumergirse a través de los sueños en nuestra psique, infiltrándose sutilmente y creando dependencia con su persona.

El conejo es líder en la escuela, el barrio, el oficio, profesión o deporte que elija, y traerá suerte a su equipo como el inigualable Lio Messi al Barça.

Es talismán de buena suerte como Mirtha[21] desde sus almuerzos, Santaolalla difundiendo la música que supo mezclar y diseminar en películas que ganaron el Oscar; o en el cine, a través del talento de Iñárritu, director de *El renacido*, la película de DiCaprio que ganó el Oscar.

Además, su estrella no se extinguirá, salvo que él o ella decidan un autoexilio por severas adicciones, boicots, orgías de las cuales son invitados vip, o triángulos. El conejo es especialista en producir separaciones porque se distingue como amante fugaz que desencadena escándalos de alcoba y mediáticos de gran difusión.

Signo dual, tiene el *yin* y el *yang* más acentuado que el resto del zoo. Está a la vanguardia en arte, teatro, café concert, musicales, circo, acrobacia, sabe tocar el punto G de su elegido real o virtual para desencadenar un derroche de fantasías eróticas que nutrirán a una legión de admiradores y fanes.

Su sed de aventuras es infinita: algunos partirán jóvenes del hogar paterno para explorar el mundo, formar pareja, integrar ONG, ser parte de Médicos sin Fronteras o estar agazapados esperando un puesto gubernamental o un papel en la comedia musical del año para destacar.

Y la suerte es su aliada.

Siempre tendrán más de lo que esperan, pues su seducción es imposible de resistir y sabe como nadie agasajar a huéspedes, amigos, andariegos o extraterrestres.

El conejo disciplinado, estudioso y perseverante será muy valorado en la comunidad de los hombres.

Podrá ser un gran consejero, asesor, estadista y cooperar con su bagaje cultural.

En los dos sexos, en trans, hermafroditas, la hipersensibilidad es su talón de Aquiles.

Es un signo vengativo, cruel y despótico si no siguen sus juegos o directivas; puede excluir de un zarpazo a un amigo o relación que no le contestó lo que quería escuchar en ese momento y ponerle una *red card for ever*.

El conejo es muy sociable, y a veces en la madurez, cuando

---

21. Se refiere a Mirtha Legrand, actriz argentina de vasta trayectoria que desde hace 50 años conduce un programa televisivo de almuerzos con invitados para tratar temas de actualidad.

los hijos se van del hogar dejando el nido vacío, y los ex están en otro continente o galaxia, descubre que la soledad no es su mejor compañera de destino.

Es aconsejable que busque técnicas de autoayuda que lo contengan en los momentos de depresión, angustia, separaciones o hechos traumáticos.

Su equilibrio emocional es clave para evolucionar.

Sibarita, exquisito para los aromas, las fragancias, comidas, en el FENG SHUI de sus casas, en dar confort a quienes son parte de su vida con vocación y dedicación, el conejo es querido y perdonado en sus errores por su gran sentido del humor y simpatía.

Hoy, 1 de mayo, Buenos Aires está muda.

Pienso con cariño, en Sheila, Esteban, Charly, Andy, Gustavo, Martín, y en tantos gatos que dejaron sus marcas invisibles en mi evolución como mujer sapiens.

Brindo con té Earl Gray con jengibre.

L. S. D.

El Conejo y su energía

Conejo de Madera (1915-1975)
Un conejo supersport.
La energía madera confiere al conejo un plus de sensibilidad, sagacidad, generosidad y altruismo. Infatigable en su trabajo, saca las garras si tiene que atacar, y muestra fortaleza cuando cuida a los enfermos y los débiles. Es meticuloso, perfeccionista, observador, exigente y rencoroso, especialmente si lo contradicen. Serio en el amor, desborda sensualidad, pero necesita discreción y apoyo emocional para entregarse. Posee fuertes tendencias artísticas y literarias.

Conejo de Fuego (1867-1927-1987)
Un ídolo de multitudes.
Este conejo ardiente tendrá un destino fantástico. Posee una personalidad fuerte, es seguro, un poco cínico y muy ambicioso. «El cielo es el límite». Grandes escritores, músicos y poetas nacieron en un año de fuego. Emocionalmente intuitivos, captan mensajes telepáticos y del más allá y los transforman en obras de arte. Tienen un incisivo sentido del humor y saben sacarle provecho. Nacieron

para mandar, son ansiosos y poco altruistas. Cultos y de memoria prodigiosa, leen mucho y disponen de buena información. Están dotados para la política, el arte y la diplomacia, campos donde se mueven con esnobismo y comodidad.

Conejo de Tierra (1879-1939-1999)
Un conejo altruista.
El más sibarita, refinado, sigiloso y planificador de los conejos. Es un líder de estilo pasivo que sabe manejar las cosas con maestría. Nómada, algo inadaptado, le gusta viajar y expatriarse. Es la «gata Flora» del zodíaco; depende de su equilibrio que mantenga su visión realista de la vida. Este conejo siente un especial interés por los temas esotéricos, las experiencias del más allá, la reencarnación, lo metafísico y lo extrasensorial. Es el más *sexy* de los conejos, tiene una voraz actividad sexual, jamás se entrega totalmente, pero conquista y colecciona víctimas. Es neurótico y le cuesta pedir ayuda.

Conejo de Metal (1891-1951-2011)
Un conejo de luxe.
A este Bugs Bunny lo conozco muy bien, y les prevengo que un encuentro «de algún tipo» con él deja marcas profundas en el corazón (que ellos no tienen). El metal los hace más valientes, decididos y con metas de estrella de Hollywood. Este conejo es más optimista, agresivo, audaz, innovador, original, transgresor que sus hermanos. No deja nada librado al azar, elucubra fríamente cada jugada que hace y no da puntada sin hilo. Desembolsar dinero le da vértigo; es capaz de comprarse todo en el *free-shop* en un instante y dejar al rojo vivo las tarjetas de crédito. Tiene un destacado buen gusto, se viste al último grito de la moda, es chic, emana *glamour* y sabe explotar su físico. Puede hacerse famoso de la noche a la mañana; posee talento y es multifacético. Rara vez pueden engañarlo cuando le venden algo; su instinto no falla jamás. Cuenta con un tesoro: sabe cultivar la amistad y el amor como nadie.

Conejo de Agua (1903-1963)
Un conejo sensitivo.
Su *leitmotiv*: PLACER, PLACER Y PLACER. Es el más *yin* de los conejos; su sentido del gusto y su amor por el refinamiento se encuentran exagerados por la influencia del agua. De salud delicada, detesta todo lo relacionado con enfermedades e inestabilidad emocional y mental.

No tolerará ver sangre, y podría desmayarse si tienen que aplicarle una inyección. No es bohemio; le encanta el lujo para vivir y a veces gana mucho dinero. Emocionalmente débil, necesita grandes dosis de apoyo afectivo para sobrevivir. Se enamora con facilidad y lo cautivan los romances. Se ahoga en un vaso de agua ante el menor problema, es cobarde para enfrentar los dramas. Sueña con amores ideales, y por eso comete grandes errores al buscar pareja. Prefiere la seguridad material antes que la aventura. Adora su casa, que mantiene como un museo, es refinado en sus gustos musicales y en la ambientación de su hogar… Será longevo y tendrá pocos amigos.

El Conejo y su ascendente

CONEJO ASCENDENTE RATA: 23.00 a 1.00

La rata le aportará vitalidad y agresividad a este conejo que será más rápido y astuto que los demás. Enfrentará con habilidad los obstáculos y dirá grandes verdades. Su cólera y sus celos serán explosivos.

CONEJO ASCENDENTE BÚFALO: 1.00 a 3.00

Este conejo será muy trabajador, apegado y ambicioso. Lúcido y conservador; muy sociable y también antisociable, un conejo contradictorio. Tendrá una fuerza oculta que nunca lo abandonará.

CONEJO ASCENDENTE TIGRE: 3.00 a 5.00

Este nativo será ambivalente, por un lado temperamental, impulsivo, apasionado, y por otro tranquilo, medido, previsor. Muy independiente, es un compañero muy apasionado con el cual resulta difícil convivir.

CONEJO ASCENDENTE CONEJO: 5.00 a 7.00

Este conejo será irresistible, seducirá a las mariposas. Misterioso, refinado, culto y muy sibarita, conocerá los secretos del amor como un mago.

CONEJO ASCENDENTE DRAGÓN: 7.00 a 9.00

Un conejo muy ambicioso, capaz de recurrir a cualquier arma para conseguir lo que se propone. Será muy pasional, romántico, y tendrá hipnotizados a los demás.

CONEJO ASCENDENTE SERPIENTE: 9.00 a 11.00

Este conejo será un mago y tendrá a todo el mundo fascinado con su misterio. Refinado al extremo, discreto, jamás conoceremos sus secretos. Intuitivo y muy sensual.

CONEJO ASCENDENTE CABALLO: 11.00 a 13.00

No soportará estar encerrado. Será líder, muy independiente y organizado. El amor siempre lo distraerá de sus obligaciones, aunque esté en un puesto de primer lugar. Su impulsividad será constante.

CONEJO ASCENDENTE CABRA: 1 P.M A 3 P.M

La seguridad material será indispensable para desarrollarse. Buscará rodearse de gente influyente y no se privará de nada. Su sensibilidad deberá ser plasmada artísticamente.

CONEJO ASCENDENTE MONO: 15.00 a 17.00

Un intelectual con posibilidad de convertirse en jeque. Para vivir necesitará una fortuna, que compartirá con los amigos, novios y protegidos. Su lema es «el fin justifica los medios».

CONEJO ASCENDENTE GALLO: 17.00 a 19.00

La responsabilidad se transformará en una obsesión, será introspectivo, analítico y crítico. Le costará disfrutar y dejar a los demás atender su juego. Muy servicial y protector, se puede contar con él.

CONEJO ASCENDENTE PERRO: 19.00 a 21.00

Estará siempre dispuesto a ayudar a los demás, defenderá una causa y compartirá lo que gana. Tendrá suerte en los negocios y cambios drásticos de vida, a los que se adaptará con naturalidad.

CONEJO ASCENDENTE CERDO: 21.00 a 23.00

Un sibarita con mundo interior. El placer ante todo, y después las responsabilidades. Necesitará amor y comprensión para realizarse. Buscará infatigablemente mejorar y sacar lo mejor del otro.

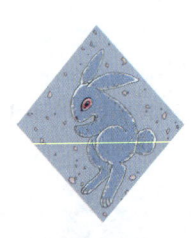

Signo mixto

CONEJO-TIGRE

Las personas nacidas entre finales de febrero y finales de noviembre de los años 1903, 1915, 1927, 1939, 1951, 1963, 1975, 1987, 1999 y 2011 pertenecen al signo mixto conejo-tigre. Concebidas en un año tigre y nacidas en un año conejo o gato. Estos dos felinos son complementarios, y domina el tigre.

Un conejo astuto, taimado, sutil y sibarita dentro de un tigre producen un animal con una fuerza oculta capaz de hacer temblar el universo en el momento que asuma sus poderes.

El menú de posibilidades entre el conejo arribista, impaciente, fogoso, oportunista, *egotrip*,[22] delicado, infiel, jugador cariñoso y genial filósofo, con el tigre hambriento de emociones, arbitrario, machista, rencoroso, implacable, extravertido, encantador, estratega del corazón, dan electricidad.

La relación conejo-tigre se potencia; la prudencia y el atrevimiento son factores altamente positivos entre dos animales que necesitan amor para vivir y morir por un ideal. No aceptan ni conciben el mundo si no es desde su óptica; los demás son sapos de otro pozo. Este conejo puede transformarse en tigre cuando le tocan lo más querido y saca dientes y garras aterradoras.

Pide caricias y las da sin límite aunque duelan en silencio; es un *sex symbol* y lo sabe: encantador, travieso, felino, él pone las reglas del juego, SIEMPRE, y sus reacciones pueden ser brutales, despiadadas, imprevisibles. Nunca está conforme.

Dotado para el arte, los deportes y la ciencia, con una salud de hierro, su sed de aventuras, de sensaciones fuertes, de nuevas glorias lo llevan por laberintos de ciencia ficción. Cambia el objeto de su amor, pasión y capricho para no aburrirse. Crea dependencia y sabe que sus encantos juegan con nuestro corazón como si fuera un barquito de papel. Le gusta que le exijan pruebas de gran riesgo y valor, desprecia a los tibios, débiles e inseguros.

Buscará amores imposibles y los hará posibles. Cuando logran dominarlo, domesticarlo y seguirle el jueguecito hasta el último confín de las neuronas se entrega y respeta a su igual. Ama la cacería; su lado *yang* lo lleva a la jungla para conquistar maniáticamente nuevas presas; la vida es una lucha eterna donde hay pocas treguas para recuperar el CHI.

---

22. Véase página 50.

Quisiera practicar siempre *fair play,* pero bajo su máscara de gentileza el conejo trepador no puede dejar de calcular dos más dos igual a cuatro. La gente se da cuenta de sus intenciones y no le dan el vip al club de los amigos. Hará magia para ser aceptado y convencernos de su honestidad y buenas intenciones.

La recomendación es que nunca engañen su confianza: podría matarlos con su indiferencia, matarlos de amor, de susto, por molesto, cínico, quejica, y también puede matarlos de placer. Es un asesino potencial. No practica el humor consigo mismo; le dan horror los reproches, las críticas y rendir cuentas.

Indudablemente, el conejo-tigre es más sensible que el conejo ordinario, y más valiente también. Sabe que quiere jugar y divertirse como un niño feliz.

En el amor es exigente, se aburre, cambia, prueba y deja con el corazón destrozado a quienes creen ser exclusivos en su vida. Amante exigente, desespera a los más ardientes.

COOL. AGRADEZCA TOPARLO EN ALGÚN TEJADO, Y QUE LO ELIJA ENTRE SUS INVITADOS.

La casa del Conejo

Se confunde con el paisaje. Para encontrarla, habrá que tener el olfato de un perro. Sobre el fondo de los bosques, los árboles la cubren. Simplicidad, discreción y armonía caracterizan el decorado interior. Paredes blancas reflejan la luz que se filtra por las ventanas estrechas. Le encantan las alcobas, los profundos sillones con almohadones blancos, los cortinados pesados y aislantes. Le hace falta algún lugar para salir, por si algún peligro lo amenazara, o sufriera los conocidos ataques de claustrofobia. Es indudable que, ya sea una pocilga o un palacio, la casa del conejo será muy cálida, confortable, y tendrá una decoración de exquisito buen gusto y CARÍSIMA.

Simbolismo del lugar

El conejo buscará vivir en las orillas de los bosques, las madrigueras, con todo el confort, cojines mullidos, calor y seguridad.

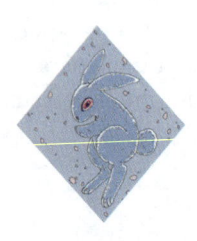

Encuesta

1-¿Crees que el mundo virtual (las redes sociales, internet, por ejemplo) ayuda en los vínculos entre las personas?

El mundo virtual me acompaña desde mis once años; siempre fui una persona de mucha comunicación con mis iguales –con los que me interesaban– antes de internet, los llamaba al teléfono fijo, me gustaba sacarles tema, preguntarles sobre su familia y sobre lo que habían hecho en el día. Luego vino internet, me pareció fascinante: hablaba con conocidos, pero también con desconocidos, me creaba personajes, era una intérprete, y cuando entraba en confianza... hasta ponía *web cam*... A mí, comunicarme virtualmente me fascinaba, sobre todo porque me encanta mensajear. Seguí hablando por teléfono pero cada vez menos. No me dio melancolía. Lo entendí como nuevas maneras de relacionarse. Hasta los 25 seguía hablando con desconocidos por chat, twitter, facebook, luego me empezó a dar pereza, ahora uso mucho whatsapp pero para hablar con conocidos; cada vez me interesa menos chatear, y hablar en general... Incluso con los que quiero, prefiero pasar momentos interesantes, de silencio, o dormir... Son etapas. En su momento para mí el chat fue todo. Para los tímidos era buenísimo, y no importa eso de «en el chat eres otra persona»... ¡Incluso mejor! ¿Qué más bonito que probar muchas variantes de uno mismo?

2-¿Cómo reaccionas ante tus propios errores?

No me gusta que me reten, sí que me hagan saber que algo dolió/lastimó/perjudicó... Todos nos equivocamos, me cuesta un poco la gente dramática de más o que quiere «plantearte un tema» todo el tiempo. Confío en dejar pasar las cosas... Me gusta disculparme cuando me equivoco o hiero... Me gusta reflexionar, cambiar, superar... Confío en que la gente cambia, en que hay que esforzarse por salir del lugar cómodo de la repetición de acciones o vicios... No hace bien ser dramático y ortodoxo. Vivan el cambio y la revolución.

3-¿En qué encuentras la belleza de la vida?

En los perros y sobre todo en los caniches. En dormir. En soñar. En compartir mis cosas. En la fidelidad de la amistad. En escribir inspirada buenos poemas, malos poemas. El olor al jazmín me encanta. Quiero mucho a mis padres y encuentro belleza en verlos reír. Encuentro belleza en hacer lo que me gusta, gozar sin remordimientos y que nadie me moleste.

4-¿Qué te afecta de los demás y el mundo?

Que alguien te acuse, te haga cargo de miserias propias, la gente que le gusta sufrir de más (aunque me gusta el drama, me sirve para la escritura) no me gusta la gente que traiciona a un amigo, no me gusta cuando algo que me gusta no lo profundizo *a full*... La superficialidad, la violencia de género, los hombres machistas, la gente que menosprecia algo que hiciste con amor, los que se aprovechan de la fe del otro, el desamparo por parte de las instituciones hacia la gente más vulnerable.

5-¿Cuáles son los mandatos que crees que hay que seguir?

No creo en los mandatos. Cada uno hace su vida, con lo que adquirió, vio, escuchó, mamó... Uno puede cambiar, alejarse de lo que hace mal... No es fácil, no digo que sea fácil... hay mucha precariedad y desamparo en las sociedades, mucho individualismo, confío en la gente, pero no confío en las instituciones. No digo que en todas... pero confío más en la ayuda de la gente particular... No diría mandatos, diría enseñanza, lo que otro te acerca, te comparte. Creo en las experiencias y en las acciones.

Cuéntame un cuento chino

Isabel Liliana Martínez - Coneja de Agua
Empresaria Autopartista - Dirigente Gremial Metalúrgica -
Argentina

Este cuento es una confesión, de cosas que hago, que siento, que me gustan y con las que me identifico como gatoneja (gato-conejo):
- Inspiración, motivación: las necesito para despertarme y ponerme en movimiento.
- Los colores, los olores, el sabor, menta, limón, frutilla, azafrán, chocolate, té de hierbas, los sahumerios, las velas, que están siempre conmigo.
- La compañía de Mama Quilla o Papa Inti que me alimentan diariamente y me marcan el rumbo.
- Transportarme con mi camioneta o con la imaginación, con música, visualizando el futuro, haciéndole caso a mi intuición y rezando.

- El mar que me cautiva, las flores y su belleza, dejarme sorprender por el universo y los paisajes de mi Córdoba querida que me renuevan el alma.
- El fuego que puedo encender casi mágicamente, su color, su olor, su abrazo.
- Mis copas de cristal, mis sábanas de raso azul y ronronear y maullar y dormir.
- El sonido místico de mi tambor, la meditación, el alerta sereno, el sentido de la orientación Norte Sur Este y Oeste... El Este con su mar es la que mejor me sienta.
- Saltar como liebre los problemas y escapar para no perder energía y paz. Pero si me provocan, sacaré las garras afiladas; eso sí, ¡siempre bien pintadas!
- Refugiarme en mi guarida, en la lectura, en el sillón viendo Netflix o con música a todo volumen.
- De la energía agua me viene la calidad de llorona, sentimental y romántica incurable.
- Buscando el elixir de la eterna juventud, o mejor dicho, el elixir para vivir sin enfermar o de la salud eterna, con cirugías a las que me animé, alguna estética, bien de coneja, jajaja.
- ¡Siempre buscando, siempre encontrando y siempre agradeciendo!
- Y al final de todo, aprender y aprender... de mis hijos, mis nietos, la familia, los amigos, los amores, los pasados y los que vendrán, que son mi tribu en este universo tan pequeño o tan infinito que como gatoneja quiera.

Ahora me pongo seria. Me encuentro cada vez más fascinada con los horóscopos, el feng shui, el I Ching, el chamanismo y por nuestra tradición ancestral como república, nacida del Tawantisuyo, memoria que debemos recuperar entre todos para librarnos de la pobreza cultural y espiritual que duele, que lastima y no nos deja ser. Necesitamos –como argentinos y Rata que somos– un poco de las cualidades del conejo, maestro de la resiliencia, que en cada una de sus vidas aprende y sale fortalecido a emprender la siguiente con más sabiduría. Ya perdí varias de mis siete vidas, y en las que me quedan espero ver el renacer de nuestra nación. ¡¡Vamos, Argentina Rata querida!!

PERSONAJES FAMOSOS

GUSTAVO SANTAOLALLA
Conejo de Metal

CONEJO DE MADERA (1855-1915-1975)
Luciano Castro, Juan Minujín, Ingrid Bergman, Orson Wells, Billie Holiday, Eugenia Tobal, Tiger Woods, Frank Sinatra, Osvaldo Miranda, Anthony Quinn, Michael Bublé, Edith Piaf, Luciano Castro, Abel Santa Cruz, Liliana Simoni, Jack White, David Beckham, Paola Barrientos, Enrique Iglesias, Dolores Barreiro, Leticia Brédice, Bertin Osborne, Hernán Crespo, Gabriel Ruiz Díaz, Daniel Hendler, Angelina Jolie, David Rockefeller, Charly Menditeguy.

CONEJO DE FUEGO (1867-1927-1987)
Choly Berreteaga, Leo Messi, Raúl Alfonsín, Gabriel García Márquez, Jimena Barón, Neil Simon, Tato Bores, Luisana Lopilato, Peter Falk, Francisca Valenzuela, Gilbert Bécaud, Gina Lollobrigida, Harry Belafonte, Mirtha Legrand, Ken Russell, Ángel Di María, Raúl Matera, Osvaldo Bayer, Emilia Attias.

CONEJO DE TIERRA (1879-1939-1999)
Karol Sevilla, Paul Klee, Albert Einstein, Andrés Percivale, reina Victoria, George Hamilton, Francis Ford Coppola, Peter Fonda, Stalin, Centro Bert Hellinger de Argentina.

CONEJO DE METAL (1891-1951-2011)
Arturo Pérez Reverte, Sting, Thelma Biral, Isabel Preisler, Charly García, Pedro Almodóvar, Ana Belén, Raymond Domenech, Christian Lacroix, Anjelica Huston, Cheryl Ladd, Carlos Barrios, Confucio, Hugo Porta, Gustavo Santaolalla, Michael Keaton, Rosa Gloria Chagoyan, Romeo Gigli, Jaco Pastorius, Juan Leyrado, Valeria Lynch, León Gieco.

CONEJO DE AGUA (1843-1903-1963)
Jarvis Cocker, Whitney Houston, Brad Pitt, Niní Marshall, George Michael, Sergio Goycochea, Fernando Peña, Fabián Gianola, Jaime Marichalar, Johnny Depp, Quentin Tarantino, Gisela Valcárcel Álvarez, Fernando Samalea, Rosario Flores, Norma Antunes, Hilda Lizarazu, Ramiro Agulla, Xuxa, Fatboy Slim, Elio Rossi, Sheila Cremaschi, Germán Palacios, Gabriela Epumer, infanta Elena de España, Gustavo Elía, Costi Vigil, Fito Páez.

TABLA DE COMPATIBILIDAD

CONEJO

♥ Amor   🤝 Amistad   🐷 Economía

	Amor	Amistad	Economía
Rata	♥	🤝🤝🤝	🐷🐷🐷
Búfalo	♥♥	🤝🤝	🐷🐷
Tigre	♥	🤝🤝🤝	🐷
Conejo	♥♥♥	🤝🤝🤝	🐷
Dragón	♥♥♥	🤝🤝🤝	🐷
Serpiente	♥♥	🤝🤝	🐷🐷🐷
Caballo	♥♥♥	🤝🤝	🐷🐷
Cabra	♥♥♥	🤝	🐷
Mono	♥	🤝🤝🤝	🐷
Gallo	♥♥	🤝🤝🤝	🐷🐷🐷
Perro	♥♥	🤝	🐷
Cerdo	♥♥	🤝🤝	🐷🐷🐷

1 mal • 2 regular • 3 bien

Nota: las compatibilidades son desde el punto de vista de cada animal.

DRAGÓN

LA CONDESA
Vuelvo.
Refugio en un país diezmado
por la CONQUISTA ESPAÑOLA
no constelada
en el reino de MOCTEZUMA.
Vísceras destrozadas
carroña de sus descendientes
prófugos por delitos
sin manual para la condena.
Abismo insondable
donde nacen flores, especias,
guacamole
frijoles, alimentos nativos
con el sudor de quinientos años
de mala sangre.
                    L. S. D.

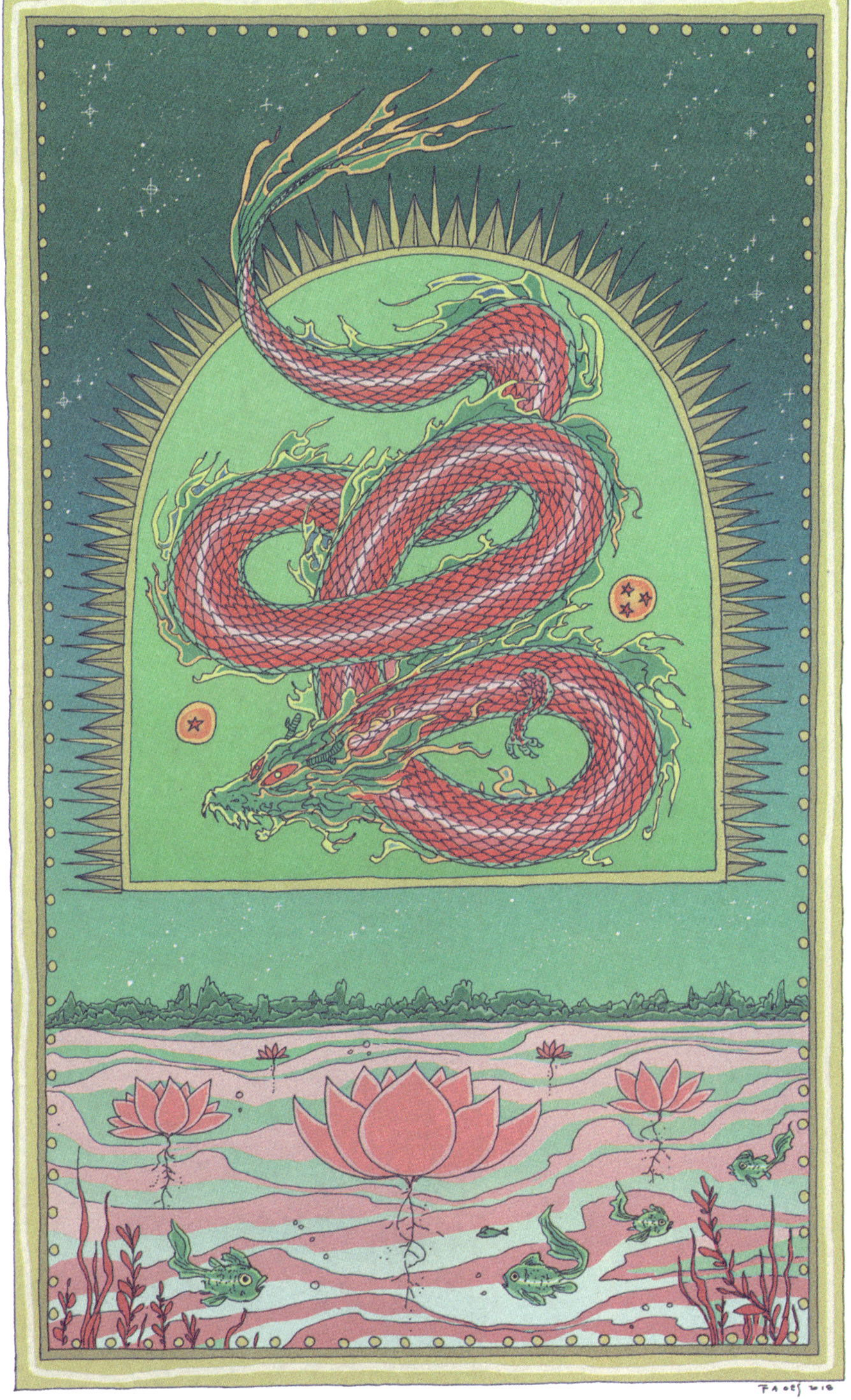

Ficha técnica

Nombre chino del dragón
LONG
Número de orden
QUINTO
Horas regidas por el dragón
07.00 A 09.00
Dirección de su signo
ESTE-SUDESTE
Estación y mes principal
PRIMAVERA-ABRIL
Corresponde al signo occidental
ARIES
Energía fija
MADERA
Tronco
POSITIVO

Eres dragón si naciste

03/02/1916 - 22/01/1917
DRAGÓN DE FUEGO
23/01/1928 - 09/02/1929
DRAGÓN DE TIERRA
08/02/1940 - 26/01/1941
DRAGÓN DE METAL
27/01/1952 - 13/02/1953
DRAGÓN DE AGUA
13/02/1964 - 01/02/1965
DRAGÓN DE MADERA
31/01/1976 - 17/02/1977
DRAGÓN DE FUEGO
17/02/1988 - 05/02/1989
DRAGÓN DE TIERRA
05/02/2000 - 23/01/2001
DRAGÓN DE METAL
23/01/2012 - 09/02/2013
DRAGÓN DE AGUA

Abanico polifacético.

Sigo en Buenos Aires cubierta por el llanto de «La Niña»,[23] que traía muchos dolores acumulados y sigue arrojándolos sobre la ciudad ininterrumpidamente.

Después de los rituales mañaneros: abrir la puerta que da al ángel de la guarda, encender la vela del día maya, poner agua para el té o mate, alegrarme por el jardín del pasillo que parece del trópico, saludo a Rubí, mi portátil, y miro *e-mails* o los respondo.

Me sorprendió la aparición de GABA, LA BRUJA POP, brillando desde la pantalla, con un vistazo de mi revolución solar, consejos que atesoro por su certeza, y la sincronicidad del viaje a España de ambas en estas fechas.

ASÍ FUE, ES Y SERÁ CON ELLA.

Nos reencontramos telepáticamente y en la 3D.

Sus escritos llegan desde la coronilla al coxis, destilan mensajes proféticos y poéticos, y me envuelven en un tul fucsia anaranjado.

Buena energía de mi amiga Gaba, dragón y CORDOBESA, por aterrizar en su vuelo en la tierra que elegí para seguir aprendiendo «el arte de vivir y morir mil veces».

Me anticipó que Urano entra en Tauro siete años y que mi vida cambiará sistémicamente.

«Lo estoy incubando», pensé.

Y también, por ser mono de fuego, ella sabe que el cambio es mi chimichurri existencial.

GABA es una bruja blanca, tarotista, artista, artesana, afecta a la huerta y a la Pachamama. Linda, *sexy*, simpática, no pasa inadvertida. Rompe con clichés y fórmulas arcaicas, y es MODERNA.

Sus vidas en esta vida lo confirman; no mira atrás, busca nuevos cielos y hangar.

Es misteriosa, algo que comparto con pocas mujeres, y sabe ofrecer su talento de forma original y divertida.

Se asume dragón y sabe que lo que viene siempre es mejor, sin nostalgia, arrepentimiento, ni pataleo.

Espera su ritmo para actuar en el amor, con sus consecuencias.

Es libre y viajera; tiene radioactividad y taladra con sus frases cortas que llegan al tantra.

---

23. La Niña es un fenómeno climático. Junto con El Niño son los ejemplos más evidentes de los cambios climáticos globales, y parte fundamental de un vasto y complejo sistema de fluctuaciones climáticas.

Toma decisiones unipersonales, aunque tenga pareja.
Es cálida y se sirve mate con peperina de su jardín.
Interpreta el presente con agudeza visionaria, transporta almas al más allá y las deja en paz.
Suma y nunca resta.
Ayuda más de lo que imagina, y está en alerta meteorológica.
GABA hoy se autoconvocó para escribir para el zoo secretos de su signo.
LE DI LUZ VERDE.
TIÑE CON MEMORIA ANCESTRAL CONSEJOS DE SU BISABUELA.
Sabe capturar la Polaroid de la vida.
BIENVENIDA, coautora de tu signo.

L. S. D.

Los dragones somos los Luis XIV del zoo.
En vez de decir «el Estado soy yo», decimos «el mundo soy yo».
Dragones que sobrevuelan como drones decorados en Versalles, y sueñan.
Mi Versalles es un jardín caótico, donde los apios acarician jazmines, hay rudas que te tocan cuando pasás, cactus que miran sin pestañear, geranios que explotan a carcajadas, romeros y lavandas que se confunden entre piedras sagradas. Zapallos sarpados[24] que todo lo alcanzan.
El rey sol soy yo.
Una tarde hermosamente eterna, con un sol cansado de tanto estar, me comunica las bases de mi existencia escondida. Hay un espacio quieto que define la marcha. Esas tardes que dejan venas en donde puedo sentir el silencio y el tránsito de las piedras, parece que los pájaros se dieron cuenta, porque se convocaron en los árboles que me tienen cerca. Una tarde que es la misma pero distinta. Absorta y nostálgica de lo que aún me espera.

Mi Versalles no tiene nada de geométrico, ya que los dragones no conocemos reglas, marcadores ni hilos que tensan.
Exéntricos totales.
Necesitamos más información de todo.
Esta dragona al cuadrado te dice que defiende a los que sufren con armas cósmicas; los dioses me acompañan en esta marcha.

---

24. La palabra viene del lunfardo. «Pasarse» al revés (vesre) es «sarparse» (atreverse, excederse, pasarse del límite).

Somos todos sufrientes en un mundo que no alcanza. Quien vive en la tragedia es mi aliado, los tengo en mi «neuronetbook», aparecen, desaparecen junto con sus allegados que me piden por ellos, sabiendo que sus muertos, los dioses y yo podemos sembrar flores y verduras en pantanos sin miedos.
Los dragones somos el mundo, siendo una confusión de certezas.
Somos lo que aspiramos ser cada día.
Somos lo que fuimos y no nos gusta.
Somos lo que fuimos y nos condecora.
Somos seres que tiemblan, ríen, piensan y desconfían.
Ventilamos dolores, de vez en cuando.
Dragón, opacarás estrellas con tu energía poderosa y clara.
Los sonidos de las campanas, llamadores de ángeles y suspiros serán tu música habitual por estos días. Extrañarás algo que ya sabes perdido.
Soy una dragona que alimenta las verdades que se ocultaron en las almas que transitan por esta tierra.
Hago un ovillo con cada queja, frustración, angustia y dolor. Con él tejeré un paño para abrigarme y protegerme del tiempo. Transformo agonías en escafandras.
Los dragones nos vestimos de forma extravagante, aunque se viva en medio del campo… una boina, un sombrero o unas bragas de gaucho con algún detalle que descompondría a Martín Fierro,[25] así como un poncho con un mandala.
Los dragones urbanos vestimos trajes fantásticos y desparpajo.
Lo minucioso, peinado y planchado con raya nos saca ronchas.
Los pelos nuestros tienen sus propias vidas, como las furias de la mitología.
Si tocan la fibra del infierno, el fuego se hará presente a través de nuestra boca. Saldrán todas las pestes de Pandora y una ruda cercana se secará, ya que la vehemencia no perdona.
Nos gustan los banquetes, prueba fiel de ello son los encuentros que tengo con Ludovica en distintos rincones del planeta: manjares del palacio de Versalles o un mate con hierbas que perfuman el karma y encaminan la mirada.
Todo lo hacemos como ritual doméstico, sagrado y bello.
Una galería de mi cueva es un planeta entero de tardes quietas.
Derretimos secretos íntimos, ante nuestros ojos dignos.

---
25. Gaucho protagonista de un libro clásico de la literatura argentina, el *Martín Fierro* de José Hernández.

Tomo todo lo que se presenta como algo que está de más. Celebro y festejo sin piedad.
Nuestra alma tiembla ante el amor, la traición, la injusticia y las estrellas.
Aunque seamos los reyes del cielo, estamos muy fijos en nuestras cuevas en la tierra a través de nuestro genio.
Irradio energía solar como un engranaje necesario para poder pasar a otros mundos, mundos que sostengo con suspiros.
Mis silencios son hojas en un calendario sin días.
Dragona fui, soy y seré en los tiempos en que la vida me espera con sorpresas que ya están en mi agenda.

Gaba Robin

El Dragón y su Energía

Dragón de Madera (1904-1964)
Un dragón casi humano.
Este ejemplar es sin dudas el más cálido, sensible, intuitivo y captador de los dragones. Un verdadero filósofo y pacifista, tiene la capacidad de apagar un incendio en un minuto con sus palabras inteligentes y lógicas. Por poseer fuertes inclinaciones esotéricas, podría dedicarse a la astrología, a la metafísica o ser un profeta. Cualquier profesión que indique liderazgo es apta para él; médico, político o gurú. Le encanta ser centro de atención y lo consigue con su talento, exquisito humor y refinamiento. Un dragón altamente cotizado.

Dragón de Fuego (1916-1976)
Un dragón explosivo.
Este dragón es típico: «Sabe lo que quiere y lo quiere ya». Extremista en todo, ama u odia. Es muy generoso con su familia y sus amigos. Hiperinteligente, magnético y temperamental, este dragón es el más atractivo y carismático personaje del zodíaco chino, casi de otro mundo. Es terriblemente *sexy* y sabe seducir indiscriminadamente. A pesar de que lo disimule, detrás de su armadura se esconden sentimientos tiernos, y posee una gran inseguridad afectiva. Reconoce sus errores, imagina un mundo mejor, que inventa y maneja a su manera.

Dragón de Tierra (1868-1928-1988)
Un dragón objetivo.
Muy *egotrip*;²⁶ para existir necesita que lo adulen, aplaudan y no lo contradigan. Con una corte de los milagros alrededor para que le funcionen las hormonas; si no, puede caer en depresiones y adicciones muy agudas. Tiene mucho *charme*. Atrae a personas del sexo opuesto como un imán, adora tener un harén. Posee espíritu sanmartiniano, adopta por la calle gente necesitada y forma su propia familia. Le rinde culto a la amistad. Detesta la soledad; estará siempre acompañado, aunque algunas compañías no sean buenas. Nunca abandonará a su familia pero tendrá temporadas en las que se alejará. Es excéntrico, adora el lujo y la buena vida. Si no está bien emocionalmente, atravesará etapas autodestructivas.

Dragón de Metal (1880-1940-2000)
Un dragón resonante.
A este dragón se lo ama o se lo odia con pasión. Tiene que trabajar mucho su parte interior para no convertirse en alguien nefasto; su Ego es más largo que la Vía Láctea. Necesita rodearse de gente que lo baje de su aceleración, pues de lo contrario su ansia de poder, su despotismo y omnipotencia lo transformarán en un verdadero monstruo. La perversión y las tendencias sádicas son inherentes a él; lo disimula tras una máscara de cortesía, gentileza y afabilidad. Sofoca a los demás con sus antojos, llama la atención de cualquier manera y subestima a los demás. Puede llegar a la cima por medios lícitos o ilícitos. Será famoso, millonario y excéntrico; detesta que le digan cómo debe gastar el dinero, adora vivir lujosamente y, según el satélite que tenga de turno, compartirá su riqueza hasta fundirse. Si no gana él el dinero, se casará con alguien que ya lo tenga. Un dragón para dosificar o morir en el intento.

Dragón de Agua (1892-1952-2012)
Un dragón hipnótico.
Este dragón es irresistible. Parece ingenuo, naif, hippie, *avant-garde*. Tal vez sea contradictorio en su manera de ser: clásico por dentro y moderno por fuera. Su comportamiento es más moderado que el de los otros dragones, por la influencia del agua. Se puede contar con él, en las buenas y en las malas. Se involucra

---
26. Véase página 50.

sentimentalmente, le encanta estar en pareja, y muchos se casan más de una vez. Su personalidad es insegura y contradictoria. El éxito en su vida dependerá de su talento; haga lo que haga, jamás se aprovechará de los demás. Es creativo, original, y tiene muchas ideas renovadoras. Multifacético, a veces desperdicia su vida decidiendo qué rumbo tomar. Muy divertido, atractivo y de buena convivencia, sabe administrar el dinero propio y el ajeno. Un amorcito de dragón.

El Dragón y su ascendente

DRAGÓN ASCENDENTE RATA: 23.00 a 1.00
Este dragón será prudente; muy autoritario en apariencia. Muy sociable, reflexivo y capaz de grandes sacrificios por los demás. El dinero aparecerá como por arte de magia en su camino.

DRAGÓN ASCENDENTE BÚFALO: 1.00 a 3.00
Será previsor, mental y muy organizado. Buscará la justicia absoluta y tendrá la virtud de ensamblar el coraje y la paciencia.

DRAGÓN ASCENDENTE TIGRE: 3.00 a 5.00
Una combinación explosiva; la energía aliada a la ambición produce un dragón trabajador, impulsivo y vengativo. Será muy emotivo y encenderá pasiones incontrolables e incontenibles.

DRAGÓN ASCENDENTE CONEJO: 5.00 a 7.00
Será un dragón seductor y diplomático. Brillante, sociable, culto y muy refinado. Su impulsividad se frenará por temor al riesgo. No le faltarán pretendientes a toda hora.

DRAGÓN ASCENDENTE DRAGÓN: 7.00 a 9.00
Este dragón brillará inextinguiblemente. Tal vez no comprenda los problemas de la humanidad y se refugie en su fantasía. Concretará sueños, será irresistible y tal vez un poco autodestructivo.

DRAGÓN ASCENDENTE SERPIENTE: 9.00 a 11.00
Inquietante, profundo, frío, calculador, usará todas las tácticas para conseguir lo que se proponga en su vida. Será vengativo y rencoroso. En el amor vivirá historias de ciencia ficción.

DRAGÓN ASCENDENTE CABALLO: 11.00 a 13.00

Será valiente, audaz, sincero, optimista y muy protector. A veces dejará las cosas por la mitad y perderá la razón por amor. Dinámico y extravertido.

DRAGÓN ASCENDENTE CABRA: 13.00 a 15.00

Este dragón será artista en el campo que decida. Fantasioso, sentimental y muy imaginativo, construirá silenciosamente un imperio. Protegerá a quienes encuentre en su camino y desbordará amor.

DRAGÓN ASCENDENTE MONO: 15.00 a 17.00

Emperador de las marionetas. Su vida será su arte y no perderá oportunidad de realizar con éxito lo que se le antoje. Sus piraterías sentimentales lo convertirán en un ser frívolo. Vivirá rodeado de lujo y placer.

DRAGÓN ASCENDENTE GALLO: 17.00 a 19.00

Esta combinación producirá un dragón orgulloso, autoritario y muy seguro de sí. Trabajará arduamente, muchas veces sin tener una idea clara. Su vitalidad y entusiasmo son contagiosos. Dará consejos pero no aceptará escucharlos.

DRAGÓN ASCENDENTE PERRO: 19.00 a 21.00

Este dragón será leal, prudente y muy afectivo. Se preocupará por la humanidad, será un filósofo y pensador con rasgos de líder, tendrá los pies en la tierra.

DRAGÓN ASCENDENTE CERDO: 21.00 a 23.00

¡Un antidragón! El cerdo le da humanidad, paciencia, humildad, y una inteligencia práctica irresistible. Su mayor conquista es hacer el bien a los demás.

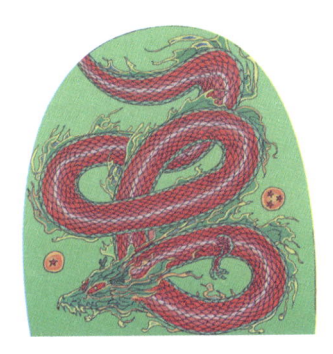

Signo mixto

Dragón-Conejo

Las personas nacidas entre finales de febrero y finales de noviembre de los años 1904, 1916, 1928, 1940, 1952, 1964, 1976, 1988, 2000 y 2012 pertenecen al signo mixto dragón-conejo. Concebidas en un año conejo y nacidas en un año dragón.

Esta duplicidad es dinamita y conviene estar prevenido antes que arrepentirse después de haber caído en el incendio sin extinguidores que purificará tu vida.

En esencia, es un aventurero arribista, un jugador peso pesado, un déspota intolerante, un vagabundo encantador, un deportista delirante, un kamikaze espacial que apunta los cañones hacia donde más provecho puede sacar.

Todos se creen Juana de Arco. La parte heroica de Juana a veces sale a relucir con los desamparados, los personajes *off-Broadway* que tanto le gustan. En su entorno familiar, social y profesional crea una atmósfera *heavy metal*.

Su pasión por el poder de decisión le impide todo espíritu crítico. Le encantaría ser humanista, porque secretamente es un tierno sentimental que algunos íntimos tienen el privilegio de compartir. El conejo es más *yin* y el dragón *yang*, y eso produce una personalidad con contornos indecisos. Carece de compasión y es eminentemente selectivo.

Despiadado con sus enemigos; tenderá trampas mortales y no se comprometerá si no le conviene y si eso cuestiona su poder.

Con una agilidad mental fría, planificadora, desconfiada, quiere supervisar todo, con la consecuencia del despilfarro de sus esfuerzos. Cuando el dragón-conejo canalice su energía y la haga circular creativamente será irresistible. Sus colaboradores son más sus cómplices que sus socios.

Su gusto por la intriga lo convierte en un adversario peligroso; su ordenador cerebral elucubra jugadas maquiavélicas que en el momento del ataque pueden ser letales. Si le falta el plan y se desmorona puede sufrir una profunda depresión. Renacerá porque sus escamas duras y su lucidez maligna lo harán hábil para revertir el karma.

El dragón-conejo es esencialmente un NEGADOR de sus defectos, de los malos momentos, y de conducta infantil. Por eso vuelve a repetirlos y no evoluciona como ser humano.

Con el dinero puede hacer estragos; es un gastador maníaco que oscila entre la avaricia y el despilfarro. Si tiene el dinero comprará lo que se le antoje, aunque lo tire al minuto siguiente.

Sabe que tiene carisma, que gusta y enloquece, y aprovecha las situaciones para divertirse con las víctimas de turno. Pero cuando alguien le toca un lugar con digitopuntura se derrite al rojo vivo.

Cuando se enamora hay que dedicarle tiempo completo pues despliega sus dotes de amante experto y se desvivirá para seducir a su presa favorita.

El dragón es sensual y el conejo *sexy*, una mezcla que da origen a un ser IRRESISTIBLE, RÁPIDO, MODERATO CANTABILE... un gestor por excelencia.

Una experiencia transformadora que despojará a sus víctimas de las ilusiones.

La casa del Dragón

Casi todos tendrán mansiones en los planetas, nubes, estrellas y demás astros celestes; pero los que decidan pasar una temporada en la Tierra elegirán una orientación Este-Sureste u Oeste-Noroeste. Le hace falta un ambiente aireado, cambiante e infinito para desplegar sus dotes decorativas. Una casa típica no es para el dragón. Le convendría más un gran barco, con la condición de poder anclar en una pequeña bahía reservada para su uso personal. Tal vez su casa sea construida alrededor del jardín, o quizás el jardín esté alrededor de su casa. Las dimensiones son infinitas: una casa pompeyana o un palacio de LAS MIL Y UNA NOCHES, un castillo inexpugnable sobre un abismo o un monasterio perdido en un caos de rocas. En la ciudad, sería un apartamento inmenso en lo más alto de una torre de cincuenta pisos, con una terraza gigante para hacer fiestas, tomar sol, jugar al tenis, o un *loft* como el de Nico Repetto en Miami. En todo caso, son necesarios tabiques móviles y enormes ventanales, y pocos muebles. MUCHO ESPACIO. El perfume discreto de la salvia, el misticismo de la mandrágora, la belleza sensual y mágica del loto, y una buena mezcla y variedad de flores exóticas son fundamentales para el exquisito dragón.

Simbolismo del lugar

Donde habita el dragón se produce un movimiento de tierra. Huésped de los pliegues, quebradas y terrenos accidentados.

Encuesta

1-¿Crees que el mundo virtual (las redes sociales, internet, por ejemplo) ayuda en los vínculos entre las personas?

A algunas personas sí y a otras no. Para muchos, el espacio de las redes sociales es un espacio de muchísima soledad, paradójicamente. Y para otros, que tienen dificultades en el lazo social, muchas veces las redes son un instrumento que permite establecer cierta relación con los demás. También creo que cualquier tipo de mediación tecnológica para «facilitar» la comunicación aleja físicamente a los individuos. Creo que el mundo virtual es un mundo de ilusiones. Te aliena y promueve el vínculo con una misma, dentro de la ilusión de comunidad o de «amistad». ¿Qué es un amigo? ¿Un amigo de facebook? No, pero se llaman igual. Creo que las redes sociales hacen exactamente lo contrario a lo que dicen y eso es a propósito. También creo que son herramientas de poder y control. Aunque, por ejemplo, con lo que pasó en México, con los últimos terremotos, la verdad es que estuvieron funcionando muy bien para ayudar a que circule la información. Creo que es una herramienta poderosa si nos empoderamos, como todo.

Resulta, evidentemente, una cuestión de medidas. La cuestión está en la proporción en que se usen. El vínculo entre las personas se genera por distintos medios. Si el mundo virtual es la única manera en que se pone en práctica, creo que genera un vacío en los otros medios, que son los más fraternales (una charla, un abrazo, un beso o hasta un silencio compartido).

Una lectura global desacreditaría las redes como aliadas para la comunicación entre las personas, tienen al cuerpo como gran deuda, ninguna actualización de aplicaciones que se haga salva el hecho de que el poner el cuerpo no puede suceder y la presencia es insoslayable para las relaciones. Creo que podríamos decir que vinieron a evidenciar lo imprescindible y fundamental del cuerpo. Se me ocurre que es algo para vivir como un triunfo: inventen lo que quieran, ganen millones con ello, pero siempre que requiramos afecto, el reclamo que haremos será de «presencia».

2-¿Cómo reaccionas ante tus propios errores?

Lógico que primero me quiero matar. Me ofusco bastante. Siento culpa de no haber estado más alerta, y me pone nerviosa y más atenta hacia quien cometí el error.

Y luego, depende de qué equivocación sea, muchas veces rápidamente puedo disculparme y rectificar mi posición. Otras veces me enojo, como primera respuesta, pero luego trato de localizar cuál fue el problema y hacerme cargo de la parte que me toca. Y si es una equivocación tipo trámite o algo que hay que hacer, largo un insulto potente pero lo resuelvo al momento.

3-¿En qué encuentras la belleza de la vida?

En disponer de mi tiempo y usarlo para lo que se me antoje, ya sea trabajar, disfrutar, estudiar, bailar. En los paseos al aire libre, entre el movimiento del cuerpo y la contemplación del paisaje encuentro un placer que podría resumir la belleza de estar vivo.

En compartir con los demás, no creo que haya una vida posible si no es compartiendo con los demás y de verdad que pienso que las cosas materiales son lo menos importante que existe si no tienes a nadie para compartir.

Y un poco insistiendo, creo que hay belleza en los afectos, solo hacerlo por el otro, por el amor que siento por mis amigos y porque quiero que estén bien me da una potencia increíble, todo se vuelve hermoso si mis amigos están bien.

A su vez, para mí lo bello late en las cosas más inesperadas e insignificantes, no creo en los grandes gestos.

4-¿Qué te afecta de los demás y el mundo?

La intrusión, el avasallamiento de mis cosas, de mi tiempo, de mi cuerpo. De los demás, cuando no me siento querida lo suficiente. Me afecta el ninguneo y también la falta de tolerancia. La falsedad, cuando alguien es falso me doy cuenta muy rápido y trato de evitar a esa persona. Del mundo me afecta que haya personas que sufren mucho y que a nadie le importa nada. Vas por la calle y ves un tipo entrando de cabeza a un cubo de basura y sigues porque ya lo tienes naturalizado, pero en realidad es una locura, y es tan locura y tanto queremos alejarnos de no ser nosotros los que metemos la cabeza en el cubo que les decimos como sociedad «recolectores urbanos». Es muy cínico cómo buscamos palabras o excusas para que lo terrible no nos toque.

5-¿Cuáles son los mandatos que crees que hay que seguir?

Creo que los mandatos atentan contra la libertad individual. No sé si se pueda escapar de ellos, pero ninguno es bueno por el simple hecho de ser un mandato. Pero, si entiendo adónde apuntas, sí concibo que a partir de nuestra propia experiencia se va formando una suerte de mandatos, unas guías de nuestro hacer y entonces ahí diría que los míos tienen que ver con ser sincero con uno mismo, respetar al otro, y no renunciar al deseo. Y al citar el deseo sí me embarco en un vale todo muy amplio porque pienso que todo el mundo debería hacer lo que quiera. Si te gusta ser una monja, sé una monja; si te gusta ser una actriz, sé una actriz; si te gusta ser un maestro, sé un maestro... nadie debería interferir en el deseo de uno. Lo que también pienso es que vamos cumpliendo roles y que al final de la vida tal vez nuestro propósito haya sido haber cumplido todos los roles en un juego que es como una ruleta.

Cuéntame un cuento chino

Miss Bolivia - Dragón de Fuego - Cantante
Argentina

Desde que tengo uso de razón, quema. La lengua quema, la mente quema, el corazón, las palabras, y hasta el cuerpo quema. Todo quema siempre. Y así, muchas veces me quemé yo también.

Por un lado ese fuego es motor, una flama que motiva la creatividad, genera inquietudes y no me permite quedarme en mis zonas de confort. Es un fuego similar a lo que muchos llamarían «hormigas en la cola», un rasgo de carácter exploratorio y de tendencia absoluta a la transformación e innovación constantes. Los desafíos siempre están a la orden del día y entonces el fuego opera como catalizador, como elemento importantísimo a la hora de materializar ideas, concretar proyectos con energía pujante, siempre para adelante.

Por otra parte, también **ese fuego tiñe todo lo mental, lo intelectual y emocional**. Las ideas queman, los pensamientos insisten y van tomando una velocidad propia superior a la del tiempo real. Mi cabeza va mucho más rápido que las palabras y los movimientos de mi propio cuerpo y eso, con frecuencia genera insomnio y recurrencia de pensamientos que se quedan como «pegados» a la mente hasta que logro finalmente hacer algo con ellos y transformarlos en palabras o en acción concreta.

Cuando de amor se trata, ese fuego se nota. Nunca fui tibia, siempre amé a todo o nada. Y por ese motivo, muchas veces también me quemé y salí malherida. Pero ese mismo fuego me transforma en ave fénix, capaz de regenerarme de mis propias cenizas para volver a empezar más empoderada que nunca. Ese fuego me enseñó a transformar el dolor en medicina, la angustia en arte y la depresión en ganas de vivir.

Lo que no me gusta lo digo o lo canto, casi sin filtros ni tratamiento de la información. La boca es el lugar privilegiado de mi devenir dragón. La boca es lo que más quema. He quemado a otras personas con la boca por el acto impulsivo de decir sin pensar, he aniquilado al enemigo con tan solo una oración unimembre y también, muchas veces me he incendiado a mí misma con ese fuego propio cuando quemé para fuera y sin darme cuenta, quemé para adentro también.

Con el correr de los años, terapia mediante, y a través de la práctica de la compasión, fui aprendiendo a modelar ese fuego, a poder controlarlo dosificando sus emisiones, y a utilizar el poder de la llama como algo constructivo, poderoso y fortalecedor. He aprendido a pensar dos veces antes de emitir la llamarada, he aprendido y sigo aprendiendo a reflejarme en el otro y ver en los demás personas imperfectas iguales a mí, y a utilizar el fuego para comprender y crear en vez de destruir. Lo pienso como un alfarero, un ceramista que utiliza el fuego para moldear y dar forma a su producto que sale de lo más profundo del espíritu y su creatividad para darle vida a la vasija más bella y generosa de donde podrá tomar su agua y su vino tan preciados.

El fuego me dio la posibilidad de ejecutar mis planes siempre y de luchar hasta las últimas consecuencias por aquello que creo, sin tener miedo. El fuego del dragón me bendijo con la entereza y la perseverancia de una ética en la que creo y me representa. El fuego me protege, llevo adentro una antorcha personal que me alimenta y me esclarece. Yo soy de fuego, desde la cuna.

PERSONAJES FAMOSOS

ROSSY DE PALMA
Dragón de Madera

DRAGÓN DE MADERA (1844-1904-1964)
Pablo Neruda, Osvaldo Pugliese, Ricardo Balbín, Kevin Johansen, Sandra Bullok, Matt Dillon, Sergio Lapegüe, Gustavo Bermúdez, Tita Merello, Bing Crosby, Eleonora Cassano, Esther Feldman, John Leguizamo, Palo Pandolfo, Jorge Drexler, Humberto Tortonese, Felicitas Córdoba, Raúl Urtizberea, Nietzsche, Salvador Dalí, Mario Pergolini.

DRAGÓN DE FUEGO (1856-1916-1976)
Glenn Ford, Sigmund Freud, María Paz Ferreyra «Miss Bolivia», Nicole, Paloma Herrera, Gregory Peck, Nadine Heredia Alarcón de Humala, Pérez Prado, Valeria Subbert, Dante Spinetta, Shakira, Roberto Galán, Damián Szifron, Kirk Douglas, Françoise Miterrand, Paz Vega, Monoto Grimaldi, Luciano Cáceres, Anita Álvarez Toledo, Florencia de la V, Carola del Bianco.

DRAGÓN DE TIERRA (1868-1928-1988)
Julio Le Parc, Rihanna, Chino Darín, Tamara Bella, Martin Luther King, Roger Moore, Eddie Fisher, Shirley Temple, Adam West, Carlos Fuentes, Ernesto «Che» Guevara, James Brown, Javier «Chicharito» Hernández, Alan Pakula, Ximena Navarrete, Sarita Montie.

DRAGÓN DE METAL (1880-1940-2000)
Maite Lanata, Ringo Starr, Joan Baez, Tom Jones, Al Pacino, Jesucristo, John Lennon, Amelita Baltar, Andy Warhol, Raquel Welch, Brian De Palma, Pelé, Herbie Hancock, Frank Zappa, John Kale, Wangari Muta Maathai, John Maxwell Coetzee, Antonio Skármeta, Muhammad Yunus, Federico García Vigil, Oscar Araiz, Bruce Lee, Nacha Guevara, Carlos Bilardo, David Carradine, Bernardo Bertolucci.

DRAGÓN DE AGUA (1892-1952-2012)
David Byrne, Jim Jarmusch, Mae West, Guillermo Vilas, Hugo Soto, Robin Williams, Sylvia Kristel, Nito Mestre, Jean Paul Gaultier, Miguel Ruiz, Stewart Copeland, Federico Trillo, Raúl Perrone, Norberto Alonso, Jimmy Connors, Lalo Mir, Ferit Orhan Pamuk, Soledad Silveyra, Susú Pecoraro.

TABLA DE COMPATIBILIDAD

DRAGÓN

	Amor	Amistad	Economía
Rata	♥♥	🤝	🐷
Búfalo	♥♥♥	🤝🤝	🐷
Tigre	♥	🤝	🐷🐷🐷
Conejo	♥♥♥	🤝🤝🤝	🐷🐷
Dragón	♥	🤝🤝🤝	🐷🐷🐷
Serpiente	♥♥	🤝🤝	🐷🐷🐷
Caballo	♥♥	🤝🤝	🐷🐷
Cabra	♥♥	🤝	🐷
Mono	♥♥♥	🤝	🐷🐷
Gallo	♥	🤝🤝	🐷🐷🐷
Perro	♥♥♥	🤝🤝	🐷🐷
Cerdo	♥	🤝🤝🤝	🐷🐷

1 mal • 2 regular • 3 bien

Nota: las compatibilidades son desde el punto de vista de cada animal.

SERPIENTE

El amor se infiltra
cuando estamos tiritando,
a la intemperie
esperando un cuarto
para desplomarnos.
Nos toma entretenidos
entre el cielo, el esmog y la tierra sísmica
para despertarnos de un largo letargo
parecido a la muerte.
L. S. D.

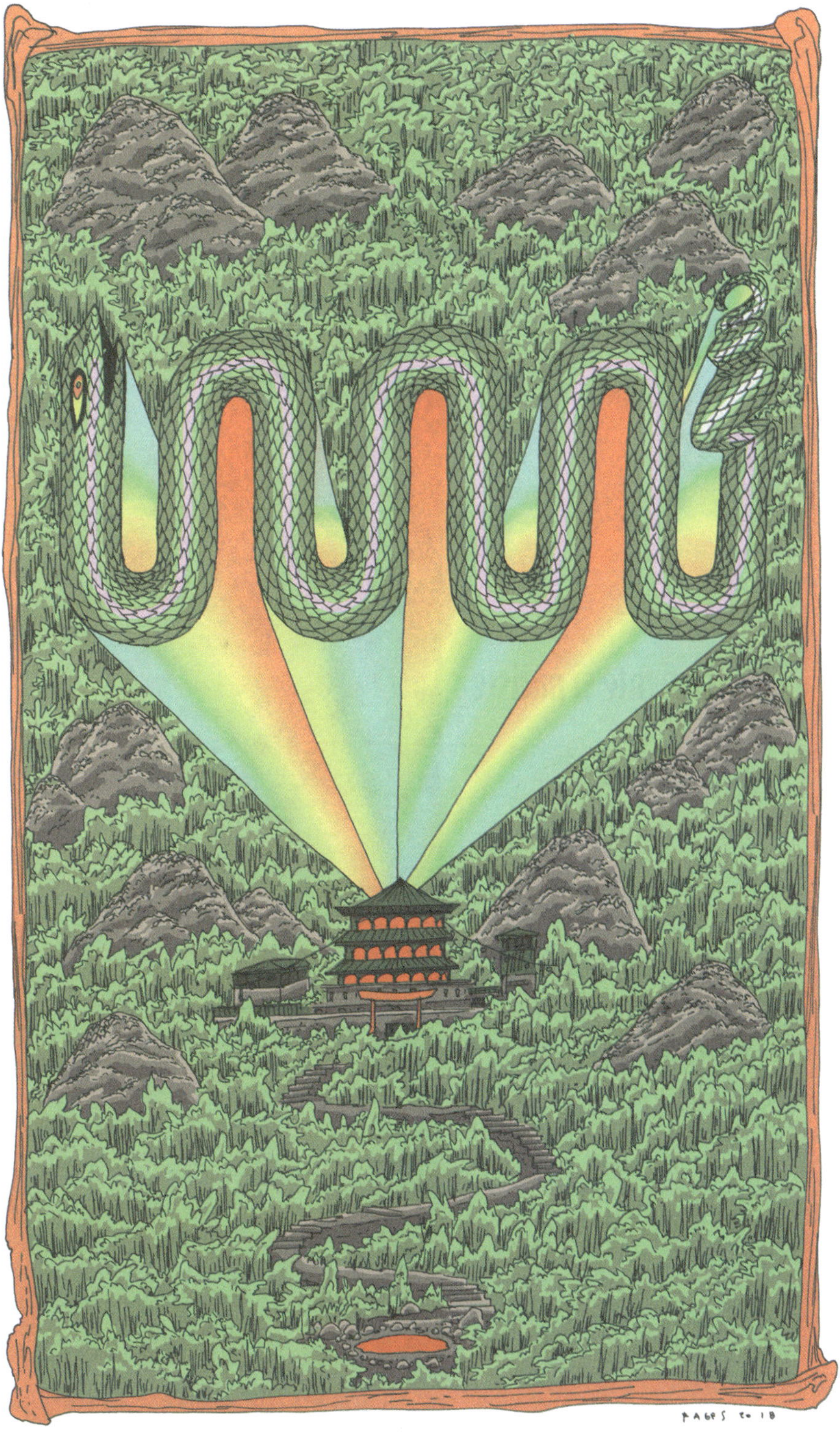
RAGES 2018

Ficha técnica

Nombre chino de la serpiente
SHE
Número de orden
SEXTO
Horas regidas por la serpiente
09.00 A 11.00
Dirección de su signo
SUD-SUDESTE
Estación y mes principal
PRIMAVERA-MAYO
Corresponde al signo occidental
TAURO
Energía fija
FUEGO
Tronco
NEGATIVO

Eres serpiente si naciste

23/01/1917 - 10/02/1918
SERPIENTE DE FUEGO
10/02/1929 - 29/01/1930
SERPIENTE DE TIERRA
27/01/1941 - 14/02/1942
SERPIENTE DE METAL
14/02/1953 - 02/02/1954
SERPIENTE DE AGUA
02/02/1965 - 20/01/1966
SERPIENTE DE MADERA
18/02/1977 - 06/02/1978
SERPIENTE DE FUEGO
06/02/1989 - 26/01/1990
SERPIENTE DE TIERRA
24/01/2001 - 11/02/2002
SERPIENTE DE METAL
10/02/2013 - 30/01/2014
SERPIENTE DE AGUA

Entre el supra y el inframundo.

Mayo es un mes bastante delicado para mí, pues está regido por la serpiente.

En la carta natal china cada mes del año solar es equivalente a uno de los doce animales del zodíaco.

En el tiempo en el que «La Niña»,[27] derrama cada día sus inagotables lágrimas sobre nosotros, camino por mi barrio y pienso en gente que vivió o aún vive por la zona.

Entré en un bar en la esquina de Callao y Quintana, tan «careta»[28] como puedan imaginarse.

Pensé con intensidad en GRANDE PA, el hombre que supo ser «mi caballo parejero», mi psiquiatra, cuando se me quemaron los papeles[29] en la vida.

Su consulta estaba a una manzana, y pensé en SAMUEL, el cálido portero que me recibía siempre con buen humor.

Y, de pronto, como la aparición de la Virgen de Lourdes, Samuel entró en el bar y se dirigió hacia mí para SALUDARME.

INCREÍBLE. INSTANT KARMA.

Samuel es serpiente de agua, y la corriente subfluvial de Buenos Aires lo trajo hacia mí.

La emoción de ambos transformó el bar en un festival.

Recordamos a GRANDE PA, como lo bauticé, y lo que fue del destino del recinto sagrado donde pasé horas abriendo mi corazón blindado.

Ayer fue un día en el que me costó salir del útero porteño, pues al mediodía se conjugaron el diluvio del génesis y del apocalipsis.

Tenía que ir a un programa de radio de la querida CLAUDIA AINCHIL en San Telmo, y pude detener un taxi en medio del feroz aguacero.

Tardé una hora entre Recoleta y San Telmo, un recorrido de unas treinta manzanas.

Y cuando dije «Buen día» al taxista, él me contestó «¿¿Le parece??».

—Sí —repuse—. Si no, ¿adónde vamos a parar con este día?

Luego fue un monólogo hasta llegar al lugar.

—Tengo 76 años, fui jugador de Los Pumas, y luego entrenador,

---
27. Véase nota al pie de página 113.
28. Puede tener diferentes interpretaciones, en general alude a alguien que se cree más que los demás. En este caso lo aplica a un bar situado en una zona elegante y muy cara de Buenos Aires.
29. La expresión refiere al momento de atravesar una situación difícil, a quedar expuesto, frágil.

trabajé toda mi vida, me siento fenomenal, tomo todos los días un zumo «así de grande» de zanahoria, pepino, rúcula, tres huevos, una banana, antes de salir a trabajar...

Y sin una pausa entre luz verde y roja, y con más aguacero que en el set de grabación de *Singing in the rain,* siguió con su historia:

—Tengo tres hijos varones, todos abogados, trabajan con Burlando, la niña es tasadora pública. Todos profesionalessss. Mi mujer es delgada, tiene 60 años, come solo ensaladas y yogur... y tuve una flota de 22 coches, 90 apartamentos... Y bla bla bla.

Me enroscó la víbora[30] sin que pudiera frenarlo en su verborrea.

Al bajar del taxi me di cuenta de que FELIPE es serpiente de metal, y ayer me tocó a mí su incontinencia verbal. Asocié el impacto que produce la serpiente cuando te toma desprevenida, la mayoría de las veces. Su seducción es parte del ADN.

Signo venerado en China, junto a su hermano kármico el dragón, sabe que tiene que pagar sus pecados mortales y capitales en esta reencarnación o vida.

La suerte o fortuna es la aliada de la serpiente, que tiene dones innatos, belleza, talento, inteligencia, *sex appeal, glamour* y simpatía para enroscar en sus anillos fosforescentes a quien ella decida.

Desde niña conoce el arte de ganar dinero; es independiente y muy trabajadora, tenaz, intuitiva para detectar dónde se encuentran el lingote de oro o los metales preciosos, pues vive en el inframundo y sabe esperar el momento oportuno para dar la mordida.

Su sentido del presente, de los cambios sociales, políticos y climáticos son muy agudos.

Su tercer ojo la guía por senderos arriesgados, por precipicios donde puede acechar al enemigo. Lo detectará con servicios de inteligencia, y saldrá ilesa de las trampas que le pongan en el camino.

La serpiente es amante del sexo, la lujuria y los placeres físicos que puedan brindarle. Exige obediencia de vida, soldados, esclavos que le aprueben todos sus antojos y órdenes.

Sabia, conoce los secretos entre el infierno y el paraíso, pues cuando se ilumina puede ser Gandhi.

Es posesiva, celosa, manipuladora, egoísta y vengativa.

Dependerá de quién sea su ejemplo en la vida, de pedir ayuda a tiempo para no quedarse en el «círculo de baba del sapo».

La serpiente es metódica, disciplinada, ciclotímica, capaz de conseguir lo que nadie logra en una vida.

---

30. Envolver a otro con argumentos dudosos o falaces.

Le gusta el matrimonio como trampolín para conseguir sus caprichos, gustos carísimos, para invitar a gente de la *jet set*, y estrellas de cine, *rock* o a ganadores del premio Nobel.
Una luchadora por medios nobles o innobles.
Se destacará por su lengua viperina, su humor negro, carisma y capacidad para almacenar datos en su ordenador 2050 para usar a favor o en contra tuyo.
CRIATURA DUAL, ES IMPOSIBLE QUE PASE INADVERTIDA.

L. S. D.

La Serpiente y su energía

Serpiente de Madera (1905-1965)
Una serpiente sobrenatural.
Esta serpiente puede relacionarse con todo tipo de personas, desde príncipes a mendigos, con total naturalidad. Tiene la capacidad de cambiar de piel y revertir situaciones trágicas en su vida. Debe luchar para no ser perezosa y emprender nuevos trabajos con dedicación y convicción. Es soñadora, idealista, pero si tiene que hacer dinero se transforma en una guerrera ambiciosa. Como buena serpiente, desea gozar de todos los placeres y lujos de la vida. Enrosca y exige a su pareja atención *full time*, necesita grandes dosis de compasión y comprensión para sobrevivir. Es personalista, celosa y exige contratos de fidelidad eternos; no soporta que la abandonen. Es amada por su sentido del humor y su conversación.

Serpiente de Fuego (1917-1977)
Una serpiente despiadada.
Esta boa brillante y hambrienta de poder es capaz de cualquier cosa por tener fama y gloria. Se concentra más que otras serpientes y asimila conocimientos con facilidad. Rinde culto a la amistad y es líder de su grupo; ayudará y defenderá con valentía a los necesitados. Expresa sus opiniones con vehemencia y claridad; puede desarrollarse con habilidad en política, actuación, literatura, artes, o ser estadista. Sexópata irremediable, la libido mueve su vida compulsivamente. Su propensión a la promiscuidad es tan grande que puede constituir un peligro para su seguridad personal. Es insaciable en las manifestaciones de cariño. Se casará enamorada, pero no resistirá y será infiel. De todas formas ama a su familia, es protectora y generosa.

Serpiente de Tierra (1869-1929-1989)
Una serpiente sabia.
Esta sofisticada variedad de serpiente conocerá los secretos del éxito y para conseguirlo se moverá cautelosamente. Sueña en colores y vuela hacia otras dimensiones, captando las ondas telepáticas del cosmos y convirtiéndolas en arte, magia y amores altamente cotizados. Sufre con la miseria, la indignidad, la pobreza y la injusticia; buscará la manera de ayudar a los indigentes y será muy popular. Es muy inteligente, hiperintuitiva y analítica; a veces no persevera en sus metas, se desvía y pierde estabilidad. Tiene talento para el arte, las relaciones públicas, la política y la búsqueda de millonarios a los que enrosca con su magnetismo sobrenatural. Encontrará mecenas y protectores a través de su vida; se refugiará en su mundo rodeado de belleza, naturaleza, amigos y animales.

Esta serpiente es una relatora del mundo cotidiano, amena y cariñosa, que sabe hacerse querer y crea dependencia afectiva entre sus amigos.

Serpiente de Metal (1881-1941-2001)
Átame.
OMOMOM. A prepararse para este ofidio, queridos animales del zodíaco chino. Tiene ilusiones y sueños de grandeza que concreta a cualquier precio. Una serpiente ambiciosa que desea fama, poder y gloria para llamar la atención de todo el mundo. Tiene una vida de grandes contrastes: oscilará entre la pobreza y la riqueza, el amor y la indiferencia de sus seres queridos, el fanatismo y el esnobismo, el *show off* y el bajo perfil; dependerá mucho de las influencias que la rodeen y de su salud mental.

Debe tener mucho cuidado. Si llegara a deprimirse podría caer en las drogas, el alcoholismo, la violencia y el despotismo. Buscará una pareja que le asegure fidelidad eterna, es muy celosa de su vida privada, y desconfiada. De naturaleza infiel, si se enamora vivirá una doble vida llena de culpa. Adora la vida social y se relaciona con personas que le convienen en su carrera o ascenso a la fama. Sus métodos de seducción abarcan un abanico de posibilidades. Intelectual y curiosa, le interesan la lectura y el estudio. Puede dedicarse a la filosofía, la astrología, la metafísica, los estudios *New Age* y todo lo inherente al ser humano.

Serpiente de Agua (1893-1953-2013)
Una serpiente de mar.
Vive imaginando cómo es su vida y la de los demás. Está fijada al pasado, es nostálgica, asustadiza y previsora. Le cuesta ser objetiva; le encanta sentirse involucrada en situaciones en las cuales es protagonista y poder expresar su pensamiento. Tienen un *look* juvenil, deportivo e informal. Cuida su cuerpo y su dieta; adora la belleza física y realiza grandes sacrificios para mantenerse divina. Celosa e insegura, tiene tendencias paranoicas. No es malintencionada, ayuda a los demás y puede ser muy generosa. Le interesan el poder y la gloria, pero en general se los procura por medios lícitos. Necesita tener una relación estable, duradera, y busca el apoyo incondicional de su cónyuge; tal vez se tire una canita al aire, pero no es de las más infieles. Preservará su imagen y su familia.

La Serpiente y su ascendente

SERPIENTE ASCENDENTE RATA: 23.00 a 1.00
Esta serpiente será dinámica, curiosa y colérica. Materialista, amará la buena vida y tendrá complicaciones sentimentales que le costarán caro.

SERPIENTE ASCENDENTE BÚFALO: 1.00 a 3.00
Esta serpiente será voluntariosa y muy trabajadora. Tendrá mucho *charme*, será sociable y también una excelente cabeza de familia, aunque exigirá la vida a cambio de su protección.

SERPIENTE ASCENDENTE TIGRE: 3.00 a 5.00
Esta combinación resultará muy contradictoria, el tigre le aportará valentía y entusiasmo a la serpiente, que meditará antes de tomar decisiones. El amor será una fiesta; habrá aventuras plenas de romanticismo.

SERPIENTE ASCENDENTE CONEJO: 5.00 a 7.00
Esta serpiente será la emperatriz de la diplomacia y las negociaciones. Su habilidad y encanto son notables, adora el lujo y la buena vida y exigirá que su pareja sea su esclavo. No hará concesiones.

SERPIENTE ASCENDENTE DRAGÓN: 7.00 a 9.00
Tendrá mucha suerte si sabe valorar las oportunidades que le brindan. Magnética, egocéntrica y avasalladora, vivirá en un mundo utópico.

SERPIENTE ASCENDENTE SERPIENTE: 9.00 a 11.00
Esta serpiente hipnotizará a miles de kilómetros. Intrigante, misteriosa y muy sensual, será irresistible. Tiene una capacidad de trabajo envidiable y jamás descuidará lo que ha construido.

SERPIENTE ASCENDENTE CABALLO: 11.00 a 13.00
Increíblemente seductora, nadie puede resistir esta combinación de sagacidad y *sex appeal*. Será una especialista en el arte amatorio. Se jugará por una causa y contagiará optimismo.

SERPIENTE ASCENDENTE CABRA: 13.00 a 15.00
Será caprichosa. Buscará estímulos artísticos, creativos e imaginativos y pasará la vida apostando. Encontrará mecenas que la protejan y gastará dinero sin culpas.

SERPIENTE ASCENDENTE MONO: 15.00 a 17.00
Genial, con humor y muy intelectual, será amoral, enroscará sin impedimentos a los que elija, transformará la energía y el universo. En el amor idealizará, y así perderá durante su camino a la gente de carne y hueso.

SERPIENTE ASCENDENTE GALLO: 17.00 a 19.00
Apuntará alto en la vida. No delegará responsabilidades y amasará una fortuna. Omnipotente, susceptible, ciclotímica, lúdica, buscará aprobación en todo lo que haga.

SERPIENTE ASCENDENTE PERRO: 19.00 a 21.00
Vivirá situaciones difíciles en la vida. Buscará afecto y no podrá fingir hipocresía. Será muy fiel, buena amiga y capaz de grandes sacrificios por quienes ama.

SERPIENTE ASCENDENTE CERDO: 21.00 a 23.00
Esta serpiente vivirá tentada, culpable y mortificada. Necesitará encauzar su vocación y no dejarse arrastrar por las bajas pasiones. Trabajará, viajará, y encontrará sus mejores amigos en el extranjero.

Signo mixto

SERPIENTE-DRAGÓN

Las personas nacidas entre finales de febrero y finales de noviembre de los años 1905, 1917, 1929, 1941, 1953, 1965, 1977, 1989, 2001 y 2013 pertenecen al ambivalente signo mixto serpiente-dragón. Concebidas en un año dragón y nacidas en un año serpiente. Es el signo más serio, atento y exigente. En él se fusionan la serpiente ávida de gloria, calculadora secreta, seductora paciente, filósofa seria, demagógica, sofisticada con el dragón aventurero, implacable, ambicioso, impetuoso, enérgico y exigente, responsable conductor de masas.

Esta unión es la más fascinante, sensual, atractiva, carismática de la astrología china, se agudizan los poderes hipnóticos de la serpiente, reforzados por la energía del dragón, que resucita muertos. En ambos sexos se produce una combinación irresistible. Símbolo de la perfección masculina y femenina por lo estético, por su belleza mental y física... Muchos pueblos se arrodillaron frente a ellos.

Este signo doblemente *yang* emana hormonas que sacuden el ADN de quien se arrime. Triunfa aquí el espíritu sobre la materia o encuentra el esplendor de su equilibrio.

El hipnotizador hipnotizado por su doble dragón Juana de Arco y Lincoln en una sola cabeza, y ese signo da el Gandhi de nuestra historia.

Este signo es el loco enamorado de la vida, fascinado por la inteligencia, apasionado por la verdad... Vivirá cada etapa de la vida plenamente, sin privarse de amores, desafíos, riesgos, cambios radicales de lugares, países, empleos e investigaciones.

La fuerza no ejerce ninguna influencia sobre él, no tiene miedo de nada y eso dará como resultado la confianza en su suerte quimérica.

La menor falta en su ética personal lo hiere irremediablemente. Su lucidez exige explicaciones racionales y no justificaciones verbales.

Buscará realizarse humanamente, se rodeará de gente creativa, original, de vanguardia y delirante, y constituirá su familia cósmica. Muy buena relación con el mono-cabra; estallará un verdadero dragón con el sexo opuesto.

Este personaje de leyenda marcará nuestra vida a fuego apareciendo y desapareciendo cuantas veces decida encarar holográficamente.

La casa de la Serpiente

Según el nivel económico que tenga, desplegará un tipo de casa austera, *net*, o un museo lleno de objetos de arte, muebles y baúles de donde pueden salir lámparas de Aladino que, al frotarlas, conviertan la casa en un templo, en «la ciudad prohibida» o una fortaleza llena de laberintos increíbles. La decoración está concebida como una emanación de su personalidad: desea que su sensualidad traspase las paredes, que sus gustos expresen totalmente lo que tiene en su interior. Perfumes, música, telas sensuales; el ambiente hipnotizará al visitante. Por supuesto que tendrá un jardín interior lleno de las variedades más exóticas y bellas del planeta. Habrá fuentes con agua, caminos con piedritas donde crecerán helechos, siemprevivas y orquídeas. Un lujo asiático.

Simbolismo del lugar

Elegirá lugares exclusivos del planeta, donde nadie haya llegado antes, y se instalará desplegando sus gustos sofisticados, armónicos y lujuriosos. Le encantan los rodeos, la sinuosidad, las lagunas, los arroyos escondidos, los torrentes accidentados, las piedras con formas humanas, las playas privadas donde se deslice como una boa para tomar TODO EL SOL.

Encuesta

1-¿Crees que el mundo virtual (las redes sociales, internet, por ejemplo) ayuda en los vínculos entre las personas?

Ante todo creo que hay que diferenciar entre vínculo y relación. Para mí, cuando hay verdadera relación entre personas, todo canal de conexión es bueno. En cambio, cuando existe un vínculo puede que la conectividad se use para acrecentar un vicio o daño. Por ejemplo, en vínculos en los que unas personas desinforman a otras, o en vínculos de necesidad en los que siempre hay cierto grado de disfunción, en casos de acoso, consumismo, manipulación de la psique por parte de organismos de Estado o privados a través de *marketing*... Cuando hay relación directa o de amistad, siempre es buena y adecuada la comunicación, nunca traerá costos. En cambio, en los vínculos sí hay acrecentamiento de daños y las disfunciones individuales o colectivas encuentran en las redes un hábitat favorable, digamos. Aunque cuando una persona está lista para ver la realidad tal cual es, las redes incluso pueden servirle de fiel espejo para el autoconocimiento.

2-¿Cómo reaccionas ante tus propios errores?
Agradezco haberlos visto, me perdono y acepto tal cual soy al observarme para llegar hasta la raíz que me condiciona hacia lo irracional o vicioso.

3-¿En qué encuentras la belleza de la vida?
La belleza de esta vida está en acercarse cada vez que aprendemos a ser un poco más libres. Cada cosa que podemos ver en profundidad en nosotros mismos nos lleva a conectar más con la inteligencia de la vida y nos vuelve más libres de condicionamientos que nos estancaban. Para esto estamos aquí en este estado. Para aprender, ver de frente la estupidez para que esa conciencia la disuelva y cada vez participar más de la belleza a la que todos estamos unidos como por un hilo sutil. Mientras más limpios de estupidez, más sensibles a esa unión.

4-¿Qué te afecta de los demás y el mundo?
Últimamente me ha sorprendido la tendencia hacia las derechas ideológicas. La intolerancia de las personas entre sí y su necesidad de descargar su infelicidad existencial en alguna minoría más débil. Todo esto es cuantificable y se ve reflejado en las urnas electorales de casi todos los países. Es algo que me duele mucho. Ver cómo los medios al servicio del poder económico y las corporaciones manipulan y desinforman a la gran mayoría por estar en estado de inconsciencia notable. Pero debo confesar que sé que la gente que va a mejorar el mundo en el sentido de cultivar la amistad y la unión entre todos y con el mundo es algo que no interesa al sistema vigente y por ello es algo no cuantificable. Así como puede ser fácil saber cuánta carne consume un país pero no cuántos vegetarianos hay.

5-¿Cuáles son los mandatos que crees que hay que seguir?
Una persona que sigue mandatos es como un muerto vivo. La vida es como un río del que podemos formar parte natural si no tenemos mandatos o condicionamientos. De tenerlos, nos pondrían en resistencia a la corriente de este río de la vida. Quien esté con la fortaleza y harto de condicionamientos, no soportará un día más sin investigar y explorar una manera nueva y libre de ser o vivir.

Cuéntame un cuento chino

Yissa Pronzatti - CEO Internacional AMEC, Acompañantes, bienestar, recreación - Uruguay

¡Hola! Soy una Serpiente de Madera, y como tal me tomo mi tiempo. Hay personas que creen por momentos que he desaparecido de la jungla de la vida y hablan y hacen y deshacen, pero lo que no saben es que estoy observando sigilosamente el o los territorios, sin olvidar detalle, para –cuando sea el momento adecuado– dar con precisión mi movimiento y alcanzar el objetivo.

La inmovilidad es fundamental para todo ofidio mientras proyecta su energía mental hacia lo que siente que debe hacer. Cuando menos se lo esperan, aparece como una ráfaga, a una velocidad que difícilmente otro animal del zoo puede alcanzar.

La intuición, la clarividencia y la telepatía son facultades para nosotras las serpientes. Nada fuera de lo normal, forman parte de nuestro «ser ofidio» de todos los días. Conocemos profundamente al ser humano y a todo el zoo. Según nuestra decisión y el grado de conciencia adquirido en esta vida, podemos ser «la serpiente tentadora o sanadora bíblica».

Me considero dentro de las sanadoras, preocupadas por el dolor ajeno. Soy una de aquellas, que no está feliz hasta no ver a todo el zoo, sin complicaciones y «pum para arriba». Cuando era pequeña, le preguntaba a mi madre mirándola a los ojos: «¿por qué estás triste?», y ella sin poder negarlo, no tenía más remedio que darme alguna explicación... Es difícil mentirle a una serpiente...

A los doce, ya era consejera sentimental y lograba ayudar a resolver los conflictos entre las personas más enemistadas; no descansaba hasta sentir la comprensión entre las partes y alcanzar la «PAZ».

Así somos... perfeccionistas incansables. Mi recomendación, queridas serpientes, es que usemos todos nuestras facultades para sanar las heridas de nuestro prójimo, pues tenemos esa virtud y nuestro veneno puede transformarse en el mejor antídoto contra todo mal, ¡es poderoso! Hay bastante trabajo por hacer. Es solo decidirse a usar el poder que Dios nos dio, para hacer lo correcto, transmutando el veneno mortal en elixir de larga vida para nosotras y para quien lo necesite. Las serpientes podemos cambiar la piel, sobrevivir si nos cortan un pedazo y hasta regenerarnos, los sufrimientos nos resultan pasajeros, pero hay otros animales del zoo que no tienen ese don y precisan de nuestra ayuda.

Así que hago una llamada a las serpientes sanadoras ¡a la batalla! Hay muchas heridas para sanar... familiares, sociales, laborales, empresariales, y hasta limpiar karmas ancestrales...

Que nuestro antídoto sirva para todo el zoo. ¡Salud! ¡Por un mundo mejor!

PERSONAJES FAMOSOS
CLUB ARGENTINO DE AJEDREZ
Serpiente de Madera

SERPIENTE DE MADERA (1845-1905-1965)

Ben Stiller, Fabián Casas, Antonio Berni, Greta Garbo, Christian Dior, Robert John Downey Jr., Pilar Sordo, Catherine Fulop, Raúl Soldi, Quique Sánchez Flores, Courtney Love, Björk, Inés Estévez, Willy Crook, Mariana Brisky, Gabriela Toscano, Pablo Motos Burgos, Gabriela Arias Uriburu, Daniel Barone, Gillespi, Sergio Pángaro, Javier Zucker, Mariana Arias, Fabián Mazzei, Henry Fonda, Moby, Charlie Sheen.

SERPIENTE DE FUEGO (1857-1917-1977)

Florencia Arietto, Emanuel Ginóbili, Anita Tijoux, Kanye West, John Fitzgerald Kennedy, Natalia Oreiro, Luciana Aymar, Mel Ferrer, Esteban Lamothe, Iván de Pineda, Leonora Carrington, Gonzalo Valenzuela, Julieta Cardinali, Dizzy Gillespie, Fionna Apple, Lucrecia Blanco, Julieta Díaz, Leonardo Franco, Alika, Esther Cañadas, Dean Martin, Romina Gaetani.

SERPIENTE DE TIERRA (1869-1929-1989)

Taylor Swift, Justina Bustos, Sofía Viola, Gandhi, Irene Papas, princesa Grace de Mónaco, Jacqueline Onassis, Carlos «Calica» Ferrer, Emilio «Miliki» Aragón, Milagros Schmoll, Belinda, Imre Kertész, Chet Baker, Milan Kundera, Alejandro Jodorowsky, Roberto Gómez Bolaños «Chespirito», Militta Bora, Jaser Arafat, rey Hassan de Marruecos.

SERPIENTE DE METAL (1881-1941-2001)

Julio Bárbaro, Marta Pelloni, Bob Dylan, Carole King, Antonio Gasalla, Plácido Domingo, Tina Serrano, Sonia Breccia, Raúl Ruiz, Dostoievski, Paul Anka, Tom Fogerty, Charlie Watts, María Teresa Campos, Pablo Picasso, Franklin Roosevelt, Chick Corea, Carlos Perciavalle, Papa Juan XXIII, Palito Ortega, Lito Cruz, Luis A. Lacalle.

SERPIENTE DE AGUA (1893-1953-2013)

Isabelle Huppert, Daniel Santoro, Oprah Winfrey, John Malkovich, Thomas Jefferson, Ana Botella, Raúl Taibo, Alan Moore, Ricardo Bochini, Osvaldo Sánchez Salgado, Luca Prodan, Leonor Benedetto, Herta Müller, Francisco de Narváez, Zoilo Cantón, Graciela Alfano, Mao Tse-Tung.

TABLA DE COMPATIBILIDAD

SERPIENTE

	Amor	Amistad	Economía
Rata	♥	🤝	🐷
Búfalo	♥♥	🤝	🐷🐷
Tigre	♥	🤝🤝	🐷
Conejo	♥♥♥	🤝🤝🤝	🐷🐷🐷
Dragón	♥	🤝🤝	🐷🐷
Serpiente	♥♥♥	🤝	🐷🐷
Caballo	♥♥	🤝	🐷
Cabra	♥	🤝🤝	🐷🐷🐷
Mono	♥	🤝	🐷
Gallo	♥	🤝🤝	🐷🐷🐷
Perro	♥♥	🤝🤝🤝	🐷
Cerdo	♥♥♥	🤝🤝🤝	🐷🐷🐷

1 mal • 2 regular • 3 bien

Nota: las compatibilidades son desde el punto de vista de cada animal.

CABALLO

DF
Volví a abrazarte fuerte
en el año del perro de tierra
esperando sentir tu corazón arrítmico
recuperar la melodía de antaño.
Aterricé en diagonal
acompañando el despertar del día
abierta como una margarita.
Recorrí con el tercer ojo
el castigo de la tierra,
edificios ausentes de familias,
macetas y paletas de colores,
esqueletos desnudos.
Civilización en cuarto menguante
                              L. S. D.

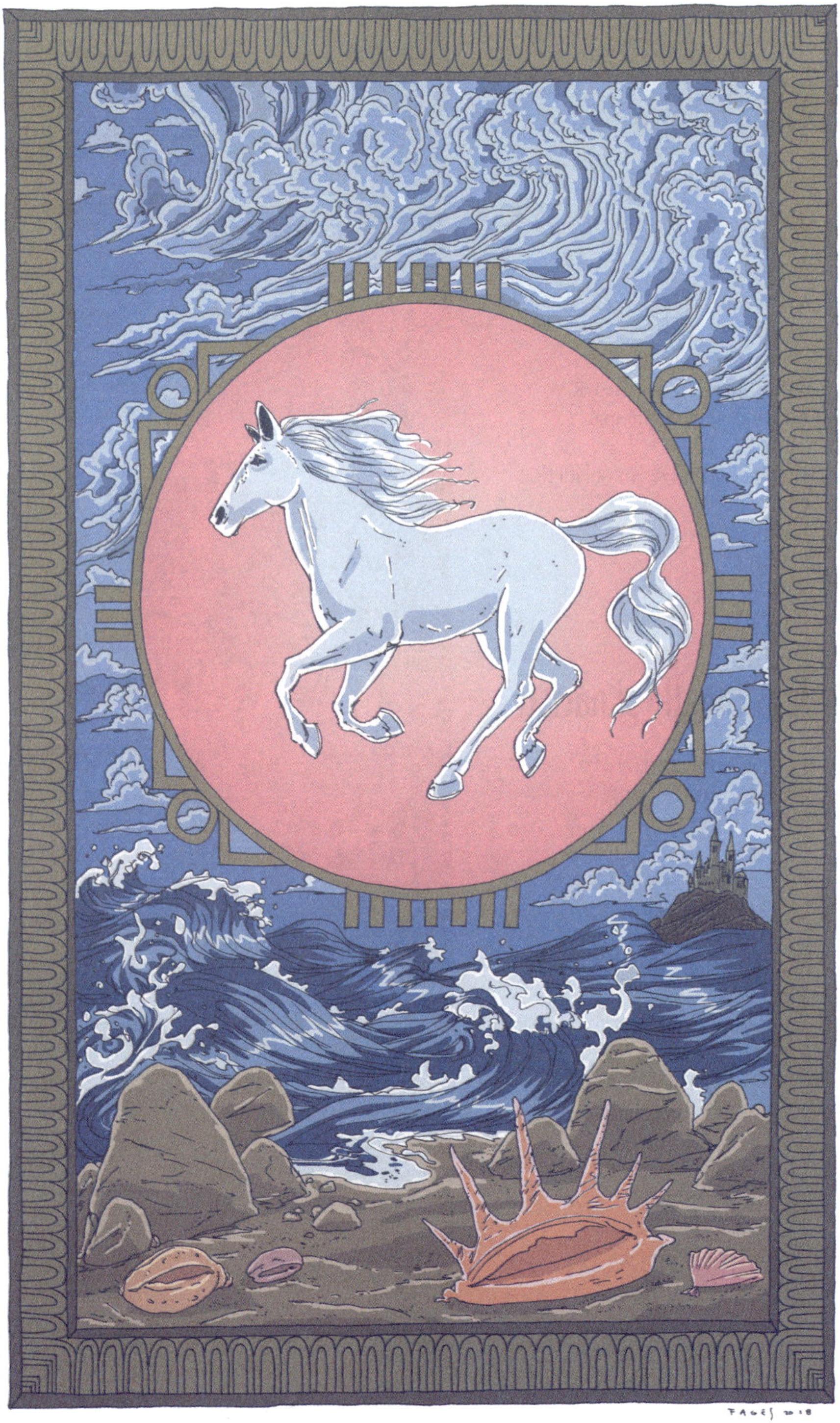
FAGES 2018

Ficha técnica

Nombre chino del caballo
MA
Número de orden
SÉPTIMO
Horas regidas por el caballo
11.00 A 13.00
Dirección de su signo
DIRECTAMENTE AL SUR
Estación y mes principal
VERANO-JUNIO
Corresponde al signo occidental
GÉMINIS
Energía fija
FUEGO
Tronco
POSITIVO

Eres caballo si naciste

11/02/1918 - 31/01/1919
CABALLO DE TIERRA
30/01/1930 - 16/02/1931
CABALLO DE METAL
15/02/1942 - 04/02/1943
CABALLO DE AGUA
03/02/1954 - 23/01/1955
CABALLO DE MADERA
21/01/1966 - 08/02/1967
CABALLO DE FUEGO
07/02/1978 - 27/01/1979
CABALLO DE TIERRA
27/01/1990 - 14/02/1991
CABALLO DE METAL
12/02/2002 - 31/01/2003
CABALLO DE AGUA
31/01/2014 - 18/02/2015
CABALLO DE MADERA

Soy lo que soy.

Ayer por la tarde sintonicé un programa en canal Encuentro sobre MARÍA ELENA WALSH. Era un documental especial sobre su legendaria, mítica canción «LA CIGARRA».

Tantas veces me mataron, tantas veces me morí, a mi propio entierro fui, sola y cantando...
Creo, sin duda, que es mi himno, y lo canto en voz baja o muy alta cuando manejo sola por el valle serrano.

Cuando yo era chica, INÉS, mi hermana, y CARLITOS PERCIAVALLE eran muy amigos de MARÍA ELENA, quien componía y grababa las canciones más populares para chicos y grandes. Además, con ellas se hacían memorables obras de teatro.

Me crié en esa atmósfera, deleitándome con esta creadora, poetisa y escritora de avanzada en un país al que bautizó «el jardín de infantes».

María Elena era caballo de metal, y por supuesto indomable.

Con el tiempo, pude visualizar sus características de valentía para hablar de la Argentina, por lo cual corrió peligro de muerte y se exilió.

Supe que esta mujer *yang*, con un caudal eólico, solar y lunar, podía traducir con su talento artístico las penas, las injusticias, las traiciones propias y ajenas y transmutarlas en poesía, ensayos y novelas con sabiduría.

Su espíritu sigue vivo, cada día más.

El caballo o yegua vive con pasión o son enfermos imaginarios toda la vida.

Desde pequeños se destacarán por su brillante personalidad, su *sex appeal*, carisma y relinchos por situaciones que les duelen en su ego, y les quitan el sueño y la energía.

Ágiles, tienen destreza física y –algunos– intelectual; aunque a veces les cuesta RAZONAR en temas que hieren su sensibilidad equina.

Es recomendable que tengan rienda corta desde la infancia, para aceptar cada etapa de su vida sin saltarse ninguna.

El caballo es líder innato; en el barrio, la escuela, el potrero o siendo presidente, como Menem.

Los caballos o yeguas QUE TENGAN VOCACIÓN LOGRARÁN LLEGAR A VENCER OBSTÁCULOS Y SALTAR LA VALLA para conseguir sus objetivos desde lo deportivo, lo político, lo social, una carrera con título y honores.

El punto G del equino está dado por su inconstancia y su autoestima.

Para sacarse la sortija tendrá que perseverar mucho en sus objetivos, a pesar de la envidia y subestimación del entorno.

Aprenderá de sus fracasos más que de sus aciertos.

El caballo es un huraquín de alegría, humor (con los demás), solidaridad, excelente compañía, aunque le cueste comprometerse con los vínculos que establece a corto, mediano, y largo plazo.

SI PROGRAMA SU VIDA ETAPA POR ETAPA, Y TRABAJA PARA QUE SU VOLUNTAD, ZONAS ERRÓNEAS, PUNTOS VULNERABLES SEAN APUNTALADOS CON TERAPIAS, CONSEJOS, AMIGOS QUE LO ESTIMULEN MÁS QUE LO ADULEN, PODRÁ DESTACAR EN LO QUE SE PROPONGA.

«Autodisciplina» es el mejor motor para su realización.

El caballo y la yegua se realizan a través del amor; el matrimonio es una meta para ellas, y el varón, aunque muy inseguro, y con exigencias de la realeza para encontrar candidatas, perderá la mitad de su vida en desechar compañeras que lo aman, pero que están lejos de sus expectativas.

Su estilo de cabalgata se acomoda a la variedad que se le cruce en su destino; dejará un tendedero de víctimas y en algún momento, «será víctima de su estilo».

LOS IDEALES DE JUSTICIA, LIBERTAD E IGUALDAD son parte de su ADN.

Líder de opinión, incitará al zoo para alguna revolución que considere necesaria, y buscará socios y cómplices que lo admiren.

A pesar de su libertad, necesidad de autonomía, inseguridad afectiva, con los años y en la madurez el equino necesitará estar rodeado de su familia: la que formó y la de su tribu, que lo recibirá y escuchará sus aventuras, amores perros, temas sobre su hipocondría, y karmas con el día a día.

Un caballo y una yegua con una vida plena darán más energía al zoo, pues son usinas de Yaciretá[31] para resucitar a un muerto.

Su talón de Aquiles es su ego.

Necesitará mucho *inside*, técnicas de autoayuda para salir de un lugar de confort, vanidad y orgullo.

Podrá crecer espiritualmente y, como MANDELA, ser partícipe de cambios sistémicos en la sociedad.

Un gran salto cuántico que lo sanará emocional y espiritualmente.

SUERTE.

L. S. D.

---

31. Yaciretá es una represa construida entre Argentina y Paraguay para convertir la energía hídrica en energía eléctrica.

El Caballo y su energía

Caballo de Madera (1894-1954-2014)
Un caballo soñador.
Este tipo de caballo es el más testarudo, intolerante e ingobernable; tiene tendencia a juzgar a los otros con sus propias normas, pero no soporta que lo juzguen a él. Por otro lado, tiene un gran corazón, adora proteger a los desamparados como la Madre Teresa de Calcuta. Necesita ver cómo evolucionan sus seres queridos y se sentirá orgulloso de ser el alma y el motor de sus sacrificios. Posee la virtud de atraer a la gente con su enigmática, divertida y llamativa personalidad. Brillante y persuasivo, puede ser un buen político. Maneja un humor ácido, pero no consigo mismo, lamentablemente. Suele ser celoso, a veces envidia a quienes están en mejor posición, sufre trastornos nerviosos que lo desequilibran emocionalmente y puede somatizar. Estos equinos son famosos en el arte amatorio; muy sexuales, imaginativos y cariñosos, no perdonarán a quien se les cruce en el camino.

Caballo de Fuego (1906-1966)
Una estrella de fuego.
A PREPARARSE CON ESTE PINGO[32]. Tiene todas las virtudes y los defectos equinos pero exaltados, amplificados y encendidos al rojo vivo. Si debe lidiar con este bellaco, dese por vencido. *¿Qué hice yo para merecer esto?* OMOMOM. ESTE MONSTRUO ES PURO INSTINTO, y así se mueve por el planeta. No hay que pretender que razone, su maravillosa intuición lo llevará por los laberintos de las pasiones más increíbles. Conocer su interior es una prueba solo para privilegiados. Jamás se abre, aleja con relinchos encendidos a quienes pretenden intimidarlo, y cuando está de mal humor mejor emigrar a Siberia. Pasa de los mimos al cuchillo en la yugular en un segundo. Es exagerado, y tiene reacciones muy espectaculares, de personajes de ciencia ficción, de cómics o de una novela muy romántica. Resalta en la multitud por ser despiadadamente *sexy*, erótico, histriónico y carismático. ¡HAY QUE ADAPTARSE! Rebelde, trabajador, hiperresponsable, testarudo y altamente sofisticado, inestable, egoísta y orgulloso, no suele ser compasivo. Estar con un caballo de fuego es fascinante, desconcertará al ser amado con sus anteojos *supersport*.

---
32. Caballo ágil, brioso y de muy buen aspecto. (Cono Sur, coloquial).

Caballo de Tierra (1918-1978)

El más sólido de los equinos; es un placer convivir con él. Fiable, realista, dócil y coherente, reconoce la autoridad, acepta órdenes sin enfadarse, y él las dará de una manera muy agradable. Es altruista, generoso, compasivo, y se involucrará en los derechos humanos. Se emociona por actos simples de la vida como ver una película; necesita galopar y oxigenarse, pues si no se frustraría. Posee dones artísticos; pintura, música y fotografía son para él, pues tiene un ojo muy captador y estético. Apasionado, fiel, imaginativo y muy sensual, cuando se enamora es capaz de pasar el resto de su vida con la misma persona. Adora a la familia y a los amigos, a quienes protegerá incondicionalmente. Más sano, reflexivo y solidario que los otros equinos.

Caballo de Metal (1870-1930-1990)
Un caballo de salto al vacío.

Es la suma de todos los huracanes y terremotos que existen en la biosfera; hay que ser buen jinete para cabalgarlo y no volverse loco. Con ambiciones desmedidas; usará todos los medios lícitos e ilícitos para llegar a ganar las carreras que se propone desde pequeño. Disimula sus emociones en privado y en público, pues si demuestra debilidad se siente disminuido, aunque por dentro se derrita. Inteligente, brillante, divertido, *sexy*, deportivo, tiene todo a favor para ser el mejor en lo que se proponga. Le gustan los lugares lujosos, la buena ropa y las relaciones públicas. Se casará pensando en su porvenir, y aunque no sea un santo en el matrimonio, será un padre ejemplar... Amante insaciable, prefiere la cantidad a la calidad y jamás confesará su amor, por miedo a perderlo. Tiene hormigas en el cuerpo, y su desbordante vitalidad puede traerle trastornos si no sabe canalizarla a tiempo.

Caballo de Agua (1882-1942-2002)
Un caballo talentoso.

Este caballo despertará amor y ganas de compartir algún tipo de aventura, pues es muy abierto a la vida, adaptable, generoso y capaz de grandes sacrificios cuando se enamora. Más espiritual que materialista, se conformará con lo necesario, trabajará para obtener lo indispensable y aunque también le atraen las candilejas, nunca traicionará su esencia ni sus principios para triunfar. Necesita público, admiradores y fanes para sentirse estimulado. No importa que sean conocidos o desconocidos; creará su familia cósmica y trabajará para ellos. Es un poco soberbio y omnipotente; solo los macrocaballos reconocen sus errores y debilidades. Tiene un falso orgullo que lo atrasa en su evolución. Con buen gusto, sabe vestirse y decorar su casa, hacer el amor como LOS DIOSES… y tiene un humor irresistible. Tal vez usted tenga un caballito de mar al lado y todavía no se dio cuenta.

El Caballo y su ascendente

CABALLO ASCENDENTE RATA: 23.00 a 1.00
Dedicará su vida a las relaciones sentimentales. Necesitará afecto, aprobación y amará la vida social y las fiestas. Será explosivo y colérico. No escuchará consejos.

CABALLO ASCENDENTE BÚFALO: 1.00 a 3.00
Llegará a las metas que se ha fijado. Será perseverante y más responsable que otros. Buscará inspiración en cada momento de la vida, y gente creativa. Amará a su familia.

CABALLO ASCENDENTE TIGRE: 3.00 a 5.00
Esta combinación será para valientes. La fuerza y la libertad se aliarán para conseguir lo que se proponga, y será infatigable. Un líder de multitudes y en el amor, un elegido.

CABALLO ASCENDENTE CONEJO: 5.00 a 7.00
Amará la buena vida y el lujo. Estético y refinado, inteligente y muy sociable, buscará el equilibrio. Un ejemplar muy independiente.

CABALLO ASCENDENTE DRAGÓN: 7.00 a 9.00
Tendrá alas y galopará sobre las nubes. Sus proyectos serán grandiosos y se rebelará ante la rutina. Sensible a los halagos, defenderá las causas más nobles. Un equino muy despilfarrador.

CABALLO ASCENDENTE SERPIENTE: 9.00 a 11.00
Será muy dominante y orgulloso. Necesitará estímulos caros y muy refinados para desarrollar sus aptitudes. Vivirá situaciones sentimentales muy tormentosas.

CABALLO ASCENDENTE CABALLO: 11.00 a 13.00

Este caballo será siempre desbocado. No escuchará consejos, será soberbio, irracional y muy orgulloso. Seducirá sin piedad y pagará caro sus impulsos.

CABALLO ASCENDENTE CABRA: 13.00 a 15.00

Será muy sentimental. Plasmará su talento artísticamente y organizará la vida de los demás. Amará la belleza y será imprevisible. Viajará y dará la vida por amor.

CABALLO ASCENDENTE MONO: 15.00 a 17.00

Lúcido e inteligente. Manipulador, fantasioso, ambicioso, todo lo que haga resultará un éxito. Será infiel y jamás perderá en lo que realice.

CABALLO ASCENDENTE GALLO: 17.00 a 19.00

Es organizado, diplomático, tendrá amigos y amores a los que será fiel. Sensible, leal, franco, deberá controlar su afán de dominación y omnipotencia.

CABALLO ASCENDENTE PERRO: 19.00 a 21.00

Amigo leal y profundo, será filósofo y estará interesado en defender la justicia y la libertad. Un caballo realista que concretará proyectos poco a poco, pero con solidez y honestidad; apasionado y muy protector.

CABALLO ASCENDENTE CERDO: 21.00 a 23.00

Este caballo vivirá dividido entre la pasión, la comodidad y el confort. Tendrá ímpetu de libertad y un sentido del deber que lo acompañará en lo que haga. Aventurero y despiadadamente sensual, será irresistible.

Signo mixto

Caballo-Serpiente

Las personas nacidas entre finales de febrero y finales de noviembre de los años 1906, 1918, 1930, 1942, 1954, 1966, 1978, 1990, 2002 y 2014 pertenecen al signo mixto caballo-serpiente. Concebidas en un año serpiente y nacidas en un año caballo.

Símbolo de la testarudez mística guiada por una clarividencia sin debilidades, este signo tiene una fuerza brutal e irresistible. Se conjugan aquí la ambición mística, la desconfianza, el escepticismo, el sentimentalismo disciplinado del caballo con la serpiente ávida de gloria, organizadora secreta, sofisticada, fascinante, seductora, inteligente y eficaz trabajadora. A PREPARARSE PARA DEJARSE ENROSCAR POR ESTE POTRO O YEGUA FASCINANTE. Es la pareja ideal.

Dominante, poco sensible a las perturbaciones ambientales, este signo prosigue obstinadamente su camino bajo los más duros diluvios.

El misticismo latente del caballo montado por su mitad serpiente hipnotizadora los arrastra irresistiblemente hacia la meta que deseen. Empedernidos e infatigables trabajadores, serán alumnos atentos al devenir, vivirán rodeados de oportunidades mágicas a las que dejarán pasar más de una vez PARA ARREPENTIRSE DESPUÉS POR EL RESTO DE SU VIDA.

Totalmente alérgicos a la palabra CAMBIO, no abandonarán sus manías, costumbres, ni ideología por más que hacerlo sea su SALVACIÓN. Por eso no soporta los cambios en los demás.

Con un fuerte componente reaccionario, trazará las pautas de su vida y no las modificará salvo por fuerza mayor; será un estratega en su misión. Le cuesta aceptar que otros no tengan el mismo viaje.

Posee un gran potencial para convertirse en escritor, artista, cantante, dictador, ideólogo; su talento le permitirá sobrevivir si tiene fanes. Impondrá sus ideas no solamente por la fuerza propia del caballo-serpiente. Cuenta con una brillante intelectualidad dotada de una energía vital incomparable, pero también con una agresividad subyacente y una violencia que se pueden desbocar.

Sus fantasmas, fobias y sueños lo convertirán en alguien interesante o descartable. Ellos buscarán más allá de los cuarks una respuesta a sus dudas existenciales.

La casa del Caballo

La mejor orientación para su hogar será Sur-Norte o Norte-Sur; su habitación preferida estará mirando al Sur. Cada caballo vivirá de acuerdo con sus posibilidades económicas, pero buscará un lugar abierto donde pueda recibir y sentir el poder del verano. Amará las palmeras, los naranjos, los espinos blancos, las peonías y capuchinas. Será audaz en la elección de los colores en las paredes; oscilará entre el amarillo, el rojo, el marrón y el verde oscuro. Cambiará muy seguido los colores y la disposición de los muebles, pues se aburre enseguida, y si todo está siempre igual se angustia y deprime. Para el caballo, una casa bien decorada es una casa llena de amigos. Un ambiente vivaz y animado vale más que los objetos. Hará lo posible para que la gente se sienta cómoda. Pondrá el acento en la música, los efectos de las luces, los olores, y tendrá sillones sólidos y confortables. En la casa del caballo se podrá bailar, animarse, hablar, reírse sin molestar a los vecinos; uno tiene que sentirse libre. Nada más aburrido y *tao off* que estar pendientes de adornos frágiles, de crearse problemas con los muebles de estilo, los vasos de cristal, los asientos frágiles. RÚSTICA PERO ELEGANTE.

Simbolismo del lugar

El caballo ama el aire puro, la línea del horizonte, los acantilados del verano, estar a pleno viento o al sol, el fuego del cielo, todo lo que quema, todo lo que excita la fogosidad.

Encuesta

1-¿Crees que el mundo virtual (las redes sociales, internet, por ejemplo) ayuda en los vínculos entre las personas?

No. Creo que ayuda a la difusión de la información, teniendo en cuenta que los medios siempre están cruzados por intereses que por momentos parece que desinforman. Es necesario que la gente comparta la información para enriquecernos todos. Para eso sirven las redes.

Creo que los vínculos entre las personas solo se fortalecen en el grupo en vivo, en las plazas, en la calle, en los encuentros entre amigos con un objetivo común, que puede ser el arte o una causa política. Las redes no reemplazan la realidad, no hay reunión posible a través de las pantallas. Sí ayuda a que la gente pueda encontrarse, como antes ayudaba un teléfono. Pero si no se llega al nivel real del encuentro físico, no hay vínculo fuerte, no hay encuentro posible.

2-¿Cómo reaccionas ante tus propios errores?

A veces me cuesta aceptar que los errores son propios, por eso reacciono con ira hasta que los acepto. Pero una vez que «descubro» el error, con tristeza.

3- ¿En qué encuentras la belleza de la vida?

En los momentos en que aparece la poesía: las epifanías que te toman de repente al alzar la cabeza y ver el cambio del cielo desde el día hacia la noche, o la luna. En los espacios abiertos, en los momentos en que se crean escenas, como si se viera el corazón de la vida, y cuando siento que estoy dentro de esas escenas. En general son en la naturaleza, o bajo el cielo al menos, rodeada de una o varias personas.

4- ¿Qué te afecta de los demás y el mundo?

De los demás me afecta la indiferencia a los problemas sociales y colectivos, el egoísmo y la cobardía, la inconsciencia. Del mundo, que también son los demás, la falta de conciencia ante la injusticia social, la frivolidad, el individualismo.

5- ¿Cuáles son los mandatos que crees que hay que seguir?

No creo que haya que seguir ningún mandato. Construí mi vida como una deconstrucción de mandatos, lo que me costó mucha energía mental, muchos enfrentamientos y desafíos. Los mandatos que parte de la sociedad aún impone me parecen nefastos: el heteropatriarcado con su heterosexualidad y maternidad obligatorias, ser una mujer sujeta a eso, el individualismo. Yo ya me aparté de las normas, que siempre tienen su coste. Toda forma de libertad tiene su coste, pero es lo que más importa: la libertad, al menos para mí.

Cuéntame un cuento chino

Carlos Obdulio Fabián Ramallo - Caballo de Agua - Conservacionista - Argentina

Tengo 75 años, soy originario de Chubut; a los 8 años vine a vivir a Córdoba. Tengo tres hijos. En la actualidad poseo un museo fotográfico en el que documento acciones de mi trabajo para salvaguardar la existencia de los cóndores que pueblan las serranías cordobesas.

Todo comenzó hace alrededor de 48 años, cuando decidí trabajar para recuperar la especie que estaba al borde de la extinción en nuestra provincia. Para ello puse en marcha un plan basado en cuatro líneas de acción: Nº 1, crear conciencia; Nº 2, rescatar y reintroducir en el ecosistema cóndores que se encontraban cautivos; Nº 3, recogiendo animales muertos, ayudándolos así con la alimentación, Nº 4, instalar en la zona más crítica los primeros puestos de control y vigilancia. Estas cuatro líneas de acción llevadas adelante en forma solitaria, *amateur* y financiada de mi propio bolsillo dieron como resultado que la colonia de cóndores fuera creciendo paulatinamente, y que mi persona obtuviera un interesante prestigio a nivel nacional e internacional.

Valiéndome de tal prestigio, logré convencer primero al gobernador de la provincia de Córdoba y después al Presidente de la Nación, para lograr la creación del Parque Nacional Quebrada del Condorito. Con sus 40.000 hectáreas, el parque garantiza para siempre que el sueño que puse en marcha hace más de 50 años sea realidad. «Los Cóndores no desaparecerán del suelo cordobés».

En la actualidad me dedico a dar conferencias y a la tarea educativa de crear conciencia sobre la necesidad de respetar la vida en todas sus formas.

Eolo, Dios del Viento
Se reunían en Vaquerías, Córdoba, los cinco directores y subdirectores de las maestrías de Vida Silvestre que hay en el Continente Americano, dirigidos por el director del Fish and Wildlife Service (FWS), Gilberto Sintron. Invitado por el doctor Enrique Bucher, di una conferencia explicando mi trabajo por los cóndores. Al día siguiente fuimos a hacer una salida de campo a la Quebrada del Condorito. Partimos desde Vaquerías con una pertinaz llovizna que había durado toda la semana, llegados a la Pampa de Achala (2200 metros sobre el nivel del mar), nos recibió una impenetrable neblina que nos permitía ver solo a diez o quince metros, y llegando a la Estancia El Condorito, el doctor Bucher me manifestó su preocupación porque la inclemencia del clima nos obstaculizaría la observación. Con mi habitual optimismo le contesté: «No se preocupe, ya vendrán tiempos mejores…».

Tras un recorrido de aventuras llegamos a la ladera Sur de la Quebrada del Condorito. Al arrimarnos, se asemejaba a una gigantesca olla hirviente que elevaba veloces nubes de vapor. «¿Y ahora qué?», preguntó el doctor. Con absoluto desparpajo, hice bocina para gritar con toda la fuerza de mis pulmones y de mi espíritu, hacia el interior de la Quebrada: «Eolo, Eoloo, Eolooo, desplaza la nube…». Y como si Steven Spielberg apretara un botón, comenzó a despejarse la neblina y apareció el gigantesco escenario de la Quebrada.

Los cóndores, que habían padecido la neblina toda la semana, se lanzan hacia «el baño del Cóndor», una piscina natural donde los cóndores se bañan. Cuarenta y tres cóndores, tras bañarse, tomaron posición en las cercanías para secarse.

Invité a la comitiva a almorzar al borde de la Quebrada y les dije que en dos horas vendrían a visitarnos. Efectivamente, transcurrido ese tiempo comenzaron a levantar vuelo desde el fondo de la Quebrada y vinieron a saludarnos a solo diez metros de distancia. Terminado el alucinante *show*, nos volvimos a la estancia.

Cenamos un pantagruélico asado y nos retiramos a dormir. A las 7 de la mañana del día siguiente, Gilberto y su ayudante Franck me dijeron a solas: «Jamás habíamos palpitado que existía lo que hemos visto. Te invitamos a que te sumes a nuestro equipo de trabajo».

En los siguientes diez años trabajé con ellos y recibí importantes recompensas monetarias que me permitieron aumentar por mil mi capacidad de trabajo. Ese día la Divina Providencia se llamó Eolo.

Un bastón para Gilberto

El Servicio de Pesca y Vida Silvestre de los Estados Unidos me invitó a participar de las celebraciones de los 125 años de la creación del Parque Nacional de Yellowstone. Participé de una comitiva integrada por cuatro rusos, cuatro chinos y yo. Dimos una conferencia en la Universidad de Bosseman en el estado de Montana, explicando cada uno cómo ha hecho para lograr un Parque Nacional y realizamos excursiones, para conocer ese maravilloso Parque.

Un día, visitamos la región a la que se llama Lemer, una vasta planicie con ondulantes pajonales; allí se han reintroducido lobos que habían sido extinguidos por el hombre y fuimos en pos de ellos caminando por toda la travesía. Gilberto estaba afectado de una dolencia en su pierna derecha a consecuencia de una vieja herida, y la caminata le causaba un profundo dolor. Entonces le pregunté si necesitaba algo, y me contestó que un bastón.

Un rato más tarde me separé del grupo por un momento y descubrí que a un lado había un fantástico bastón hecho por algún experto con una rama de árbol; tenía las muescas que hacen los caminantes para tener noción de cuánto han caminado. Tomé el bastón, crucé el brazo en mi espalda para ocultar así el bastón, y me reintegré al grupo.

Cuando vio que me aproximaba, Gilberto me gritó «Dame el bastón que tienes en la espalda». Y ya descubierto, lo exhibí triunfante. La comitiva se quedó perpleja, ya que Gilberto les había anticipado que hablo con los dioses y que seguro le traería un bastón. ¡Una vez más la Providencia estuvo a mi lado!

PERSONAJES FAMOSOS
CONGRESO de la NACIÓN ARGENTINA
Caballo de Fuego

CABALLO DE MADERA (1894-1954-2014)
John Travolta, Kevin Costner, Luisa Kuliok, Kim Basinger, Annie Lennox, Pat Metheny, Matt Groening, Michael Rourke, Bob Geldoff, Mario Testino, Carlos Alberto Berlingeri, Aníbal Landi, Georgina Barbarossa.

CABALLO DE FUEGO (1846-1906-1966)
Julián Casablancas, Lucrecia Martel, Adam Sandler, Thomas Edison, Macarena Argüelles, Rembrandt, Samuel Beckett, César Francis, Carla Bruni, Hoby De Fino, Salma Hayek, Leticia Sabater, Fernando Trocca, Cindy Crawford, Marta Sánchez, Fabián Quintiero, Marina Borensztein, Lucía Etxebarria, Gabriela Guimarey, Sinead O'Connor, Fernando Ranuschio, Julián Weich, Marco Rivara, Mónica Mosquera, Claudio Paul Caniggia.

CABALLO DE TIERRA (1858-1918-1978)
James Franco, Mala Rodríguez, Nelson Mandela, Rita Hayworth, Gael García Bernal, Mia Maestro, Mariano Martínez, Lisandro Aristimuño, Robert Stack, Billy Graham, Benjamín Vicuña, Carles Puyol, Catarina Spinetta, Gonzalo Suárez, Liv Tyler, Pearl Bailey, Mariano Mores, Leonard Bernstein, Raimon Panikkar, Santiago del Moro, Dolores Fonzi, Lionel Scaloni, Juan Román Riquelme.

CABALLO DE METAL (1870-1930-1990)
Jacques Derrida, Sean Connery, Steve McQueen, Ray Charles, Alfredo Alcón, Federico Chopin, Neil Armstrong, Carmen Sevilla, Sean Kingston, Iggy Azalea, Harold Pinter, Clint Eastwood, Boris Yeltsin, Robert Duvall, Franco Macri.

CABALLO DE AGUA (1882-1942-2002)
Harrison Ford, Nick Nolte, Paul McCartney, Barbra Streisand, Caetano Veloso, Felipe González, Rafael Argüelles, Beatriz Sarlo, Jimi Hendrix, Janis Joplin, Martin Scorsese, Andy Summers, Chris Evert, Linda Evans, Fermín Moreno Q., Haby Bonomo, Lou Reed, Carlos Reutemann, Hugo O. Gatti, Mohammed El Baradei.

TABLA DE COMPATIBILIDAD

CABALLO

	Amor	Amistad	Economía
Rata	♥♥	〰️〰️	🐷🐷🐷
Búfalo	♥♥	〰️〰️〰️	🐷
Tigre	♥	〰️〰️	🐷
Conejo	♥♥	〰️〰️〰️	🐷🐷
Dragón	♥♥	〰️〰️	🐷🐷
Serpiente	♥♥	〰️〰️	🐷🐷
Caballo	♥♥♥	〰️〰️〰️	🐷🐷
Cabra	♥♥♥	〰️〰️〰️	🐷🐷🐷
Mono	♥♥♥	〰️〰️〰️	🐷🐷
Gallo	♥♥	〰️〰️	🐷🐷
Perro	♥♥♥	〰️〰️〰️	🐷🐷
Cerdo	♥♥♥	〰️〰️〰️	🐷🐷🐷

1 mal • 2 regular • 3 bien

Nota: las compatibilidades son desde el punto de vista de cada animal.

CABRA

Podría ser cabra, por los nueve meses de concepción
donde la vida ya existe.
Sería artista con mecenas
graciosa, dúctil, atenta al dolor humano
solidaria y ama de casa.
Bailarina, artesana, cocinera de manjares y soluciones mágicas.
Altruista, divertida, naif y amante de cultivar rosas y cactus.
Saltarina, original y combativa
no sería una más del rebaño,
soy la cabra madrina.

L. S. D

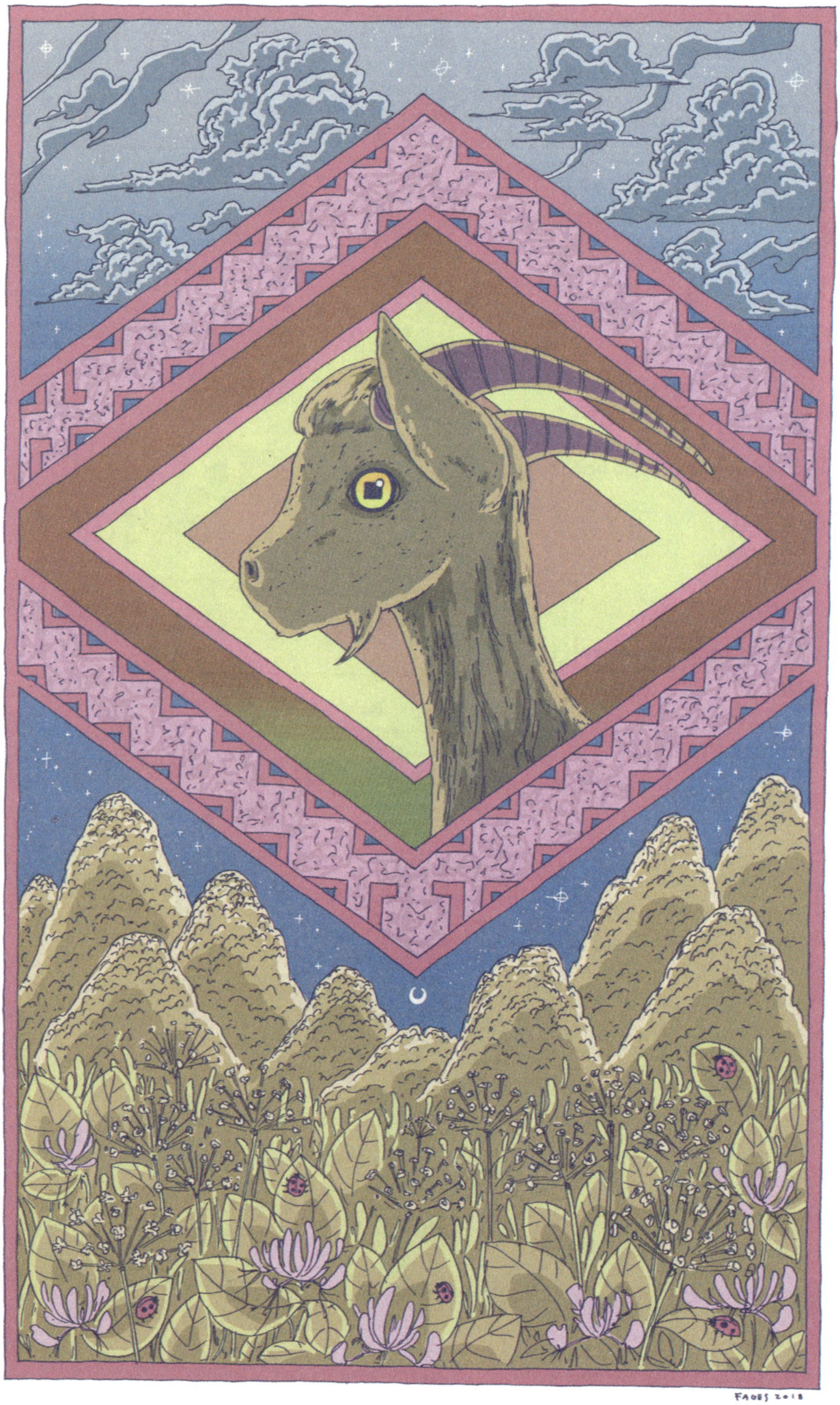
FAGES 2018

Ficha técnica

Nombre chino de la cabra
XANG
Número de orden
OCTAVO
Horas regidas por la cabra
13.00 A 15.00
Dirección de su signo
SUD-SUDOESTE
Estación y mes principal
VERANO-JULIO
Corresponde al signo occidental
CÁNCER
Energía fija
FUEGO
Tronco
NEGATIVO

Eres cabra si naciste

13/02/1907 - 01/02/1908
CABRA DE FUEGO
01/02/1919 - 19/02/1920
CABRA DE TIERRA
17/02/1931 - 05/02/1932
CABRA DE METAL
05/02/1943 - 24/01/1944
CABRA DE AGUA
24/01/1955 - 11/02/1956
CABRA DE MADERA
09/02/1967 - 29/01/1968
CABRA DE FUEGO
28/01/1979 - 15/02/1980
CABRA DE TIERRA
15/02/1991 - 03/02/1992
CABRA DE METAL
01/02/2003 - 21/01/2004
CABRA DE AGUA
19/02/2015 - 07/02/2016
CABRA DE MADERA

Sensibilidad, refinamiento y gafas caras.

FRIDA me mira desde el termo que uso cada mañana al empezar el día. Arranco con mate, mientras enciendo una vela del KIN que corresponde al TZOLKIN, calendario sagrado y exacto que corresponde a la gestación de una vida humana. Y tomo contacto con FRIDA para la creación del libro, para mejorar mis baches emocionales, embellecer mi templo porteño con palo santo, orden y arte en cada rincón de la casa.

Transporto la casa azul de FRIDA a la mía; con su jardín tropical, plagado de pájaros, pavos reales, flores, estanques, rincones para soñar, pintar, llorar, bordar, imaginar nuevas utopías.

Comulgo con ella, pensando en la apasionante relación con su cerdo DIEGO RIVERA, y hago una equivalencia con CATMAN.

Admiro la resiliencia de FRIDA para atravesar la existencia como una paloma, plasmar, crear, debatir, consolidar como una piedra de la Isla de Pascua, a pesar de su karma de salud, de sus infinitas operaciones, de la desilusión, el engaño o el desencanto.

¡¡FRIDA, ERES INMORTAL!!

En el año del perro que transitamos, y en el que por suerte se debate en el Congreso Argentino el tema del aborto legal, asocio que ella tomaba como fecha de su nacimiento 1910 –también año del perro– para sentirse parte de la revolución en México.

Por eso agrego el capítulo del signo mixto, que toma en cuenta la fecha de la concepción. Yo sería cabra por la fecha en que fui engendrada, y eso explicaría mi afinidad con FRIDA en su hipersensibilidad de guerrera para luchar contra las injusticias terrenales.

Es cierto que en China la cabra es un signo considerado fácil de influenciar –tanto en lo positivo como en lo negativo– por personas que la dominan, explotan, conviven o trabajan con ella.

Es muy vulnerable; plagada de engaños, o sobornos que la convierten en un signo destinado a tener suerte o a perderse en las hondonadas y precipicios de la vida.

La familia es clave en su desarrollo emocional, vocacional, en sus elecciones acertadas o desacertadas, en los desvíos que puede tener por propuestas decentes e indecentes y en la que es fácil presa de las tentaciones que le ofrecen para claudicar.

Una mujer cabra sobresale en la manada; elegante, sensible, bella, con sentido del humor y gracia es irresistible. Sabe gustar con sus modales graciosos, su talento para desplegar sus dones de ama de casa, artista, *femme fatale* y deslumbrar en público por sus ocurrencias.

Amante de la naturaleza, del deporte, del baile y de las ciencias ocultas, estará dispuesta a aprender, transmitir y enseñar desplegando su histrionismo.

Una de sus grandes metas es cazar algún magnate o patrocinador que le brinde I-SHO-KU-JU (techo, vestimenta y comida) para que pueda tener una vida sin penurias junto a la de su familia.

El varón o macho cabrío es más proclive a caer en situaciones delictivas. Su seducción, *glamour* y buen humor envuelven a quienes lo rodean y sabe tocar el punto G para conseguir sus objetivos.

Es inseguro y necesita que lo aseguren en cuentas bancarias en Suiza, en *offshore* o en lingotes de oro cuando es cómplice de la mafia del poder.

El trabajo no es el fuerte de la cabra, salvo que se mantenga independiente, tenga su propia empresa o haga trueque con obras de arte o paraísos fiscales.

LA CABRA CON TALENTO Y VOCACIÓN DESTACARÁ CON LUZ PROPIA.

Es un signo muy amable, cariñoso, altruista, lleno de ideas revolucionarias y esotéricas que pueden ayudar a mejorar el mundo.

Su espíritu aventurero es bien conocido, y lo puede practicar dentro de su territorio o corral, y puede moverse con certeza en lugares inhóspitos y desconocidos. La cabra aporta al medio ambiente su conciencia y su ejemplo, y sabe administrar la energía con precisión.

A veces los vaivenes emocionales, las separaciones, las rupturas o los cambios inesperados en su forma de vivir la pueden llevar a la depresión o a situaciones maníacas.

Tiene el don de sanar a los más débiles y a los enfermos con su sabiduría, con reiki, con tiempo y cariño.

Según sea su carta natal, puede ser holgazana o una trabajadora seria y responsable.

La cabra es muy necesaria en la familia por su espíritu inquieto, renovador, cariñoso y lúdico.

Cuando las observo en la montaña, pastando o brincando, siento que sin ellas el paisaje sería diferente, mustio, bucólico y sin sobresaltos.

Aprendí a no devorarlas en la parrilla o en el horno de barro, a pesar de que su carne es deliciosa.

A veces ABRAHAM y ELVIRA me regalan un chivo expiatorio para mi cumpleaños, al que le brindo todos los homenajes «al más allá» antes de dejarme seducir por su exquisitez.

BIENVENIDAS, CABRAS, MACHOS CABRÍOS Y CORDERITOS, AL AÑO DEL CERDO, SU MEJOR AMIGO.

L. S. D.

La Cabra y su energía

Cabra de Madera (1895-1955-2015)
Una cabra empeñosa.
Investigadora, curiosa, artística y creativa. Resiste la adversidad y encuentra mecenas que la protejan. Dueña de una gran capacidad de trabajo, concreta las ideas ajenas aportando su talento crítico y estético. Deportista, inquieta, se ocupa de su estado físico y mental. Cuestiona cada acto de su vida. Es la más tolerante de las cabras. Muy creativa manual y mentalmente. Es confiada como un niño y se entrega totalmente cuando ama. Admira y protege a animales y seres humanos que la inspiren. Vivirá rodeada de belleza y armonía. Tendrá una vida sentimental movida por su búsqueda eterna de idealización de la gente.

Cabra de Fuego (1979-1967)
Una cabra superstar.
Es la más valiente de todas; sigue sus intuiciones, pero en ocasiones dramatiza mucho y se excede. Muestra iniciativa en el trabajo. Creativa, laboriosa, si desarrolla su vocación tendrá mucho éxito. Materialista y sibarita, siempre está conectada con gente que le sirve. Muy desorganizada en el tema finanzas, necesita un buen administrador. Agresiva y franca, a veces demasiado emotiva, reacciona con el corazón y no con la cabeza. En su faz negativa, se deprime y aísla con facilidad. Le cuesta mucho encauzar su energía y su vida. La llave de su triunfo puede encontrarla en la autodisciplina.

Cabra de Tierra (1919-1979)
Una cabra original.
Esta cabrita llama la atención; si tiene todo a favor, habilidad, suerte y capacidad para los negocios, será una triunfadora. Vagabunda de espíritu, viajará lejos en su imaginación, será inconstante; solo si posee un espíritu muy fuerte podrá terminar lo que empieza. Sabe conseguir protección, y su seducción le abrirá puertas insospechadas. Sensible, graciosa y muy sofisticada, es capaz de atraer a mecenas que cumplan sus deseos y la rodeen de comodidad y placer.

Cabra de Metal (1871-1931-1991)
Una cabra afilada.
Tenaz y perseverante, con marcado sentido estético. Un ejemplar

armónico y sobrio. Esta cabra se planta frente a la vida con una mirada profunda, filosófica. Eso no siempre logra detener su lado negativo, que la vuelve muy vengativa. En sus relaciones en general, y en especial en el amor, es celosa y personalista, muy posesiva. Se hace valer en todos los planos y sabe cotizar sus labores.

Cabra de Agua (1883-1943-2003)
Una cabra impredecible.
El agua la convierte en una cabra muy intuitiva. Posee una antena parabólica de captación y sabe dónde berrear para conseguir su sustento. Tiene arrebatos de estrella, y aunque es amable y compasiva se la ama por su *sex appeal* y su gracia. Le encanta sentirse imprescindible en la vida de sus seres queridos. Una cabra es famosa por los secretos de alcoba: tiene apetencias sexuales exóticas. Puede ser bohemia o *hippie*; no le interesan las reglas del sistema social, tiene reacciones un poco TAO *off*. Buscará fuentes de amor en cada gesto, mirada, actitud.

La Cabra y su ascendente

CABRA ASCENDENTE RATA: 23.00 a 1.00
Una cabra muy sibarita pero bastante emotiva a la vez, oportunista y astuta. Será fuerte, muy resistente al sufrimiento y la adversidad.

CABRA ASCENDENTE BÚFALO: 1.00 a 3.00
Tendrá la gracia, el talento y la constancia para destacarse en las artes o en la política. Formará una familia numerosa y adoptará a los necesitados.

CABRA ASCENDENTE TIGRE: 3.00 a 5.00
Una fiera para defender los derechos humanos, no descansará hasta lograr lo que se proponga, aunque el amor la distraiga del camino. Hipersensible, ciclotímica y muy graciosa, encontrará gente que la protegerá.

CABRA ASCENDENTE CONEJO: 5.00 a 7.00
Una equilibrada, estética y refinada cabrita que vivirá con opulencia. Deberá encauzar su vocación y dedicarle todo el tiempo del mundo para ser la mejor. Tendrá muchos amigos, amará el lujo, las fiestas y la frivolidad.

CABRA ASCENDENTE DRAGÓN: 7.00 a 9.00
Una cabra de voluntad inquebrantable. Tendrá principios, será luchadora y muy humana. Con gran poder de oración, incitará a las multitudes. Se casará por amor... pero no desperdiciará lo que le ofrezcan.

CABRA ASCENDENTE SERPIENTE: 9.00 a 11.00
Una cabra astuta, sagaz, intuitiva y con olfato para los negocios. Cambiará de profesión, casa y pradera muy seguido. Necesitará que la admiren y adulen para sentirse segura, y será muy rencorosa si la abandonan.

CABRA ASCENDENTE CABALLO: 11.00 a 13.00
Una irresistible cabrita que despertará pasiones locas en la gente. Será antojadiza, graciosa, talentosa y muy imaginativa. Amará la libertad y la vida al aire libre.

CABRA ASCENDENTE CABRA: 13.00 a 15.00
Un prodigio de creatividad, su obra será fecunda, original, intuitiva y popular. Buscará gente afín para concretar sus ideas. No soportará límites para vivir y siempre hará lo que se le antoje.

CABRA ASCENDENTE MONO: 15.00 a 17.00
Una interesada y cínica cabra que especula con los sentimientos. Se rodeará con lo mejor, nunca se dejará atrapar y gastará millones en la cuenta conjunta de su cónyuge.

CABRA ASCENDENTE GALLO: 17.00 a 19.00
Una delirante y maniática cabra, que exigirá mucho y dará «a su estilo». Necesitará programar su vida y vivir con la ilusión de que es el amor de la vida de todo el mundo.

CABRA ASCENDENTE PERRO: 19.00 a 21.00
Una cabra lúcida, justiciera y concreta, que no hará nada que no sienta. Comunicativa, profunda e incisiva, saldrá al mundo a luchar por sus ideales y encontrará gente que la seguirá en sus batallas.

CABRA ASCENDENTE Cerdo: 21.00 a 23.00
Una generosa, servicial, sibarita e inquieta cabra que amará el hogar, los amigos y las cosas esenciales de la vida. Sus ambiciones se

limitarán a vivir cómodamente y a buscar el sustento cuando no haya más remedio.

Signo mixto

CABRA-CABALLO

Las personas nacidas entre finales de febrero y finales de noviembre de los años 1907, 1917, 1931, 1943, 1955, 1967, 1979, 1991, 2003 y 2015 pertenecen al signo mixto cabra-caballo. Concebidas en un año caballo y nacidas en un año cabra.

Personalidad inquieta y ambivalente: el caballo dominará a esta duplicidad tan estimulante, pero el NO CONFORMISMO idealista de la cabra puede doblegar la robustez del caballo trabajador. Este elemento de solidez del equino habrá que integrarlo con las características idealistas del caprino, que es activo, crítico e insensible, egoísta y seductor. A su vez, el caballo imprime su sello de escéptico pomposo, de místico ambicioso, de egocéntrico y testigo frío.

Además de su clase, la cabra aporta la fantasía que le falta al caballo para volar. Honesta y magnánima, tiene gran corazón. No siempre está disponible porque a veces le cuesta abandonar su zona de comodidad. Muy atada a sus allegados, dependerá de otros en las decisiones fundamentales.

Su necesidad de evasión está limitada por el ansia de volver a casa. «Home sweet home» está grabado en su ADN.

Es una gran amiga, discreta, fiel, leal, profunda, entrega su vida por amor sin medir las consecuencias. Necesita sentirse protegida y comprendida para tener paz y tranquilidad. Acepta lo nuevo, lo original, y colabora en ideas y proyectos de vanguardia con entusiasmo.

Consciente de su *charme*, sabe usarlo con naturalidad, produciendo infartos en cadena. Tiene mucho éxito con personas del sexo opuesto, despertando pasiones que la encienden, embellecen e inspiran. Esta cabra con influencia equina es sentimentalmente posesiva, filosóficamente idealista y muy *yang*, víctima de sus debilidades carnales, inseguridades y deseos ocultos.

Toda la vida perseguirá el amor ideal y, como quijote del sentimiento, se perderá los amores de carne y hueso. Su gracia, refinamiento y buen gusto en el vestir la convertirán en un hombre o mujer *fashion*.

Es sociable y ermitaña al mismo tiempo, prefiere resguardar su grupo de amigos y visitar otros ambientes donde sea anónima.

MUY SELECTIVA, esta cabra tiene doble identidad; elige entre la gente que admira y los personajes que colecciona a través de su vida. Esta prudencia miedosa, excesiva, parte de su lado caballo más convencional.

No pretendamos monogramas de esta cabra-caballo, destila sexualidad por cada poro, y aunque esté enamorada, la ocasión hace al ladrón...

Tendrá en sus manos la carta del triunfo, pero que la juegue bien dependerá de su estabilidad emocional, de su seguridad económica y de su posibilidad de riesgo, y de las ganas de salir de la pradera rumbo a lo desconocido.

La casa de la Cabra

No me equivoco al afirmar que tendrá la casa más acogedora del planeta, ya sea pobre o millonaria. Resultará difícil salir de ahí. La mejor orientación es Sur Suroeste/Norte Noroeste, y su habitación preferida mirará al Sur o el Suroeste. La cabra, que es una artista, pintará las paredes de azul, verde, bermellón o el color que su corazón le inspire según la ocasión. Adora los objetos elegantes y refinados, los muebles de estilo, los cuadros, las estatuillas, la bonita vajilla, pero no le interesa para nada poseerlos. Puede pedirlos prestados por un tiempo, y después cambiarlos o alquilar algo amueblado. Sabe apreciar el buen gusto ajeno. Con facilidad limitará su decoración a algunas cosas que irá acumulando en viajes, noviazgos, o en su paso por casas de amigos. Puede tener algunos objetos personales cargados de afecto, piezas o alfombras traídas del exterior, un cuadro de familia...

Será capaz de vivir sin un jardín, pero ama las madreselvas, el verde y el pasto, juntar especies vegetales por plazas, macetas de amigos y viajes en bicicleta o a caballo por donde pasee esta fanática de la naturaleza.

Simbolismo del lugar

En pleno verano, con el calor de enero en el Sur y de julio en el Norte, en las nubes, sobre la pendiente de la montaña, entre las hierbas olorosas y las plantas de altitud.

Encuesta

1-¿Crees que el mundo virtual (las redes sociales, internet, por ejemplo) ayuda en los vínculos entre las personas?

No podría responder objetivamente esta pregunta porque yo crecí junto a internet y mis relaciones estuvieron siempre interceptadas por ella. Igual, creo que son herramientas que utilizamos para relacionarnos, por ende su efectividad va a depender de su uso. Los vínculos no son estáticos sino que se trabajan día a día, se transforman y nos afectan. Son espejos de nuestro ser. El abuso de esa herramienta ensordece la comunicación. Hoy las respuestas son inmediatas, sin embargo el mensaje es lento. Podemos tener largas conversaciones pero no profundizar en ellas. Esconderse antes de confrontar cara a cara con los obstáculos reales puede resultar una solución rápida, pero quién dice que antes de internet no era así. Creo que las redes sociales han facilitado el encuentro y han conectado personas que se sentían solas por diferentes condiciones. Con internet, la soledad se transformó en un «alguien al otro lado del mundo siente lo mismo que yo». Conectó dos singularidades en un instante. Transformar los vínculos es un trabajo que no depende de esa herramienta.

2-¿Cómo reaccionas ante tus propios errores?

Intento no castigarme y reflexiono mucho. Pido perdón, a mí o a aquel con quien quiera que me haya equivocado. Abro un diálogo conmigo misma y con otras personas. Analizo por qué me equivoqué para poder anticiparme en un futuro.

3-¿En qué encuentras la belleza de la vida?

En las cosas simples. El cielo abierto. El olor de la comida cocinándose. Las sábanas estiradas. La charla con mis amigos. Superarse. Caminar sin llegar a ningún lugar. Ver a los que amo disfrutar. La curiosidad, la inocencia y la paciencia.

4-¿Qué te afecta de los demás y el mundo?

Los prejuicios y la gente cabeza dura. Las creencias completamente cristalizadas que no permiten el diálogo. Me afecta mucho cuando no hay posibilidad de conciliar y cuando se encasilla a las cosas o a las personas. La falta de empatía por los demás y la competencia: querer ganarle a algo.

5-¿Cuáles son los mandatos que crees que hay que seguir?
Los del corazón. Dejar de lado los pensamientos y conocimientos y escucharse a uno mismo.

Cuéntame un cuento chino

Marina Zeising - Cabra de Tierra - Directora de cine - Argentina

Cabra de miel de abeja

Soy una cabra de la pampa húmeda que le gusta pastar tranquila en la naturaleza, junto a los ríos, mares o lagos; siempre cerca del agua, pese a que mi energía es de tierra, necesito el agua como complemento para dejarme fluir. Soy una cabra artista de vocación y muy trabajadora. Observo la naturaleza, las conductas humanas, con prudente distancia pues cuando la otredad intenta invadir mi territorio procedo a realizar gestos correctivos que considero esenciales para sobrevivir en este mundo y establecer sanos límites. Luego continúo pastando tranquila en mi placentera vida de creatividad.

Mantengo los juegos de la infancia que ahora los vuelco ante todo en mis películas. Para los cambios, necesito tiempo y espacio, todo paso a paso, a un ritmo que no son los tiempos ansiosos de la actualidad en las grandes ciudades. Me repelen las multitudes y el *popcorn*. Prefiero el cine de autor. Me gusta viajar, leer, escribir y el arte en todas sus dimensiones. Esto me estimula a imaginar mi futuro en atmósferas más tranquilas, rodeada de naturaleza compartiendo conversaciones con personas que disfrutan de lo mismo. Todo me gusta hacerlo con profunda intensidad. Un cabrito loco me dijo una vez que me parecía a una vikinga cabalgando al galope. Mi ascendente es caballo y me considero muy pasional, pero no me gusta el galope, sino caminar cómoda y tranquila acompañada de animales auténticos, disfrutando el andar y respetándome los descansos. ¿Será por eso que me hice vegetariana?

Mi sensibilidad caprina necesita confianza y empatía para dejar entrar en mi territorio a otros animalitos de la selva. Debo sentir que hablamos el mismo idioma. Si así lo intuyo, de inmediato andaremos jugando juntos siempre libres, creando, compartiendo pero respetando nuestro espacio individual. En la cultura Chaná, etnia nativa del litoral sudamericano, me bautizaron "miel de abeja". Mi cabra convive bien con la dulzura.

PERSONAJES FAMOSOS

RUBÉN RADA
Cabra de Agua

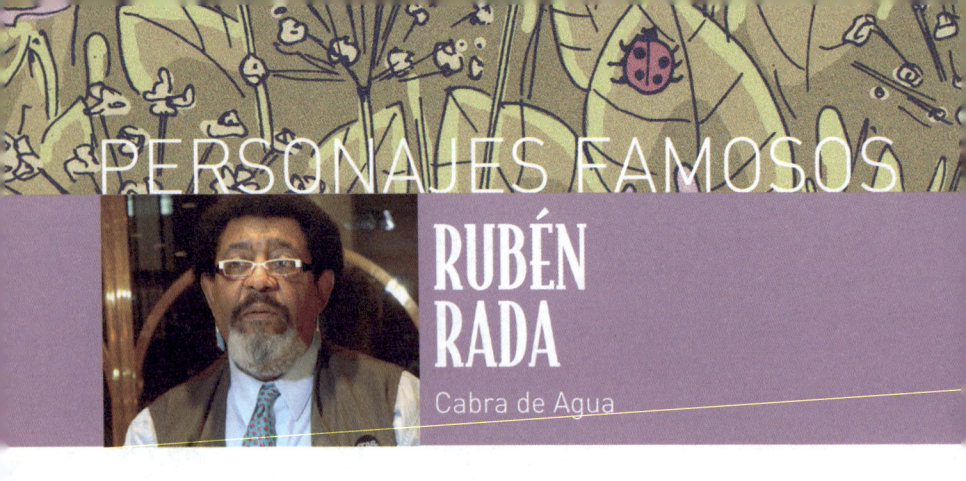

CABRA DE MADERA (1895-1955-2015)

Akira Toriyama, Groucho Marx, Isabelle Adjani, Patricia Miccio, Nelson Castro, Miguel Ángel Buonarotti, Marcela Sáenz, Elvis Costello, Rosa Benito, Guillermo Francella, Alfredo Leuco, Nina Hagen, Marcelo Bielsa, Johnny Rotten, Miguel Zabaleta, Homero Simpson, Nicolas Sarkozy, Boy Olmi, Bruce Willis, Miguel Botafogo, Roberto Pettinato, Zuchero, Steve Jobs, Mel Gibson, Julio Cobos, Jorge Valdano, Krishnamurti, Mercedes Morán, Aníbal Pachano, José M. Recalde.

CABRA DE FUEGO (1847-1907-1967)

Frida Kahlo, Atahualpa Yupanqui, Katharine Hepburn, Julio Bocca, Boris Becker, Nicole Kidman, Maximiliano Guerra, Araceli González, Julia Roberts, Miguel de Cervantes, Gastón Acurio Jaramillo, Andrés Giménez, Carlos Casella, Ivonne Reyes, Pepe Monje, Karina Rabolini, Milo Lockett.

CABRA DE TIERRA (1859-1919-1979)

Margot Fonteyn, Jack Palance, Zsa Zsa Gabor, Diego Luna, Lana Turner, Nicolás Cabré, Dino De Laurentis, David Bisbal, Adán Jodorowsky, Brenda Martin, Andrea Pirlo, Evangeline Lilly, Ian Smith, Malcolm Forbes, Andrea Galante, Vanesa Lorenzo, Diego Forlán, Eva Perón.

CABRA DE METAL (1871-1931-1991)

Ettore Scola, James Dean, Alice Munro, Annie Girardot, Franz Liszt, Mónica Vitti, Lali Espósito, Angie Dickinson, Candela Vetrano, Maggie Simpson, Brenda Asnicar, James David Rodríguez Rubio, Gastón Sofritti, Mariana Espósito, Osho, Rita Moreno.

CABRA DE AGUA (1883-1943-2003)

José Luis Rodríguez, Charo López, Jimmy Page, Arnaldo André, Jim Morrison, Catherine Deneuve, Lech Walesa, Luis Aute, Ernesto Pesce, Rubén Rada, Terrence Malick, Hermes Binner, Keith Richards, Marilina Ross, Adolfo Pérez Esquivel, Muhammad Alí, Mick Jagger, Joan Manuel Serrat, Víctor Sueiro.

TABLA DE COMPATIBILIDAD

CABRA

❤️ 🤝 🐷

	Amor	Amistad	Economía
Rata	♥♥	💲	🐷🐷
Búfalo	♥	💲💲💲	🐷
Tigre	♥♥	💲	🐷
Conejo	♥	💲💲💲	🐷
Dragón	♥♥	💲💲💲	🐷🐷
Serpiente	♥♥♥	💲💲	🐷🐷🐷
Caballo	♥♥	💲💲💲	🐷🐷
Cabra	♥♥	💲	🐷🐷🐷
Mono	♥♥	💲💲💲	🐷🐷
Gallo	♥♥♥	💲💲💲	🐷🐷🐷
Perro	♥♥	💲💲💲	🐷
Cerdo	♥♥	💲💲💲	🐷🐷

1 mal • 2 regular • 3 bien

Nota: las compatibilidades son desde el punto de vista de cada animal.

MONO

Hoy se festeja tu cumpleaños,
hombre desconocido;
hay globos dorados en el patio
Alegrando la fuente de feng shui
para huéspedes, pájaros y empleados.
Hoy es tu cumpleaños
y no te conozco, hombre nuevo.
Siento que te quieren
los que madrugan antes que el sol
y apenas sueñan quimeras.
Fui la primera en verte
cuando el sol entibiaba
el jardín tan bien cultivado,
esperando la reciente primavera
que te regalo.

L. S. D.

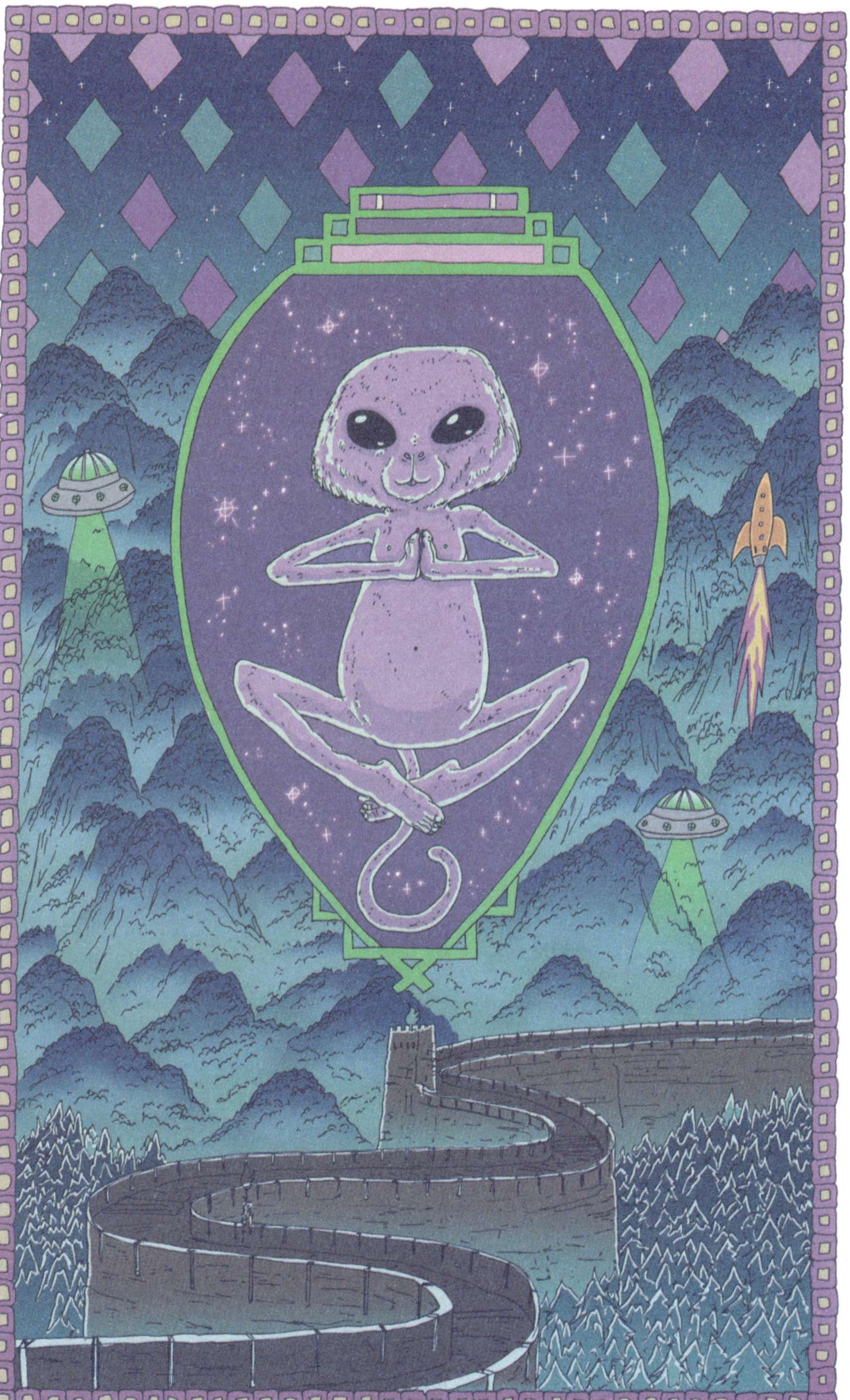
PAGES 2018

Ficha técnica

Nombre chino del mono
HOU
Número de orden
NOVENO
Horas regidas por el mono
15.00 A 17.00
Dirección de su signo
OESTE-SUDESTE
Estación y mes principal
VERANO-AGOSTO
Corresponde al signo occidental
LEO
Energía fija
METAL
Tronco
POSITIVO

Eres mono si naciste

02/02/1908 - 21/01/1909
MONO DE TIERRA
20/02/1920 - 07/02/1921
MONO DE METAL
06/02/1932 - 25/01/1933
MONO DE AGUA
25/01/1944 - 12/02/1945
MONO DE MADERA
12/02/1956 - 30/01/1957
MONO DE FUEGO
30/01/1968 - 16/02/1969
MONO DE TIERRA
16/02/1980 - 04/02/1981
MONO DE METAL
04/02/1992 - 22/01/1993
MONO DE AGUA
22/01/2004 - 08/02/2005
MONO DE MADERA
08/02/2016 - 27/01/2017
MONO DE FUEGO

Mutante sapiens.

Sigo bajo los efectos especiales de un mes de lluvia ininterrumpida en Buenos Aires.
Ideal para escribir, para conectarse con la especie de la cual derivo.
Darnos cuenta de que el milagro de nacer lo supimos capturar como el picaflor liba el pistilo de la flor.
Y comunicarnos con la existencia con los cinco sentidos, y el más poderoso, el sexto, la intuición.
Desarrollar la materia gris, sustancia cotizada en los mercados galácticos. El mono nace sabiendo, intuyendo, fluyendo con su caudal de ADN desde que se para en sus dos piernas y, como en *La guerra del fuego*, aprendiendo el arte de vivir.
Me remonto a los primeros primates, nómadas, como yo, que apreciaban los frutos que aparecían en el edén y los saboreaban sin culpa, mordisco a mordisco, con frenesí, alegría, acomodándose y compartiendo lo que trae en su árbol genealógico, lo que le permite adaptarse al planeta con fluidez, inteligencia práctica, sabiduría, para recolectar los frutos de cada etapa con imaginación.
Desde pequeño, su independencia hace la diferencia con el resto del zoo.
Buscará su microclima, la soledad, los lugares donde la naturaleza lo inspire para nutrirse física y espiritualmente.
Este signo es dual, tiene la energía *yin-yang* para desarrollarse y apreciar cada encuentro, relación, viaje en los que se sentirá en estado de plenitud total.
Su inteligencia se destacará donde encuentre un ámbito para desarrollarse, y conseguirá en poco tiempo lo que a otros les lleva años.
Su carisma, su extraña belleza o su estilo atraerán a extraterrestres, místicos, artistas, filósofos y gente extranjera.
Su estado anímico oscila como un péndulo; es fundamental que busque contención terapéutica en momentos de crisis que podrían llevarlo a la depresión o a no controlar su temperamento.
El mono es aceptado socialmente pues es un entretenedor, mago, médium entre lo posible y lo imposible.
Conoce el arte de la oratoria, el *timing* para escuchar a otros, intercambiar los frutos de la selva.
Tiene miedo al compromiso formal, pues es libre por dentro y no soporta que lo enjaulen y controlen.

Sabe retirarse y hacer mutis por el foro cuando sabe que su presencia es una sobredosis para el prójimo.
Mil vidas en una, y sin saltearse nada.
Experto en desarrollar su vocación, oficio, *hobby*, llegará adonde se lo proponga. Vi en *Historias debidas* a Susy Shock, y la invité a que exprese su sentimiento simio para el año del cerdo.
Hasta pronto, hermanos sin fronteras.

L. S. D.

«No somos ni mejores, ni peores, ¡somos otra cosa!», escuché que una trava[33] le gritaba al estúpido de turno que intentó agredirla con insultos, que a esta altura del partido ya son habituales, pero no por eso menos hirientes.

Y una, también acostumbrada a esas desventuras callejeras, solo atinó a pensar «¡Esta marica es mona!», con ese saltar de rama en rama no solo físico sino verbal... Porque si hay algo que nos caracteriza a las personas trans, travestis, travas (como cada cual se autoperciba) –seamos búfalas, dragonas, de madera, o de tierra– es la poderosa herramienta del propio lenguaje. Aunque no tengamos el primario completo, no importa, eso te lo da la pertenencia a tu clan, a tu tribu, a tu manada, ese ejercicio desfachatado y vivaz que se pasa y se enseña de boca en boca –como los besos–, de las más viejas a las más jóvenes.

Por eso hay frases que nos nombran, y que mientras nos nombran nos hacen «esa otra cosa» dentro de esta fauna binaria y predecible; por ejemplo: «En un mundo de gusanos capitalistas hay que tener coraje para ser mariposa», de nuestra «traviarca» Lohana Berkins, toda serpiente ella y toda revolucionaria. O la de Marlene Wayar, mona entera y bien lúcida también, «Ser trans es reconocerse a una misma como el primer objeto de arte a crear», o la de la liebre/gata/coneja (como cada horóscopo chino lo autoperciba) Diana Sacayán, en su poema emblemático que tanto nos pasamos y repetimos en cada pedido de justicia por su travesticidio: «Cuando yo, esta humilde trava, me vaya, no me habré muerto, simplemente me iré a besarle los pies a la Pacha». O la de Maite Amaya, monita rebelde también, y necesaria: «¡...mi cuerpo ya no cavando los túneles sino construyendo los puentes!». Y tantas, tantas otras...

En un mundo/selva donde cada animalito y animalita que nace

---

[33] La palabra se aplica principalmente a la travesti femenina por ser esta mayoría entre los travestidos, pero la raíz de la palabra la hace aplicable también a un travesti, es decir, a una persona transgénero travestida con ropas masculinas.

es nombrado/a, casi por inercia y sin ninguna discusión, a nosotras, disidentes primero, y ante todo de la naturaleza, nos queda solo reflejarnos en las otras disidentes, para volver a renombrarnos bajo nuestra propia autocreación. Y la forma para ayudar a las que vienen y vendrán es dejarles esas huellas y señales –también en palabras– como faros que hagan menos pesada y no tan cuesta arriba esa propia búsqueda de animalitas rebeldes que pensamos en un planeta sin violencia entre las especies, pero con un marcadísimo y potente sentido de pertenencia a la propia manada.

Susy Shock, artista trans y mona

El Mono y su energía

Mono de Madera (1884-1944-2004)
Un mono positivo.

Este mono parece una cosa y es otra. Optimista y luchador, trabaja duro, se mueve de liana en liana en busca de emociones y tiene confianza en el futuro. Llegará a lo más alto de su profesión, buscará relacionarse con gente influyente y creará lazos superficiales. Es inconstante en las metas a corto plazo y muy constante en sus sueños más profundos. Sufre por la falta de intimidad; no es demasiado confiado en las cosas del amor. La ansiedad por triunfar lo atrasa; debe ir más despacio, aceptar las opiniones ajenas y trabajar en su ego para disolverlo.

Mono de Fuego (1896-1956-2016)
Un mono al rojo vivo.

Tiene en sus genes el gusto por el riesgo, lo imposible y la aventura de vivir. Dominante y con un carisma irresistible, práctico y autodisciplinado, pone la mira en un blanco y da en el centro. Mantiene su perfil bajo, detesta el acoso de los fanes, y aparece en escena solo cuando lo siente.

Le atrae todo lo excitante y emocionante, rara vez comete excesos, y es un experto en el arte de pasarla bien. Algunos son perversos; tienen relaciones con gente más débil, a la que dominan a control remoto; sin embargo, serán muy generosos con sus parejas material y espiritualmente, y mantendrán lazos profundos y duraderos. Es un niño eterno, celoso tanto en el amor como en el trabajo, y si no consigue realizarse puede resultar muy resentido y agresivo. Desea un mundo mejor y trabaja para conseguirlo.

Mono de Tierra (1908-1968)
Un mono visionario.

Profundo, sentimental y fiable, es altruista y no se desvive por figurar. Un mono protector, solidario, sabio y capaz de sacrificarse por los demás. Serio en lo que se propone, estudioso y con alma de investigador, será muy querido por amigos y profesores. En China se lo conoce como el maestro mono. Es divertido, original, inspirado y travieso. Como aspira a la perfección, a veces no concreta nada. Aspira a tener una familia ejemplar, y es famoso por sus talentos amatorios, que lo hacen salir de la jaula rumbo a la jungla en busca de fuertes emociones. Por su habilidad puede hacer carrera en las artes, ser director de cine, pintor o escritor célebre.

Mono de Metal (1920-1980)
Un mono difícil.

Es el más autista de los monos; se concentra y cuando siente interés por algo es capaz de olvidarse de comer, dormir y vivir. Otras veces tiene hormigas en el cuerpo. Deberá superar obstáculos de todo tipo en la infancia y en la adolescencia, y solo en la madurez encontrará paz y sosiego. Lucha contra demonios y ataca con fuerza a sus adversarios. Cuando tenga una ambición desmedida, dejará de lado familia, amigos y amores para alcanzar el éxito. Adora a la gente independiente mental y económicamente. Es brillante, sagaz, astuto y un disecador de laboratorio. Si está inspirado, se convierte en el centro de las fiestas con su humor y su gracia insuperables. Versátil, intuitivo y muy dotado para el *showbusiness*.

Mono de Agua (1872-1932-1992)
Un mono sutil.

Hipnotizará y romperá corazones al por mayor. Cooperativo, genial, sensible y conciliador, será un invitado de lujo para cualquiera. Tiene gran espiritualidad, sabe amar y es correspondido. Su lealtad, compañerismo y desinterés lo transforman en un sabio amigo. Un ser dulce, ingenioso y bien dispuesto, aunque en ocasiones puede resultar neurótico, y también preocuparse por tonterías y detalles que lo obsesionan. Amante del lujo, *sexy*, imaginativo, tierno y contenedor de karmas ajenos. Debe cortar lazos negativos que a veces hacen que se atrase.

El Mono y su ascendente

MONO ASCENDENTE RATA: 23.00 a 1.00
Necesitará controlarlo todo y no dejar escapar ninguna oportunidad. Su astucia, avidez y rapidez para acortar caminos es asombrosa. El amor será una ecuación peligrosa y determinante en su destino.

MONO ASCENDENTE BÚFALO: 1.00 a 3.00
Tendrá principios, será muy autoritario y paternal. Su ambición estará acompañada de gran tesón y creatividad. Amará el lujo, los viajes y las relaciones influyentes, tendrá una familia numerosa.

MONO ASCENDENTE TIGRE: 3.00 a 5.00
El músculo y el cerebro unidos para conquistar el universo. Nunca se lo detectará en sus trampas, desaparecerá cuando se lo necesite y defenderá a los pobres e indefensos. Romperá corazones pero será muy difícil de atrapar.

MONO ASCENDENTE CONEJO: 5.00 a 7.00
Un estético, refinado y sibarita mono que estará asediado socialmente. Sabrá encontrar la oportunidad para actuar y siempre saldrá bien parado. Triunfará en su vocación y en el matrimonio, logrando armonía en su vida.

MONO ASCENDENTE DRAGÓN: 7.00 a 9.00
Un iluminado y humano mono que hará las cosas a lo grande. Será hipersensible, carismático, vital y muy curioso. Se enamorará profundamente y tendrá más de un matrimonio. Todo lo que toca lo transforma en oro.

MONO ASCENDENTE SERPIENTE: 9.00 a 11.00
Un intelectual y filósofo mono que tendrá oportunidades increíbles para desplegar su talento. Le gustarán el poder, el lujo y el control de las relaciones sentimentales. Su vida será legendaria.

MONO ASCENDENTE CABALLO: 11.00 a 13.00
Un inconsciente y apasionado aventurero. Perseverará en lo que le interesa y no se dejará atrapar fácilmente. Su originalidad, buen corazón y convicción le abrirán las puertas en todo el mundo.

MONO ASCENDENTE CABRA: 13.00 a 15.00

Un artista y refinado mono que buscará la seguridad material antes que nada. Viajará por trabajo, amor, o placer a lugares remotos. Deberá tomar responsabilidades desde muy pequeño. Su imaginación es su riqueza. Concretará sueños infantiles con gloria.

MONO ASCENDENTE MONO: 15.00 a 17.00

Tendrá pactos con Dios y con el mismo Diablo. Su meta será protagonizar los mejores episodios de la vida y escalar posiciones sociales, políticas y sentimentales. Un genio de la estrategia.

MONO ASCENDENTE GALLO: 17.00 a 19.00

Un exigente y estudioso mono que buscará perfeccionarse en lo que haga. Será muy sentimental, posesivo y contradictorio. Le costará reconocer errores y mantener la palabra. A veces reclamará más de lo que brinda.

MONO ASCENDENTE PERRO: 19.00 a 21.00

Tendrá un espíritu humanitario y desinteresado. Luchará por una causa justa y no desaprovechará los contactos que surjan en su épica y agitada existencia. Tenderá al abandono y a la subestimación.

MONO ASCENDENTE Cerdo 21.00 a 23.00

Es un epicúreo y original mono que no se sacrificará demasiado por lo que hace. Se desviará fácilmente de su camino, pues no podrá resistir las tentaciones ni las influencias que surjan de él.

Signo mixto

Mono-Cabra

Las personas nacidas entre finales de febrero y finales de noviembre de los años 1908, 1920, 1932, 1944, 1956, 1968, 1980, 1992, 2004 y 2016 pertenecen al signo mixto mono-cabra. Concebidas en un año cabra y nacidas en un año mono.

Un sátiro mitológico con torso y cabeza de mono sobre las patas de la cabra.

Ambivalencia complementaria, en la que domina el mono: el agua casada con el fuego, no siempre tan honesto como parece, indisciplinado, pretencioso, explotador solapado, falto de modestia.

Aquí se conjuga el mono, que es un soñador total, ingenuo exigente, polémico, egocéntrico, comprador insatisfecho, seductor despreocupado, diletante lúcido, cerebral irónico, con la cabra, que es una interesada con corazón, revoltosa, valiente tolerante, no conformista, entusiasta. Esta mezcla produce un mono cabra sabio que vivirá hasta muy viejo si no lo molestan en su megalomanía.

Reciclador de karma; en la vida aprenderá paso a paso sin saltearse ninguna materia. Es una mina de oro, un amigo incondicional al que costará conquistar, que vive en su paraíso personal.

Este inatrapable mono-cabra, símbolo del desorden para los ojos de los otros, se agitará permanentemente creando curiosos remolinos.

Un sátiro angelical, menos ingenuo que su hermano «mono clásico» pues lo salva la prudencia de su parte cabra que tiene corazón y aparece en los momentos clave y produce relaciones profundas y duraderas.

Con el *yin-yang* equilibrado, es pacifista, detesta la violencia y no comprende la agresión en el mundo. Este signo fascinante NO HACE NADA COMO LOS DEMÁS; SIEMPRE SORPRENDE por innovador, vanguardista, por ir en contra de la corriente. Siempre buscará soluciones antes de replegarse

El amor lo conoce desde pequeño. Es un artista en el arte de amar, obsesivo sexual y místico, sabe enamorar y clavar el aguijón como las moscas tsé-tsé. Pero en este mundo inhumano no le resulta fácil pasar su mensaje desinteresado y espontáneo sin ser cuestionado. Su idealismo ingenuo, juvenil, le llena la cabeza. Es un eterno rebelde. No vive conectado con la realidad.

Su relación con el dinero es ambigua: fascinación-repulsión. Cruel dilema; le encanta ganarlo y gastarlo sin darle explicaciones a nadie.

En las grandes discusiones universales el mono-cabra tiene razón. Y en su jardín secreto encuentra refugio para nutrir su infinita imaginación.

TÓMALO O DÉJALO.

La casa del Mono

El mono tiene una casa portátil, pues como se mueve mucho construirá su santuario donde la vida lo sorprenda, y le dará color, gracia y confort. La mejor orientación para su casa es: Oeste-Suroeste/Este-Nordeste; su habitación preferida se ubicará al Suroeste o al Oeste.

Su hogar podrá ser un baobab en una catedral en ruinas y con cortinas de bambú o de tela violeta o fucsia. Creará su propio escenario y le dará la función que se le antoje en cada momento de su vida. Para los monos más psicodélicos, luces dicroicas, láser, hologramas en todos los rincones y robots cambiando la decoración como en el teatro; o tal vez un castillo de naipes que él podría reunir para reconstruirlo en otra parte. ¿Una carpa en el interior del jardín? Como el mono es muy hábil con las manos, se puede permitir cualquier cosa. Tendrá muebles livianos, transportables, llenos de posibilidades. Siempre podrá jugar con los colores y la luz para enriquecer el ambiente. El jardín tendrá árboles variados: palmeras, eucaliptos, cedros, nogales, robles, lambertianas y pinos de todo tipo.

Simbolismo del lugar

La jungla y sus laberintos serán la zona donde el mono se instalará y echará raíces. Los árboles, la vegetación lujuriosa, la tempestad y la tormenta, el cambio, la diversidad.

Encuesta

1-¿Crees que el mundo virtual (las redes sociales, internet, por ejemplo) ayuda en los vínculos entre las personas?

Creo que es un arma de doble filo, pero cada uno elige. Es un arma de doble filo porque a veces estás hablando con una persona y otra interfiere. Se pierde intimidad, hay participación sin que nadie los convoque. Lo veo arriesgado porque es un canal abierto y pueden entrar personas muy interesantes, inteligentes, cordiales, amables, vecinos, pero también perversos. Un pervertido de esos que les gusta engañar, que buscan sacar información para cualquier delito.

Pienso que acerca a las personas, pero tiene demasiada intimidad y eso genera roces. Resulta muy distinto hablar las cosas personalmente que a través de una red social, y por momentos se abusa, se utiliza la red social para reemplazar el diálogo. El peligro es que también pierdes tu libertad individual, te controlan; es como el teléfono móvil que te dan las empresas para trabajar. No me niego a la modernidad, pero tampoco me involucro totalmente. Trato de preservar mi intimidad.

2-¿Cómo reaccionas ante tus propios errores?

Generalmente me enojo, después me enfrío y trato de corregirlos. Hago catarsis con los errores. Siempre recibo las notificaciones que te dan los diferentes canales porque son cosas que te envían los diferentes psicólogos, y no todos los psicólogos piensan lo mismo. Me gusta porque te dan pautas para resolver, por ejemplo, estas situaciones de cómo asumir los errores: pautas, no definiciones, porque las definiciones las construye uno mismo. Creo que es un aprendizaje convivir con uno y perdonarse. Sí, trato de no repetirlos. Los errores cometidos, ya, bueno, es distinto. Con los años pierdes certidumbre, ya no sabes si te equivocaste o no te equivocaste realmente. Yo digo, bueno, fenómeno, no lo voy a hacer como lo hice: ¿y qué es lo que voy a hacer? No lo sé muy bien. Cuando leo cosas que pasaron hace veinte años trato de ubicarme en el momento en que las escribí, y no en cómo las veo hoy, porque hoy es hoy, muy cambiante. Trato de que las decisiones que pudieran constituirse en errores el día de mañana no perjudiquen demasiado; esa fue mi enseñanza de los errores.

3-¿En qué encuentras la belleza de la vida?

Para mí, primero es la música, que me produce una emoción completa; creo que esa es una de las bellezas. Después los afectos, pero los afectos de verdad, los de la gente que vos ves que es generosa de su tiempo. Quienes te brindan tiempo de calidad. La belleza está en todo, en la naturaleza, en los afectos, en saber mirar, siempre el vaso vacío tiene una parte llena, se aprende todos los días a ver eso. ¿Si no es con el afecto, con qué lo vas a paliar? Hay mucha injusticia, y no solo económica, llamala «divina», si hay quien cree en eso. ¿Por qué hay gente que vive con una sola pierna y yo tengo las dos? No es porque me lo merezca. Como esta familia que se accidentó, el tipo venía por la ruta, debe haber dicho «ya llegamos al pueblo», y pum, se murió toda la familia. Lo curioso es que, si se salva solo uno, dicen «Dios es grande porque quiso que se salvara». Yo soy más duro y digo «¿Gracias a Dios tuvieron un accidente?». Me lo pregunto. ¿Por qué atribuirle a…? Siempre creer es más fácil, te ayuda a vivir, pero… ¿Asignarle a un Dios todo lo bueno que le pasa al mundo y lo malo a nadie? Eso no lo sé.

4-¿Qué te afecta de los demás y el mundo?

En esta etapa de mi vida, diría que muy poco, porque procuro en lo posible desprenderme de las cosas nocivas, de lo que te hace daño. Y si hay algo que queda sin solucionar, lo dejo pasar porque no me sirve o bien procuro elaborar un interrogante y darme la respuesta yo misma, que generalmente puede ser la más segura. En términos más generales te diría que a lo largo de los años me molesta la frivolidad, la falta de solidaridad y la hipocresía. Con las cosas muy antiguas no me meto. No te puedes quejar si un tipo hace 30 años fue guerrillero y ahora construye para el país, bueno. No te puedes quejar, porque ahora está por todos. Es decir, lo que más me molesta de todo es que lucren con la pobreza, que vivan negociando con la pobreza, eso me molesta. Y fundamentalmente, si bien todas las sociedades son parecidas, sobre todo los políticos, los políticos se asocian mucho a la pobreza y viven del pobre. Pero también te hace dudar, porque si tuviera la oportunidad de gobernar, ¿qué haría? Necesitas de los ricos para que te den el dinero, no puedes estar solo al lado de los pobres, hay que negociar, y en la negociación está la hipocresía.

5-¿Cuáles son los mandatos que crees que hay que seguir?

¿Los mandatos sociales? ¿Políticos? ¿Religiosos? Creo que las sociedades son un caos, y como todo caos, en algún momento se ordenan. Como nací en una población pequeña, crecí con ciertos conceptos. Después, cuando me tocó ir a vivir a la ciudad, todo cambió. Había otros códigos, y entonces creo que los códigos a seguir son el respeto, el respeto por el otro, quien sea, desde el de más abajo al de más arriba. Para mejorar la convivencia, es importante querer a las personas, tratarlas bien, ser cuidadoso. Respetar un mandato muy simple: «No hagas a los demás lo que no te gusta que te hagan a ti». Con eso solo se solucionarían un montón de cosas. Otra cosa en la que creo es una frase bastante oída: «Sigue lo que dice tu corazón». Pero manifiesta con sinceridad cuál es el mandato. Aquí nadie dice nada, o veo como que todo el mundo dice una cosa y hace otra. El mandato sería: la sinceridad, ¿no?

Cuéntame un cuento chino

Ángela Saballos
Mona de Madera - Escritora y periodista - Nicaragua

Colecciono los libros de la Mona de Fuego Ludovica Squirru desde 1992 y cuando supe que ella estaría en la Feria del Libro de Miami, ciudad que yo visitaba, retrasé mi retorno a Nicaragua para ir a aplaudirle. Entonces, como una Mona de Madera que soy, salté a la primera fila del evento para saludarla, regalarle mi libro *Conversaciones con 9 creadores*, pedirle su autógrafo en el de ella y fotografiarnos. Es increíble pero cierto, Ludovica respondió con igual entusiasmo y me pidió que escribiera el texto sobre el Mono de esta edición de 2019. ¿Puede haber mejor premio para una fanática de esta fantástica mujer que ahora también nos habla del particular tema de las Constelaciones Familiares?

Las monas nos comunicamos fácilmente, somos intuitivas, vitales, leales, capaces de hacer mil cosas a la vez, cualquier día y a cualquier hora, las mejores amigas, amamos la vida y lo que se mueve en ella; por eso nos interesamos en la gente y desarrollamos carreras en las que podamos expresarnos y ayudar, como el periodismo. Para una mona, lo difícil es maravilloso y así derribamos muros para lograr nuestro cometido, cualquiera que sea, y brillar en los escenarios, pero también –sin advertirle a nadie– cerramos la puerta para que nuestro espíritu dadivoso, inquieto y tenaz regrese a nuestros cuerpos y descanse. Solamente después de este rápido momento de refugio en soledad, salimos, llamamos a nuestra gente e iniciamos un nuevo período en el que damos hasta agotarnos de nuevo.

Triunfar en la vida profesional no es difícil para el mono, toda vez que ese trabajo le permita saltar de árbol en árbol y no aburrirse con la actividad. Lo importante es que los monos no soltemos esa rama a la que logramos subir e insistamos en desarrollarla.

Estar enamorada es necesario en las monas, pero como somos muy lúcidas, independientes, analíticas y exigentes, no logramos quedarnos con la misma persona, por lo cual –en mi caso– decidí continuar enamorada del primer amor, aunque él nunca se diera cuenta. Es una manera más fácil de disfrutar y persistir en un amor que no nos pide nada, que es casi virtual, pero significa una respuesta para nuestra enamoradiza manera de ser y nuestra ansiedad de tener a alguien en quien pensar.

Ese primer amor fue el ideal: caballo él, mono, yo, repitiendo el idilio del príncipe Eduardo de Inglaterra y Wallis Simpson, por quien él abdicó de su corona. Los esposos que tuve, Conejo y Búfalo, no lograron llenar el vacío de mi Caballo-Virgo, nacido como yo, Mono-Virgo, 13 de septiembre.

Managua, marzo 2018.

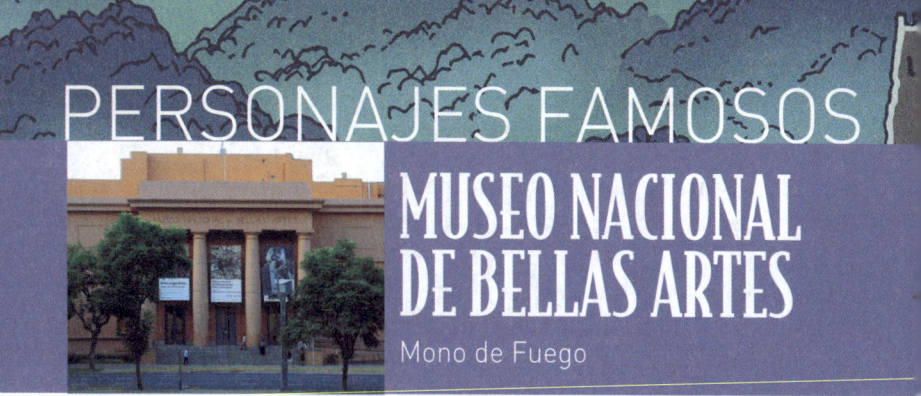

PERSONAJES FAMOSOS
MUSEO NACIONAL DE BELLAS ARTES
Mono de Fuego

MONO DE MADERA (1884-1944-2004)
Roberto Jacoby, Gabriela Acher, Diana Ross, Danny DeVito, Selva Alemán, Arturo Puig, Bob Marley, Eliseo Subiela, Susana Giménez, Rod Stewart, Antonio Grimau, George Lucas, María Marta Serra Lima, David Gilmour, Sebastián Spreng, Michael Douglas, Gianni Morandi, Talina Fernández, Nora Cárpena, Roger Waters, Mario Mactas, Marta Oyhanarte, Zulma Faiad.

MONO DE FUEGO (1896-1956-2016)
Michel Houellebecq, Imanol Arias, Ricardo Darín, Carolina de Mónaco, Geena Davis, Björn Borg, Alejandro Kuropatwa, Ludovica Squirru, Andy García, Bryan Lee Cranston, Patricia Von Hermann, Ulises Sábato, Helmut Lang, Osvaldo Laport, Peteco Carabajal, Daniel Grinbank, Luz O'Farell, Celeste Carballo, Julio Chávez, Luis Luque.

MONO DE TIERRA (1848-1908-1968)
Adrián Suar, rey Felipe de Borbón y Grecia, Gabriel Batistuta, Henri Cartier Bresson, Chayanne, Santiago «Motorizado», Fabián Vena, Betty Davis, Alejandro Sanz, Martín Jacovella, Leonardo Abremón, Viviana Saccone, Antonio Birabent, Daniel Craig, Libertad Lamarque, Guillermo Andino, James Stewart, Diego Olivera, Salvador Allende, Adrián Dárgelos, Fernando Ruiz Díaz, Darío Sztajnszrajber, Nelson Rockefeller.

MONO DE METAL (1860-1920-1980)
Alicia Keys, Federico Fellini, Ricardo Montalbán, Mickey Rooney, Soledad Pastorutti, Olga Orozco, Valentino Spinetta, Marina Glezer, Ray Douglas Bradbury, Kim Kardashian, Charlie Parker, Justin Timberlake, Luis González, Nicole Neuman, Lorenzo Anzoátegui, Gabriel Milito, Luciana Salazar, Luis Ortega, Ronaldinho, Mario Benedetti, Papa Juan Pablo II.

MONO DE AGUA (1872-1932-1992)
Selena Gomez, Joaquín Salvador Lavado (Quino), Peter O'Toole, Elizabeth Taylor, Magdalena Ruiz Guiñazú, Santiago Artemis, Miley Cyrus, Jean Cacharel, Eugenia Suárez, Omar Sharif, Anthony Perkins, Felipe Sáenz, Cara Delevigne, Neymar Da Silva Santos Júnior, Mariano Grondona.

TABLA DE COMPATIBILIDAD

MONO

❤️ 🤝 🐷

	Amor	Amistad	Economía
Rata	♡	🤝🤝🤝	🐷
Búfalo	♡	🤝🤝	🐷🐷
Tigre	♡♡♡	🤝🤝🤝	🐷🐷🐷
Conejo	♡	🤝🤝	🐷🐷🐷
Dragón	♡♡	🤝🤝🤝	🐷🐷
Serpiente	♡♡	🤝	🐷
Caballo	♡♡♡	🤝🤝	🐷🐷🐷
Cabra	♡♡	🤝	🐷🐷
Mono	♡♡♡	🤝🤝🤝	🐷🐷🐷
Gallo	♡♡	🤝🤝	🐷
Perro	♡	🤝🤝	🐷
Cerdo	♡♡♡	🤝🤝🤝	🐷🐷

1 mal • 2 regular • 3 bien

Nota: las compatibilidades son desde el punto de vista de cada animal.

GALLO

RASTRO
Cierto calor mojó las paredes
gotas brillantes y carnosas
amontonadas
veo un gato rojo agitando su brazo
en la noche
enigmático desde el anaquel
intempestivo monólogo perdiéndose
mil interrogantes apretados
buscando el sitio exacto
atrás, las horas
ambulante límite
sin testigos
cada uno gira
da vueltas
como los olores en el borde del
estanque
es un aullido
mi aullido
o quizás el tuyo.

Claudia Ainchil

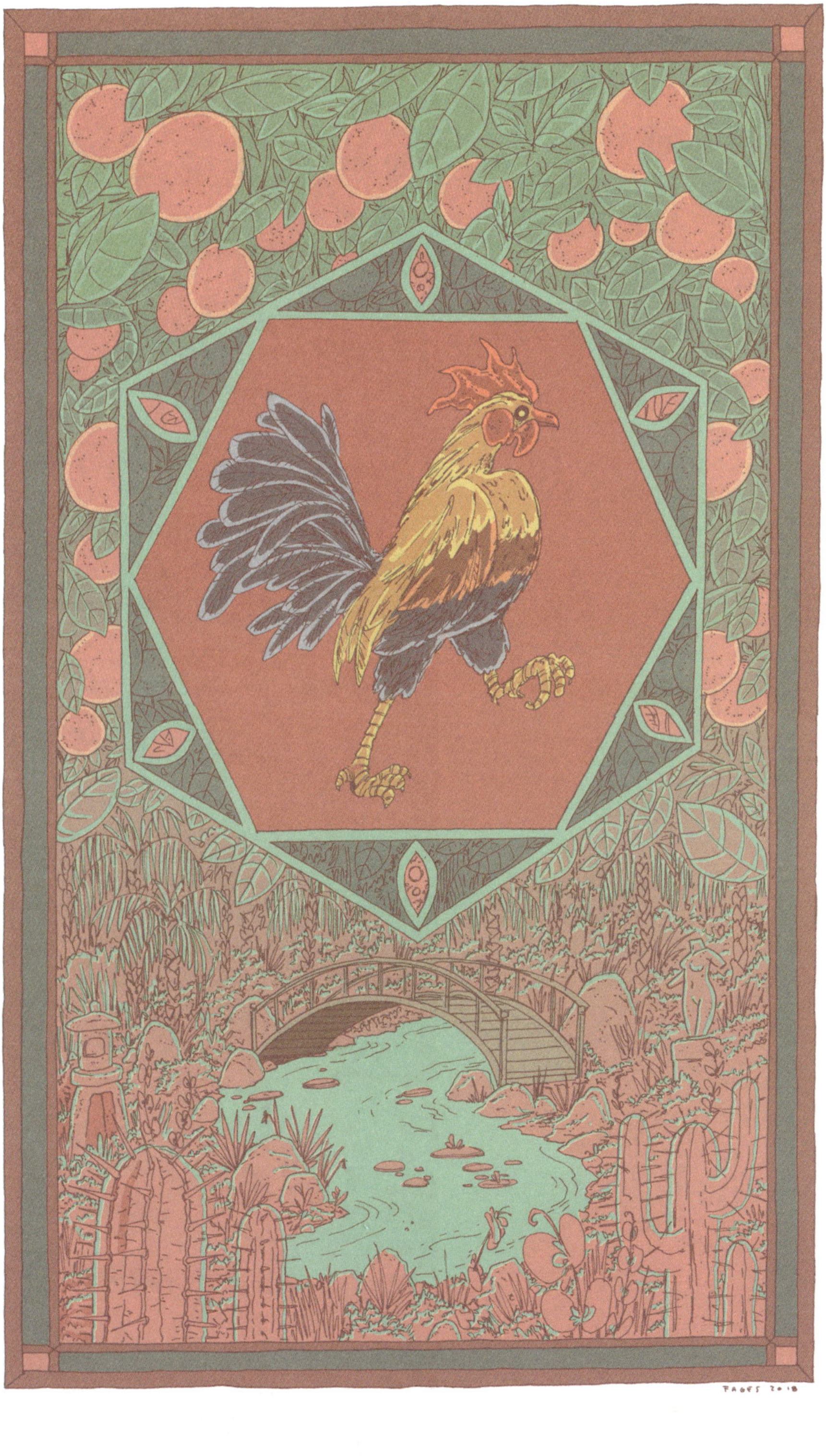
FAGES 2018

Ficha técnica

Nombre chino del gallo
JI
Número de orden
DÉCIMO
Horas regidas por el gallo
17.00 A 19.00
Dirección de su signo
DIRECTAMENTE AL OESTE
Estación y mes principal
OTOÑO-SEPTIEMBRE
Corresponde al signo occidental
VIRGO
Energía fija
METAL
Tronco
NEGATIVO

Eres gallo si naciste

08/02/1921 - 27/01/1922
GALLO DE METAL
26/01/1933 - 13/02/1934
GALLO DE AGUA
13/02/1945 - 01/02/1946
GALLO DE MADERA
31/01/1957 - 17/02/1958
GALLO DE FUEGO
17/02/1969 - 05/02/1970
GALLO DE TIERRA
05/02/1981 - 24/01/1982
GALLO DE METAL
23/01/1993 - 09/02/1994
GALLO DE AGUA
09/02/2005 - 28/01/2006
GALLO DE MADERA
28/01/2017 - 15/02/2018
GALLO DE FUEGO

Entre corrales y mazorcas.

Acacia Eng Fui me sorprendió el día que presenté el libro en la Feria del Libro en el Palacio de Minería en ciudad de México, anunciando que vendría a Buenos Aires a pasar su cumpleaños 85.

Fue de golpe su cacareo, sin tiempo para que me recolocara.

La razón es que su astróloga personal le dijo que era el destino para que los malos espíritus no la atacaran en México. OMOMOM.

«¡Qué mal me viene!», pensé. Estoy rumbo a las sierras, pos Feria del Libro y con el viaje a España en breve.

Intenté reacomodarme con la visita de mi maestra china, quien junto a su nieta Cristina me abrieron las puertas en México cuando asomé hace veintiocho años para apoyarme y aportar material inédito al habla hispana.

Acacia es gallo de agua Tauro, me antecede un día en el cumpleaños y varias reencarnaciones en el SAMSARA.

Los mails iban y venían anticipando el desembarco en Buenos Aires.

Y decidí soltar este viaje predestinado; me adaptaría al aquí y ahora y fluiría en el TAO.

Es cierto que esta gallita viaja a China sola muy seguido desde DF, pero nunca incursionó en la Cruz del Sur, y menos aún en «MALOS AIRES», época sombría en el karma nacional.

OMOMOM. MANTRAS. SOLTÉ.

Hace unos días recibí un *e-mail* en el cual me decía que desistía del viaje porque un astrólogo tibetano le enseñó la forma de bloquear las malas energías para que pueda quedarse en su lugar sin moverse.

Como dice Buda, TODO MOVIMIENTO ES UNA IMPERFECCIÓN.

Su mirada me acompaña día a día; profunda, penetrante, llena de contenido y claridad.

ACACIA fue pionera en crear una ecoaldea en San Miguel Allende, y ocuparse de su granja y de sus cultivos ecológicos.

Usa energía solar y eólica y practica el feng shui en el día a día.

Sabe de geomancia, arte adivinatorio en China, y escribe con claridad sus descubrimientos o sus prácticas milenarias para mi anuario y para la gente que se interesa en esta ciencia.

Cuando nos vemos en México, es parte de la movida editorial, y siempre me regala algo: un amuleto, un material inédito.

Lamento tanto esta etapa en la historia de la «inhumanidad» en la que a muy pocos les importa CULTIVARSE, APRENDER, APLICAR LA SABIDURÍA ANCESTRAL en técnicas para mejorar la vida en el planeta.

Acacia es un tesoro vivo, abierto, latente.

Un gallito pura sangre, que ordena cada experiencia hasta transmitirla con excelencia, calidez y con su voz afinada sin estridencias.

Signo capaz de caminar desde los Pirineos para llegar a Santiago de Compostela sin perder el ánimo, el humor ni el objetivo, disfrutando cada etapa, paso a paso con sus patas y pico.

Venerado en China, el gallo o pollo se destaca por su capacidad laboral, perseverancia, tozudez, estoicismo, capacidad de sacrificio para trabajar horas extras y llevar el alimento a su hogar, cuidar a sus pollitos y limpiar el gallinero con esmero.

En la mujer, es el signo con más cualidades para el matrimonio y la educación de los hijos. La gallita sabe poner límites, es metódica, detallista, hábil en el arte de la cocina y en el telar, y puede diversificarse sin sobresaltos.

El varón es más utópico; con talento para el arte, la filosofía, la teología, su mente vuela más allá del arcoíris.

Hay gallos que nacen de noche y son más taciturnos, retraídos, inseguros; las sombras nocturnas en el gallinero los mantienen a la defensiva y a veces picotean antes de que los ataquen.

El gallo diurno es mas excéntrico, abierto, transparente, lleno de optimismo, energía; una usina eólica y solar que agota al zoo, pues da directivas sin pausas y con decibeles dignos de un sargento militar.

El gallo necesita ser reconocido en su profesión u oficio.

Su ego es tan apabullante como sus plumas, y si no se sumerge en terapias alternativas puede convertirse en un ser obcecado, engreído, vanidoso, que ahuyenta a la humanidad.

La familia que formará es más importante que la de origen.

Necesita establecer vínculos duraderos; es adicto al matrimonio y a una familia prolífica, algo que logra casi siempre.

Hay algunas excepciones de gallos y gallitas que se inclinan por una vocación religiosa o mística, y se dedican a ella plenamente.

Amantes del buen comer y beber, de lujos caros y excéntricos, despilfarrará su fortuna en darse estos gustos.

Un gallo que logra tener maíz y afecto en la infancia se convertirá en el rey Midas, y en un ser humano excepcional.

Te recuerdo, Don, en este amanecer porteño, como digno ejemplo de un largo recorrido plagado de buenas acciones, intenciones, afecto y amigos.

KIKIKIRIKIKÍ. COCOROCOCÓ

L. S. D.

El Gallo y su energía

Gallo de Madera (1885-1945-2005)
Un gallo aplicado.
Es una fiera para el trabajo; meticuloso, responsable, perfeccionista y muy honesto, encara las obligaciones con madurez. Sociable, ameno, divertido, busca gente exótica que lo alimente en sus locuras y sus viajes físicos astrales. Vive preocupado por su *look* y a veces parece muy frívolo, pero para él «las apariencias son verdad». Detesta la idea de envejecer; por eso estará rodeado de gente joven y creativa. Se bloquea bastante en lo emocional y por pudor disimula sus sentimientos. Tiene que elaborar muy profundamente su parte emocional.

Gallo de Fuego (1897-1957-2017)
Un gallo optimista.
Este fogoso, temperamental, arbitrario gallo no pasará inadvertido. Tiene altos ideales, le apasionan los desafíos, se involucra en todo lo que le interesa y se esfuma cuando algo no le incumbe. No puede controlar sus bajos instintos, es cabeza dura y resulta una misión casi imposible hacerlo razonar. La convivencia con estos gallos es solo para monjes zen, extraterrestres o alguien más neurótico. Son orgullosos, necesitan llamar la atención y ser centro. Si uno llega a su ¿corazón? son los mejores amigos y compañeros de aventuras del planeta.

Gallo de Tierra (1909-1969)
Un gallo santo.
Este gallito es una alhaja, y pocas veces será valorado y estimado como merece. Tiene humildad, un gran sentido estético, es intelectual y muy creativo. Cuando está presionado por factores que le son adversos se repliega; saca el pico solo cuando lo atacan. Posee una memoria prodigiosa, sentido común, sabiduría y un humor adorable. En el amor es serio y convencional, no vivirá aventuras de una noche, necesita muchas garantías antes de entregarse a alguien. Organizará la vida de la familia y será el que lleve la alegría al hogar.

Gallo de Metal (1921-1981)
Un gallo ruidoso.
A este gallo se lo ama o se lo odia. Tiene un ego que exige público constantemente; sería genial si canalizara esa sobredosis de energía en

el teatro, el cine, los estadios o el baño de su casa. Es muy dominante, inflexible, maniático, colérico y presumido. Puede resultar irritante y exasperante, pero si se lo toma con SODA ESTÉREO[34] es gracioso, imaginativo y generoso con sus seres queridos. Si no aprende a moderarse cuando es joven, su lengua puede acarrearle grandes problemas. Lanza dardos envenenados y jamás se arrepiente de lo que dice. Es el más ordenado y minucioso de los animales del zodíaco chino.

Gallo de Agua (1873-1933-1993)
Un gallo subfluvial.

Este gallo es genial. Ultraadaptable a los cambios e ideas, sabe escuchar antes de imponerse. Serio, meticuloso, coqueto y muy personal en su *look*, es el «rey del gallinero». Romántico, celoso y posesivo, se dedica especialmente al amor y necesita un harén para ser feliz. Sabe compartir la vida con humor, generosidad, riesgo, y adora los desafíos. Este gallo es un gran seductor: la política y el arte de la oratoria le van como anillo al dedo. Le cuesta confiar en sí mismo; por eso a veces no triunfa en la vida. Si supera su complejo de inferioridad puede conseguir el éxito y amasar una gran fortuna.

El Gallo y su ascendente

GALLO ASCENDENTE RATA: 23.00 a 1.00
Un gallo lúcido que vivirá despreocupadamente. Sentimental, tolerante y muy seductor, será un embajador donde vaya.

GALLO ASCENDENTE BÚFALO: 1.00 a 3.00
Trabajará infatigablemente, será estoico, austero, constante, capaz de grandes sacrificios por llegar a sus objetivos. Protegerá a la familia y amigos, pero detestará hacer cosas por obligación. Un *bon vivant*.

GALLO ASCENDENTE TIGRE: 3.00 a 5.00
Guerrero y altanero, este gallo necesitará libertad para vivir y no soportará recibir órdenes de los demás.

GALLO ASCENDENTE CONEJO: 5.00 a 7.00
Un gallo con un *charme* irresistible. Será elegante, refinado, brillante y carismático, además de conservador y muy cariñoso.

---

34. Banda de rock argentina formada en 1982 y disuelta en 1997.

GALLO ASCENDENTE DRAGÓN: 7.00 a 9.00

No tendrá límites en su ambición. Buscará fama, prestigio y poder. Se exigirá más de la cuenta y sus rabietas serán espectaculares. Un gallo brillante, generoso y prolífico.

GALLO ASCENDENTE SERPIENTE: 9.00 a 11.00

Aparentemente frívolo, tendrá una inteligencia profunda y sutil. Es un gallo posesivo e independiente que conseguirá despertar irrefrenables pasiones.

GALLO ASCENDENTE CABALLO: 11.00 a 13.00

Un gallo que tiene palabra. Es generoso, altruista y de una fantasía desbordante. Tiene miedo al ridículo y su *egotrip*[35] es *heavy*. Aventurero e intrépido, adora conquistar nuevos territorios.

GALLO ASCENDENTE CABRA: 13.00 a 15.00

Completamente imprevisible, buscará seguridad y un mecenas que lo contenga en sus caprichos. Vivirá el día y no soportará las críticas de nadie.

GALLO ASCENDENTE MONO: 15.00 a 17.00

Será atípico. Vivirá desbordado en todo lo que haga y será muy sexual. Tendrá un humor ácido y será moralista.

GALLO ASCENDENTE GALLO: 17.00 a 19.00

Este gallo jamás pasará inadvertido. Tendrá una eficacia sorprendente, será un jefe de lujo y un hombre orquesta.Ególatra y vanidoso. Se lo ama u odia.

GALLO ASCENDENTE PERRO: 19.00 a 21.00

Vivirá al servicio de los demás. Defenderá las ideas en las que cree; será fiel, generoso y valiente. Escuchará y comprenderá a los otros en sus necesidades.

GALLO ASCENDENTE CERDO 21.00 a 23.00

Vivirá con autenticidad y no se guardará nada. Solitario, reservado, trabajador, será un buen confidente. En el amor encontrará su realización.

---

35. Véase nota al pie de página 50.

Signo mixto

GALLO-MONO

Las personas nacidas entre finales de febrero y finales de noviembre de los años 1921, 1933, 1945, 1957, 1969, 1981, 1993, 2005 y 2017 pertenecen al signo mixto gallo-mono. Concebidas en un año mono y nacidas en un año gallo.

Este cruce de ave y simio dará una mezcla fascinante. La ambivalencia dominante del gallo convivirá con el mono planeando de árbol en árbol y cantando corococó.

A veces volando tan alto, el mono puede asustar al gallo con su audacia, improvisación y juegos peligrosos. Las características del gallo –manipulador, secreto, planificador, convencional, materialista, sectario– chocarán con el mono, que es soñador, idealista, intransigente, ingenuo, polémico, egocéntrico y susceptible.

El humor del mono, estimulado por el empuje vital del gallo produce una persona abierta y preparada para enfrentar situaciones hostiles, intrépidas, graciosas y desmesuradas.

Brincando alegremente tendrá una juventud feliz, sociable, de estudios, y llena de aventuras tipo Discovery Channel.

Físicamente atractivo, *sexy*, con su cresta al viento, enamora a personas que ni sospecha y que lo seguirán hasta el fin del mundo.

Esta duplicidad armónica es prudente, experta en el arte de escuchar y hacerse entender. Su imaginación es inagotable, adora el cine, la literatura, y se siente protagonista de cada escena o libro.

Es el rey o la reina; un gran manipulador que trata de controlar incansablemente al mono. El machismo *yang* del gallo no pesa con el feminismo *yin* del mono que espera una ocasión para salir a la luz.

Trate de no pisar a otras gallinas, haga el amor a la vida con el arte del simio. NO SE PRIVE DE LOS PLACERES TERRENALES, UTILICE TODOS LOS CHAKRAS.

A través de su vida este gallo tendrá notables oportunidades profesionales, sociales y sentimentales. El orgullo y el amor propio a veces lo alejarán de su esencia. Escarbe dentro de su corazón y actúe antes de perder el último tren.

La Casa del Gallo

La mejor orientación para la casa es Oeste-Este o Este-Oeste; su habitación favorita estará mirando al Oeste. Los girasoles, el heno y todas las gamas del dorado serán el marco ideal para el aventurero del galpón; almohadones, sillones de mimbre o *chaises-longues* enmarcarán su casa. Todo estará perfectamente impecable y ordenado. Los colores armonizarán con la luz del día. Si su apartamento es oscuro utilizará esas bombillas que imitan la luz natural. El cuarto de baño será grande y bien iluminado, casi un jardín de invierno y con bañera que pueda albergar a dos personas.

Aun modesta, su casa será un lujo. En la medida de sus posibilidades, el gallo se dedicará a coleccionar objetos de arte y cuadros valiosos. Todo lo verde crecerá: matas de espino blanco, palmeras, naranjos, y algunas plantas de *cannabis*.

Simbolismo del lugar

El sol crepuscular, los campos dorados, el fango, el canto constituyen la música de la naturaleza. Todo lo que tenga una ambientación cinematográfica o teatral será el escenario ideal para el gallo.

Encuesta

1-¿Crees que el mundo virtual (las redes sociales, internet, por ejemplo) ayuda en los vínculos entre las personas?

Sí, creo que ayuda a la instantaneidad. La gente no prepara un *speech* en redes sociales, sino que larga lo primero que tiene en ese momento para decir. No hay tiempo de premeditación. O sea, creo que los vínculos se verían ampliados, ayuda a que los vínculos tengan algo más, se agrega otra dimensión que tiene que ver con lo instantáneo.

También creo que son buenas las redes porque me acercan a mis afectos que se encuentran lejos, pero generalmente provocan que nos veamos menos, que tengamos esta pantalla frente a nosotros y el teléfono en la otra mano.

2-¿Cómo reaccionas ante tus propios errores?

El gallo no tiene errores, los pisa; no, en serio: pido disculpas y los enfrento con la cabeza en alto, y aprendo para que no me pasen nuevamente. Lo que no hago es castigarme, no me castigo. Eso es de la culpa y no soy una persona imprudente, es cuestión de ir aprendiendo. Pienso que las cosas se solucionan en el momento. Qui qui ri qui, el gallo no comete errores, movemos las plumas y todo cambia: chau, se fue el problema.

3- ¿En qué encuentras la belleza de la vida?

En mis plumas, como buen gallo, pero realmente, la belleza está en nuestro interior, en ser nosotros mismos, en valorar para así poder valorar a los demás.

También, en disponer de mi tiempo y usarlo para lo que se me antoje, ya sea trabajar, disfrutar, estudiar, bailar. Y en las situaciones inesperadas. Cuando las cosas me sorprenden.

4- ¿Qué te afecta de los demás y el mundo?

La falta de identidad, la falta de respeto, el no saber qué se quiere, el ir de un lado para el otro, el ser ambivalente. La falta de tolerancia, la gente está muy irritable, no sabe hablar. Empujas a alguien en la calle y lo primero que hace es pegarte un golpe. No existe disposición al diálogo, hay mucha violencia, las personas están muy violentas, te das cuenta cuando conducen, usan el coche como un arma. La falta de compañerismo, el sentido de equipo, todo el mundo quiere colgarse una medalla. Los superegos, que se escuchan solo a ellos mismos, todos quieren ser vedetes, y plumas tenemos solamente los gallos. Obvio, las más vistosas.

Que no se anime. Me afecta mucho que la gente no se anime. Que se repita y que sea predecible. Me afecta porque me aburre.

5- ¿Cuáles son los mandatos que crees que hay que seguir?

No creo que haya que seguir ningún mandato, es muy fuerte la palabra «mandato». Puede ser una simple cuestión de lenguaje, no creo que haya mandatos. Ahora, si es algún «mandato propio», sería proteger, cuidar a la gente que quiero y vivir la vida con toda la intensidad posible, disfrutando y aprendiendo a cada paso.

Cuéntame un cuento chino

Cristian Pauls
Actor, guionista y director de cine - Argentina

Viva el documental

Yo, que ni siquiera comprendo un árbol.
Johan van der Keuken

A diferencia de quienes se dedican a actuar –los actores–, el cine documental graba a los hombres comunes. En ellos, personajes en proceso, no resulta necesario creer de inmediato porque se sabe que existen y son, en ese sentido, garantía de realidad. No responden a ninguno de los pactos convencionales y por eso la manera de actuar del cine que se propone grabarlos parece muchas veces vacilante. Esos rostros, esos cuerpos nos dejan ver lo que el cine oficial no se cansa de censurar a la visión del espectador: los momentos débiles, vulnerables, los silencios, las respiraciones, el contrapunto entre la voz y el gesto.

En el cine documental, a la inversa del cine de ficción, la realidad se adelanta al cineasta y este se halla en relación directa con lo que va a devenir el material de su guion y su puesta en escena y debe actuar de golpe: ver, interpretar, guionizar, desglosar y, en consecuencia, montar.

Incapaz de reducir el mundo a un dispositivo previo y porque se hace dejándose gobernar por realidades que no pueden controlarse fácilmente, los procedimientos del documental son siempre frágiles e inestables. Pero justamente esa es su fuerza: estar allí para permitir la exploración sobre algo que no nos es enteramente conocido. Es el cine como viaje, otra vez, como al principio.

PERSONAJES FAMOSOS

VALERIA BERTUCCELLI
Gallo de Tierra

GALLO DE MADERA (1885-1945-2005)
Diane Keaton, Elton John, Carmen Maura, Franz Beckenbauer, Sergio Renán, Sandro, Eric Clapton, Peter Townshend, Milo Manara, Deborah Harry, Bryan Ferry, Bette Midler, Gal Costa, Ritchie Blackmore, Tanguito, Piero, Luisina Brando, Juan Alberto Mateyko, Julio Iglesias, Luiz Inácio Lula Da Silva, Yoko Ono.

GALLO DE FUEGO (1897-1957-2017)
Mirko, Alicia Moreau de Justo, Fernando Iglesias, Andrea Tenuta, Daniel Day-Lewis, Alejandro Lerner, Sandra Mihanovich, Juan Luis Guerra, Melanie Griffith, Luis Salinas, Miguel Botafogo, Daniel Melero, Miguel Bosé, Siouxsie Sioux, Vando Villamil, Robert Smith, Katja Alemann, Ricardo Mollo, Jorge Valdivieso, Sid Vicious, Alfie Martins, Nicolás Repetto.

GALLO DE TIERRA (1849-1909-1969)
Cate Blanchett, Wes Anderson, Elia Kazan, Javier Bardem, Guiseppe Verdi, Laura Novoa, Joselillo, José Ferrer, Gwen Stefani, Diego Rafecas, Diego Korol, Marguerite Yourcenar, Valeria Bertuccelli, Juan Di Natale, Alex Ross, Horacio Cabak, Cecilia Milone, Pablo Echarri.

GALLO DE METAL (1861-1921-1981)
Rachel Meghan Markle, Natalia Volosin, Charles Bronson, Esther Williams, Deborah Kerr, Peter Ustinov, Luciano Pereyra, Simone Signoret, Dick Bogarde, Astor Piazzolla, Dionisio Aizcorbe, Ana Aznar, Tita Tamames, Natalie Portman, Jane Russel, Alex Haley, Laura Azcurra, Javier Saviola, Fernando Alonso, Britney Spears, David Nalbandian, Andrés D'Alessandro.

GALLO DE AGUA (1873-1933-1993)
Toni Negri, Julián Serrano, Montserrat Caballé, Alberto Migré, Sacha Distel, Larry King, Joan Collins, Ariana Grande, María Rosa Gallo, Jean Paul Belmondo, Alberto Olmedo, Quincy Jones, Costa-Gavras, Roman Polanski, Santo De Fino, Tato Pavlovsky, Juan Flesca, Benito Cerati Amenábar, Carol Burnett.

TABLA DE COMPATIBILIDAD

GALLO

	Amor	Amistad	Economía
Rata	♥♥	🤝🤝	🐷🐷
Búfalo	♥	🤝🤝	🐷🐷
Tigre	♥♥	🤝	🐷
Conejo	♥♥	🤝🤝	🐷🐷
Dragón	♥♥♥	🤝🤝	🐷🐷
Serpiente	♥♥	🤝	🐷🐷
Caballo	♥♥♥	🤝🤝	🐷🐷
Cabra	♥	🤝	🐷🐷
Mono	♥♥	🤝🤝	🐷🐷
Gallo	♥♥	🤝🤝🤝	🐷🐷🐷
Perro	♥	🤝🤝	🐷🐷🐷
Cerdo	♥	🤝🤝	🐷🐷

1 mal • 2 regular • 3 bien

Nota: las compatibilidades son desde el punto de vista de cada animal.

PERRO

Volví a la vida
con tu mirada insistente
de hombre capaz de resucitarme.
Volví a sentirme mujer
después de estar hibernada
en un tiempo sin reloj.
Derretiste mis sentidos
en un mar sin olas
para bucear en el infinito océano
mi feminidad.
Sin palabras, citas, horarios
coincidimos en una tregua
que nos destilara el néctar
para beber a solas.
Telepatía.

L. S. D.

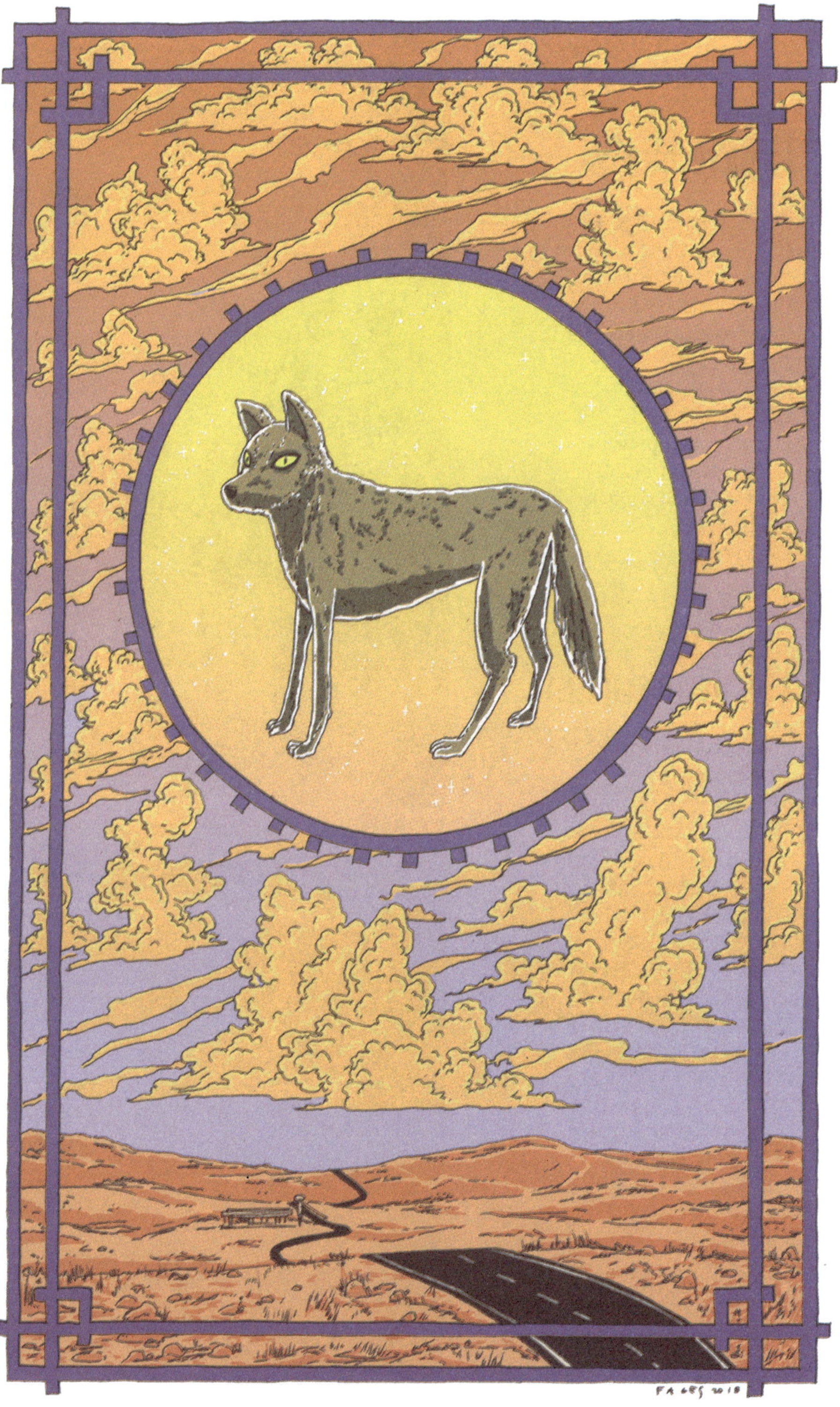
FAGES 2018

Ficha técnica

Nombre chino del perro
GOU
Número de orden
UNDÉCIMO
Horas regidas por el perro
19.00 A 21.00
Dirección de su signo
OESTE-NORDESTE
Estación y mes principal
OTOÑO-OCTUBRE
Corresponde al signo occidental
LIBRA
Energía fija
METAL
Tronco
POSITIVO

Eres perro si naciste

10/02/1910 - 29/01/1911
PERRO DE METAL
28/01/1922 - 15/02/1923
PERRO DE AGUA
14/02/1934 - 03/02/1935
PERRO DE MADERA
02/02/1946 - 21/01/1947
PERRO DE FUEGO
18/02/1958 - 07/02/1959
PERRO DE TIERRA
06/02/1970 - 26/01/1971
PERRO DE METAL
25/01/1982 - 12/02/1983
PERRO DE AGUA
10/02/1994 - 30/01/1995
PERRO DE MADERA
29/01/2006 - 17/02/2007
PERRO DE FUEGO
16/02/2018 - 04/02/2019
PERRO DE TIERRA

Soñarte antes de nacer.

La influencia que ejerce sobre mí Tomás Abraham es un misterio que ya lo desvelé en esta vida.

Puedo estar *knock out*, dormida, a punto de irme a entresoñar el día que viví... pero aparece en televisión y me espabilo como una alondra en primavera.

Su presencia trasciende la pantalla y se puede oler cómo se instala en el reportaje, que será más jugoso, interesante, polémico, según el entrevistador de turno.

El hombre, de los pocos que quedan de esa generación, es un portavoz de quienes nos preguntamos desde lo más simple a lo más complejo del homo sapiens.

En cada gesto, frase, carcajada, mirada, concepto cristalino de respuesta, su pasión por responder involucra a los siete cuerpos que danzan con Shiva.

Se conecta. Está totalmente presente en cada minuto y se nota en los cambios de su respiración, en sus tonos de voz, la paciencia para dejar que la pregunta lo abrace como una nodriza.

Este perro de fuego no tiene pulgas, y sabe predicar con su lengua afilada, con su sentido del humor –a veces cínico–, nuestra realidad argentina, desde los pueblos precolombinos hasta el día de hoy.

Y descubro que Tomás nos brinda la nutrición espiritual del hexagrama 27 del I CHING, que significa qué partes de nuestro cuerpo y alma nutrimos.

Después de las pruebas chinas de su año, el perro salió fortalecido, sin una alícuota de ilusión o expectativas para visitar al cerdo en su chiquero.

Su espíritu guerrero, a veces pacífico o diplomático es necesario para establecer vínculos sanadores entre el zoológico humano.

El perro sabe o intuye por dónde debe entrar para ser útil en la comunidad de los hombres.

Su bajo perfil, su humildad, afecto, estilo campechano son dones que facilitan el servicio, el altruismo, el contacto con los que más sufren y no tienen micrófono para expresarse, o llegar a las fuentes donde se los asista.

Su espíritu aventurero, aunque sea en el jardín de su casa, está siempre atento a cualquier peligro que aceche a su dueño, amo o a quien cuide telepáticamente.

Hay muchos tipos de perros: los falderos, malcriados, que no conocen el riesgo de la calle pues viven solo para acompañar a sus amos, ir a la peluquería, tener paseos con entrenador personal, o ver Netflix y sentirse Lassie, Rintintín o los perros que son más modernos y viajan al ciberespacio.

Es nuestro mejor amigo, solo pide algún hueso, agua, que le pongamos una pipeta y en invierno lo dejemos dormir al lado de la chimenea.

El perro es en ambos sexos el mejor interlocutor, confidente y consejero que tendremos en la vida.

Algunos son indiscretos y venden información al mejor postor.

Es el animal más humano, a pesar de que el mono sin duda nos intimida con su aspecto.

Tiene una vida azarosa, complicada, llena de situaciones que debe enfrentar desde niño; a veces por temas traumáticos familiares, por rebeldía, injusticias que serán el motor para salir a morder sin ladrar, o jugarse la vida por terceros aunque no sepa las causas del conflicto.

Apasionado en cada acto del «arte de vivir», dejará huellas –por igual– en cada persona que ame y odie.

Su rutina es sagrada; tiene hábitos y costumbres que lo transforman en alguien disciplinado, metódico, profesional en el trabajo u oficio que desarrolle.

De joven, y también en la madurez, es capaz de enamorarse incondicionalmente y dar la vida por un rufián o un desalmado, que lo sedujo cuando sus defensas estaban bajas y quedó atrapado en el karma.

Cambiar el rumbo de su destino le costará sesiones de terapia, de constelaciones familiares, empresariales y de dormir a la intemperie hablando con Venus, la Vía Láctea y los Siete Cabritos.

En general el perro es modesto, sencillo y no tiene gustos extravagantes.

Recuerdo a la querida China Zorrilla, inmortal en su condición canina, llena de vitalidad hasta el último hálito de vida, a mi madre Marilú, que pasó las pruebas del infierno de Dante y sobrevivió a cada una de las kalpas.

Estoico, noble, *sexy*, despertará curiosidad por su excéntrica personalidad, o su forma de escabullirse sin que nadie lo note.

El perro tiene pocos pero buenos amigos.

Se conforma con un buen asadito los domingos, ir al cine, al teatro o a la cancha a ver a su equipo favorito y jugar al truco, al ajedrez o al tenis.

Es alguien fundamental en la sociedad por su participación en marchas, protestas, defensa del pueblo o como encargado de la comunidad del edificio. Tiene siempre respuestas a lo que se le pregunta, a veces con buena o mala fe, pero involucrado en la cuestión.

Su *glamour* y su estilo sensual atraen al resto del zoo con facilidad, y a veces es promiscuo y se contagia enfermedades que le pueden costar la vida.

Dinámicos, vitales, impulsivos, aprenderán con el tiempo que es mejor no atacar antes de defenderse de los mimos y besos que ansiamos darles cuando los vemos.

L. S. D.

El Perro y su Energía

Perro de Madera (1874-1934-1994)
Un perro idealista.

Este perro se hace solo en la vida, y aunque su olfato lo lleva a relacionarse bien, será muy agradecido, cariñoso, gentil y afectivo con sus seres queridos. Es muy responsable, tiene fuertes convicciones y una capacidad de trabajo y entrega admirables. Es capaz de llegar a la cima en la profesión que elija, tiene un gran dominio de sí mismo y es de fiar. Ingenioso, irónico y original en su manera de hablar, vestirse y seducir. Es fiel, tiene una sexualidad que despierta después de los treinta años con frenesí e imaginación. Algunos perros poseen una tendencia a la crítica y a juzgar a los demás de manera un poco mordaz.

Perro de Fuego (1886-1946-2006)
Un perro guerrero.

El más ardiente, inquieto, jugoso, intenso y experimentado en sus ideales, un Robin Hood al que le atrae todo lo difícil y arriesgado. Impulsivo, ciclotímico, vertiginoso, capaz de pasar en un minuto por miles de estados anímicos diferentes, podrá ser muy valioso si encuentra paz en su alma. Se puede convertir en un gran crítico, consejero, amante ardiente. Posee una memoria excepcional, a veces se deprime por pequeños detalles, necesita que lo estimulen todo el tiempo y puede autodestruirse si no logra que lo sigan en sus proyectos. No concibe que lo critiquen. Parece más sexual de lo que realmente es, pero en la alcoba se desinhibe completamente si su pareja encuentra su punto G.

Perro de Tierra (1898-1958-2018)
Un perro domesticable.

Un perro muy reservado; aunque tenga altos ideales y aspiraciones, será más observador que protagonista. Necesita estar protegido de las inclemencias del destino y buscar seguridad material y afectiva. Solitario para trabajar, aunque sea muy creativo le costará sobresalir en su profesión y tendrá perfil bajo. Estos perros pueden ser buenos arquitectos, diseñadores de moda o fotógrafos. Su espíritu de observación los hace científicos de lujo. Son nerviosos y aunque no lo demuestren tendrán una ansiedad que los manejará. Les gusta mucho la familia, son cariñosos y capaces de transformar la vida de quienes vivan junto a ellos.

Perro de Metal (1910-1970)
Un perro mágico.

Este perro quiere cambiar el universo con su coraje, valentía y capacidad para el sacrificio. Es ambicioso y desde pequeño tiene bien claro cuáles son sus ambiciones personales. Es lógico, metódico, riguroso, capaz de obtener medalla de oro en la escuela, caminar por la muralla china íntegra y llegar a presidente de un país. Posee una inteligencia superior, es brillante, emana energía divina y sabe lo que quiere intuitivamente. Posee autodisciplina y está preparado para los desafíos más duros; puede estudiar leyes, medicina o economía. Leal con su pareja, necesita refugiarse en el amor después de sus alocadas aventuras por el planeta.

Perro de Agua (1922-1982)
Un perro de vanguardia.

Es el más difícil de conocer; tal vez su gran timidez lo transforme en alguien que reaccione según su estado anímico, y se ponga a la defensiva cuando quieran darle amor. Es genial, disecciona cada situación hasta llegar a una conclusión. Mantiene la distancia óptima con la gente que lo rodea, no se entrega fácilmente. Es un médium de las energías y su olfato jamás falla. Capta las ideas antes de que sean expresadas, oye un ruido antes de que llegue a nuestros oídos; difícilmente caerá en una trampa. Es irresistible, *sexy*, puede enamorarse profundamente y flirtear por ahí, emana sensualidad. Si comete una infidelidad, la vive con gran culpa. Estos perros son famosos por su belleza y talento en el arte, la literatura, la pintura y la moda.

El Perro y su ascendente

PERRO ASCENDENTE RATA: 23.00 a 1.00
Tendrá un espíritu interesado y muy crítico. Participará en eventos populares y sabrá escuchar consejos. Será muy sentimental y estará apegado al pasado.

PERRO ASCENDENTE BÚFALO: 1.00 a 3.00
Vivirá demandado por las responsabilidades propias y ajenas y no descansará nunca. Sus principios son sólidos, nobles y desinteresados. El amor será para él la recompensa más preciada y difícil de obtener. Sus reglas son flexibles y su humor corrosivo.

PERRO ASCENDENTE TIGRE: 3.00 a 5.00
Un soldado de la justicia y los derechos humanos. Hará todo por convicción y nunca se entregará. Amará apasionadamente y tendrá un espíritu altruista. Nació para la política y las artes.

PERRO ASCENDENTE CONEJO: 5.00 a 7.00
Un sibarita y discreto perro que precisa mucho afecto para realizarse. Tendrá suerte, trabajará lo necesario y no se privará de nada. Es sumamente vulnerable a la influencia de los demás.

PERRO ASCENDENTE DRAGÓN: 7.00 a 9.00
Un inquieto, innovador y egocéntrico perro que buscará prestigio, fama y poder. Amará el lujo y el confort, y tendrá relaciones efímeras y superficiales. Sus logros se darán en los negocios, ciencias o deportes. Un inconformista.

PERRO ASCENDENTE SERPIENTE: 11.00 a 13.00
Un perro lleno de prejuicios y contradicciones. Necesitará dominar sus impulsos para no agobiar con exigencias a los demás. Su fuerte estará en los negocios o en la política. Buscará escalar socialmente, será una burbuja de champán.

PERRO ASCENDENTE CABALLO: 9.00 a 11.00
Un increíble y magnético perro que dejará huella en la vida de los demás. Egocéntrico, avasallador, su humor es genial, y admirable su capacidad para resolver problemas. Despertará pasiones irrefrenables.

PERRO ASCENDENTE CABRA: 13.00 a 15.00

Un servicial, inconstante y sentimental perro que precisa tener seguridad material para no desequilibrarse. Antojadizo, caprichoso, informal y muy selectivo, necesitará que lo admiren y aplaudan para tomar decisiones.

PERRO ASCENDENTE MONO: 15.00 a 17.00

Un ácido, profundo y sagaz perro que hará siempre lo que se le antoje. Será creativo, original, inquieto, y vivirá peripecias sentimentales que decidirán su destino.

PERRO ASCENDENTE GALLO: 17.00 a 19.00

Un perro quisquilloso, calculador y muy inseguro. Como santo Tomás, necesitará comprobar para creer, le costará arriesgarse para tomar una decisión. El amor será un tormento y no aceptará al otro como es.

PERRO ASCENDENTE PERRO: 19.00 a 21.00

Es un trashumante que se enriquecerá con su propia experiencia, un idealista que vivirá al día y siempre tendrá tiempo y espacio para los amigos. Un sabio consejero al que habrá que escuchar con atención.

PERRO ASCENDENTE CERDO: 21.00 a 23.00

Un generoso, auténtico y talentoso perro que concretará sus aspiraciones si tiene apoyo afectivo. Hará dinero y lo donará a instituciones de beneficencia. Se casará varias veces y tendrá muchos hijos.

Signo mixto

Perro-Gallo

Las personas nacidas entre finales de febrero y finales de noviembre de los años 1910, 1922, 1934, 1946, 1958, 1970, 1982, 1994, 2006 y 2018 pertenecen al signo mixto perro-gallo. Concebidas en un año gallo y nacidas en un año perro.

En esta pareja dominará el gallo con su energía de manipulador, planificador, materialista convencional, misógino secreto, admirador celoso, protector disciplinado, conservador atento, que enfrenta al perro pícaro, moralista pesimista, intransigente altivo, amigo fiel, seductor cultivado, que tratará de tener una relación diplomática con el avasallante gallo.

Esta mezcla acentuará al rey que hay en cada uno de ellos. El perro en celo asociado al gallo obsesivo.

Cuando se observa la duplicidad bajo la lupa se ve que esta combinación es muy beneficiosa, con más ventajas que inconvenientes. Es el fiel por excelencia. Su pesimismo enfermizo tiene y necesita esperanzas: esperanza de justicia y de amor.

Las mujeres perro-gallo actúan generalmente como unas perras posesivas, frías, enfocando con precisión a la presa que decidieron seducir.

Muchos hombres sucumben a su encanto, SON DIOSAS DEL AMOR Y DEL SEXO.

Un signo defensor de los derechos humanos, la libertad, la justicia y cuantas causas existan; estará alerta, a la defensiva, desconfiando de su sombra. Se refugiará en su torre de marfil y dejará que entren solo los vips de su corazón.

En lo más profundo de su alma necesitará inmolarse por amor o una causa ecológica, humana, social o política.

Un signo lleno de enigmas para dilucidar.

La casa del Perro

La mejor orientación para su casa es Oeste-Noroeste/Este-Sureste. Su habitación preferida estará en el Noroeste. Para el perro es fundamental el jardín antes que la casa. Adora tener recovecos, huecos, escondites donde poder refugiarse. Tendrá plantaciones de hierbas de todo tipo: orégano, cibouletttes, romero, cedrón, laurel, echalotes. Adora los pequeños estanques llenos de nenúfares, y mucho pasto para naranjos en flor. El gusto por lo insólito y los perfumes del éxtasis son también las notas que completan la armonía de la música interior del perro. Prefiere quedarse en los lugares de su infancia, y mejor si varias generaciones de su familia lo han ocupado antes y han dejado el aura o el prana del espíritu de sus antepasados. Prefiere las casas antiguas antes que las nuevas. Su casa ideal sería el castillo de Drácula, el Museo de Cera y la casa de Víctor Hugo: muebles antiguos, esculturas, formas furtivas, vidrieras, claroscuros, toques dorados, puertas y pisos que rechinan. Un lujo de refinamiento. Un palacio donde pasar meses enteros sin salir, con una decoración para la que deja volar su imaginación. Le encanta restaurar y remodelar su casa cada dos años. Los colores dependerán del estado de ánimo; en general prefiere blanco, gris, crema y celeste. Pero los perros más audaces pintarán su cuarto de negro o azul mineral.

Simbolismo del lugar

Al perro le atrae el misterio del lugar; se siente fascinado por la noche, las tinieblas, la tierra de los antepasados, las ruinas y los caminos difíciles, la magia y los poderes invisibles.

Encuesta

1-¿Crees que el mundo virtual (las redes sociales, internet, por ejemplo) ayuda en los vínculos entre las personas?

Ayudan porque a veces nos acercan cuando estamos lejos, nos mantienen en contacto, estamos al tanto de lo que les pasa a quienes queremos y hasta a veces dan lugar a reencuentros. Igual, solo ayudan cuando son aprovechadas de manera sana. A las redes hay que darles uso pero sin abuso. Es un mundo virtual, solo vemos una parte de las cosas y eso puede generar malentendidos, comparaciones, enojos, celos. Por eso lo más importante para ayudar a fortalecer un vínculo siempre es verse, estar, hablar y disfrutar con quienes queremos estar.

2-¿Cómo reaccionas ante tus propios errores?

Por lo general, cuando involucra a otra persona me da miedo haberla lastimado y cuando me afecta a mí me enojo mucho conmigo, no lo acepto de entrada. Sea cual fuere el caso, es un momento de frustración y arrepentimiento e incluso aunque no haya sido a propósito (porque igual fue mi culpa). Por suerte es solo eso: un momento, a veces rápidos instantes, y cuando ocurren me focalizo en solucionar mi equivocación. Aprendo de lo que pasó y me mentalizo para no hacer lo mismo, aunque en ocasiones es difícil, después de muchos intentos lo corrijo.

3-¿En qué encuentras la belleza de la vida?

En las pequeñas cosas, en aquellos detalles que te hacen cambiar el humor en un segundo. No aspiro a grandes cosas, como la búsqueda de la felicidad o la paz mundial, simplemente en el día a día busco (y encuentro) un montón de detalles, de cosas muy pequeñas que te hacen dar cuenta de que la belleza puede estar en cualquier parte. Se trata de notar eso, que no hace falta ser millonario, flaco, ni superexitoso para ver que hay que disfrutar la vida buscando la belleza en cosas insignificantes a los grandes ojos, pero que para uno pueden representar un cambio repentino en la forma de ver el mundo.

4-¿Qué te afecta de los demás y el mundo?

Del mundo me afectan las injusticias, la falta de solidaridad, la brecha de todo tipo que separa a las personas, que al fin y al cabo, no son más que eso, personas. Esto viene encadenado a una de las cosas que más me afecta de los demás: la indiferencia. No hacia mí, claro; sino hacia las injusticias en las que estamos inmersos. También la falta de empatía ayuda a perpetuar esta espiral de desigualdades porque si uno no puede ponerse en el lugar del otro, solo se queda con su «ombliguismo» y su individualidad. Deberíamos ser más compañeros y empáticos.

5-¿Cuáles son los mandatos que crees que hay que seguir?

Con el paso del tiempo cada uno se va haciendo con sus propias herramientas para saber manejarse en la vida. Igualmente no hay que perder de vista que, en mi opinión, uno de los principales mandatos –más bien social– es el respeto por el otro. No solo porque pueda generar encuentros más amigables, sino porque si uno da también recibe, después te vuelve. Todos tenemos una mirada sobre cómo deberían ser las cosas, pero no podemos pretender que sea la única. Tenemos que aceptarnos, querernos, tolerarnos. Otra punto que me parece importante es hacer las cosas «con amor y por amor», con convicción y disfrutando de todo lo que implique. No enfocarlo desde el esfuerzo o sacrificio, sino valorando el recorrido y esperando el mejor resultado.

Cuéntame un cuento chino

Roberto Bubas- Guardabosques - Perro de Metal - Argentina

La mañana está fría, y el golfo quieto parece también entumecido. El fondo de nubes tenues varía sus tonos, cruzado cada tanto por gaviotas rumbo a sus lugares de alimento. Por unos minutos observo ese horizonte, preguntándome cuáles serán las fuerzas que provocan su cambio. Qué variables desconocidas para mí resultan en esa dinámica continua de colores. ¿Soplará un aire manso allá lejos, o ráfagas de viento huracanado? O quizá sea una atmósfera serena como la de mi golfo esta mañana, que ante la simple ecuación del vuelo de las aves se recrea en fractales de inéditos matices.

Ladrar sobre mí no es lo que más me gusta hacer. Pero acudir a la invitación de un alma grande como Luli Squirru me es grato y alentador. Y desde mi casa cerca de la playa Cantora, en los portales de la Península Valdés, esperando ver llegar a las ballenas, ensayo este cuento chino.

Pienso la vida como una gigantesca obra de teatro con múltiples escenarios, y en mi rol de guardabosques intento generar conciencia ambiental. Me gusta pensar que soy un operario de mantenimiento del escenario natural donde se desarrolla nuestra obra, este precioso planeta que nos permite nada menos que el milagro de existir.

Busco mi origen perdido en la noche de los tiempos. A veces con recurrente melancolía, pero cada vez más con alegría me voy descubriendo en un origen común a todos y parte de algo inasible que mora dentro de nosotros, uniendo a la humanidad quizá más en las diferencias que en las afinidades. Cuando mi optimismo está en su cenit, siento que somos el mismísimo Dios explorando a través nuestro sus confines. Me percibo como un jardinero, portero y sembrador en este mundo y en otros invisibles, que cree que el respeto por la libertad y la vida es un pilar fundamental de la sociedad humana.

Mi ideal es el de un mundo en armonía. El hombre en equilibrio con la naturaleza que lo rodea, en un planeta sin guerras y sin chicos temblando de hambre y miedo. Y esa anhelada armonía creo que solo puede venir con un orden social más justo. Siento que esa debe ser la labor fundamental no solo de los gobiernos, sino también del pueblo a través de gestos solidarios y llevando una vida simple, tomando conciencia de cuánto es suficiente. Todo lo que tenemos viene de la naturaleza. Si todos tenemos todo lo que se nos antoja, por capricho nomás y no por necesidad; si cosechamos pero no sembramos, si talamos pero no plantamos, la herencia que dejamos es un planeta devastado. Puede sonar trágico, pero si nos desentendemos de esto, estamos cavando la fosa de nuestros nietos.

Me siento pleno tratando de cumplir con el rol que creo que me toca en esta vida, con mis hijos sanos, creciendo y aprendiendo. Todo lo demás es bienvenido pero, en relación, poco importante, casi innecesario. Soy un tipo simple que vive simple, y así va a ser siempre. En eso consiste el éxito para mí.

Hay mucho por hacer. No podemos darnos el lujo de no hacer nada. No podemos delegar en las generaciones futuras la tarea de conservar lo que va a estar ya extinguido o con escasas posibilidades de ser recuperado. Me encuentro a veces con gente joven que ve la vida carente de sentido y sin ninguna motivación. Es fascinante tener una misión, y todos tenemos enfrente una muy clara y valiosa: cuidar nuestra tierra. Es nuestro campo de acción y aprendizaje, nuestra única Casa conocida y por conocer. Cuidémosla.

Ante la injusticia hacia los que siento indefensos ladro, aúllo y muerdo. Soy un perro con mucha paz pero con pocas pulgas. Un mal llevado de buen corazón. Cuando las cosas se ponen muy feas y la derrota me ha abatido mil y una veces me voy para adentro. Refugiado en la parte más simple y luminosa de mi caseta lamo mis heridas e imagino una realidad cálida de música y poesía. Y casi siempre funciona.

Cada tanto quedo sepultado bajo los escombros de mis propias casetas atadas con alambre, y solo un hilito de aire llegándome al hocico mantiene latentes mis órganos vitales, pero siempre encuentro la fuerza que me empuja a salir adelante.

Admiro al Dalái Lama, a Zorba el griego, a Nikola Tesla, a Elon Musk, al papa Francisco, a Ramtha y Osho. Y a cuanto héroe o heroína desconocidos que se enfrentan a las dificultades por ideales nobles. A veces (por puro ignorante y vanidoso) presumo de librepensador, y me delato tocándole la bocina al gauchito Gil y evitando pasar por debajo de las escaleras. Me río mucho de mí. Yo soy mi mejor payaso.

Mi perra Tanta, que un día encontré abandonada en la calle, acompaña mi andar y una búsqueda que, por exceso de ego alterado perruno, nunca voy a admitir: la de un alma encarnada de mi propia especie con quien hicimos el pacto, en algún plano sublime previo a esta existencia, de encontrarnos y ser compañeros evolutivos, compartiendo huella y aprendizaje, pataperreadas, chapuzones al amanecer, lunas, mucha risa y atardeceres hasta el fin, y después de que haya caído el telón, en otros universos y otros tiempos, volver a empezar.

Una fogata, mi mate y el silencio son mis mayores tesoros. Y en esa atmósfera, mágica para mí, reflexiono sobre la misión a la que siento que todos hemos venido: la ardua, pero fascinante tarea de aprender a Amar.

PERSONAJES FAMOSOS

LEO SBARAGLIA
Perro de Metal

PERRO DE MADERA (1874-1934-1994)

Franco Masini, Shirley McLaine, Gato Barbieri, Brigitte Bardot, Charly Squirru, Horacio Accavallo, Mónica Cahen D'Anvers, Elvis Presley, Chunchuna Villafañe, Voltaire, Enrique Cáceres, Rocío Jurado, Justin Bieber, Enrique Macaya Márquez, Sophia Loren, Federico Luppi.

PERRO DE FUEGO (1826-1886-1946)

Pipo Lernoud, Gianni Versace, Freddie Mercury, Martín Seppi, Elfriede Jelinek, Javier Martínez, Susana Torres Molina, Oliver Stone, Ilie Nastase, Cher, Bon Scott, Susan Sarandon, Tomás Abraham, Pablo Nazar, Jorge Asís, Sylvester Stallone, Eduardo Constantini, Gerardo Romano, Rolando Hanglin, Moria Casán, Donald Trump.

PERRO DE TIERRA (1838-1898-1958)

Prince, Gipsy Bonafina, Kate Bush, Michael Jackson, José Luis Clerc, Michelle Pfeiffer, Gary Newman, Tim Burton, Madonna, Reina Reech, Rigoberta Menchú, Eduardo Blanco, Petru Valensky, Silvana Suárez, Marge Simpson, Ana Obregón, Gustavo Belatti, Chou En-Lai, Pipo Cipolatti, Marcelo Zlotogwiazda.

PERRO DE METAL (1850-1910-1970)

Javier Milei, Paul Thomas Anderson, Muriel Santa Ana, David Niven, Martín Lousteau, Luis Miguel, Ernesto Alterio, Maribel Verdú, Madre Teresa de Calcuta, Jacques Costeau, Andre Agassi, Martín Churba, Matías Martin, Gabriela Sabatini, Puff Dady, Halit Ergeneç, Juan Castro, Matt Damon, Juan Cruz Bordeu, Paola Krum, Jorge Javier Vázquez, Sócrates, Andy Chango, Uma Thurman, Marley, Lola Flores, Andy Kusnetzoff, Chiang Ching-Kuo, Gerardo Rozín, Verónica Lozano, Juan Pablo Varsky, Leonardo Sbaraglia.

PERRO DE AGUA (1862-1922-1982)

Paloma del Cerro, China Zorrilla, Vittorio Gassman, Ava Gardner, Alberto Closas, Marilú Dari, Marcela Kloosterboer, Molière, Víctor Hugo, Alejandro Dumas, José Saramago, Stan Lee, Malena Pichot, Cory Monteith, Pierre Cardin, Sol Mihanovich, Juana Viale, Julieta Pink, Norman Mailer, Bart Simpson, Paula Morales, Rodrigo Palacio.

TABLA DE COMPATIBILIDAD

PERRO

	Amor	Amistad	Economía
Rata	♡	🤝🤝	🐷🐷
Búfalo	♡♡	🤝	🐷
Tigre	♡♡	🤝	🐷🐷
Conejo	♡	🤝	🐷🐷
Dragón	♡♡	🤝	🐷🐷
Serpiente	♡♡	🤝🤝	🐷
Caballo	♡♡♡	🤝🤝🤝	🐷🐷
Cabra	♡♡	🤝	🐷🐷
Mono	♡♡	🤝🤝	🐷
Gallo	♡	🤝🤝	🐷🐷
Perro	♡♡	🤝🤝🤝	🐷🐷🐷
Cerdo	♡♡♡	🤝🤝	🐷🐷🐷

1 mal • 2 regular • 3 bien

Nota: las compatibilidades son desde el punto de vista de cada animal.

Cerdo

Nos chocamos después de guerras de amor
sin tregua, rama de aguaribay para reposar
sueños truncos, epopeyas, lanzas en el sexo sin
tiempo para elegirnos
nos pusieron en el camino y como peregrinos
llegamos a Santiago de Compostela en tren;
el camino es solitario, aunque esté a tu lado.

L. S. D.

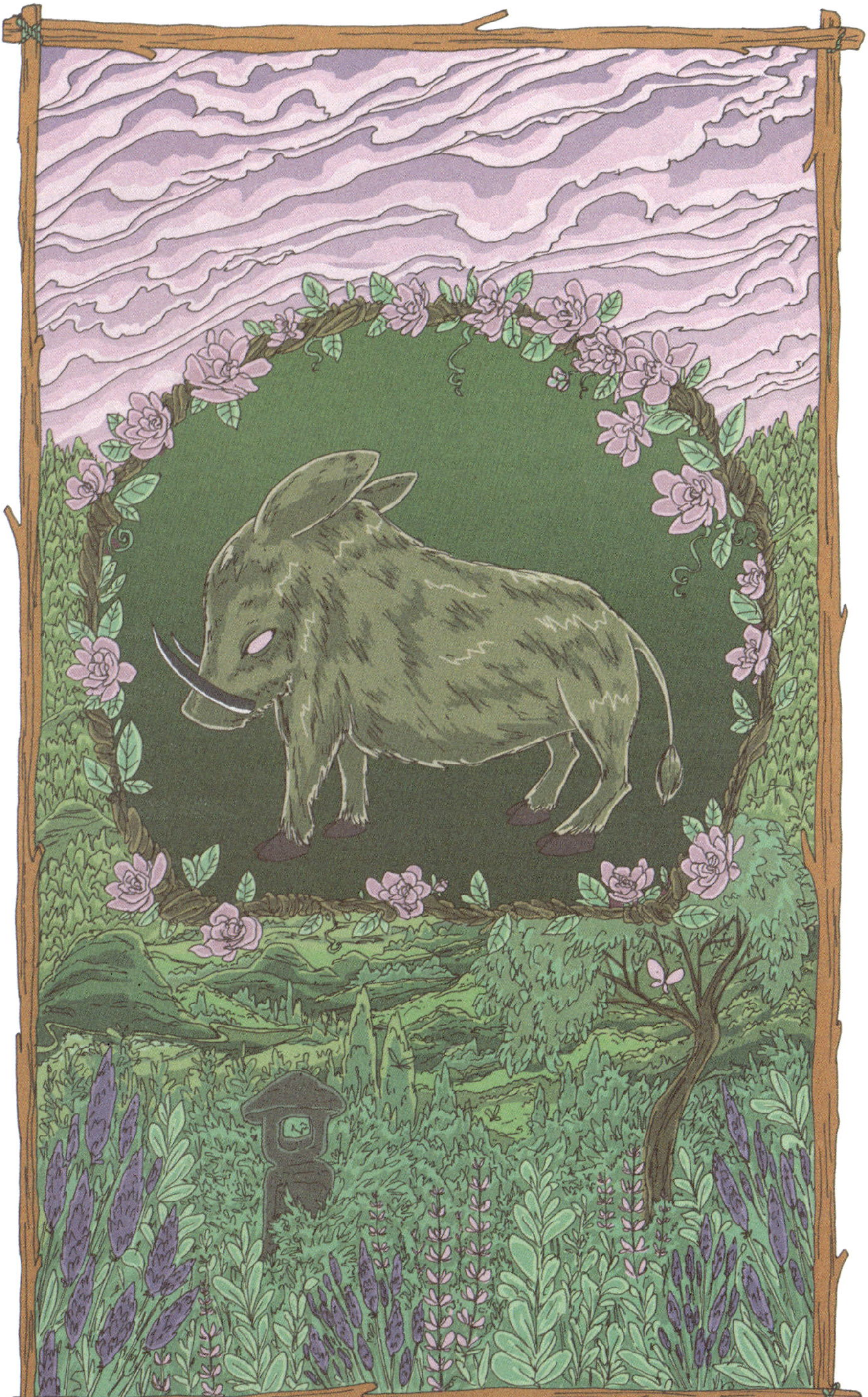
FAGES 2018

Ficha técnica

Nombre chino del cerdo
ZHU
Número de orden
DUODÉCIMO
Horas regidas por el cerdo
21.00 A 23.00
Dirección de su signo
NOR-NORDESTE
Estación y mes principal
OTOÑO-NOVIEMBRE
Corresponde al signo occidental
ESCORPIO
Energía fija
AGUA
Tronco
POSITIVO

Eres cerdo si naciste

30/01/1911 - 17/02/1912
CERDO DE METAL
16/02/1923 - 04/02/1924
CERDO DE AGUA
04/02/1935 - 23/01/1936
CERDO DE MADERA
22/01/1947 - 09/02/1948
CERDO DE FUEGO
08/02/1959 - 27/01/1960
CERDO DE TIERRA
27/01/1971 - 14/02/1972
CERDO DE METAL
13/02/1983 - 01/02/1984
CERDO DE AGUA
31/01/1995 - 18/02/1996
CERDO DE MADERA
18/02/2007 - 06/02/2008
CERDO DE FUEGO
05/02/2019 - 24/01/2020
CERDO DE TIERRA

Entre Electra-shock y chiquero.

Nunca supe si mi padre Eduardo sabía que era cerdo en el horóscopo chino.

Murió prematuramente sin que pudiera preguntarle; a pesar de que fue él quien me transmitió la filosofía oriental, el TAO de Lao Tsé, las enseñanzas de Confucio, y la severa crianza de ser una hija que tuvo que aprender tareas domésticas y de varón en nuestra infancia en Parque Leloir, donde aterricé desde el Sanatorio Otamendi sin escalas para aullar como un mono carayá bajo el bosque de eucaliptus de nuestra mítica quinta.

Confieso que tuve una infancia *yin/yang* plagada de fuertes emociones, sensaciones, situaciones inexplicables que me costó años de búsqueda personal, espiritual y terapéutica para aceptar y ordenar.

Su despliegue de órdenes, instrucciones y consejos sonaban como una marcha militar en nuestra casa, donde vivíamos con mi madre perro y mi hermana yegua, que tenía más privilegios que LSD para librarse de las tareas chinas y criollas que nos obligaba a cumplir.

Cuando fui a China a los 30 años, comprendí su forma de criarnos, y secretamente se la agradecí.

Mi padre se destacaba por su temperamento pasional, su innato autoritarismo, sed de aventuras en su vida interior más que exterior, pues como buen cerdo prefería quedarse en el chiquero que «dar la vuelta al mundo», algo que lo marcó en su juventud.

Tenía un gran Edipo con «mamma», mi abuela paterna, por ser el primogénito, y sufrió mucho cuando una pelea familiar se desencadenó entre sus hermanos, provocándole una fuerte depresión y tal vez la embolia que lo llevó al más allá a los 48 años.

La visión del mundo y del país que tenía se fue cumpliendo en los sucesos ocurridos desde entonces. Se graduó de abogado, pero nunca le gustó ejercer, ni estar lidiando en tribunales con legajos ni buitres.

Amaba criar caballos criollos, y así lo hizo en «Fortín Bellaco», cuando rebautizó la quinta, que originariamente se llamó «Los Sardos», porque los Squirru provenimos de Cerdeña.

Guapo, inteligente, deportista, practicaba polo, golf, pato[36], natación, y amaba jugar al ajedrez, al truco y al bridge; disertaba sobre Platón, Aristóteles, citaba el *Martín Fierro* y *Don Segundo Sombra*[37] y,

---
36. El pato es un deporte ecuestre originario de Argentina, el mismo nació de la mano de los gauchos que practicaban este deporte en sus estancias.
37. Es una novela rural argentina escrita por Ricardo Güiraldes y publicada en el año 1926.

cuando tenía que darnos lecciones fuertes, a santo Tomás de Aquino. Lo que nunca pudo fue ganar el sustento para su zoo.

Su padre y su abuelo tuvieron que deslomarse para instalarse en Buenos Aires, y él pertenecía a la generación del «dolce far niente», y lo que es peor, dilapidaba la herencia sin conciencia.

Por eso, queridos cerdos, sin ánimo de comparación con mi progenitor, reconozco en la especie una tendencia al «ocio creativo» mayor que el de cualquier signo del zodíaco chino.

Sibaritas, epicúreos, sensuales, prefieren pasar su tiempo debatiendo de política, arte, fútbol, mujeres, apuestas en el hipódromo, antes que cumplir con la rutina, los horarios, y sobre todo tener «jefes o jefas» que les den tarea con horario fijo.

Personalísimos para crear su microclima, son muy reservados, cautos, obsesivos para mantener el *statu quo*: si sienten que los pueden invadir son capaces de embestir con colmillos ocultos y provocar heridas de muerte.

Las mujeres de este signo tendrán una tendencia muy notable hacia la maternidad o el arte y serán más trabajadoras que los varones. Amantes de la buena comida, sabrán agasajar a su amante, amor o amigos con manjares en los que demostrarán su talento culinario.

El cerdo defiende su territorio.

Detesta que irrumpan en su intimidad, su espacio interno, y si no tiene límites, podría terminar enfrentando acciones judiciales por sus arrebatos.

El cerdo es el signo ideal para formar un hogar, criar hijos, amamantarlos, protegerlos, a veces de manera sofocante, imponiendo condiciones muy rígidas, y arbitrarias.

La estabilidad emocional dependerá de su primera infancia; si tuvo traumas o situaciones de separación de padres, puede ser nostálgico y sin vocación para salir adelante solo; necesitará tener ayuda extra para enfrentar las necesidades básicas de la vida.

Buen amigo, siempre listo para salvar como un bombero a quienes ama, tendrá prioridad en el corazón del prójimo cuando necesite ayuda.

Presenta tendencia a crear vínculos con miembros de la familia como Woody Allen, y no tener moral.

Su instinto sexual es fuerte en sus años de pubertad, adolescencia, juventud, y muchos porcinos pecan en ambos sexos de padecer satiriasis.

Es víctima de sus bajos instintos, y necesita canalizar su libido a través de la búsqueda espiritual, artística o filantrópica.

El cerdo es sensible, solidario, lúcido, y tiene sentido común.
A veces se mete en problemas, pues interfiere en la vida de los demás sin que lo llamen.
Sabe apreciar los gestos altruistas, sobre todo si «empiezan por casa», y se involucra en peleas callejeras o altercados familiares que lo llevan al matadero.
Es inquieto, curioso, moderno en su forma de ver el mundo.
Le gusta compartir su mundo con su pareja y sus amigos y muchas veces pierde grandes oportunidades por no ser más sociable, abierto y flexible.
Sabe disfrutar de las pequeñas cosas de la vida, contagia optimismo si está en épocas de abundancia laboral o afectiva, y es muy querido u odiado en su ámbito familiar o profesional.
Los tiempos del cerdo son con retraso.
Sufre cuando se desarraiga un tiempo del chiquero, y a pesar de que le gusta viajar, no es fácil embarcarlo en un avión o en un crucero. Prefiere ir por tierra, lentamente, sintiendo el alma de la Pachamama debajo de sus pezuñas.

L. S. D.

El Cerdo y su energía

Cerdo de Madera (1875-1935-1995)
Un cerdo sofisticado.
Este tipo de cerdo es creativo, original y bien intencionado. Dotado de gran energía, encauzará bien su profesión o vocación y conseguirá destacarse. Culto, sibarita, refinado y curioso, necesita alejarse del mundanal ruido para vivir, pues adora la naturaleza y se inspira trabajando fuera de la ciudad. Son seres reservados, tímidos y a veces parecen indiferentes afectivamente, pero es solo timidez lo que les impide acercarse al sexo opuesto. Muy caseros, aman las plantas y los niños. Deben evitar las serpientes, que adoran enroscarlos y hacerlos paté.

Cerdo de Fuego (1887-1947-2007)
Un jabalí apasionado.
Este cerdo es un líder que quiere cambiar el rumbo de la humanidad. Hiperactivo, no conoce el descanso cuando se le mete una idea en la cabeza. Un mecenas de gente creativa y fan de las ideas

de vanguardia. Su inseguridad lo convierte en una presa fácil de la gente sin escrúpulos; sufre mucho ante los desengaños, pues entrega su corazón fácilmente. A veces su opinión de las cosas es la única que cuenta; tendrá que aprender a ser más abierto a los cambios. Excelente padre, amigo y hermano. En el amor es «el último de los amantes ardientes».

Cerdo de Tierra (1899-1959-2019)
Un cerdo naif.
Este cerdo es sumamente innovador, original y responsable. Sabe ganarse la vida con facilidad; como es muy dedicado en general logra triunfar en su profesión. Tradicionalista y conservador, le encanta viajar, pasarlo bien y conocer gente famosa. Es leal, honesto y muy cariñoso. Un poco inseguro, a veces indeciso y muy influenciable, le cuesta tomar decisiones. Hay que darle tiempo y espacio, y no presionarlo jamás.

Cerdo de Metal (1911-1971)
El vellocino de oro.
Este cerdo suele ser impermeable a los misiles que le tira la vida; tiene coraje, decisión, principios, metas e ideales. Un verdadero volcán de pasiones rítmicas que se suceden intempestivamente. Adora ser el centro de fiestas y eventos, y le fascina romper corazones. Es más mental que emocional, por lo tanto puede replantear sus actitudes cuando se lo piden. Ambicioso y poco abierto al mundo espiritual, no cree en la metafísica. En algunos casos es ejemplo de sensibilidad porcina.

Cerdo de Agua (1923-1983)
Un cerdo visionario.
Este cerdo se mueve por instinto; intuitivo y muy bondadoso, tiene radar para captar la esencia de las cosas. Suele ser poco mundano, tímido, solitario, educado y muy exigente consigo mismo. No le interesan los cargos políticos ni el poder, cultiva el bajo perfil y prefiere vivir en la marginalidad. Adora compartir la vida con un amor, amigos, hijos propios o adoptivos. Sus grandes amores son pasiones físicas más que mentales; la comida y la casa siguen entre sus prioridades. Un sibarita que adora el arte, la música y el deporte, y se dedicará de lleno a cultivar su espíritu. Le gustan los desafíos, es modesto, poético y profundo.

El Cerdo y su ascendente

CERDO ASCENDENTE RATA: 23.00 a 1.00
Un cerdo vicioso, astuto y muy entrometido. Trabajará cuando lo necesite e inspirará protección. Le encantará ser el primero en enterarse de las cosas, y le costará guardar un secreto.

CERDO ASCENDENTE BÚFALO: 1.00 a 3.00
Autoritario y responsable, pensará en el deber por sobre todas las cosas. Disciplinado, estudioso, obsesivo, no claudicará en sus objetivos. Buscará el apoyo de la familia y los amigos cuando esté deprimido.

CERDO ASCENDENTE TIGRE: 3.00 a 5.00
Rebelde y corajudo, defenderá siempre la justicia. Será muy inconstante, ciclotímico y vicioso. Tendrá que hacerse cargo de las pasiones que despierta y de los hijos que trae al mundo.

CERDO ASCENDENTE CONEJO: 5.00 a 7.00
Un refinado, sibarita y estético cerdo al que le costará encontrar su vocación. Estará apegado a la familia y necesitará encontrar amor para su realización holística.

CERDO ASCENDENTE DRAGÓN: 7.00 a 9.00
Un cerdo con ambición. Protagonizará sucesos extraordinarios, cambiará de trabajo, país y amigos con asombrosa rapidez. Hará fortuna, la gastará y empezará de nuevo.

CERDO ASCENDENTE SERPIENTE: 9.00 a 11.00
Un cerdo posesivo, celoso y exigente. Tendrá gustos caros, ambiciones desmedidas y podrá conseguir lo que se proponga. En el amor desplegará sus encantos, y hará conquistas imposibles.

CERDO ASCENDENTE CABALLO: 11.00 a 13.00
Un eterno inconformista. Ambicioso, egocéntrico, déspota, no soportará perder. Necesitará triunfar en su vocación y hará todo lo posible para lograrlo. El amor le llegará cuando menos lo espere.

CERDO ASCENDENTE CABRA: 13.00 a 15.00
Un sensual, gracioso y artístico cerdo que desbordará generosidad

y camaradería. Tendrá una casa confortable y gente que lo protegerá. El amor será su refugio y estímulo creativo.

CERDO ASCENDENTE MONO: 15.00 a 17.00
Un original, inteligente y profundo cerdo que sabrá los secretos de las relaciones entre los seres humanos. Sobresaldrá en su profesión, tendrá amores y amigos que lo adorarán y protegerán.

CERDO ASCENDENTE GALLO: 17.00 a 19.00
Un minucioso, programado y extravertido cerdo al que habrá que darle pautas de vida. Encontrará tarde su vocación y se dispersará en los laberintos de su imaginación.

CERDO ASCENDENTE PERRO: 19.00 a 21.00
Un solitario y arisco cerdo que vivirá observando a los demás. Trabajará intensamente. Tendrá varios amores y matrimonios; pero con la vejez puede volverse avaro, miserable y terminar solo.

CERDO ASCENDENTE CERDO: 21.00 a 23.00
Un diamante en bruto al que habrá que saber pulir sin dañar. Necesitará una gran cuota de amor para ser feliz, desarrollarse y crecer artísticamente. Un espécimen sabio e intelectual.

Signo mixto

CERDO-PERRO

Las personas nacidas entre finales de febrero y finales de noviembre de los años 1911, 1923, 1935, 1947, 1959, 1971, 1983, 1995, 2007 y 2019 pertenecen al apasionante signo mixto cerdo-perro. Concebidas en el año del perro y nacidas en el año del cerdo.

A pesar de ser muy ambivalente, dominará el cerdo. Su agilidad mental unida al pragmatismo idealista del perro dará una mezcla muy picante, aguda y adorable. El cerdo acentuará su cinismo timorato, ansiedad escéptica, imaginación no conformista y hospitalidad interesante, y el perro aportará su idealismo elegante, moral pesimista, abnegación modesta, y su *sex appeal* irresistible.

El lema es vivir y dejar vivir y lo practicará al pie de la letra. Buscado por su calidez, inteligencia, bondad, disponibilidad, será muy selectivo cuando elija a sus amigos. Franco y directo, prefiere las situaciones claras a la hipocresía y la mentira. Hará un culto de la amistad; para él no hay peor traición que un amigo lo defraude o estafe. Eso lo perturbará y dejará cicatrices profundas en su alma.

Es incondicional con la gente que quiere; por ellos puede sacrificar su vida personal y olvidarse del mundo exterior. Aunque trate de disimular, es muy celoso y posesivo con los seres que ama, y no dejará que cualquiera se acerque a su chiquero. A veces apresurado con sus juicios, le costará reconocer sus errores. Su espíritu no soporta las groserías, ni la falta de tacto y modales. Algo extravagante, pero de una elegancia refinada, le gustan el lujo y la decoración.

Es democrático con él y autoritario con los demás. Su independencia de espíritu y su intuición provocarán irritación en algunas personas que lo atacarán imprevistamente. Se defenderá mordiendo como un doberman y apelando a la gracia del cerdo extrovertido.

Conoce sus capacidades y le va bien en sus empresas personales; disciplinado, exigente, obsesivo del orden, tendrá claro lo que desea obtener en cada etapa de su vida. Ignora el miedo y es temerario. Escrupuloso con sus compromisos, su palabra vale oro. Ama la belleza, la estética, el arte, lo nuevo, original y de avanzada.

Es un visionario, profeta, sabio, entusiasta, le interesan todos los temas y adora las discusiones serias. Su gran memoria le abre dimensiones desconocidas, místicas, que lo atrapan en redes infinitas.

Carismático, algunos confundirán su sociabilidad con debilidad. Aquí el perro lo protege de una ceguera peligrosa, y le permite conservar la lucidez llena de enseñanzas.

El punto G de nuestro querido amigo es su debilidad por los apetitos sexuales, en los que se sumerge por largas temporadas. Ser doble *yin* y macho a la vez produce estrés, y por supuesto dominar sus impulsos sexuales es algo en lo que no le interesa sobresalir.

La violencia innata del perro socarrón ante la hipersensibilidad no violenta del cerdo perseguido, deshonrado, devorado, víctima de su carne sabrosa y apetecible origina un cuadro algo desconcertante. Deberá pensar qué papel asumir para estar en paz consigo mismo.

Hipersensible, el cerdo-perro tiene una vida llena de encantos y desencantos, amor y odio, paz y violencia, honores, triunfos y renuncias. Jamás negociará por conveniencia o en algo que no sienta.

Es dueño absoluto de su destino y de sus actos. Un Robin Hood que preferirá defender a los pobres y justos que usufructuar los beneficios de sus mecenas. Conoce el amor como nadie y disfruta en cada contacto como un cerdito.

La casa del Cerdo

Hoy, 7 de agosto del año del perro y luna cósmica, ha llegado FERNANDO, un cerdo de fuego, a decirme que habían puesto el techo a su casa, y que lo habían celebrado con un asado. Estaba feliz, porque él, junto a los albañiles, había puesto las tejas de la casa, y eso es fundamental para un cerdo. Construir su casa con sus manos y su corazón para compartirla con sus seres queridos. La mejor orientación es Norte-Noroeste/Sud-Sudeste. Su habitación preferida estará en el Noroeste o al Norte. La casa se hallará en lo posible en el campo, cerca de un bosque con acacias, retamas en el jardín, lavanda entre las sábanas, en el baño y en los roperos de roble viejo. Un sótano con botellas de buen vino. Necesita gozar del espacio, sentir la presencia tremenda de los elementos (océano, montaña, nubes sobre la colina, el sol sobre las praderas). Una casa abierta porque esto es el reflejo de su ser interior. Querrá hacer entrar el horizonte en su salón. Integrar la naturaleza con toda su opulencia en su ambientación, muebles viejos encerados, espesas alfombras, sillones profundos, grandes ventanas, espejos que distribuyan la luz del día, plantas y muchas flores. Las casas más cómodas, prácticas y simples que he conocido en mi vida son las de los cerdos, que viven como dicen los chinos, con la medida exacta, «ni más ni menos de lo que necesitan». Usarán materiales reciclables y desecharán los materiales modernos. En pintura usarán celeste pálido y verde pálido. Una casa «Tico-Tico».

Simbolismo del lugar

Un gran jardín, parrilla y cancha de fútbol, bosque de robles, eucaliptos, araucarias y árboles frutales, nogales, higueras. La vegetación que dé marco a la casa tendrá variedad de especies y una huerta lujuriosa.

Encuesta

1-¿Crees que el mundo virtual (las redes sociales, internet, por ejemplo) ayuda en los vínculos entre las personas?

Sí, creo que son útiles y ayudan a los vínculos entre las personas. En mi caso las considero un complemento tanto para relacionarme como para que conozcan algunos aspectos de mi personalidad, porque también creo que todo lo que hacemos/decimos en el mundo virtual es una extensión de nuestro ser. Está claro que hay ejemplos de sobra de usos irresponsables de las redes que alteran o afectan los vínculos entre personas, y en ese caso distan mucho de un vínculo real.

2-¿Cómo reaccionas ante tus propios errores?
Generalmente reacciono admitiéndolo y tratando de corregir lo que haya sido una equivocación. Supongo que es un proceso de maduración. Pero durante mucho tiempo me costó reconocer que me equivocaba o no estaba en lo cierto.

3-¿En qué encuentras la belleza de la vida?
Quizá suene un poco trillado pero encuentro la belleza de la vida en cosas simples o acontecimientos a los que generalmente no les prestaría atención, pero que tienen mucho que ver con la conexión con el presente. Yo le llamo «poder del random». Generalmente está dado por algunas coincidencias o consecuencias de algunas cadenas de hechos que quizás no tengan relación entre sí, pero que te llevaron a un lugar determinado. Cuando tengo esa conexión con el presente y las cosas que se están sucediendo pienso que todo es hermoso, mucho más de lo que es normalmente.

4-¿Qué te afecta de los demás y el mundo?
Lo que más me afecta de los demás y el mundo es la injusticia, en el amplio sentido de la palabra. Siempre traté de ser una persona justa, tanto en mis acciones como en mis pensamientos. Cuando veo o detecto alguna situación que me parece injusta, me afecta. Me cuesta entender que sea tan difícil empatizar entre seres humanos y hasta incluso con animales. Pero, sin embargo, es algo muy común en los tiempos egoístas que corren, y eso no deja de acrecentarse.

5-¿Cuáles son los mandatos que crees que hay que seguir?
Vengo de una familia tradicional del interior provincial y de educación primaria y secundaria en colegio católico, así que tengo una colección de mandatos a los que alguna vez tuve que responder. Hoy creo que el mandato a seguir tiene que ser el de uno mismo, la búsqueda que uno quiera hacer, sin dejar de tener en cuenta a los que están alrededor de ella y compartiéndola en simultáneo. El mandato de la sinceridad con nuestro deseo, creo que eso es lo mejor que nos podemos ofrecer y ofrecer al resto, también.

Cuéntame un cuento chino

Woody Allen - Cerdo de Madera - Genio - Estados Unidos

Ustedes podrán deducir que el mensaje es que la única manera de ser feliz consiste en creer en un más allá. Y no se equivocan. Creo firmemente que la vida es algo terrorífico e inestable para el resto de los mortales. La única manera de sobrevivir es engañándose a uno mismo, la gente está desesperada por encontrar algo en qué creer.

Elio Marchi - Cerdo de Fuego - Guionista, actor y director de cine y teatro - Argentina

«¡Sos cerdo!», exclamó alegremente Ludovica aquella apacible tarde puntaesteña[38] de 1977, al conocer mi fecha de nacimiento, algo que todavía podía confesar sin ruborizarme como ahora, cuarenta y un años más tarde. Efectivamente, nací el 3 de marzo de 1947 y eso me convierte inevitablemente en un Cerdo. Se ve que frente a tan tremenda revelación mi cara debe haber demostrado una cierta inquietud o desagrado al saber que entre la variopinta fauna que poblaba el recién descubierto horóscopo chino me había tocado en suerte ser el marrano, habiendo otros animales con mejor prensa como el Perro, el Gato, el Caballo o en todo caso temibles y glamorosos como la Serpiente y el Dragón. Nada de eso. El haber nacido en esa fecha me condenaba a ser un simple Cerdo ¡y encima de Fuego! lo que a mi entender me auguraba el innoble destino de terminar en una parrilla, convertido en un vulgar chorizo o, con mejor suerte, en un par de pretenciosas Costillitas a la Villeroy.

Ludovica debe haber notado mi desazón, porque enseguida me tranquilizó al relatarme las bondades que por ser porcino me tenía reservada la vida. El Cerdo –me dijo con la habitual ingenuidad que ya la caracterizaba– es un ser bondadoso, tierno, fiable, gracioso, sociable, con la capacidad de disfrutar, de gozar, de convertir en grande aun la más pequeña de las cosas, y tan ingenuo y seductor que obligará al resto del bestiario a sucumbir ante sus múltiples encantos. Continuó describiendo otras lindezas que hacían aún más atractiva mi condición de puerco, hasta que finalizó con esta advertencia: «Pero también

---

38. Persona oriunda de Punta del Este, Uruguay.

puede convertirse en el más desagradable, peligroso y salvaje de los jabalíes si se duda de su honestidad, se ataca a sus seres queridos o se lo somete a discusiones o situaciones tensas, y puede presentar pelea».

Rápidamente comencé a relacionar esas características con mis comportamientos habituales y con la manera en que resolvía conflictos sacando adelante situaciones complejas a las que debía enfrentarme cada tanto, como por ejemplo esta, la de escribir sobre mí. También pensé cuán solidario había sido y era para con los míos y cómo me consideraban dentro de mi grupo de amigos. Llegué así a la conclusión de que después de todo, ser Cerdo de Fuego no constituía ninguna deshonra, sino más bien una gran ventaja. Estaba feliz, pero con la sensación de que algo faltaba para completar mi legado. Pregunté entonces a la pitonisa: «¿Y por qué de Fuego?». Después de una pausa digna de Eleonora Duse, Ludovica entrecerró los ojos en un gesto que me pareció más de aprobación que de reproche y agregó: «Al ser poseedor de una enorme sensualidad, el Cerdo puede convertirse en esclavo de su propia lujuria revolcándose en el lodazal de su chiquero sin sentir por eso el menor remordimiento». Y ahí fue donde terminó de cerrar toda mi historia. «¡La culpa no es del Cerdo!», me dije. Y agradecí íntimamente a todos aquellos que en ese sentido me estuvieron alimentando fogosamente durante toda mi vida, incluido el cerdito terrenal que me acompaña desde hace más de 32 años y con el que todavía hoy seguimos salpicando barro alegremente.

Marcelo Barragán - Cerdo de Tierra - Artista plástico y músico - Argentina

Mi padre y mi madre estaban mudándose de un apartamento a otro y como se hacía en esa época, la década de los 50, cada uno guardaba sus recuerdos y fotos en una caja de zapatos. Entonces, mi padre tomó un recorte de diario y lo guardó en su caja. «Ese recorte es mío», dijo mi madre. «No, es mío», dijo mi padre. «No, es mío –volvió a decir mi madre–. Yo lo recorté en Choele». (Choele-Choel es un pequeñísimo pueblo de la provincia de Río Negro, por donde pasaron Butch Cassidy y Sundance Kid, y hacia donde escapó mi abuelo ruso, después de asaltar un banco con su amigo Stalin, juntando dinero para hacer la Revolución Rusa). «Ese recorte es mío», dijo mi padre. «Es mío», dijo mi madre.

El recorte era de un viejo diario *La Nación*, se llamaba «Una función de títeres en Buenos Aires», y mostraba a un niño, todo ojos y boca, maravillado mirando los títeres.

«Es mío (mi madre), yo lo recorté en Choele a los diez años y dije "con este chico me voy a casar"». «Es mío –dijo mi padre–. Ese chico soy yo».

Y de ahí vengo yo, que soy cerdo de tierra. ¿Cuento chino? ¿Verdad? ¿Quién lo sabe?

Paula García - Cerdo de Metal - Periodista - Argentina

La alegría de ser Cerdo

Y creo que soy una auténtica cerda, con lo bueno y lo malo.

Disfruto de mis amigos, los cuido, escucho y priorizo.

Disfruto de la vida, de mi familia, de los paseos, de la comida, de la buena compañía.

La elección de mis caminos en la vida sin dudas tiene que ver con este cerdo de metal que hay en mí.

Porque elegí la comunicación, la comunicación al servicio del otro, porque me gusta escuchar y contar.

Porque elegí el camino de la solidaridad a través de Mamis Solidarias, elegí dar mi amor y mi tiempo para estar con los demás, con aquellos más chicos y más vulnerados.

Todavía no tengo en claro si intentar alcanzar la perfección en todo lo que emprenda es una virtud o un defecto, estoy tratando de averiguarlo, a veces sirve mucho, otras complica las cosas. Claramente es imposible y eso me angustia.

Pero, ¡¡atentos!! Así como soy paciente, tranquila, sé esperar y tirar hacia delante en todo lo que elija, cuando me enojo (cuesta mucho hacerme enojar) puedo convertirme en un torbellino incontrolable, a veces hiriente, de lo que me arrepiento casi al segundo… pero muchas veces el daño está hecho.

Sé pedir perdón y debería ser más reflexiva en esos momentos, que no son muchos, pero sí intensos, sobre todo con los que más quiero.

A transitar el año del perro tomando las riendas de mi vida esperando ansiosa la llegada de 2019, nuestro año, que deseo nos depare a los cerditos más plenitud, ¡si es que se puede!

Eduardo Squirru - Cerdo de Agua - Visionario, escritor, abogado - Argentina

Yo no soy una persona extravagante, soy un hombre común. A pesar de ello he notado que mis gustos difieren considerablemente de los de los demás, o tal vez sea que yo soy más sincero.

Por lo pronto, soy un ser lleno de prejuicios; todo yo soy un prejuicio, y como me siento muy cómodo con ello, no tengo la más mínima intención de cambiar. Odio toda clase de colectivismos. La gente no me interesa mayormente, más aun, me importuna; salvo no raras excepciones: mujeres hermosas, pero también estas acaban por cansarme y hacérseme inaguantables. Las mujeres están bien y lo que se quiera, mas ¿qué necesidad hay de vivir con ellas?

En general prefiero la gente mala a la buena, porque para mí, el ser malo es un enfermo, y hay más variedad e interés en las enfermedades que en la salud; pero todo esto, como he dicho, relativamente; lo paso mejor sin las personas, porque me altera la uniformidad de las máscaras. Soy amante de las Bellas Artes, sobre todo de la pintura, a las que les dedico algunos momentos perdidos de mis jornadas, que son las más numerosas. También soy sensible a la música, la clásica y la popular. Confieso que soy aun incapaz de sentirme emocionado por la arquitectura, y esto lo atribuyo a una falta de maduración artística. La literatura, la prosa sobre todo, contiene para mí enormes encantos, y mis patrones estéticos, tanto en ella como en todo lo demás, son los griegos, porque en escultura amo la VENUS DE MILO; en pintura, LOS JUICIOS DE PARÍS; en música las pastorales de BEETHOVEN, y en poesía, los versos de HOMERO.

Pero también hay variaciones sinfónicas en mis gustos flotantes y fugaces, y de esa forma soy capaz de virar de una determinada impresión de la belleza a la opuesta con la más grande facilidad, y puedo decir que en mi sensibilidad caben todas las emociones que han tenido origen en la creación de los hombres, de la misma manera que SANTOS CHOCANO afirmaba que en su arte cabían todas las escuelas, lo mismo que en un rayo de sol todos los colores.

PERSONAJES FAMOSOS

Ricardo Darín, Claudio Herdener* y Guillermo Francella

*Cerdo de Tierra

CERDO DE MADERA (1875-1935-1995)

Dua Lipa, Kendall Jenner, Luciano Pavarotti, Isabel Sarli, Julie Andrews, Pinky, Woody Allen, Eduardo Gudiño Kieffer, Mercedes Sosa, Dalái Lama, Elvira Domínguez, Alain Delon, Bibí Anderson, Maurice Ravel, Jerry Lee Lewis, José Mujica, Antonio Ravazani, Pocho Lavezzi, Julio Mahárbiz.

CERDO DE FUEGO (1887-1947-2007)

Georgia O'Keefe, Gigliola Cinquetti, Mijail Barishnikov, José Carreras, Hillary Clinton, Carlos Santana, Steven Spielberg, Georgio Armani, Iggy Pop, Oscar W. Tabárez, Deepak Chopra, Brian May, Paul Auster, Glenn Close, Ron Wood, Steve Howe, Keith Moon, Mick Taylor, Le Corbusier, Richard Dreyfuss, Jorge Marrale, Oscar Moro, Chiang Kai-Shek.

CERDO DE TIERRA (1839-1899-1959)

Gustavo Cerati, Jorge Luis Borges, Juan José Campanella, Alfred Hitchcock, Fred Astaire, Humphrey Bogart, Hugh Laurie, Pedro Aznar, Val Kilmer, Indra Devi, Victoria Abril, Claudio Gallardou, Semilla Bucciarelli, Ana Torroja, Michelle Acosta, Angus Young, Fabiana Cantilo, Nito Artaza, Ramón Díaz, Al Capone, Darío Grandinetti.

CERDO DE METAL (1851-1911-1971)

Ernesto Sabato, Mario Moreno «Cantinflas», Máxima Zorreguieta, Eugene Ionesco, Paulo Vilouta, Ginger Rogers, Carolina Peleritti, Ricky Martin, Winona Ryder, Wally Diamante, Robert Taylor, Claudia Schiffer, Martín Ciccioli, Dolores Cahen D'Anvers, Gloria Carrá, Pablo Trapero, Juan Manuel Fangio, Julieta Ortega, Gastón Pauls, Diego Torres.

CERDO DE AGUA (1863-1923-1983)

Julieta Zylberberg, Maria Callas, René Favaloro, Eduardo Falú, Mariana Fages, príncipe Rainiero de Mónaco, Carlos Páez Vilaró, Alberto Ajaka, Guillermo Cooke, Natalia Lafourcade, Celeste Cid, Gustavo López, Richard Avedon, Piru Sáez, Darío Barassi, Sabrina Garciarena, Agustina Cherri, Henry Kissinger.

TABLA DE COMPATIBILIDAD

CERDO

❤️ Amor   🤝 Amistad   🐷 Economía

	Amor	Amistad	Economía
Rata	♥	🤝🤝	🐷
Búfalo	♥♥	🤝🤝	🐷🐷
Tigre	♥♥♥	🤝🤝	🐷
Conejo	♥♥	🤝	🐷🐷🐷
Dragón	♥	🤝	🐷
Serpiente	♥♥	🤝🤝	🐷🐷🐷
Caballo	♥♥♥	🤝	🐷🐷
Cabra	♥♥	🤝🤝	🐷🐷
Mono	♥	🤝🤝	🐷
Gallo	♥♥	🤝🤝	🐷🐷
Perro	♥♥	🤝🤝	🐷
Cerdo	♥♥	🤝	🐷🐷

1 mal • 2 regular • 3 bien

Nota: las compatibilidades son desde el punto de vista de cada animal.

1. Gloria Carra, Cerdo de Metal.
2. Mercedes Sosa, Cerdo de Madera.
3. Jerry Lee Lewis, Cerdo de Madera.
4. Ronnie Wood, Cerdo de Fuego.
5. Juan Manuel Fangio, Cerdo de Metal.
6. Pedro Aznar, Cerdo de Tierra.

4

5

6

Fundar es decirle «sí» al universo
por Miguel Grinberg

«Nuestra generación, la del **hombre nuevo**, tiene una perentoria misión que cumplir».

Rafael Squirru

«América es una nueva tentativa del hombre para vencer el silencio mundial, para poblar la tierra inerte de la materia con la viva palabra del espíritu».

Héctor A. Murena

«El **hombre nuevo** será un místico, un poeta, un científico, todos juntos. No mirará la vida a través de podridas y viejas divisiones. Será un místico, porque sentirá la presencia de Dios. Será un poeta, porque celebrará tal presencia. Y será un científico porque investigará esta presencia a través de la metodología científica. Cuando un hombre es la unión de estos tres, el hombre está completo... Yo predico la reunión de la tierra y el cielo, de lo visible e invisible, la reunión de todas las polaridades: del hombre y la mujer, del día y la noche, del verano y el invierno, del sexo y del *samadhi* (unidad con lo divino). Para crear el hombre nuevo tienes que empezar por ti».

Osho

Parámetros de coexistencia

Somos seres evolutivos, en un planeta mutante, que se desplaza en un cosmos expansivo. Y como entes humanos tenemos la oportunidad de participar de un momento histórico en el cual todo lo que conocimos se va a ir convirtiendo velozmente en arcaico. Considero que no nacemos para reproducir la realidad tal cual existe, porque por nuestra naturaleza somos criaturas en vías de transición, hacia un estado de iluminación permanente.

Fundar no es apenas darle realidad a algo que antes no existía. Implica también dar respuesta al desafío de habitarlo y fecundarlo. A veces consiste en una idea anidada durante mucho tiempo en las almas de seres dispersos que comparten un sueño pero que no disponen de las herramientas para concretarlo en la vida cotidiana, y asimismo no disciernen claramente el terreno donde emprender la tarea implícita. Pero como bien expresa el Eclesiastés[39], todo tiene su tiempo y todo lo que se hace debajo del cielo tiene su hora. En lo referido a la **Fundación Espiritual de la Argentina**, el tiempo es ya mismo.

Como un amanecer inesperado, asoman a la par desde el universo y desde el núcleo espiritual de nuestro planeta (del cual los humanos somos un microrreflejo) indicios inequívocos que señalan el ocaso de una época y la inauguración de un ciclo fundacional inédito.

En este siglo XXI, vivimos tiempos en los cuales simultáneamente emergen señales de agonía y de advenimiento: o sea, son días de colapso y de revelación. *Lo nefasto y lo propicio se armonizan* y de esa danza invisible emana la *verdad* de estos días tan tumultuosos.

Las leyes que gobiernan la realidad son inequívocas y nos lo dicen rotundamente: hay un principio generador que vaticina el brote de una «gran armonía» (una nueva civilización). Algunos lo perciben, otros todavía no se han enterado. Como náufragos, navegan a merced del oleaje.

Hasta el siglo XIX, la epopeya terrenal del *homo sapiens* consistió, por un lado, en producir sin límite un máximo de volúmenes de bienes materiales y, por otro, acumular riquezas ilimitadas como fruto de la actividad económica basada en el dominio ilimitado de los bienes terrestres. Esa etapa se descompensó durante el siglo siguiente entre guerras mundiales (calientes y frías), el paroxismo de la llamada «sociedad de consumo» y el final de la «era del petróleo».

Frenar la depredación – Las transiciones desde una política del derroche hacia una cultura de la preservación se aceleran implacablemente a medida que se vuelven obsoletas muchas costumbres depredadoras expandidas durante el siglo XX.

La Tierra ostenta infinitas cicatrices de origen humano: chatarra de todo tipo, paisajes difuminados, acidificación de océanos, sobreexplotación ictícola, desaparición de masas forestales, deterioro de la capa de ozono, agotamiento de flora y fauna, calentamiento global, destrucción de los corales, aberraciones biotecnológicas, acumulación de armamentos apocalípticos, metrópolis insalubres, virus implacables, dispersión de desechos radiactivos, y acumulación de plagas exterminadoras.

---

39. El Libro del Eclesiastés es un libro del Antiguo Testamento de la Biblia perteneciente al grupo de los denominados Libros Sapienciales, o de enseñanzas.

Despertar y compartir – En un país de Sudamérica, a comienzos del siglo XXI, una clara intuición fundadora impulsó a Ludovica Squirru a reunir un grupo de astrólogos de variadas raíces y tradiciones (maya, mapuche, celta, asirio-caldea y, además su aporte personal, la sabiduría china) a fin de elaborar una carta natal para el país donde vivimos, la Argentina. El punto de partida, tras analizar una historia nacional cargada de desencuentros homicidas y ecocidas, consistió en verificar si las dos mayores fechas fundacionales –25 de mayo y 9 de julio– podían considerarse adecuadas. Los astros confirmaron que no era así. Y al mismo tiempo, indicaban que la mejor *aspectación*[40] para fundar una nación soberana sería el **4 de diciembre**.

Así fue que desde entonces y hace una década y media, en un paraje llamado Ojo de Agua (Traslasierra, Córdoba) se puso en marcha una iniciativa de convivencia bautizada *Fundación Espiritual de la Argentina*. Y cada **4 de diciembre**, al pie de un cerro donde un artista de la región talló en madera la efigie de una diosa maya de la fertilidad llamada *Ixchel*, venimos dando los pasos inaugurales de un «darnos a luz» en sintonía con parámetros renovados de coexistencia.

Hacia nuevas realidades – En la mitología maya, *Ixchel* era la diosa del amor, de la gestación y de los trabajos textiles. En algunas ocasiones se la representaba acompañada de un conejo. Ixchel se venera además como la diosa de la luna, por el carácter femenino de esta. Representa la fertilidad estrechamente ligada con la Tierra, ya que son los ciclos de la luna los que rigen los tiempos de siembra y cosecha.

Inspirados por tales percepciones y energías, hombres y mujeres, mayores y jóvenes, durante estos tres lustros, cada 4 de diciembre hemos venido celebrando al pie de ese cerro la *Fundación Espiritual de la Argentina*. Un cónclave complementado periódicamente con talleres, meditaciones y cursos de expansivo refinamiento de convivencia, como por ejemplo el *Arte Núbico* creado por la artista Mireya Baglietto:

El **Arte Núbico** *es intangible; sin embargo, la resonancia pública y a su vez intimista de la aventura que se vive desde la virtualidad del espejo muestra a este hecho estético como un instrumento capaz de avanzar hacia la ética de lo inconcluso, de lo revulsivo, de lo transformador, proponiéndose como continente fértil para el despliegue y la evolución del espíritu humano.*

---

40. Término propio de la astrología. Los aspectos son las distancias angulares que existen entre dos o más planetas. Indican cómo se relacionan diferentes facetas de nuestra vida de acuerdo a los planetas implicados, así como los signos y casas relacionados con dichos planetas.

Estamos pues en un momento evolutivo culminante de la travesía sensible de nuestra especie en el planeta Tierra, víspera de un itinerario sin precedentes en el hecho de «ser humanos», o sea, rumbo al *homo cosmicus*, la siguiente epopeya universal de nuestra sensibilidad psíquica. No somos personas que a veces tienen experiencias espirituales, sino seres espirituales implicados en experiencias humanas. Quien lo entienda y asuma, no necesita más detalles. Una y muchas otras verdades surgen de dicha percepción, en el planeta entero, entre individuos sensibles que se asumen como *fundadores*.

Etimológicamente, los diccionarios y las enciclopedias son claros en lo referido al verbo *fundar*:

1. *Establecer o crear una ciudad, una empresa, un edificio o una institución.*
2. *Establecer los principios o la base de algo: la teoría se funda en su propia experiencia; basar, fundamentar.*
4. *Establecer, crear, instituir [mayorazgos, obras pías y otras fundaciones].*
3. *Empezar a edificar [una ciudad, establecimiento, etcétera].*
5. *Estribar, crear [alguna cosa material] sobre otra.*
6. *Apoyar con motivos o razones [una cosa].*

En el vértigo inaudito de un universo enigmático, somos todos tripulantes de un navío espacial llamado Tierra, que gira alrededor del Sol, y que dentro de nuestro parámetro local –la Vía Láctea– se desplaza a unos 300 km por segundo. El suelo que pisamos y llamamos «tierra firme» es más bien una cápsula disparada al infinito.

La expansión acelerada del universo o el universo en expansión, son conceptos con los cuales se ha designado un hecho descubierto en la década de 1990: el universo se expande a una velocidad cada vez mayor. Pero las cosas en particular no son tan sencillas, ya que ha aparecido una hipótesis cosmológica sobre el destino final del Universo. Se la denomina el *Gran Desgarramiento* o Teoría de la Expansión Eterna (en inglés, *The Big Rip*).

Almas en sintonía – Las cifras proporcionadas por la ONU (Organización de Naciones Unidas) son, a grandes rasgos, explícitas: al despuntar la segunda década del siglo XXI en nuestro planeta existían unos 7500 millones de seres humanos que según las tendencias poblacionales tradicionales sumarán 9900 millones hacia el año 2050. Al mismo tiempo, se verifica una rotunda crisis ecológica, o sea, agudos cambios climáticos con variadas calamidades atmosféricas, océanos saturados de basura plástica doméstica, deforestación intensiva, plagas y epidemias inéditas, crisis alimentaria, etcétera.

Anecdóticamente, el diario de la mañana no trae las noticias de hoy, sino los titulares de ayer. Por lo tanto, vivimos en un mundo referencial, retrospectivo, residual. Lo que pasa en este MISMO momento, con o sin nuestra intervención, nos será «comunicado» masivamente mañana, es decir, cuando sea un hecho consumado, cuando no haya manera de alterar su inserción en el calendario, o tomar medidas preventivas. En resumen, CASI NO VIVIMOS, apenas coleccionamos datos fosilizados, irreversibles.

Esta es una de las desgracias que nos fatigan, o nos distraen, y nos apartan de la siembra necesaria de situaciones, ideas y proyectos con vocación inaugural. Comentamos sin cesar hechos desactualizados y no protagonizamos realizaciones con visión de futuro. Fluctuamos archivando espectáculos inertes y no encarnamos efectivamente nuestras vidas, utilizando nuestro tiempo, la energía vital y la imaginación, para establecer una neta diferencia con la suma de un lastre de siglos.

No saldremos de esta trampa a menos que asumamos que existe como realidad, pues al mismo tiempo no queremos tener nada que ver con ella. En lugar de estancarnos en el lamento, tendríamos que elegir *un sendero de fundadores*.

Debemos saber que la única unanimidad universal es la luz solar. Que no tiene dueños ni administradores. Por consiguiente, en el orbe hay muchas latitudes de experiencia y de sabiduría. No todas son compatibles. Ni todas son confrontacionales. Hay gente que vive en el pasado y hay gente que vive en el futuro. Y hay gente que vive en días acelerados, una efímera zona de actualidades.

Semillas de lucidez – Al mismo tiempo, hay otros individuos que viven en el eterno presente y hay mucha gente que no vive, apenas dura. Entre sí dan la impresión de pertenecer a planetas distintos. En ocasiones es así. En otras situaciones no, pues así como en el organismo humano hay diferentes funciones (las células del hígado cumplen funciones hepáticas y no rivalizan con las células nerviosas, y viceversa), lo mismo sucede en la Tierra y en el Cosmos. Se generan coexistencias. Amalgamas armónicas. Tanto confluencias como disonancias.

Simultáneamente, conspiraciones y logias secretas humanas hubo siempre. Cada una con su proyecto hegemónico. Percibimos que hay en marcha algunas germinaciones espirituales que no son patrimonio de los grandes piratas históricos. He allí un atractivo punto de inserción. Apto para almas en sintonía con un porvenir vibrátil inserto en el momento actual. Por lo tanto, la oscuridad no tiene poder propio: es ausencia de luz.

Reconozcámoslo: aquí y ahora existen individuos evolutivos, en un planeta evolutivo, que se desplaza en un cosmos expansivo. Y como seres humanos tenemos la oportunidad de participar de un momento histórico donde todo lo que conocimos se va a ir convirtiendo rápidamente en arcaico. Algunos sabemos que no nacimos para reproducir la realidad tal cual existe porque por nuestra naturaleza somos seres en estado de transición, criaturas hacia un estado de iluminación permanente.

Pasos reveladores – Hace 15 años, un 4 de diciembre, convocados por Ludovica Squirru a las 5 de la tarde, un grupo de *fundanautas* se reunió por primera vez en Ojo de Agua (Traslasierra, Córdoba) para celebrar la presentación de su propuesta denominada *Fundación Espiritual de la Argentina*. Desde ahí, cada año, en la misma fecha y lugar se ha reiterado el rito. El paraje rodeado de cerros, anterior territorio de los indios comechingones[41], no alberga construcciones humanas pretenciosas ni ostenta carteles alusivos a la ceremonia y las intenciones de la iniciativa. Se parece a la germinación de una semilla en la profundidad del suelo fértil, o al trabajo de reconstrucción del tejido que las células humanas producen en el fondo de una herida. Se trata de un rito paciente y empecinado.

La anfitriona Ludovica explicó: «La Argentina necesita una inyección de vida, aliento, esperanza, que provenga de una buena *aspectación* cósmico-sísmica. De tal modo, ese proyecto existe en cada persona de cualquier lugar del país y del mundo que crea que somos parte del universo, que nuestros destinos están relacionados con una memoria planetaria y celestial, además de la influencia terrestre, genética, social y material que nos permite desenvolvernos en el mundo».

La *aspectación* astral que realizan los astrólogos de todas las

---
41. "Comechingón" es la denominación vulgar con la cual se alude a dos etnias originarias de la República Argentina, los hênia y los kâmîare, que a la llegada de los conquistadores españoles en el siglo XVI habitaba las Sierras Pampeanas de las actuales provincias de Córdoba y San Luis.

escuelas existentes rige tanto para personas como para lugares. La ubicación de los astros en el firmamento, en un momento determinado de la historia, preanuncia su destino. Orientada por la sabiduría china del I Ching, Ludovica convocó a los «nahuales» (espíritus protectores) y echó las redes al espacio sideral para que otros expertos en las cosmovisiones maya, mapuche, oriental y asirio-caldea solar, aportaran sus proyecciones sobre el 25 de mayo de 1810 y el 9 de julio de 1816, fechas matriciales de nuestro país. Las conclusiones fueron unánimes: nada iniciado en esas fechas podría prosperar. Los *fundanautas* buscaron astrológicamente entonces una fecha inaugural propicia y desembocaron en el *4 de diciembre de 2003*. Desde entonces, ese día brinda para quienes coincidan con la propuesta, una jornada de confluencia, introspección, meditación y afirmación de la conciencia planetaria. Dinámicas practicables y contagiosas para ampliar el quórum cotidiano.

Mundos auténticos – El punto de partida del encuentro ha consistido en una ronda tribal de compenetración con los elementos naturales (suelo, aire, agua y luz) bajo un cielo que siempre ofrece los colores de la bandera argentina, y culmina con el ascenso al cerro contiguo donde está implantada una potente escultura en algarrobo de Ixchel. Desde lo alto, frente a un imponente paisaje natural, cada participante vive esa inmensidad y se reafirma individual y de forma comunitaria para su crecimiento personal, espiritual y evolutivo en los ámbitos que habitualmente frecuenta como ciudadano y ciudadana. La «fundación espiritual» no es un partido esotérico ni una secta devocional: se asume como una celebración de la experiencia cosmológica y de la convivencia terrenal. Sostiene que cada individuo es un ser espiritual dedicado a aprender el significado de la humanidad.

Gamas perceptivas – Hay una crucial diferencia entre religión y espiritualidad. La primera es una forma institucionalizada de culto, una organización que sostiene valores consagrados y una doctrina irrefutable. La segunda es una energía autónoma, ilimitada, que no tiene dueños, ni figuras providenciales.

El geoteólogo Thomas Berry (1914-2009) afirmó que todo ser humano posee dos dimensiones: la universal y la individual, un Gran Ser y un pequeño ser. Destacó que por eso nos exaltamos cuando estamos en medio de los árboles, escuchamos himnos sagrados, vemos los colores de las flores o del cielo al atardecer, o cuando observamos el fluir de un río caudaloso. La fuente de inspiración es un encuentro con el Gran Ser, la dimensión existencial donde experimentamos la realización. O sea, la consumación de haber nacido para ser y estar visionariamente en el universo. Sin ella somos entes incompletos. No se trata de una percepción exclusiva de los pueblos autóctonos: dentro de nuestras tradiciones también existe la percepción de que nos resulta imposible sobrevivir sin el Gran Ser. Por eso, nuestra tarea como humanos consiste en formar parte del gran *himno de alabanza que es la existencia*. Esto se llama **pensamiento cosmológico**. Cuando se participa del misterio sagrado, en ese momento se sabe qué significa ser plenamente humano». Así, somos desafiados por los reflejos de una chispa divina a soltar el lastre de lo trivial, e ir logrando algo que nos coloque en situación de explorar el territorio sacralizado.

Hacia la era de los dioses – Tanto los antiguos egipcios y los remotos esenios y sufíes, como numerosos filósofos occidentales han perfilado la estructura de las civilizaciones según cuatro ciclos o eras recurrentes: la de los dioses, los héroes, los hombres, y del caos. Se repiten a través de los milenios. Y hoy estamos cerrando un megaciclo: culmina la era del caos y despunta la de los dioses. El historiador William Irwin Thompson (1938) dice al respecto: «La era de los dioses es invisible para todos, excepto para quienes están en sintonía y receptivos a los dioses».

Por ejemplo, los *fundanautas*.

El mundo (o nuestro planeta) no corre peligro: es un megaorganismo viviente sujeto a trasmutaciones sutiles o monumentales según el accionar de potencialidades o campos de energía intrínsecos y extrínsecos. La Tierra es una especie de navío espacial que gira sobre sí misma y alrededor de un Sol central (sistema solar), desplazándose por el cosmos a gran velocidad.

De pie, en un parque cualquiera de una ciudad, sentimos (o creemos sentir) la solidez del suelo bajo nuestros pies, y observamos la presencia de árboles, calles y edificios como figuras firmes de un gran escenario urbano. Un súbito terremoto podría alterar radicalmente el panorama, así como el impacto de un meteorito. Todo ello se ajusta a una tabla de probabilidades y potencialidades ajenas a nuestra voluntad.

Dos realidades se entrelazan a nuestro alrededor y en nosotros mismos. Una de ellas es de carácter entrópico[42]. La otra, una ceremonia de advenimiento. Por un lado, una agonía constante. Por el otro, un permanente renacer.

Veracidad vital – La *entropía* es asumida como la tendencia natural a la pérdida de orden en un sistema. En la física se define como la magnitud termodinámica que indica el grado de desorden molecular de un modelo o estructura. En informática, es la medida de la incertidumbre existente ante un conjunto de mensajes, de los cuales va a recibirse uno solo.

A su vez, *advenimiento* es un término que remite al acto de llegar, suceder o sobrevenir. Por lo tanto, indica la llegada de algo o de alguien, en particular si dicha llegada es esperada y captada como instancia solemne.

De modo que, simultáneamente, una fracción de nuestro contexto planetario se disipa, mientras que entrelazados con ella infinitos factores generan situaciones inéditas.

Desmoronamiento – El mundo se desintegra y se reformula, paso a paso. Todo el tiempo. Lo material y la espiritualidad se manifiestan en nuestras vidas con caracteres que contrastan. La tendencia predominante en nuestro mundo actual es el «materialismo», en tanto numerosas personas vienen transitando un grado de discernimiento que la sitúa en una órbita de sensibilización «espiritual» aguda.

El mundo actual se va convirtiendo velozmente en una galería de desafíos a la conciencia humana: colapsos, barbaridades, agonías, belicosidad, inmolaciones, infamias recurrentes, destrucciones lamentables. La prensa escrita, televisada y radial se esmera en documentar estas densas situaciones del siglo XXI, dándole sabor de Apocalipsis a la vida cotidiana de millones de personas. Las películas y las series de televisión son un tiroteo constante, una maratón total de homicidios. Abrumada, la multitud busca en toda dirección algo parecido a una bocanada de esperanza, pero a cada movida surgen nuevas andanadas de «malas noticias».

¿Se trata acaso del fin de la Civilización o de una honda Transición generacional? Las ideologías, las filosofías, los dogmas y las doctrinas tradicionales no alcanzan a definir senderos de clarificación ante tanto ruido y tanta confusión. Y un vasto sentimiento de desamparo

---

[42]. Física. Magnitud termodinámica que indica el grado de desorden molecular de un sistema.

se impone a las almas más vulnerables en todas las latitudes del planeta. Suponemos que de este estado de conmoción surgirá tarde o temprano una respuesta reveladora a tanto desamparo existencial. Apostamos a tal realidad. De ahí que digamos: urge una revisión total del compromiso humano con la piedad.

Fluir y confluir – Realizamos los encuentros en Ojo de Agua mediante una ronda ritual y una invocación meditativa centrada en nuestras almas y en el paisaje al pie de un cerro, en cuyo tope –como hemos dicho– se anida una efigie tallada en algarrobo de la diosa maya de la fertilidad y la medicina: Ixchel.

Reitero que no se trata de una nueva religión ni de un proyecto de partido político: es un sencillo tributo al orden universal. Como ya hemos comentado, al hacer la carta natal de nuestro país, un grupo de astrólogos de diferentes escuelas halló que el 4 de diciembre propone una buena *aspectación*, en tanto el 25 de mayo y el 9 de julio vienen muy recargados con una energía entrópica (retrógrada). Confiamos pues en la Pachamama y latimos en su seno, serenamente.

Gira en torbellino nuestro planeta y abundan los grandes vaticinios. Ante nosotros, un mundo inédito se predispone a que lo transitemos. Late la **Fundación Espiritual**, como una dimensión inesperada en situación de advenimiento. No aparece para combatir circunstancias preexistentes, ni para fomentar algún nuevo credo. Se manifiesta espontáneamente entre quienes ya han podido intuir su inmediatez, captada desde el plano espiritual, fuera de las ideologías que empobrecen el acto de vivir. Resplandece como una luciérnaga en la noche oscura. Aparece o desaparece por encima de nuestras apetencias y deja siempre un sabor de serenidad en los espíritus. Se manifiesta fluidamente despertando serenidades contagiosas.

Adiós, viejos sistemas – Es algo captado por hombres y mujeres en vías de mutación existencial, y se manifiesta en ráfagas, como anticipo de una realidad que poco a poco se torna más evidente, menos misteriosa. Va constituyendo una especie de envoltura reveladora, clima de conciencia individual plena que la multitud trastornada no alcanza todavía a percibir.

A veces se parece a una angustia, pero enseguida se convierte en una especie de fisura que permite abrirse más al porvenir y facilita desprenderse de los lastres del pasado. Es un simple atisbo de la eternidad y la neta percepción del océano de trivialidades que atravesamos días tras día. Ello genera algo así como un malestar al mismo tiempo tenue y profundo. Uno se siente despegado de la plenitud de circunstancias cotidianas y es proyectado hacia una rotunda levedad. Y poco a poco, la serenidad comienza a manifestarse con mayor ímpetu: empezamos a darnos a luz a nosotros mismos, en pos de una libertad asombrosa.

Pero no nos confundamos, no se trata de un puerto de llegada sino de una rampa de despegue hacia territorios desconocidos en general por las almas. Los oráculos nos advierten entonces que todo ciclo espléndido de florecimiento cultural acarrea también reales peligros. Pues según la ley universal de la causa y el efecto, todo crecimiento es seguido por un decrecimiento.

Poderes de sanación – Desde las alturas recibimos lecciones. Por ejemplo: una vez que se ha llenado, la imagen de la luna comienza a disolverse. Igualmente, al alcanzar el mediodía, el sol pasa a declinar rumbo al horizonte. Tal es también nuestra travesía en la tierra y la interacción con el cielo. Algunas veces –según las estaciones– la vida se presenta pletórica y desbordante, pero en otros momentos nos parece escasa y opaca. El esplendor y la abundancia no son eternos: tarde o temprano llega un período de decadencia. Entonces, no perdamos de vista la enseñanza milenaria: así como toda nueva criatura se gesta en el seno de un ser maduro en vías de declive, así *toda nueva cultura amanece entre los restos desfigurados de su pasado esplendor.*

Simultáneamente, mientras algunos se martirizan en combates feroces, anclados en dogmas obsoletos, tentados por la crítica y la negación; otros se entregan a un fervor fundacional en el que amasan los cimientos del paso siguiente en el devenir de la humanización del mundo. En esta latitud, el hexagrama **Yü** (entusiasmo) del I Ching les dicta a los *fundanautas* que es propicio designar ayudantes y actuar en las líneas de menor resistencia, basados en la armonía del movimiento inmanente de las cosas. Por esta causa, los cuerpos celestes no se desvían de sus órbitas y todo el acontecer natural tiene lugar con firme espontaneidad.

Entonces, ante nosotros, bulle un amanecer galáctico: la alianza entre la humanidad y la divinidad, la confluencia mística entre el mundo terrenal y el mundo celestial. Cada uno de nosotros tiene un papel que desempeñar en tal epopeya cosmológica.

Asumir la inmensidad – El maestro Osho nos recuerda que la palabra *entusiasmo* proviene de dos raíces: *en* y *theos*. Theos, en griego significa Dios. Cuando alguien se halla colmado de Dios, está cargado de entusiasmo. Estar colmado de Dios significa estar desbordante de esperanza. Así se comprende que la actualidad no sea el fin del mundo, sino que lo que ha ocurrido no es nada comparado con aquello que va a suceder. El pasado es muy limitado y el futuro no tiene fin: «la actualidad es apenas una muy pequeña parte de lo posible. Lo posible es vasto como el cielo. La actualidad es solo tu casa, no mucho... una muy pequeña isla en un océano de posibilidades. Esperas alerta, esperas con confianza. Sabes, en lo más profundo, que va a ocurrir. No ha ocurrido aún pero hay una tremenda certidumbre en tu corazón de que va a ocurrir. Eso es lo que significa *entusiasmo*».

Se nos ha brindado el privilegio intenso de reformular, no la Vida como un Todo, sino la siembra espiritual en una de sus provincias náufragas del Sur distante. Hasta hoy, un caso explícito de amor contradictorio, conocido como Argentina, donde en nombre de lo supremo hemos estado cultivando el fanatismo bárbaro y el retroceso cíclico. Fenómeno patológico que comienza a declinar, marchito de sus insuficiencias, agotado y reseco sin remedio. Desde ahora, suavemente, priorizamos el fervor fundacional y la celebración indómita, renaciente.

Cerramos aquí con tres testimonios lúcidos del siglo XX.

El primero, del historiador Félix Luna, contextualiza el paisaje histórico argentino (y por añadidura, hispanoamericano) en tiempos de la Declaración de Independencia.

El segundo, del cosmólogo Carl Sagan, menciona el amanecer galáctico hacia el cual estaríamos dirigiéndonos ciegamente, o sea, sin percibir un porvenir anidado en los asombrosos pliegues de la Naturaleza.

Y finalmente, un fragmento de la alocución brindada en 1936 por el poeta Leopoldo Marechal durante la celebración del IV Centenario de la Fundación de Buenos Aires.

Testimonios

A
La Declaración de la Independencia fue, básicamente, un acto de coraje. Una especie de gran compadrada en el peor momento de la emancipación americana. En el norte del continente, Bolívar había sido derrotado. Chile estaba nuevamente en manos de los realistas. Los españoles amenazaban Salta y Jujuy y apenas si eran contenidos por las guerrillas de Güemes. Para empeorarlo todo, Fernando VII había recuperado el trono de España y se preparaba una gran expedición cuyo destino sería el Río de la Plata. La Banda Oriental estaba virtualmente ocupada por los portugueses. Y en Europa prevalecía la Santa Alianza, contraria a las ideas republicanas. En ese momento crítico los argentinos decidimos declararnos independientes. Fue un gran compromiso, el rechazo valiente de una realidad adversa en 1816. Era empezar la primera navegación de un país independiente, sin atender las borrascas ni los riesgos. Un acto de coraje.

Félix Luna
(1925-2009)

B
El cielo nos llama. Si no nos destruimos a nosotros mismos,
un día nos aventuraremos hacia las estrellas.
Un amanecer aún más glorioso nos espera, no solar sino galáctico.
Una mañana iluminada por 400 000 millones de soles.
El amanecer de la Vía Láctea.
El cosmos está inconmensurablemente lleno
de verdades elegantes, de exquisitas interrelaciones.
De la asombrosa maquinaria de la naturaleza.

Carl Sagan
(1934-1996)

C

Pertenezco a una legión ya numerosa de hombres que, siendo al mismo tiempo actores y espectadores de la ciudad en marcha, vienen preguntándose con amorosa inquietud adónde se dirige la ciudad, hacia qué punto tienden sus pies tan sólidamente calzados de metal y de piedra. Vemos la ciudad enérgica, enteramente dada a los vientos de la acción, y la ciudad nos duele, porque sabemos que la acción pura es una energía ciega que se destruye a sí misma, cuando no recibe y acata las leyes de un principio anterior y superior a ella, capaz de darle un sentido y un fin... y la ciudad nos duele, porque no vemos aún la forma espiritual de su cuerpo, la forma de su vida... y porque sabemos que sin esa forma espiritual ningún cuerpo vivo tiene forma auténtica, sino un mecanismo helado que se resuelve como todo mecanismo, en una triste parodia de la vida. Por otra parte, oímos que voces acusadoras se levantan de pronto contra la ciudad: Babilonia, le gritan unos; Cartago, le dicen otros; y la ciudad nos duele ahora en esas voces, y hacemos un ademán instintivo en su defensa, porque amamos a Buenos Aires y con una suerte de amor bien extraño por cierto.

Leopoldo Marechal
(1900-1970)
De la conferencia de Marechal en las celebraciones del
IV Centenario de la fundación de Buenos Aires.

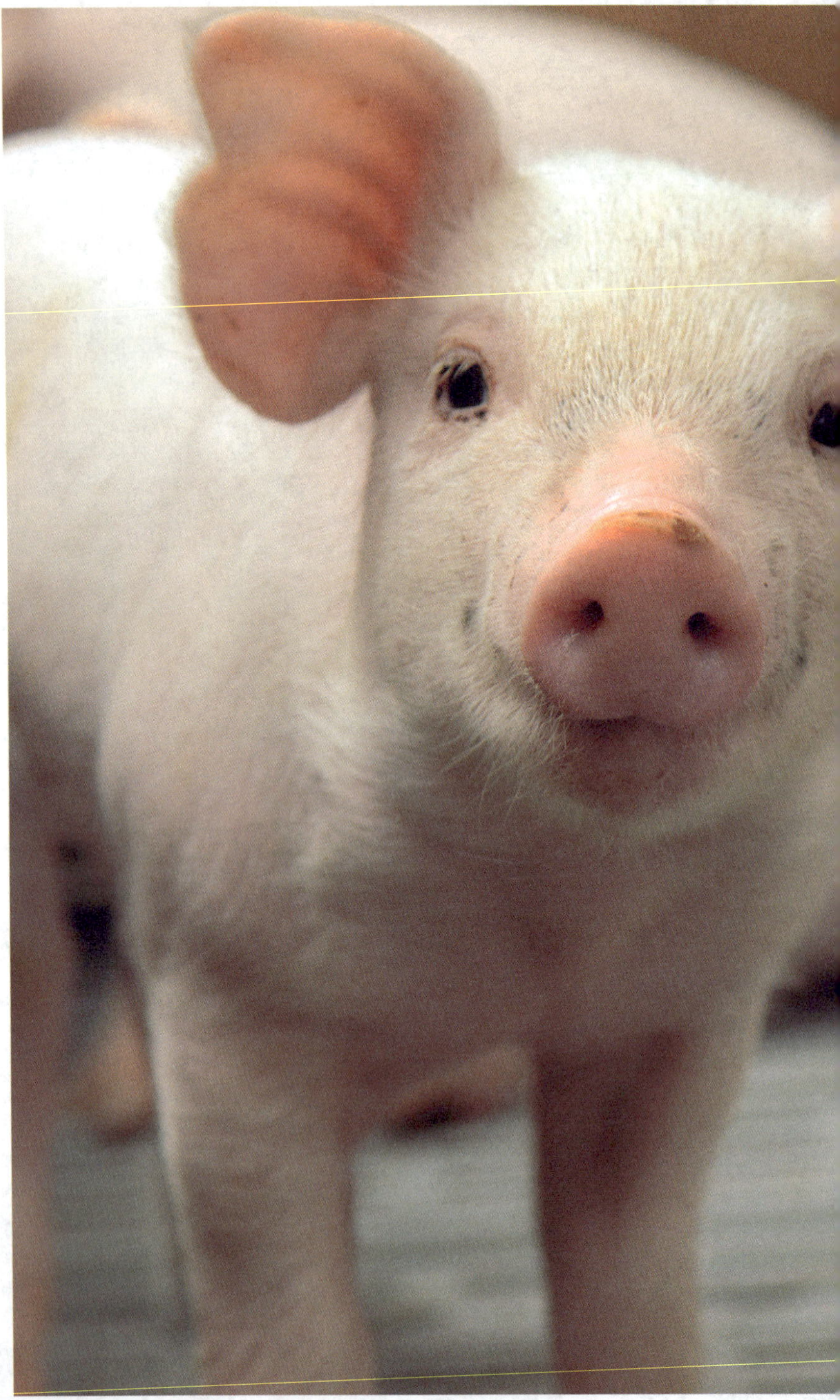

Predicciones

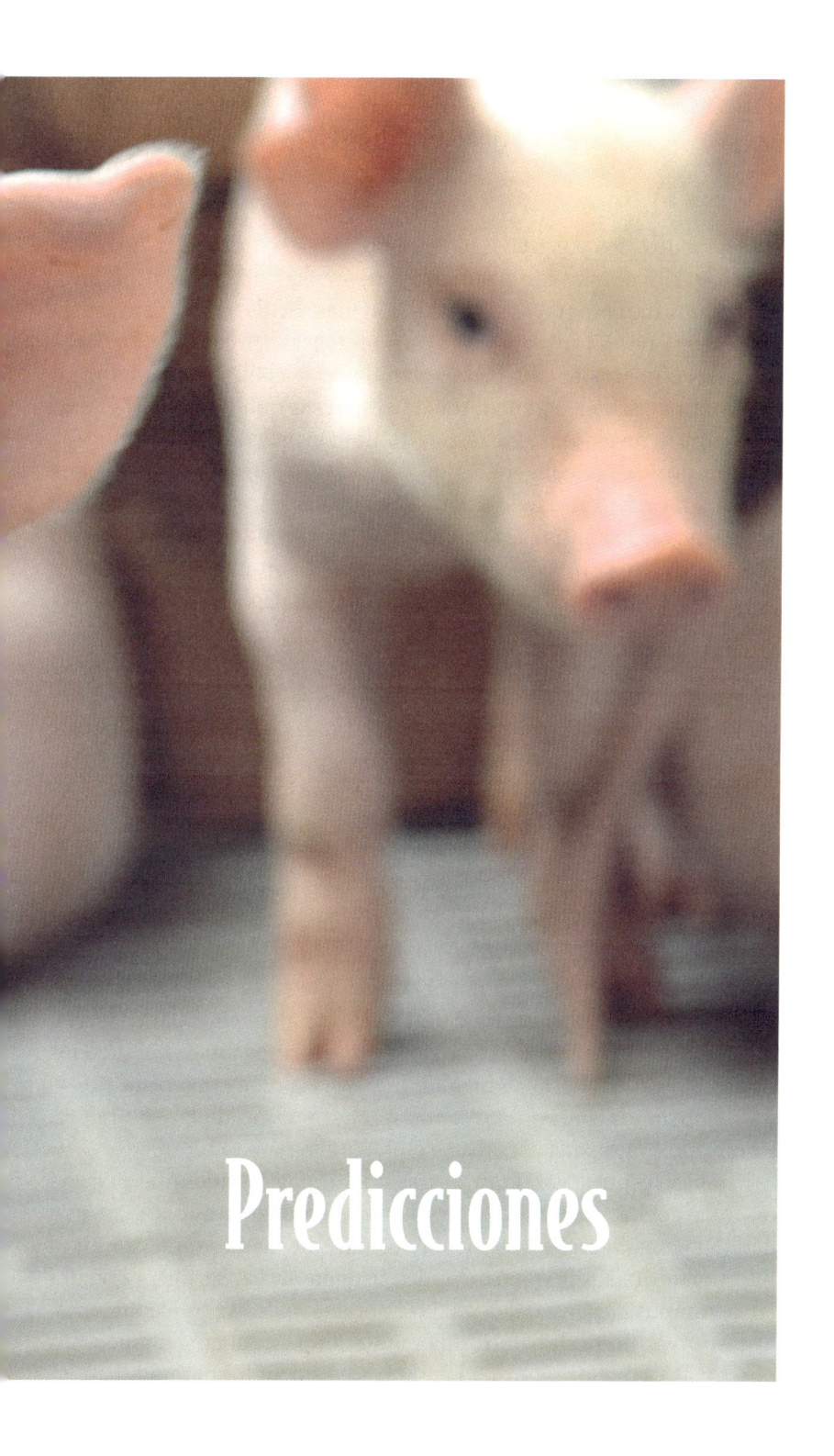

El I CHING en imágenes

por Fernando Demaría

En todos los tiempos el hombre buscó una guía para su destino. No se sintió lo suficientemente seguro para afrontarlo. El descubrimiento de las fuerzas divinas de la naturaleza es la proyección de esa inseguridad. Para protegerse necesitaba más que las vidas efímeras de sus padres, familiares y clan. Y en su entorno sintió la necesidad de encontrar la respuesta que buscaba. Pero su intuición le reveló que esa respuesta no consistía en palabras ni era el atributo de sus congéneres, los humanos. Sabía que todos ellos estaban también acuciados por el problema de su destino, por la necesidad de encontrar un camino que los condujera a través de los peligros. Miró a su alrededor y se encontró con el contorno que le ofrecía la naturaleza: el mundo de los animales, las plantas, y los accidentes del paisaje. ¿A quién preguntó primero por su destino?: A todos: los árboles, el viento, las montañas y los ríos le transmitieron su mensaje. Pero muchas veces guardaron silencio o se reservaron su secreto. Por ello pensó que podía forzar una respuesta de los animales. Pero no haciéndolos sufrir, sino interrogando a algún símbolo de su espíritu, por ejemplo, un hueso o el caparazón de una tortuga. La respuesta que buscaba en su existencia primitiva era un sí o un no. Y era esa respuesta la que esperaba obtener de la naturaleza. El hombre primitivo sabía que la naturaleza era una realidad sagrada, maravillosa e incomprensible. Carecía de la ceguera del hombre contemporáneo que la ha desacralizado. Sabía que era parte de ella y que si bien lo amenazaba también podía protegerlo. Pero la manera de interrogarla no era la nuestra. Se servía de los elementos para hacerlo. Así, aplicando el fuego al caparazón de una tortuga muerta obtuvo los signos de esa respuesta elemental que buscaba. Una raja recta ▬▬ y una quebrada ▬ ▬ representaron el sí y el no de la Naturaleza. Conforme a la misma actuaba y se preparaba para el futuro.

Ambas respuestas tenían el mismo valor y las identificó con el día y la noche, el hombre y la mujer. Es probable que a cada una de ellas le asignara un emblema vegetal que fuera empleado en el interrogatorio. La permanencia del sistema de las varillas vegetales en la composición final del I CHING es herencia de ese procedimiento. Y nosotros, ¿no deshojamos una margarita para saber si alguien nos quiere? Para mayor seguridad en la respuesta, el hombre duplicó las líneas en las combinaciones posibles, las que le dieron una visión más completa del futuro, con sus factores en pro y sus factores en contra.

Fue un emperador legendario, Fu-Hsi, que vivió hace unos 4500 años, quien agregó una línea más a las anteriores, componiendo ocho símbolos, los trigramas[43], con todas las variantes posibles. Pero proviniendo de la naturaleza, cada trigrama fue representación de un accidente o elemento de esta. Y como todos emanaban de la unidad de la vida, los consideró como una gran familia integrada por un padre, una madre, tres hijos varones, y tres hijas mujeres. El padre, el cielo, representaba la fuerza del semen fecundando al óvulo, la tierra. Y en los hijos varones una línea positiva (representando un sí), dominaba a dos líneas negativas (representando un no). A la inversa, en las tres hijas, dos líneas positivas estaban subordinadas al poder de la femenina.

Las respuestas obtenidas con los trigramas en las dinastías Hsia y Shang no solamente indicaban la prevalencia de un sí o un no, sino que también apuntaban a un accidente o un elemento de la naturaleza. La consulta a los elementos era contemporánea o quizás anterior a la de las líneas y fue integrada en la composición de los trigramas. Así nos encontramos que Kien, el padre, simboliza el cielo; Kun, la madre, la tierra; Chien, el trueno o el rayo; Kan, el agua; Ken, la montaña y el metal; Sun, el viento y el aire; Li, el fuego; y Tui, el lago.

Pero un hombre que interroga es un ser que pregunta por una acción, es un espíritu en movimiento. Y lo que el trigrama le muestra es en qué paisaje o elemento se encuentra. Los trigramas le presentan los espíritus de la naturaleza que presiden su situación y le aconsejan ya la quietud en la montaña, la cautela en el agua, la confianza en el fuego, la iniciativa en el trueno, la creación en el cielo, la aceptación en la tierra, la difusión en el viento, la camaradería en el lago.

El rey Wei y el duque de Chou, iniciadores de una nueva dinastía, tuvieron la genialidad de unir dos trigramas, obteniendo un conjunto de 64 hexagramas, con lo que se ampliaba enormemente la capacidad conjetural del interrogante. Ya no era un elemento o un accidente aislado los que respondían sino dos, superpuestos en distintas combinaciones cuyas fuerzas internas podían encontrarse activas o en estado virtual. Pues es muy distinta la actualidad de un movimiento si se encuentra realizado o en potencia.

---
43. Figura formada por la superposición de tres líneas que se usa en la adivinación china.

La conformación del hexagrama y la fuerza o debilidad de sus líneas es la respuesta que la naturaleza o el TAO proporcionan al interrogante. Es una contestación mucho más elaborada pero de idéntico carácter que la solicitada por el hombre primitivo. Obviamente que es la fe, en la capacidad de responder de la naturaleza, lo que permite obtener la respuesta, siendo este el componente espiritual que excede a nuestra comprensión en lo que respecta al oráculo. Por ello en el I CHING se afirma que el oráculo no responde si se repite la pregunta. Como decía Goethe, debemos estudiar lo que está al alcance de nuestra comprensión, y venerar a todo lo que la excede.

La significación de las imágenes y de las líneas ha sido excelentemente tratada y estudiada por estudiosos como Richard Wilhelm y Alfred Douglas, por lo que nos abstenemos de introducirnos en un campo donde ellos son los maestros. Solamente quisiéramos agregar un comentario que nos sugieren los hexagramas, los que son figuras en movimiento, y es que el hombre que los interroga también se encuentra en movimiento o en una pausa de este, como los presenta la pintura china, tan compenetrada con la conciencia del pintor y su fusión con el paisaje. Entre los pintores chinos se destacaban los letrados, quienes demostraban su maestría en la pintura y caligrafía, y eran además profundos conocedores del I CHING.

Me imagino el interrogante como a ese caminante de Ma Yuan (siglo XIII) en un sendero de montaña, pero esta vez en medio de los signos del i ching, o a ese personaje de Ma Lin (siglo XIII), escuchando el viento entre los pinos, o a Tao Tsi (1641-1717), viajero infatigable y cultor de las montañas, buscando «comprender las fuerzas secretas del cielo y de la tierra», o a Hia Kouei (siglo XIII), pintando en un curso de agua la visión de la mutabilidad constante de la vida tal cual lo expresó Confucio, según lo recuerdan sus discípulos.

¿Y cuál es la finalidad que persigue el I CHING al invocar constantemente a la rectitud, la constancia, la moderación y el amor para guiar el curso de la vida? Esa sabiduría que para los chinos es equivalente a la santidad y que se obtiene identificándose con la voluntad del TAO. Una ilustración del fin de ese viaje que conduce al país de los inmortales revela un paisaje de Tcheou-Tchen (siglo XVI), donde la figura de un sabio desprendida del sueño de un letrado se eleva en el espacio rumbo al más allá.

Pero además de las respuestas particulares planea sobre el oráculo una pregunta que el I CHING le hace a la Humanidad actual: ¿Qué le va a responder al hombre el trigrama Kan, cuando el agua está

polucionada y los mares enfermos, o Kun, cuando la tierra está exhausta por la superpoblación y contaminada, o Ken, cuando las montañas están siendo dinamitadas y tratadas con cianuro, o Sun, el aire saturado de gases tóxicos transportados por el viento, o Kien, el cielo, en medio de nuestra cultura mediática y digital?
¿Qué nos va a responder el oráculo?

TRIGRAMAS Superior ▶ Interior ▼	Ch'ien	Chen	K'an	Ken	K'un	Sun	Li	Tui
Ch'ien	1	34	5	26	11	9	14	43
Chen	25	51	3	27	24	42	21	17
K'an	6	40	29	4	7	59	64	47
Ken	33	62	39	52	15	53	56	31
K'un	12	16	8	23	2	20	35	45
Sun	44	32	48	18	46	57	50	28
Li	13	55	63	22	36	37	30	49
Tui	10	54	60	41	19	61	38	58

Predicciones mundiales 2019 para el año del Cerdo de Tierra

Predecir al mundo
es presentirme.
Sin leer las noticias del planeta
transito hacia una nueva humanidad.
Fuimos mutantes, homo
sapiens y de Neandertal;
el retorno es tan sutil y grotesco,
misil anónimo
perforando la vocación de creer
en dioses cansados de continuar.

L. S. D.

Hoy, 21 de julio de 2018, comienza en el hemisferio Sur el solsticio de invierno. También el año nuevo para los pueblos originarios de Sudamérica.

En el Norte, el solsticio de verano.

El mundo gira en su movimiento de rotación y traslación, y la humanidad también.

Tiempos en los que se aceleran las causas y los efectos de un planeta que estamos destruyendo sistemáticamente.

Suena una alarma: el ser humano está en estado de extinción; mientras, el planeta continuará su evolución-involución sin la especie humana.

El año del perro de tierra convulsionó cada chakra del planeta hasta su máxima tensión: seísmos, volcanes en erupción, grietas por movimientos de placas tectónicas, inundaciones e incendios castigaron a la Pacha con vehemencia.

El cerdo seguirá con esta etapa de cambios en la morfología del planeta, sus límites continentales, su nuevo mapa geopolítico, su convulsión por las pruebas nucleares en los océanos, en las fronteras del Polo Norte y el Polo Sur, en el inevitable cambio climático y sus grotescas consecuencias.

El devenir gestado por el perro de tierra será consolidado por el cerdo.

El mundo ya no será el que despedimos a fin de año; nuevos límites en países, colonizaciones virtuales e invasiones territoriales en Medio Oriente, Asia, África pondrán al mundo en posiciones bipolares causando un fuerte desgaste, antagonismo y consecuencias políticas, sociales, económicas y humanas de gran magnitud.

Elecciones en EE.UU. darán un vuelco a la era Trump.

Norcorea y China traerán sorpresas a pesar de la firma de tratados internacionales.

La gente estará diezmada por enfermedades, pestes, plagas, virus a causa de los movimientos migratorios en el mundo.

Los organismos de derechos humanos y la ONU deberán oxigenarse con sus representantes y buscar personas que tengan conciencia social, estudios especializados y planes a largo plazo.

Cuba sufrirá una crisis y un renacimiento en su rumbo e inserción en el planeta.

Los líderes mundiales perderán credibilidad y poder, y esto provocará una «rebelión en la granja».

Los artistas del mundo, maestros, guías espirituales podrán ser escuchados para integrarse al cambio de paradigma.

El cerdo tiene una energía densa, y cada logro será como escalar el Aconcagua. Los cambios en la estructura terrestre serán alterados por movimientos tectónicos, tsunamis, tornados, inundaciones, y fenómenos extraterrestres.

La disolución de situaciones que estuvieron cristalizadas, los cambios repentinos de humor, las decisiones dominadas por la impulsividad, la ley del *boomerang*, los actos inconscientes, los malentendidos serán huracanes irreversibles en las relaciones afectivas, familiares y de amigos.

Durante el año del cerdo hay grandes probabilidades de perder relaciones de largo tiempo, que fueron pilares fundamentales, por exabruptos, pase de facturas, roces intempestivos en momentos de consolidar contratos, herencias, divorcios o sentencias.

En lo positivo, se remontará el poder femenino a través de la sanación y la recuperación de tradiciones ancestrales en cada cultura.

Los cambios resultarán notables; habrá una ola de legítimos derechos que serán recuperados y la vida en convivencia mejorará lentamente.

La purificación del cerdo no tendrá marcha atrás; será un antes y después en la historia de la humanidad.

L. S. D.

El I CHING aconseja:
64. Wei Chi / Antes de la Consumación.

EL DICTAMEN
Antes de la Consumación. Logro.
Pero si al pequeño zorro,
cuando casi ha consumado la travesía,
se le hunde la cola en el agua,
no hay nada que sea propicio.

Las circunstancias son difíciles. La tarea es grande y llena de responsabilidades. Se trata nada menos que de conducir al mundo para sacarlo de la confusión y hacerlo volver al orden. Sin embargo, es una tarea que promete éxito, puesto que hay una meta capaz de reunir las fuerzas divergentes. Solo que, por el momento, todavía hay que proceder con sigilo y cautela. Es preciso proceder como lo hace un viejo zorro al atravesar el hielo. En China es proverbial la cautela con que el zorro camina sobre el hielo. Atentamente reconoce el crujido y elige cuidadosamente y con circunspección los puntos más seguros. Un zorro joven que todavía no conoce esa precaución arremete con audacia, y entonces puede suceder que caiga al agua cuando ya casi la ha atravesado, y se le moje la cola. En tal caso, naturalmente, todo el esfuerzo ha sido en vano.

En forma análoga, en tiempos anteriores a la consumación, la reflexión y la cautela constituyen la condición fundamental del éxito.

LA IMAGEN
El fuego está por encima del agua:
la imagen del estado anterior a la transición.
Así el noble es cauteloso en la discriminación de las cosas,
a fin de que cada una llegue a ocupar su lugar.

Cuando el fuego, que de todas maneras sube hacia lo alto, se halla arriba, y el agua, cuyo movimiento es descendente, se halla abajo, sus efectos divergen y quedan sin mutua relación. Si se desea obtener un efecto es necesario investigar en primer lugar cuál es la naturaleza de las fuerzas que deben tomarse en consideración y cuál es el sitio que les corresponde. Cuando a las fuerzas se las hace actuar en el sitio correcto, surtirán el efecto deseado y se alcanzará la consumación. Pero a fin de poder manejar debidamente las fuerzas exteriores, es menester ante todo que uno mismo adopte un punto de vista correcto, pues solo desde esa forma podrá actuar adecuadamente.

El barro, Urano y el Cerdo

En 2019 habrá movimientos que harán zarandear la tierra. Urano, el planeta eléctrico, deja un poco sus megahertz y se embarra en Tauro.

Los Tauro, junto con los Capricornio y los Virgo, sentirán así como el Cerdo traerá cambios que los desesperan, porque todos ellos son cómodos y no quieren nada que los saque de su entorno conocido, de sus siestas, de sus oficinas, de sus chiqueros.

Para todos nada será lo que fue. Los que se resistan, los que no quieran ver tendrán que soportar lo cruel, que caerá como un rayo de Zeus a las formas y seres que no se dejan dominar por el suspiro nuevo. El chiquero se moderniza, Urano genera una oleada tecnológica, lisérgica y dinámica. Mucha tierra, lodo, barro, arena, arcilla, ya que la mayoría de los planetas estarán en signos de tierra, diciéndonos «basta de *New Age*, vuelvan a las fuentes y rearmen lo que se abandonó por ser livianos, cómodos e ingenuos». La espiritualidad de plástico se derrite en este proceso, vamos a lo verdadero.

La tierra tiembla y es por falta de amor
Muchas cosas suceden en planos paralelos
que modifican o interceden en la realidad que vemos.
Si pudiéramos saber más sobre lo que gestamos
con nuestros delirios mentales, pensamientos
y catástrofes emocionales,
los destinos estarían más señalados, más limpios,
fluiríamos más hacia la muerte que enloquece tanto.
Unas batallas que no sirven siempre son libradas por nosotros,
sin preparación, uniforme ni armaduras.
Por esto nuestros corazones se dañan,
porque ingenuamente vamos hacia lo que no es,
hacia lo que no sirve y nos apena, haciéndonos otros.

Este 2019 habrá movimientos de tierra por distintos rincones del planeta. La basura del chiquero se reciclará y será fuente de energía.
Soñemos con revolcarnos en el cielo lleno de flores despiertas.

Reguemos con nuestros cantos la tierra que dará alimentos santos. Dejemos de comer paquetes y conservas que nos hacen daño.

Los bulbos: zanahorias, remolachas, nabos, rabanitos estarán cotizándose en la bolsa, porque la tierra vibrará y a los sabios les otorgará, así como a los idiotas los tapará.

A mover los rabos, porque la revolución se instaló, amasemos el barro que lo que se fue, llegó.

Cada persona lleva tanto a cuestas que el descanso es siempre poco para acomodar las ideas, las ganas, las penas y el apero.

Es mucho lo que arrastramos entre trajes, tacones y pulseras.

Nos abarrotamos de bienes, llaves, ropas, trámites, como si el tiempo fuera eterno.

La calma llega cuando no esperamos.

Y cuando no esperamos la vida se nos entrega.

El que no siente la brisa del mundo es un autista planetario, no sabe, no puede.

Tiemblan las almas por dentro, mientras los cuerpos ven la televisión e ingieren robóticamente golosinas, lácteos o cereales perfectamente vendidos. Están en contra de lo horrible, pero participan del espanto como lo más sano, inmaculado y coherente.

Todo se maneja, hasta que no se maneja más.

Este es el tiempo de la verdad

Como arcanos de un Tarot, que es el mismo de siempre, el círculo se mueve y desparrama la miseria de todos los seres, árboles, estrellas... ¿y el amor? ¿Dónde está? ¿No estuvo nunca o se fue?

Lo más generoso que conozco es la naturaleza, que se deja tomar por todos sin condiciones.

Mi cuerpo es el envase de mis ansiedades, que generan posteriores enfermedades que se curan ensuciándonos más.

Mi estrella se opaca cuando me excedo en la manufactura.

Soñamos con cuerpos perfectos comiendo frutos imperfectos.

Soñamos con bienestar armónico teniendo acciones y pensamientos inarmónicos.

Soñamos con estar sanos, enfermándonos en cada cena.

Soñamos con gustar, cuando el gusto es químico.

Los silencios son terapias que no todos están dispuestos a tener.

Ayudo a nacer en nuevas vidas, como una partera del alma, mayéutica. Transformo una queja en una poesía doméstica.

Siempre estoy disponible.

Las tormentas me traen mensajes de otros tiempos.
El sol y el fuego son mi maquillaje perfecto.
Me pierdo entre lamentos de rostros que siento.
No deseo ir a ningún lado más allá de mi jardín secreto, donde aún desconozco recovecos completos.
Soy una bruja que aprende mientras enseña que todo es una ilusión que nos hacemos y que pagamos en cuotas con intereses que nos desvelan.

Gaba Robin

La Mujer que me habita

La Mujer que me habita, la que sabe, me dice que es el momento. Después de haberme entregado y haber vivido experiencias que me hicieron reconectar con partes mías que tenía disociadas, olvidadas, reprimidas y anuladas, volví a integrarlas para volver a alumbrarme a mí misma. El poder de la vida misma, esa fuerza vincular que nos lleva y nos guía me sumergió en una profunda limpieza interior y exterior. Muerte y renacimiento, me perdí y me encontré todas las veces que necesité. Me metí en líos, caminos que me alejaban buscando no sé qué cosas, tomé decisiones erróneas y fui esclava de ellas. Pero la RESILIENCIA es más fuerte y nos saca siempre de los agujeros negros a la luz con la sabiduría de haber comprendido la lección.

La Mujer que me habita, la que sabe, la anciana sabia, siempre me habla al oído y me guía… Fue tiempo de sanar y ahora de entregar, de mi vida, de mi experiencia, un mensaje que INSPIRE a otras mujeres que se dejan sanar y sensibilizar por el relato de otra mujer.

La energía fue llevándome sola, mi mujer salvaje siempre estuvo dentro de mí, guiándome; confieso que la he callado muchas veces, con el chip incorporado del patriarcado. Después del nacimiento de mis dos hijos, volví a menstruar. Fue ahí cuando compré la copa menstrual y guiada por mi intuición hice mi OFRENDA DE LUNA a la Pachamama. Sentí en ese momento que internamente algo se movía dentro de mí. Era una mañana, el rocío matutino aún se notaba, el aire fresco, la tierra siempre fértil, siempre viva esperando dulcemente mi ofrenda de SANGRE DE VIDA; cavé un pocito y me dispuse a ofrendar mi sangre. Quedé impresionada por la pureza, simpleza y profundidad de entrega y poder que representó para mí ese acto sagrado. Conecté con memorias ancestrales, de alguna vida en la que ya lo había hecho, yo sabía que así era y lo hice desde la intuición. Fue como sentir una conexión profunda con la Madre Tierra y un reconocimiento de ella hacia mí. En ese momento yo estaba menstruando, estaba conectada con mi interior, estaba en el arquetipo de la bruja sabia, la abuela, la mujer medicina. Me quedé al lado de mi ofrenda abierta a toda la información en forma de intuiciones que iban bajando. Sentí muy profundo en mi Ser que era un mensaje, primero para mí, para hacerlo carne e incorporarlo; después para trasmitirlo a las mujeres, y por qué no a los hombres, víctimas del patriarcado también. SEMBRAR LA SANGRE MENSTRUAL AYUDA A EQUILIBRAR LA ENERGÍA EN EL PLANETA. De ahí comenzó un camino de profundizar con el trabajo de la sangre menstrual y de sentir esta nueva energía que se empezaba a manifestar en mí después de haber conectado mi sagrada sangre menstrual a la tierra. Volví a sentir la conexión, el sostén, caminar en una tierra fértil, viva, femenina, empecé a sentir y a comprender por qué había elegido ser mujer en este momento tan especial de la humanidad, porque me habita un alma femenina que a toda costa reivindica su Ser a cada rato, porque nací un 22 de julio, día de la sagrada MARÍA MAGDALENA, con la cual tengo resonancia y sincronía con su arquetipo, que es realmente la mujer de Cristo, en igual vibración y resonancia. Conectar con la CICLICIDAD fue el camino a seguir. Las mujeres tenemos en nuestra Matriz Sagrada un centro de poder, un portal dimensional, por donde no solo parimos un hijo sino que parimos CONCIENCIAS. Cuando no utilizamos esta energía para gestar niños está disponible para crear proyectos hijos/as ideas. Somos hijas de la Tierra, encarnaciones conscientes manifestadas del principio femenino. Tenemos incorporado el don de ser creadoras como la Tierra, 48 horas en cada ciclo femenino, cuando se produce la menstruación significa que no hemos creado vida, por lo tanto ese don debe devolverse a la Madre Tierra a través de una ofrenda con la intención de agradecer.

La mujer que se conecta con lo cíclico sabe que dentro de su vientre sagrado tiene el RELOJ DEL NUEVO TIEMPO, el retorno de lo femenino, este tiempo tan profetizado por las antiguas culturas ancestrales, un tiempo en conexión con los ritmos de la tierra, el día, la noche, los solsticios, los equinoccios, las estaciones, las fases de la luna. La mujer a través de la conexión y la sanación de su útero recupera ese tiempo, vive en ese tiempo, porque empieza a sentir que debe aprender a caminar en esta nueva tierra fértil, salir de la linealidad del calendario gregoriano completamente desconectado y desfasado de los verdaderos ritmos de la tierra. La mujer sabe que cuando pisa la tierra siente su latido, se conecta con los elementos, el agua, el aire, la tierra y el fuego. En cada acto sagrado sabe que no está sola, está acompañada por la Diosa y el Gran espíritu de la vida.

Sentirnos ENRAIZADAS en esta nueva energía de la tierra despertando a sus hijas para que tomemos conciencia de la gran tarea que se nos está encomendando, sanar nuestros úteros para poder así soltar mandatos negativos, paradigmas obsoletos, estructuras, limitaciones, memorias y fidelidades del clan con ancestros, heridas, huellas, y poner a disposición matrices sanas, puras, renovadas, libres de contaminación para poder ser perfectos portales de nuevas vidas, nuevos seres de alta vibración que están encarnando en la tierra.

La sanación de la mujer es tan importante en este momento de la historia porque es la que siente el llamado de la Gran Madre, empieza por ella misma y así puede ayudar a la sanación de su pareja, también a conectar y a equilibrar el Femenino y el Masculino Sagrado desequilibrado en el hombre. Hombres en su mayoría también violentados, reprimidos, obligados a cumplir mandatos familiares, dogmas, reprimidos en su esencia para la manifestación de su Ser. Asimismo la mujer que sana también gesta de otra manera, desde la conciencia, sabe que es tan importante cómo llega su hijo al mundo, la crianza, la adolescencia, desde un maternar más amoroso, hijos conscientes y despiertos, conectados con la tierra.

Cuánto trabajo tenemos, mujeres… empezar a sanar nuestros arquetipos internos, desde la niña interior, la mujer sexual que se habilita con la llegada de la primera menstruación y generalmente nos habilita nuestra madre. Qué distantes estamos, porque en la gran mayoría este arquetipo está completamente anulado, pues nuestras madres no solo no nos habilitaron como mujeres sexuales, sino que tampoco fueron habilitadas ellas mismas. Con todo el prejuicio y el tabú que hay además acerca de la sexualidad. Venimos de generaciones de mujeres ancestrales que vivieron en la energía del patriarcado, en mayor o menor medida, abusadas, reprimidas, maltratadas, silenciadas, violadas en su derecho a ELEGIR con quién casarse, con quién tener hijos y cuántos, o no, cumpliendo el mandato en el que el patriarcado nos ha impuesto y encasillado para ser madres y nada más. Cuántos arquetipos hay que recuperar y habilitar, la mujer creadora por elección, creadora de vida si así lo desea y creadora de su propia realidad.

La menarquia es el primer rito de paso que vive la mujer, y la maternidad el segundo. La mujer que sana y se entrega a esta sanación interior recupera su sabiduría, su ciclicidad, su ritmo, su intuición, su poder creador, y llegará al último rito de paso de una manera maravillosa. A los 52 años, hayamos tenido nietos o no, pasamos por el último rito de paso femenino: la PLENIPAUSIA, estado de la mujer en que el sangrado se retira y queda en el arquetipo de abuela sabia, madre y abuela de todos los seres. Es un estadio que en las culturas antiguas significaba un tiempo de reconocimiento, en el cual las abuelas ancianas de la comunidad eran portadoras de la sabiduría ancestral, eran las guías, las mujeres oráculo, soñadoras, tejedoras, cocineras, mujeres con medicinas herbolarias que tenían curas y visiones para compartir con los suyos.

Qué diferente este tiempo que nos toca vivir en el que se ha perdido el linaje, las abuelas están desconectadas de esta sabiduría y sin reconocimiento; la menopausia, como se la conoce, con una connotación negativa como de «menos», las conecta con sentimientos de vejez (que a toda costa hay que tapar con cirugías, cremas, terapias, tintes) y caducidad, sentimientos que expresan que ya no sirven para la sociedad, que los hijos crecieron y se fueron, quedó el «nido vacío», y la mujer vive este momento sin conectarse con su poder femenino ni con otras mujeres que estén transitando esta etapa.

Durante el patriarcado no solo hemos perdido nuestro poder al desconectarnos de nuestra menstruación y de nuestra matriz, de nuestra intuición y sabiduría, sino que también hemos perdido la conexión con otras mujeres. Las mujeres juntas somos muy poderosas cuando nos unimos todas bajo un sentimiento de SORORIDAD, de poder ver y honrar a la diosa que habita en mi compañera, amiga, hermana, que es reflejo de mi propia diosa interior. Volver a encontrarnos en CÍRCULOS DE MUJERES, volver a danzar, a sentir la tierra húmeda, a cantar, danzar los ritmos de la tierra y de la luna, a conectarnos con el fuego en ceremonias, a recuperar los rituales de paso, en espacios con otras mujeres, y darnos cuenta de que lo femenino nos atraviesa y nos hermana a todas, que juntas somos inmensamente poderosas, llenas de amor y de armonía para poder así conquistar la Nueva Tierra. Es tiempo de enraizar, es tiempo de conexión en un mundo donde se alienta a la desconexión, es tiempo de mirarse a los ojos, de sentir, de hermanar, de servir a la red que nos conecta a todos, de fluir, de confiar, de merecer, de gozar la vida, de vibrar, de ser Amor.

Honro mi Camino Rojo.

María Emilia Urtasun.
Terapeuta holística. Salta.

Predicción general para el año del Cerdo de Tierra *yin* 2019/4717

Después de pasar un período estable en el que la energía tierra gobernó tanto al perro como al año 2018, volvemos a un año en el que ambas energías Qi se oponen, en este caso la oposición corre a cargo de la energía tierra *yin* del año 2019 y el signo regente, cerdo, cuya energía fija es la del agua. Como recordarán, cada signo zodiacal chino tiene una energía fija inamovible, en este caso, el agua *yin* corresponde al cerdo. Las energías anuales son cíclicas y van de *yang* a *yin*, por lo tanto si el año anterior fue *yang*, este año es *yin*.

La imagen que desprende esta oposición de energías es la de una tierra *yin* suave, mullida, negra, fértil. Esta se enriquece con la energía del agua, así que la idea del conflicto entre la tierra y el agua es menor. Estamos ante un año que nos evoca la selva negra, el bosque profundo, donde la planta más pequeña puede crecer al tamaño de un árbol. En este punto el idioma chino nos da imágenes más complejas que el idioma castellano. Cuando decimos «opuesto» nos referimos a la energía que está a cada lado de la escala; no necesariamente hablamos de conflicto por antagonismo. Aquí no hay conflicto, sino una cooperación amable entre los espacios que abarca la energía: es un año fértil.

Pero la fertilidad viene con un precio a cambio de todos los beneficios, hay que tener especial cuidado con la salud. Las enfermedades de carácter crónico serán el gran problema, particularmente las que refieren al sistema digestivo. Para la Medicina Tradicional China, la salud digestiva está ligada a la energía tierra y la salud de los riñones, y el aparato reproductivo está ligado a la energía agua. La energía agua del cerdo y la energía tierra *yin* del año se combinan y afortunadamente un pequeño resabio de energía madera que se encuentra en el signo del cerdo evita que este asunto con las enfermedades se conviertan en una pandemia. Lo que veremos es que la atención de los medios flotará alrededor de enfermedades como la diabetes, el cáncer de estómago, las infecciones estomacales agudas, la gastritis y la salud mental, que está ligada a los trastornos obsesivo-compulsivos. El secreto este año será no exagerar con el azúcar, el jarabe de alta fructosa y las obsesiones. No hay que rebasar la escala: mesura ante todo.

Por otro lado, los años del cerdo son para bailar, para comunicar con todo el cuerpo. La comunicación es lo más importante. El cerdo no se mide, desea arte y detalles, pero también desea sentirse útil, que su punto de vista y conocimientos importen en su familia y comunidad. Este año lo pondrá a prueba, ya que la energía tierra es más reflexiva, no expresa directamente, se lo guarda todo para después abrirse poco a poco.

Lo Shu para el año 2019 del calendario gregoriano o el año 4717 en el calendario lunar chino

El siguiente cuadro Lo Shu (en chino: luò shū 洛书) indica la combinación de energías del año del cerdo y cómo reaccionarán en cada uno de los rincones del planeta.

El secreto para entender el cuadro del Lo Shu en su forma más profunda es saber qué representa cada uno de los números que van del 1 al 9 y el significado de los nombres chinos como el «Tài Suì» o el «Cinco Amarillo» junto con los trigramas. Para no complicarnos tanto la lectura, debido a la complejidad matemática de este tema, aquí está cada cuadro resuelto en cada uno de los puntos cardinales uno por uno. Esto afecta o beneficia del microcosmos al macrocosmos, o sea desde el Norte, el Sur, el Este, el Oeste, y demás orientaciones de la habitación, luego de la casa, del edificio, la manzana, el barrio, la ciudad y así hasta abarcar el planeta entero. La forma en la que podemos aprovechar la calidad cíclica de la energía es poniendo atención a los fenómenos de la naturaleza y los incidentes que ocurran dentro de nuestras casas.

Una vez que hayan observado esos fenómenos e incidentes, podrán comprobar ustedes mismos dónde está localizada la energía y cómo está combinada. Lo importante para que eviten problemas es que no estén presentes cuando estos ocurran. Por ejemplo, este año el Sudoeste estará afligido por la aparición del 5 Amarillo, que provoca enfermedades; por ejemplo, si pasan mucho tiempo durmiendo o comiendo en la zona sudoeste de la casa, pueden enfermar. Entonces eviten estar ahí. Coman en una zona más segura, como en el Este o en el Sur de la casa. Estén atentos a lo que ocurre en sus vecindarios en la zona sudoeste y verán que lo que pasa en sus casas sucede también fuera, y eso repercute a su vez en el interior.

Así se presenta el Lo Shu de este año:

Sudeste: 兌 Duì ☱ 7 Rojo Suì Pò Rompe Año 歲破	Sur: 震 Zhèn ☳ 3 Jade	Sudoeste: 五黃 Wǔ Huáng 5 Amarillo
Este: 乾 Gān ☰ 6 Blanco	Centro: 艮 Gèn ☶ 8 Blanco	Oeste: 坎 Kǎn ☵ 1 Blanco Tres Asesinos Sān Shā 三殺
Nordeste: 坤 Kūn ☷ 2 Negro Hēi Sè Èr jìn 黑色二劲	Norte: 巽 Xùn ☴ 4 Verde	Noroeste: 離 Lí ☲ 9 Morado Gran Duque - 太歲 Tài Suì

Más adelante veremos exactamente lo que tenemos que hacer en cada una de las direcciones. Como pueden ver, algunos recuadros están en gris o negro. Eso nos sugiere a golpe de vista la calidad peligrosa de esas zonas, pero para todo existe solución:

En el siguiente cuadro hay una lista de contramedidas. Las contramedidas son objetos y actividades sugeridas desde hace milenios por los practicantes de Feng Shui tradicional en China.

Nombre en chino	Nombre en español	Descripción	Contramedida para 2019
Tài Suì 太歲	Gran Duque Júpiter	Tránsito de Júpiter sobre el signo zodiacal del año. Afecta la integridad de los que osan afectar el domicilio fijo del signo del año en curso. No hay que ver de frente esta energía.	Colocar una lámpara roja en esta zona. Quemar incienso con cuidado. No cavar, romper, agredir, cortar, gritar, hacer ruido en esa zona.
Suì Pò 歲破	Rompe Año	Es el lugar opuesto a la localización del Gran Duque. Afectar esta zona produce pequeños problemas de salud y de dinero.	No cavar, romper, agredir, cortar, gritar, hacer ruido en esa zona. Evitar pasar mucho tiempo allí.
Sān Shā 三殺	Tres Asesinos Tres Muertes	Indica la energía opuesta a la posición del signo del año y sus signos compatibles. No hay que dar la espalda a esta energía.	Colocar una lámpara o luminaria o farol brillante en esa zona. No hacer ruido, desorden o actos agresivos en esa zona.
Wǔ Huáng 五黄	Cinco Amarillo	Se refiere al tránsito de la energía tierra acumulada. Trae enfermedades y bancarrota.	Evitar trastos donde se acumule agua ya que estos atraen insectos dañinos, mantener limpios los contenedores de agua que estén en esa zona. Colocar una campana de viento con cinco tubos.
Hēi Sè Èr jìn 黑色二劲	Dos Negro	Se refiere al tránsito de la energía tierra decadente. Trae enfermedades.	No comer en esta zona de la casa. No dejar que gente enferma convalezca aquí.

Zonas auspiciosas y conflictivas para el año 2019/4717
Cerdo de Tierra *yin* y sugerencias para seguir en la casa

Para saber exactamente qué zonas son seguras y cuáles no, utilizamos el Xuán kōng fēi xīng fēng shuǐ 玄空飞星風水 o feng shui de la estrella voladora. Este sistema toma todas las posibles combinaciones de energías que rodean la Tierra. Las combinaciones posibles son 81, y cuando las ponemos en orden podemos saber exactamente dónde pasará prácticamente cualquier cosa, y las variables que ofrecen otros datos como el día, el mes, el año y la hora hacen que los resultados sean sorprendentes.

Norte 巽 Xùn ☴ 4 Verde

El Norte ha tenido problemas con su energía Qi durante mucho tiempo, pero este año el karma será benévolo. Eso dará un respiro a la zona en cuanto al inminente deshielo se refiere, sin embargo eso no quiere decir que podemos dormirnos en los laureles. El hemisferio Norte completo tiene energías tierra y madera que no son comunes en la zona más boreal del planeta. No hay peligros aparentes y es una zona que se beneficiará si se construyen granjas agroecológicas, parques, escuelas y zonas de refugio y protección ecológica.

Consejo en casa

Esta zona es la más recomendable para concebir, hacer el amor, reconciliarse. También es propicio sembrar; en lo posible árboles frutales, de los que la familia se sentirá orgullosa por generaciones.

Nordeste 坤 Kūn ☷ 2 Negro - Hēi Sè Èr jìn 黑色二┌

Esta zona también será beneficiosa en general, con la única condición de que no se abuse de la comida. En la zona se verá un gran avance en asuntos de educación y en el aspecto masculino constructivo del desarrollo humano. Por lo tanto, las autocríticas más coherentes con respecto al análisis de la masculinidad tóxica vendrán desde los países del noreste de Europa. Será una zona con un movimiento social importante en las universidades y centros de investigación científica.

Consejo en casa

La combinación propicia el nacimiento de varones y buenas relaciones entre padres e hijos, pero cuidado con la dieta, pues si el comedor o la sala del televisor están en la zona nordeste, se corre el riesgo de comer de más y desequilibrar el metabolismo.

Noroeste: 離 Lí ☲ 9 Morado Gran Duque - 太歲 Tài Suì
La energía del Tài Suì, es decir, del año del cerdo, comparte el Noroeste con el 9 Morado, que atrae incendios, problemas entre padres e hijos (varones), conflictos con figuras de autoridad, accidentes al salir de fiestas, problemas graves con los pulmones, enfermedades crónicas y hasta escándalos sexuales.
Consejo en casa
Eviten conflictos entre los miembros masculinos de la familia, y eviten a toda costa cavar, perforar, tirar paredes, reconstruir o demoler en esa zona. Tampoco es recomendable tener en este sitio la entrada principal. Si no se puede entrar en la casa por otra puerta, hay que evitar hacer ruido, quemar allí velas o incienso y colocar un timbre para evitar llamar a la puerta.

Sur 震 Zhèn ☳ 3 Jade
Es una excelente zona en el planeta y la casa. El Sur estará más tranquilo que en otros tiempos, pero para que esta buena energía surta efecto, es necesario dar un voto de confianza a los jóvenes de ese hemisferio. Ellos tendrán la clave para mejorar la economía y contagiar a todo el mundo con su inteligencia. También hay posibilidades de aumentar la población de los habitantes –humanos y animales– en esa zona.
Consejo en casa
Será una zona fértil. Las parejas que quieran tener hijos pueden concebirlos ahí. Es una zona donde se puede hablar con los hijos adolescentes (los padres deben dar la espalda al Noroeste) para hacerlos comprender qué es lo mejor para sus vidas.

Sudeste: 兌 Duì ☱ 7 Rojo Suì Pò Rompe Año 歲破
El Sudeste sufrirá escándalos y violencia sexual. Esta zona en el planeta podría sufrir casos de injusticia de género terribles. También hay peligro de problemas que afecten la fertilidad de la zona y eso no solo abarca las relaciones humanas sino al campo. Hay peligro de perder cosechas y siembras por incendios y querellas legales.
Consejo en casa
Hay que evitar fuentes de fuego en esa zona. Las parejas de casados deberán hablar con claridad acerca de sus necesidades eróticas y emocionales, ya que existe el peligro de separaciones, divorcios y batallas legales, sobre todo si la entrada de la casa o la habitación de matrimonio está en el Sudeste.

Sudoeste: 五黄 Wǔ Huáng 5 Amarillo (sin trigrama)
La combinación del 5 Amarillo en el Sudoeste trae conflictos graves que involucran enfermedades virales, violencia hacia mujeres de mediana edad y enfermedades inexplicables en mujeres de la tercera edad. Personas sensibles podrán ver sucesos paranormales. Desgraciadamente la combinación azotará el cinturón de fuego en el extremo Oeste y eso implicará más actividad volcánica y migraciones de animales marinos hacia las costas de Sudamérica.

Consejo en casa
La zona sudoeste será muy propensa a sufrir contaminación por moho, salitre y putrefacción. La zona debe estar seca, ventilada y bien iluminada, sobre todo si en ella viven personas de la tercera edad; en particular las mujeres serán más susceptibles de enfermar ahí.

Este: 乾 Gān ☰ 6 Blanco
A pesar de no tener ninguna implicación extra, como el Gran Duque o los Tres Asesinos, la combinación de energía no es favorable. El antagonismo de fuerzas entre lo nuevo y lo viejo agravará la guerra y los conflictos en el Este Medio, y en todos los congresos y reinos la política será convulsiva y algunas empresas transnacionales, entre otros organismos civiles, pelearán por por el botín. La única solución para estos conflictos es mediar lo mejor posible desde la población civil por medio de actividades de autogestión.

Consejo en casa
Hay peligro de separaciones entre padres e hijos, sobre todo los varones jóvenes; si ellos cometen errores, los viejos de la casa son los que más sufrirán. Esto atrae conflictos que tocarán a todos los miembros de la familia, en especial si las discusiones tienen lugar en la zona este de la casa.

Oeste坎 Kǎn ☵ 1 Blanco Tres Asesinos Sān Shā 三殺
La combinación de energías en la zona y la presencia de los Tres Asesinos provocan que esta zona sea conflictiva. Las más afectadas serán las niñas y adolescentes, a las cuales no hay que dejar solas ya que el peligro principal involucra al aparato reproductivo y a la salud emocional. Surgirán escándalos sexuales en todo el continente americano y en Europa occidental. También habrá problemas migratorios graves en esa zona, con desplazamientos de gente desde lo menor (desalojos) hasta lo mayor (deportaciones masivas).

Consejo en casa

Suena terrible, pero no podemos dejar solas a las niñas y adolescentes, sobre todo si sus habitaciones están en la zona oeste de la casa, si hay algún cuarto apartado de la atención de la familia en el Oeste, o si la entrada de la casa está en esta dirección. Hay peligro de robos en casa si se guarda dinero en esa zona, y más aún si hay objetos punzocortantes.

Centro 艮 Gèn ☶ 8 Blanco

En general será un año de desplazamientos de tierra aunque los temblores resultarán menos notorios que en los dos últimos años. Desgraciadamente no será una zona pacífica, y mientras se siga agrediendo al subsuelo continuarán los conflictos graves.

El conflicto de la zona no se notará con facilidad porque todo estará lejos de la vista de la gente, pero el movimiento será dramático y la comunidad científica estará más consciente de esos conflictos.

Consejo en casa

Si están pensando en vender su casa para mudarse a un lugar mejor, este es el momento adecuado. Sin embargo, no se recomienda modificar la casa si está habitada, ya que eso podría traer traiciones y enfermedades graves. Tampoco se debe pasar un largo tiempo en el sótano, mucho menos dormir, comer o hacer el amor ahí.

Instrucciones para utilizar la tabla del Ki de las nueve estrellas

Para utilizar la siguiente tabla y saber si este año estamos en una dirección favorable o no, necesitamos saber nuestra fecha de nacimiento completa y nuestro número Ki. El año nuevo chino comienza durante la segunda luna nueva después del solsticio de invierno en el hemisferio Norte, la fecha no siempre es la misma, por eso es importante para las personas nacidas en enero y febrero que revisen exactamente en qué año chino nacieron.

Las personas que nacieron en un año cuyo Ki de las nueve estrellas es 5, no deben utilizar esa dirección pues no pueden vivir bajo tierra siempre, así que hay que poner atención en la tabla, ya que se sugiere utilizar el Ki 8 para el sexo femenino y el Ki 2 para el sexo masculino. En la tabla eso está representado como Ki/F 8 (5) y Ki/M 2 (5).

Tablas del Ki de las nueve estrellas • 277

Tabla del Ki de las nueve estrellas:

AÑO	INICIO	FINAL	Ki/F	Ki/M	SIGNO	AÑO	INICIO	FINAL	Ki/F	Ki/M	SIGNO
1912	18-02-12	05-02-13	8	7	Rata	1967	09-02-67	29-01-68	9	6	Cabra
1913	06-02-13	25-01-14	9	6	Búfalo	1968	30-01-68	16-02-69	1	2 (5)	Mono
1914	26-01-14	13-02-15	1	2 (5)	Tigre	1969	17-02-69	05-02-70	2	4	Gallo
1915	14-02-15	03-02-16	2	4	Conejo	1970	06-02-70	26-01-71	3	3	Perro
1916	04-02-16	22-01-17	3	3	Dragón	1971	27-01-71	14-02-72	4	2	Cerdo
1917	23-01-17	10-02-18	4	2	Serpiente	1972	15-02-72	02-02-73	8 (5)	1	Rata
1918	11-02-18	31-01-19	8 (5)	1	Caballo	1973	03-02-73	22-01-74	6	9	Búfalo
1919	01-02-19	19-02-20	6	9	Cabra	1974	23-01-74	10-02-75	7	8	Tigre
1920	20-02-20	07-02-21	7	8	Mono	1975	11-02-75	30-01-76	8	7	Conejo
1921	08-02-21	27-01-22	8	7	Gallo	1976	31-01-76	17-02-77	9	6	Dragón
1922	28-01-22	15-02-23	9	6	Perro	1977	18-02-77	06-02-78	1	2 (5)	Serpiente
1923	16-02-23	04-02-24	1	2 (5)	Cerdo	1978	07-02-78	27-01-79	2	4	Caballo
1924	05-02-24	23-01-25	2	4	Rata	1979	28-01-79	15-02-80	3	3	Cabra
1925	24-01-25	12-02-26	3	3	Búfalo	1980	16-02-80	04-02-81	4	2	Mono
1926	13-02-27	01-02-27	4	2	Tigre	1981	05-02-81	24-01-82	8 (5)	1	Gallo
1927	02-02-27	22-01-28	8 (5)	1	Conejo	1982	25-01-82	12-02-83	6	9	Perro
1928	23-01-28	09-02-29	6	9	Dragón	1983	13-02-83	01-02-84	7	8	Cerdo
1929	10-02-29	29-01-30	7	8	Serpiente	1984	02-02-84	19-02-85	8	7	Rata
1930	30-01-30	16-02-31	8	7	Caballo	1985	20-02-85	08-02-86	9	6	Búfalo
1931	17-02-31	05-02-32	9	6	Cabra	1986	09-02-86	28-01-87	1	2 (5)	Tigre
1932	06-02-32	25-01-33	1	2 (5)	Mono	1987	29-01-87	16-02-88	2	4	Conejo
1933	26-01-33	13-02-34	2	4	Gallo	1988	17-02-88	05-02-89	3	3	Dragón
1934	14-02-34	03-02-35	3	3	Perro	1989	06-02-89	26-01-90	4	2	Serpiente
1935	04-02-35	23-01-36	4	2	Cerdo	1990	27-01-90	14-02-91	8 (5)	1	Caballo
1936	24-01-36	10-02-37	8 (5)	1	Rata	1991	15-02-91	03-02-92	6	9	Cabra
1937	11-02-37	30-01-38	6	9	Búfalo	1992	04-02-92	22-01-93	7	8	Mono
1938	31-01-38	18-02-39	7	8	Tigre	1993	23-01-93	09-02-94	8	7	Gallo
1939	19-02-39	07-02-40	8	7	Conejo	1994	10-02-94	30-01-95	9	6	Perro
1940	08-02-40	26-01-41	9	6	Dragón	1995	31-01-95	18-02-96	1	2 (5)	Cerdo

AÑO	INICIO	FINAL	Ki/F	Ki/M	SIGNO	AÑO	INICIO	FINAL	Ki/F	Ki/M	SIGNO
1941	27-01-41	14-02-42	1	2 (5)	Serpiente	1996	19-02-96	06-02-97	2	4	Rata
1942	15-02-42	04-02-43	2	4	Caballo	1997	07-02-97	27-01-98	3	3	Búfalo
1943	05-02-43	24-01-44	3	3	Cabra	1998	28-01-98	15-02-99	4	2	Tigre
1944	25-01-44	12-02-45	4	2	Mono	1999	16-02-99	04-02-00	8 (5)	1	Conejo
1945	13-02-45	01-02-46	8 (5)	1	Gallo	2000	05-02-00	23-01-01	6	9	Dragón
1946	02-02-46	21-01-47	6	9	Perro	2001	24-01-01	11-02-02	7	8	Serpiente
1947	22-01-47	09-02-48	7	8	Cerdo	2002	12-02-02	31-01-03	8	7	Caballo
1948	10-02-48	28-01-49	8	7	Rata	2003	01-02-03	21-01-04	9	6	Cabra
1949	29-01-49	16-02-50	9	6	Búfalo	2004	22-01-04	08-02-05	1	2 (5)	Mono
1950	17-02-50	05-02-51	1	2 (5)	Tigre	2005	09-02-05	28-01-06	2	4	Gallo
1951	06-02-51	26-01-52	2	4	Conejo	2006	29-01-06	17-02-07	3	3	Perro
1952	27-01-52	13-02-53	3	3	Dragón	2007	18-02-07	06-02-08	4	2	Cerdo
1953	14-02-53	02-02-54	4	2	Serpiente	2008	07-02-08	25-01-09	8 (5)	1	Rata
1954	03-02-54	23-01-55	8 (5)	1	Caballo	2009	26-01-09	13-02-10	6	9	Búfalo
1955	24-01-55	11-02-56	6	9	Cabra	2010	14-02-10	02-02-11	7	8	Tigre
1956	12-02-56	30-01-57	7	8	Mono	2011	03-02-11	22-01-12	8	7	Conejo
1957	31-01-57	17-02-58	8	7	Gallo	2012	23-01-12	09-02-13	9	6	Dragón
1958	18-02-58	07-02-59	9	6	Perro	2013	10-02-13	30-01-14	1	2 (5)	Serpiente
1959	08-02-59	27-01-60	1	2 (5)	Cerdo	2014	31-01-14	18-02-15	2	4	Caballo
1960	28-01-60	14-02-61	2	4	Rata	2015	19-02-15	07-02-16	3	3	Cabra
1961	15-02-61	04-02-62	3	3	Búfalo	2016	08-02-16	27-01-17	2	4	Mono
1962	05-02-62	24-01-63	4	2	Tigre	2017	28-01-17	12-02-18	1	5	Gallo
1963	25-01-63	12-02-64	8 (5)	1	Conejo	2018	16-02-18	04-02-19	9	6	Perro
1964	13-02-64	01-02-65	6	9	Dragón	2019	05-02-19	24-01-20	8	7	Cerdo
1965	02-02-65	20-01-66	7	8	Serpiente	2020	25-01-20	11-02-21	7	8	Rata
1966	21-01-66	08-02-67	8	7	Caballo	2021	12-02-21	31-01-22	6	9	Búfalo

Qí Mén Dùn Jiǎ 奇門遁甲 **para 2019/4717**

Esta tabla indica las energías que nos afectan directamente este año. Antes se llamaba Qí Mén Dùn Jiǎ, pero esta versión es más fácil de usar y la conocemos sencillamente como Ki de las nueve estrellas.

La tabla a continuación surte efecto únicamente desde el 5 de febrero de 2019 hasta el 24 de enero de 2020. Es recomendable seguir las direcciones favorables de la siguiente gráfica y evadir las direcciones complicadas. Las personas 5 (2) y 5 (8) caen en el Sudoeste este año, por lo tanto están en una dirección desfavorable. Entonces tienen que evitar permanecer ahí o viajar a esa zona. Igualmente las personas nacidas con el Ki 8 y 2.

Como dato curioso, notarán que las energías 2 y 8 están relacionadas con el 5, eso se debe a que las tres son energías de tierra y las direcciones Sudoeste y Nordeste son las más peligrosas. Las personas cuyos Ki caen en zonas favorables pueden respirar en paz y viajar hacia esas direcciones si quieren ver la profecía cumplida, por ejemplo una persona Ki 3 encontrará «ALEGRÍA Y FORTUNA. FELICIDAD» en el Sur porque la energía del Ki 3 es favorable en la mansión de fuego.

Sudeste Mansión de madera 7 BUENA SUERTE Y VIAJES DE PLACER	Sur Mansión de fuego 3 ALEGRÍA Y FORTUNA FELICIDAD	Sudoeste Mansión de tierra 5 PROBLEMAS MALA SUERTE AMOR CON DISGUSTOS
Este Mansión de madera 6 SALUD ALEGRÍA HONORES	Centro Mansión de tierra 8 CAMBIO DE EMPLEO O DOMICILIO, FALTA DE DINERO ACCIDENTES, ROBOS	Oeste Mansión de metal 1 DINERO BUENA SUERTE EN TODO AMOR
Noreste Mansión de tierra 2 DESGRACIAS ENFERMEDADES MUERTE	Norte Mansión de agua 4 MELANCOLÍA TRANQUILIDAD SERENIDAD	Noroeste Mansión de metal 9 FORTUNA BUENOS NEGOCIOS MEJORA LA SITUACIÓN

En esta gráfica, ponemos el Sur arriba y el resto de los puntos cardinales «al revés», pero eso obedece a la cualidad matemática de la lectura del Lo Shu, no a la lectura de una brújula, o como diría Libertad en *Mafalda*, la fabulosa tira cómica de Quino: «La tierra está en el espacio y el espacio no tiene ni arriba ni abajo».

Predicciones generales mes por mes

ENERO. Mes del Búfalo. Tronco celeste 2 de madera *yin*. Inicia el 6 de enero. Estrella voladora mensual: 3

Enero pertenece todavía al año del perro, por lo tanto la energía seguirá bajo la misma tónica que el año anterior. Hay peligro de accidentes graves en medios de transporte, sobre todo en el hemisferio Norte, y en subterráneos en todo el mundo. Existen problemas de incendios y enfermedades en el oeste europeo y en América. El Sur se ve más favorable, en especial respecto de las cosechas y la educación. Los jóvenes *millennial* y los adolescentes que vienen protestando contra el uso de armas en el Norte influenciarán cada vez más a los jóvenes del sur del planeta. Hay que ponerles atención.

FEBRERO. Mes del Tigre. Tronco celeste 3 de fuego *yang*. Inicia el 4 de febrero. Estrella voladora mensual: 2

El signo del tigre se combina con el año del cerdo y da como resultado una gran cantidad de energía madera que provocará vientos fuertes y hasta tornados fuera de temporada. Las zonas más peligrosas este mes serán en el Sudoeste y el Noreste. También es un mes que propicia rumores, frivolidad y divorcios, así que cuidado con las indiscreciones. Hay que estar atento a los accidentes porque el exceso de energía madera propicia problemas con los tendones, y si se dañan resulta muy difícil rehabilitarlos. El exceso de madera atrae también ira y enfermedades del hígado, por eso, a moderarse con el alcohol.

MARZO. Mes del Conejo. Tronco celeste 4 de fuego *yin*. Inicia el 6 de marzo. Estrella voladora mensual: 1

El conejo y el cerdo combinados atraen arte, sensibilidad, sensualidad. Es un mes perfecto para el romance y las relaciones extramaritales, pero también hay que tener mucho cuidado con toda clase de infecciones agudas que podrían atacar tanto al estómago como al aparato reproductor. Las zonas Sudoeste y Nordeste deben estar muy limpias porque serán las más afectadas al tener combinaciones que propician el desorden. Existe peligro de incendios provocados por accidentes y negligencia humana en el Sur. Fuera de eso, hay buenas oportunidades para mejorar la economía de grupos pequeños, como pueblos y familias.

ABRIL. Mes del Dragón. Tronco celeste 5 de tierra *yang*. Inicia el 5 de abril. Estrella voladora mensual: 9
Este es el mes perfecto para el matrimonio, aunque solo entre los signos afines con el cerdo como la cabra y el conejo. También será un mes complicado durante lapsos muy precisos. Estos momentos entre las 11 y las 13 horas, y más tarde, de las 17 a las 19 horas, provocarán discusiones y malos entendidos, por lo tanto toda clase de junta de negocios, firma de documentos importantes y cualquier tipo de exposición en público deberá ser aplazada a cualquier otra hora. La gente estará hipersensible y las personas con algún trastorno de la personalidad deberán mantenerse alejadas de las multitudes. Hay que dar importancia a actividades que eleven el espíritu, como las disciplinas orientales, la psicología, y constelar lo máximo posible para pasar el trance sin tanto desaliento.

MAYO. Mes de la Serpiente. Tronco celeste 6 de tierra *yin*. Inicia el 6 de mayo. Estrella voladora mensual: 8
El mes de la serpiente será tremendo. Las combinaciones principales nos hablan de desplazamientos humanos, ya sea por deportación o por evacuación. El tema más importante del mes serán los movimientos migratorios y, en lo particular, los efectos de la gentrificación en barrios y pueblos vulnerables. Las zonas más afectadas por estos movimientos serán el sudoeste del continente americano, las costas del mar Mediterráneo y Asia Menor. No es un mes adecuado para iniciar negocios o para concebir la última camada de cerditos, ya que la serpiente propicia también problemas con los embarazos. Es importante mantener lazos sólidos con la familia, sobre todo en caso de mudanzas.

JUNIO. Mes del Caballo. Tronco celeste 7 de metal *yang*. Inicia el 6 de junio. Estrella voladora mensual: 7
Este es un mes especial para obtener éxito en los negocios y con el romance, pero no para casarse o comprometerse de forma definitiva, porque estas relaciones podrían resultar cortas, en especial si son

entre signos no compatibles con el año. El caballo es beneficioso para el cerdo porque le agrega alegría, propicia reuniones agradables, confianza entre iguales, camaradería; pero siempre con mesura, porque este mes también nos hará propensos a los excesos. Es recomendable mantener los alimentos limpios, no arriesgarse a comer carnes crudas; es más, podría aprovecharse el mes entero para hacer dieta vegetariana equilibrada al menos unos cuantos días a la semana. Será beneficioso.

JULIO. Mes de la Cabra. Tronco celeste 8 de metal *yin***. Inicia el 7 de julio. Estrella voladora mensual: 6**
La cabra y el cerdo hacen la combinación perfecta cuando hablamos de amistad, sororidad y solidaridad, pero la combinación de estrellas voladoras atrae enfermedades. Es posible que se den epidemias en países sobre la línea del ecuador, específicamente en América. Los demás países batallarán con el tema de la salud mental. Los nacidos en este mes serán grandes bailarines, actores, genios del futuro, aunque podría resultar complicado para las mujeres jóvenes porque despertarán envidia en la escuela y el trabajo. Es un buen mes para encerrarse a inventar algo, escribir una novela digna del Nobel o para componer la música que nos hará falta más adelante.

AGOSTO. Mes del Mono. Tronco celeste 9 de agua *yang***. Inicia el 8 de agosto. Estrella voladora mensual: 5**
El mes del mono será muy parecido al mes de la serpiente. El mono y el cerdo antagonizan energéticamente. Seguirán los problemas con la salud en todo el mundo, pero con más fuerza en el Sudoeste. Los que viven en zonas tropicales, sobre todo de América y África, tienen que prevenir. Mantener limpio todo lo que nos rodea será importante. También veremos migraciones masivas de animales marinos en el Sur. No va a ser fácil abarcar los problemas porque la gente estará ensimismada y desgraciadamente veremos ese problema en los líderes políticos y económicos del mundo que –a pesar de sus fallos– necesitarán ayuda, y los jóvenes –más impulsivos que reflexivos– no tendrán paciencia para ellos.

SEPTIEMBRE. Mes del Gallo. Tronco celeste 10 de agua *yin***. Inicia el 8 de septiembre. Estrella voladora mensual: 4**
Será un mes de escándalos. Es posible que personajes famosos sean encarcelados. Hay que consultar con un experto en Feng Shui tradicional, porque en este mes además hay peligro de encarcelamiento

para el miembro que más contribuya económicamente en la casa. El tema será también la contaminación del agua y enfermedades de los riñones y el aparato reproductivo. En el lado constructivo, este mes es bueno para comunicar los sentimientos con claridad, aunque hay que tener cuidado de no lastimar susceptibilidades.

Muy propicio para los chicos en la escuela, si bien estarán inquietos, los maestros podrán enseñar cosas de lo más complejas a sus alumnos en todos los niveles.

OCTUBRE. Mes del Perro. Tronco celeste 1 de madera *yang*. **Inicia el 8 de octubre. Estrella voladora mensual: 3**

Los problemas ocasionados por la xenofobia explotarán. La inmigración es el tema más importante del año del cerdo y este mes constituirá el clímax de las confrontaciones y los cabildeos al respecto. Lo político estará muy alterado, así que la sociedad civil deberá permanecer alerta para defender lo propio, pero también tiene que aprender a ser más autónoma a la hora de decidirse por una postura, porque el mes se presta para seducir a las mentes más jóvenes y desprevenidas, con promesas de prosperidad a costa del bienestar de todos.

NOVIEMBRE. Mes del Cerdo. Tronco celeste 2 de madera *yin*. **Inicia el 8 de noviembre. Estrella voladora mensual: 2**

El mes del cerdo sube la energía tierra y existe la posibilidad de que se contaminen los mantos acuáticos profundos, lo cual provocará enfermedades durante el año de la rata. Es muy importante unirse en las comunidades donde vivimos, ya que este mes la energía también puede provocar separaciones y animosidad en pueblos, barrios y colonias. Las grandes ciudades serán escenarios de protestas grandes, y los barrios a las afueras tendrán problemas con el agua potable. Hay una «línea de tierra» en el Lo Shu mensual de noviembre, lo cual significa que las energías de tierra 2 Negro, 5 Amarillo y 8 Blanco se repiten en el Nordeste, el centro y el Sudoeste. Hay probabilidades de erupciones en el extremo sudoeste del cinturón de fuego, enfermedades y traiciones en la política mundial.

DICIEMBRE. Mes de la Rata. Tronco celeste 3 de fuego *yang*. **Inicia el 7 de diciembre. Estrella voladora mensual: 1**

Por fin un respiro en este año tan complicado. La energía agua del mes de la rata viene a abrazar al cerdo y nos dice que todo va a salir bien. Un mes propicio para el amor y la amistad. Será más fácil convivir socialmente en círculos profesionales, políticos y de negocios, sean chicos o grandes. Este mes ofrecerá un descanso que debemos utilizar para mejorar las finanzas personales y tratar de ahorrar dinero a pesar de estar en la temporada de fiestas decembrinas. Cualquier prevención como abrir una cuenta de ahorros o evitar gastos superfluos que se hagan durante el mes de la rata nos servirá para sobrellevar el año de la rata, que si bien vendrá mejor aspectado, también será un año bélico. Tenemos que disfrutar al máximo lo que tenemos y buscar el equilibrio. Que el Tao les sea propicio.

Predicciones para Argentina basadas en la intuición y el I CHING

Julio en Buenos Aires.
Fuera del Mundial,
del rumbo de un país
que olvidó leyes cósmicas y terrenales
por el contagio de un virus transpersonal.
Crisis: oportunidad para el cambio
que no encarna en este paisaje sin fronteras
donde conviven los últimos originarios
con intraterrestres socavando
la placenta de la Pacha
para punzarla con piedras milenarias
que por designio divino allí deben descansar.
Fantasmas a la deriva, espíritus que vuelven y no encuentran eco en la constelación familiar.
Refundada desde el Cuzco-Nono
nueva conciencia
humanos, queremos sanar
con integridad.

L. S. D.

No tengo más brújula para sentirme parte de tu metamorfosis, agigantada como cíclope.

Tiemblo cada día ante lo inesperado.

Enciendo velas de cada día maya, rezando para que no sea el último de la bandera deshilachada.

Presiento la avalancha de los icebergs desde la Antártida desdibujando los límites en las fronteras, dejando sin rastros las huellas de los onas, tehuelches, araucanos, yamanes, y una flecha de los mapuches en algún corazón de piedra del neolítico.

Intento recuperar el abrazo de cada amigo en Ushuaia, Madryn, Pirámides, y de los delfines que partirán hacia aguas más templadas para no congelarse.

No admito bases chinas ni yanquis extrayendo uranio para exterminarnos como venados.

Remolinos de arena en los ojos no me impiden ver los buques

pesqueros de japoneses, rusos, vikingos, piratas con tecnología de alta gama que se llevan nuestra riqueza submarina, olvidando las 44 almas del ARA SAN JUAN en los confines del océano más profundo.

Noticias que no despiertan conciencia nos tapan como el volcán del fuego en Guatemala.

Los amigos ya no son los mismos, la vida los adormeció como la mosca tsé-tsé y no recuerdan nada.

La calle es una trinchera hacia donde hay que salir con armas invisibles para volver a casa.

Los precios de la nutrición del cuerpo no coinciden con los del alma. El eros devorado por el tánatos.

Ser mayor es un insulto; ser joven, un aborto clandestino.

Vivir en la Argentina es dar la vuelta al timón y refundarse con el ejemplo del Cura Brochero, que fue hombre gaucho, constructor y vecino atento, mediador de los opuestos de ideas sin ánimo de lucro.

Inspirá aire puro en el mar, la cordillera, el Pucará, las cataratas, el glaciar Perito Moreno y los múltiples lagos del Sur, antes de que los envasen hacia el Norte.

Meditar mil años como Buda, antes del próximo suspiro.

Queridos argentinos y hermanos de Latinoamérica y del mundo que habitamos este mapa al sur de América.

Ayer fue un día tal, que para digerirlo necesitaremos un calendario de las Pléyades.

Después de veinte horas en la Cámara de Diputados, con una noche gélida, en la que el pueblo esperaba en su lugar designado frente a la plaza del Congreso el voto a favor o en contra de la legalización del aborto, y de un debate de tres meses, en el que se ladraron verdades milenarias, entrópicas, humanas, de diversas creencias, religiones, y crudas realidades, el voto produjo una liberación energética que acompañó una mañana tibia de sol. Por otro lado, mujeres, hombres, muy tristes por esta media sanción que aún debe debatirse en el Senado.

Por la tarde, un bombazo del sector que tiene en vilo al país: el rumbo de la economía. Renuncia en el Banco Central de la República Argentina, y otro títere en su lugar.

Recién promediamos el año del perro.

Y el cerdo pondrá sobre las cuerdas del *ring* el rumbo de nuestro país.

Confucio dijo «Para que un país y sus instituciones funcionen saludablemente se necesitan al menos, cien años de un gobierno idóneo».

No es algo que ocurra aquí, en la Cruz del Sur, entonces...
¿Hacia dónde vamos?

Viene un año electoral, que ya se instaló en los que pretenden gobernar lo que hasta hoy no pudieron: estas 24 provincias argentinas desamparadas por el desamor de sus gobernantes al pueblo que los votó. Rearmarnos, proyectar un futuro cercano es *misión imposible*.

Insisto en que las ciudades o grandes capitales no ayudan a mejorar nada, son vampiros que chupan la sangre y el mísero sueldo que se desvanece frente a la aceleración del dólar y la inflación galopante que no pueden frenar, pues para eso hay que detenerse a meditar, reformular, unir opiniones diversas de todos los sectores y soñar un país «de todos para todos».

El chiquero es el rumbo al año del cerdo.

Y desde allí los gladiadores del circo debatirán su duelo.

Por suerte, en los múltiples universos paralelos de nuestra bendita tierra, hay seres humanos que viven en armonía con los ciclos de la naturaleza, de la región en la cual saben qué se produce y qué no; seres que están al tanto de los vaivenes del tiempo, que con el cambio climático destruye en instantes cultivos, hogares, vidas y que apenas son noticia, y los responsables se disfrazan de buenos para calmar la culpa antes de ir a misa haciendo mutis por el foro.

El perro de tierra nos dejó desnudos, sin caseta, pues la posibilidad de tenerla con créditos se hipotecó una vez más en la ingenuidad del pueblo. Calma: el cerdo es práctico, eficaz, tiene capacidad para reinventarse y sacar a la luz sus ideas originales y posibles.

Empezando por lograr la paz familiar, la reconciliación *yin-yang*.

El intercambio de combustible, trueque entre los indefensos, entre los que no pueden pagar nada pues no tienen fuentes laborales que los amparen, y valen mucho por sus aptitudes, experiencias, recursos humanos y voluntad.

Tiempo de volver al sulky[44], a la caza y a la pesca, a la recolección de frutos, y a tejer con telar la lana de las ovejas que se crían y no mueren congeladas o diezmadas.

Nuestra Argentina está mutilada desde la decadencia de sus valores a la corrupción endémica. Su salud debilitada por los perversos que tuvieron los planes para instrumentarla y dejaron diezmada a la población.

Volveremos a la sanación de los abuelos: medicina de hierbas, de reiki, de amor con el saludo afectivo y cariñoso de nuestro ser querido, de

---
44. Vehículo de carreras a modo de carro pequeño de metal que es conducido por una sola persona y tirado por un caballo.

los maestros que vivos o muertos nos dieron el ejemplo, de la medicina preventiva que hacen los chinos, los indios y los pueblos originarios.

No intentaremos volar alto; el cerdo está en el fango, en el lodo, en el pasto, en el corral.

Nadie nos rescatará; aprendimos en años anteriores que salir a navegar en alta mar es ser patriotas suicidas, y que hay que pedir, reclamar la reparación de buques y submarinos antes de zarpar.

Día TZIKIN 1. Conexión del padre AHAU con los humanos.

La semana pasada fue el debut del Mundial con Islandia; y sí, nos quedamos congelados, una vez más esperando el milagro de Messi.

Qué bien nos hacen estas sacudidas, como país, para comprobar que «esperar al salvador» ya es el pasado; que el equipo tiene que articularse para responder y ser parte del éxito.

El año del cerdo nos da la posibilidad de transmutar como pueblo o quedarnos enterrados en el lodo.

Y EL TRABAJO EN LO ECHADO A PERDER sigue siendo el hexagrama que se repite en el I CHING sistemáticamente.

La pandemia del aislamiento, de los jóvenes autistas conectados a las redes sociales, a los iPads, a los chats, sin el contacto directo, humano, cálido del amigo, amor, hermano o extraño está suicidando a la sociedad.

Los planes para esta nueva era o tiempo aún no están implementados; todos los argentinos tenemos la responsabilidad de aportar nuestra experiencia, sabiduría, maestría o simplemente nuestro tiempo y vocación para «dar a luz».

Votar a ciegas o por «el menos malo» es un delito; los representantes del pueblo son espejos de nosotros mismos.

Hay que abrir el tercer ojo. Romper lazos atávicos con el femicidio y reencontrarnos con el varón mutilado.

Soy federal en mi cosmovisión, por eso recorro las venas y las arterias tapadas de corrupción de cada región, ciudad, pueblo, rincón, para deshollinarlo con mi percepción.

En los próximos años, Argentina estará superpoblada por el desastre mundial de guerras, hambruna, regímenes políticos crueles, persecuciones, cambios climáticos y falta de trabajo.

Y nos organizaremos como los primeros pobladores del planeta; con los medios y recursos posibles, sin ayudas de quienes –como escribió José Luis Espert– devoraron Argentina.

Con él los dejo para que les dé una visión de la economía.

L. S. D.

Argentina tiene la necesidad imperiosa de cambiar... en serio

A mediados del siglo XX éramos *top ten* mundial en ingreso per cápita. Estábamos entre los países más ricos del planeta. Sin embargo, desde entonces, llevamos 70 años de decadencia, 30 con pobreza en 30% y ya tenemos niveles alarmantes de inseguridad, producción y consumo de droga. A la gente le han robado dos veces los depósitos en 30 años. Lo mismo con la suspensión de pagos de la deuda pública. Quiebran empresas, los salarios e ingresos reales de los trabajadores se evaporan como arena entre las manos, etcétera.

Hay que cambiar. ¿Desde dónde y hacia qué lugar?

Se debe abandonar el populismo, o lo que es lo mismo, su versión económica, el capitalismo de rapiña, el capitalismo de los amigos del poder que venimos aplicando desde hace más de 70 años. Los empresarios prebendarios que ves por la tele a menudo hablan bien de todos los planes económicos que fracasaron por décadas. Los políticos están desconectados de las necesidades de la gente. Solo registran su negocio de hacer campañas para ganar elecciones y luego gobernar para volver a ganar elecciones.

Por si fuera poco, su confort económico es de dudosa procedencia (ni hablar de la Justicia Federal de Comodoro Py) y viven de un gasto público que una sociedad de ingresos medios como la nuestra no puede pagar por la presión impositiva y asfixiante que implica. Finalmente los sindicalistas –en general un conjunto de rufianes que les roban el dinero a los trabajadores (por los altos costos laborales) con el cuento de la justicia social–, algunos de los cuales están presos por delitos económicos y civiles graves.

Tenemos que cambiar y abrazar un capitalismo competitivo en el que las empresas compitan con el mundo en vez de «cazar en el gallinero» por las trabas que existen para poder importar después de hacer todo el *lobby* posible con el Estado para que este las proteja. Pero para que ello no cause un cierre masivo de empresas es necesario bajar impuestos y costes laborales. O sea, hay que tener otra justicia laboral, otras leyes laborales lejos de las heredadas de la Carta del Lavoro de Mussolini y un Estado con un tamaño razonable y sin déficit fiscal. Se debe hacer una revolución educativa como la que realizaron próceres como Sarmiento en la segunda mitad del siglo XIX. No podemos tolerar el alto abandono de la Universidad por parte de nuestros jóvenes y la repetición del curso de los chicos en la escuela. Además de los paupérrimos contenidos que se les brinda.

Si bien la evidencia histórica resulta demoledora en el sentido de que siete décadas de decadencia es algo suficientemente fuerte como para cambiar, hasta ahora no lo hemos podido lograr.

¿Es Macri el garante de ese cambio? Si bien algunas cosas las ha apuntado en el sentido correcto (eliminar el cepo, salir de la quiebra, dejar de hacerle la guerra al campo y tener relaciones con el mundo próspero), en el fondo sigue siendo lo mismo que hemos hecho en el pasado. No en vano terminamos a principios del año pasado con el acuerdo número 27 en 60 años (de fracasos) con el FMI.

Macri tiene que cambiar. ¿Querrá? ¿Podrá? No lo sé. Sí tengo claro que en 2019 volveremos a tener una nueva oportunidad para hacerlo (con reelección o no de Macri) porque por definición cada elección es una nueva oportunidad. No será fácil, pues si desde hace 70 años no podemos parar de repetir algo que nos hace mal significa que los argentinos no estamos razonando bien. Encima 2019 no se muestra como un año extraordinario desde lo económico dado que la economía estará débil y la inflación alta. Y esta sociedad hace tanto que reacciona de la misma forma (a pesar de que la daña) que tiene una enorme resistencia a cambiar. Parece que sufriera de «síndrome de Estocolmo» al haber desarrollado una suerte de empatía con su secuestrador, el populismo.

Resulta imprescindible salir de un paradigma equivocado. Cambiarlo por uno nuevo. Es posible, así como cada mañana cuando nos levantamos de la cama se nos abre una oportunidad para cambiar a nivel personal aquello en lo que estamos equivocados.

Como dijo Confucio en el siglo V antes de nuestra era: «Los cambios pueden tener lugar despacio. Lo importante es que tengan lugar». Argentinos, manos a la obra.

José Luis Espert

El I CHING aconseja:
18. Ku / El Trabajo en lo Echado a Perder

EL DICTAMEN
El Trabajo en lo Echado a Perder tiene elevado éxito.
Es propicio atravesar las grandes aguas.
Antes del punto inicial tres días,
después del punto inicial tres días.

Lo que se ha echado a perder por culpa humana, puede también subsanarse mediante el trabajo humano. No se trata de un sino inexorable, como el que aparece en el tiempo del Estancamiento, sino de una consecuencia del abuso de la libertad humana, lo cual ha conducido al estado de putrefacción. Por lo tanto, el trabajo destinado a la mejora tiene buenas perspectivas, puesto que se realiza en concordancia con las posibilidades del tiempo. Pero es necesario que uno no se retraiga ante el trabajo y el peligro –simbolizado por el cruce de las grandes aguas–; es necesario tomar cartas enérgicamente. No obstante, es condición previa del éxito una adecuada reflexión. Esto se expresa en la sentencia añadida: «Antes del punto inicial tres días, después del punto inicial tres días». En primer término deben conocerse las causas que han conducido a la corrupción, antes de que esta pueda subsanarse: de ahí la necesaria atención durante el período anterior al tiempo inicial. Luego hay que preocuparse de que todo se encarrile bien por la nueva vía, para evitar una recaída: de ahí la necesaria atención en el período que sigue al punto inicial. La indiferencia y la inercia que han conducido al estado de corrupción deben ser reemplazadas por la decisión y la energía, a fin de que un nuevo comienzo pueda suceder a la terminación de tal estado.

LA IMAGEN
Abajo, al borde la montaña, sopla viento: la imagen del echarse a perder.
Así el noble sacude a las gentes y fortalece su espíritu.

Al soplar el viento en lo bajo, al borde de la montaña, se ve rechazado y echa a perder las plantas. Esto contiene una exhortación al enmendamiento. Lo mismo ocurre también con las disposiciones de ánimo inferiores, y con las modas: introducen corrupción en la sociedad humana. Para eliminarla, el noble ha de renovar la sociedad. Los métodos para ello se extraen igualmente de ambos signos primarios, solo que sus efectos se despliegan entonces en ordenada secuencia. El noble ha de eliminar el estancamiento sacudiendo a la opinión pública (tal como el viento sacude con su acción) y fortalecer luego el carácter de la gente, tranquilizándolo (como es el caso de la montaña que brinda tranquilidad y alimento a todo lo que crece a su alrededor).

Los astros y sus influencias en 2019 para Latinoamérica, Estados Unidos de América, y España

por *Ana Isabel Veny Llabres*

Mirando en nuestro interior, podremos descubrir espacios luminosos y de gran poder

Aún nos encontramos en el tiempo del despertar espiritual, aprovechemos al máximo este nuevo ciclo en el que energías muy sutiles y de fuerte impacto sobre todo nuestro ser ingresan en esta realidad tridimensional que habitamos. Comencemos a ser más conscientes de nuestras profundas transformaciones a nivel físico, mental, y en el universo de las emociones. Reconectemos nuevamente con ese ser de luz y de grandes facultades aún dormidas que somos nosotros mismos. Si damos prioridad a las necesidades de nuestra alma podremos elevar nuestras vibraciones personales y atravesar esta experiencia terrenal de forma más equilibrada y con nuevas sensaciones de libertad interior. Es importante integrarnos a los cambios cósmicos para avanzar con más seguridad en nuestras experiencias personales, y además dentro del colectivo al que pertenecemos. Seamos más sutiles en nuestra forma de vida, volvámonos livianos en cuerpo y espíritu. Saltemos de una buena vez por encima de hábitos que atascan o retrasan nuestra verdadera evolución. Es el tiempo de reconocer en nosotros mismos nuestras virtudes y potenciarlas para sentirnos especiales y no estar tan condicionados a códigos externos. Realicemos ese viaje interior hasta nuestra verdadera fuente de poder espiritual y veremos un paisaje único en el cual comandan el amor y la creatividad. Al funcionar desde ese espacio, se desplegarán sucesos mágicos en nuestras vidas junto a un bello arcoíris de luz.

Unificando pensamientos e intenciones de igual frecuencia podremos cambiar realidades

Cuando se encuentran quienes realmente son afines y poseen ese anhelo de superación no solo individual sino también grupal se vuelven capaces de modificar, desde planos invisibles y a nivel energético, diferentes escenarios materiales. Encontremos ese lugar que nos permita interactuar con quienes tienen nuestros mismos intereses espirituales y desde allí, enviar mucha luz a nuestro planeta y a la humanidad para mejorar los actuales contextos. Gaia sigue necesitando nuestro amor y cuidados hacia sus distintos reinos. La fuerza de muchos corazones sintiendo al unísono, sumada a una visualización positiva, puede obrar milagros sobre nuestra dimensión y crear un nuevo equilibrio.

Resumen de las influencias astrales en 2019: Estamos en presencia de un ciclo en el que las soluciones tan anheladas por las distintas colectividades pueden hacerse presentes con el paso del tiempo y así atenuar diferentes conflictividades. Los modelos teóricos que surjan con el fin de conducir a un mayor equilibrio, esta vez pueden resultar más viables.

Nota: Las predicciones realizadas se basan en la fecha de independencia de los países que involucran por lo general el año en cuestión a partir de su nueva revolución solar y un tramo del año siguiente, completando así doce meses.

ARGENTINA

NACE EL 09/07/1816. SIGNO SOLAR: CÁNCER-Sensible, tenaz y tradicionalista. ELEMENTO AGUA: Otorga creatividad, intuición y un ánimo variable.

Predicciones para su nuevo ciclo desde la visión astrológica
En la primera parte del año, continuarán los esfuerzos tendentes a mejorar las áreas de crecimiento para poder acceder a las gráficas deseadas. No significa que no existan desafíos, pero las soluciones inmediatas que la sociedad argentina necesita para reafirmar sus estructuras no estarán tan distantes. Serán notorios luego los efectos de ese impulso inicial y, hacia la mitad del ciclo, se podrán lograr paulatinamente los beneficios que cada sector (agrícola, sanitario, laboral, entre otros) en particular anhela. Hasta la mitad del período las influencias celestes aconsejan actuar siempre con cierta prudencia. El aspecto de Marte en fricción con Urano sugiere no derrochar energías y poner empeño en aquellos objetivos que realmente puedan materializarse. A pesar de lo expuesto, el hermoso aspecto de Júpiter (emprendedor y fogoso) al Sol del país, ubicado en Cáncer, le dará finalmente la suerte deseada para saltar por encima de diversos retos

en este primer tramo. Al alcanzar el segundo semestre, la claridad será necesaria a la hora de las decisiones relacionadas con los espacios de mayor productividad para que nada retroceda y se mantengan estables los niveles ya logrados (Júpiter-expansivo, discordante con Neptuno-volatilidad). En los últimos meses, existirán tiempos en que los resultados por momentos pueden conformar y por otros pueden conducir a nuevas búsquedas desde el panorama nacional e internacional en diversos aspectos (conjunción de Saturno con Plutón, en oposición al Sol canceriano del país). En este sentido y apelando a conductas creativas, se tendrá acceso a generar la dinámica necesaria que permita llevar adelante importantes iniciativas en lo social, comercial, financiero y en otros rubros de interés público (Marte-enérgico, en conjunción con Mercurio-ingenioso).

Generalidades
En sectores educativos, las reformas que se vayan implementando con el correr del tiempo conducirán a aciertos. Zonas de gran belleza y que ofrecen bienestar mantendrán una buena dinámica turística. Poner la atención sobre áreas volcánicas es importante, a efectos de contar con informaciones que permitan adelantarse a todo evento futuro. En cuanto a suelos y cultivos, no se descartan innovaciones que le den relevancia a su producción. En las áreas de salud se tendrá acceso a actuar con mayor efectividad, y respecto a las exportaciones los acuerdos se presentarán más alentadores. En deporte, se irá adelante con un afán muy positivo de superación en varias ramas para demostrar capacidades y obtener buenas puntuaciones.
Resumen de las influencias astrales en 2019: Durante el año, si bien se darán algunas oscilaciones y habrá que replantear objetivos, no faltarán recursos para mantener la estabilidad general. Existirán soluciones ingeniosas para lo que resulte realmente complejo.

BOLIVIA

NACE EL 06/08/1825. SIGNO SOLAR: LEO-Apasionado por sus ideales, voluntarioso y organizado. ELEMENTO FUEGO: Da vigor y nobleza.

Sus configuraciones planetarias y los efectos sobre su sociedad
Las actitudes preventivas y rigurosas no estarán de más en los

primeros meses del año en cuestión a la hora de realizar acuerdos diversos o inversiones que sean significativas para el país. El Sol (rumbos a seguir) junto a Mercurio (de naturaleza práctica), ambos disonantes con Júpiter (aspiraciones mayores), aconsejan siempre contemplar posibilidades. Aquí lo importante será no excederse en cuanto a los propios recursos y continuar administrando los sectores más relevantes con un espíritu muy realista. Por otra parte, el contacto existente entre Marte (impulso) y la Luna (su colectividad) se relacionaría con la obtención gradual de logros en aspectos sociales prioritarios, por ejemplo en salud, educación, productos básicos, empleo, para acceder así a gráficas que ofrezcan más garantías. Tal vez se requiera un esfuerzo extra para movilizar sectores de exportación, generar nuevos puestos de trabajo y dar un nuevo impulso a la economía interna, pero con el paso de los meses puede resultar efectivo. Será un tiempo de observación y replanteos, bastante útil respecto de lo que su sociedad necesita en lo inmediato y luego sí, más adelante, se podrán impulsar proyectos de mayor envergadura. Ya desde la mitad del ciclo hacia el final, Bolivia contará con aspectaciones planetarias más prometedoras que la reubicarán mejor en contextos internacionales y con acceso a ir regulando dentro de su territorio diferentes desafíos de su cotidianidad. Esto se produciría gracias a la benéfica influencia de Júpiter desde Sagitario, que imprimirá al fogoso Sol leonino de Bolivia un nuevo aliento vital para llevar adelante múltiples iniciativas, pero esta vez más libre de obstáculos o demoras. Las alianzas de carácter económico que se vayan logrando en diferentes rubros pueden resultar más eficaces, e impulsar de forma segura el progreso al cual se aspira.

Comentarios generales

Lo agrícola tendrá opción a replantear técnicas que con el tiempo mejoren resultados en sus rubros tradicionales (frutas, verduras, granos, etcétera). Reforzarán su vigencia los cultivos de quinua, siempre apreciados por sus altos valores nutricionales. Los avances tecnológicos en ciencia, informática, geología, entre otros, obtendrán buenas gráficas con el paso del año.

Las condiciones climáticas pueden variar de acuerdo con diferentes zonas con sequías, vientos huracanados y lluvias. Habrá un mayor interés por dar protección a zonas naturales y por conservar el equilibrio ecológico. Sus atractivas regiones continuarán fortaleciendo a sectores turísticos. Los compromisos deportivos podrán asumirse sobre todo en el segundo semestre con suficiente talento para así ir mejorando posiciones. **Resumen de las influencias astrales en 2019:** Si bien el nuevo ciclo puede solicitar creatividad e ingenio para acceder a las aperturas deseadas, gradualmente se irán abriendo las rutas que permitan mejorar los paisajes de la sociedad boliviana.

BRASIL

NACE EL 07/09/1822. SIGNO SOLAR: VIRGO-Talento analítico, es objetivo y prudente. ELEMENTO TIERRA: Permite llevar la teoría a la práctica con precisión.

Observando desde el cielo sus posibilidades anuales

Para el gran coloso latinoamericano, se iniciará el nuevo ciclo teniendo que hacer hincapié en los espacios sociales más demandantes ya que pueden surgir altibajos que soliciten una atención inmediata (en salud, seguridad, empleo, educación, por ejemplo). Aun así la buena aspectación[45] de Júpiter (el gran benefactor) al Sol virginiano del país es una señal de que no estarán tan lejos las soluciones que se necesiten para cada momento.

Quizá cueste un poco impulsar nuevas fuentes de producción y trabajo debido a la fricción entre Marte (que conduce a la acción) y Venus (aludiendo en este caso a los niveles de bienestar) pero sosteniendo esfuerzos se saldrá adelante. En el primer semestre se podrán reformular acuerdos (en lo interno y/o externo) que en un futuro no muy lejano ofrezcan beneficios para múltiples sectores, incluyendo el de exportaciones. Saturno (que reafirma estructuras) estará en buenas relaciones con Mercurio (ingenio activo); esto nos da indicios de que a pesar de contrariedades diversas, se presentarán rutas favorables a transitar.

No se descarta la oportunidad de recuperar posiciones e impulsar el crecimiento general, que podría lograrse mediante procesos. La preocupación por los sectores más carenciados de su sociedad podrá moderarse debido a enfoques acertados en épocas no tan lejanas. Hacia el final del período, lo ideal será mantenerse firme en las aspiraciones y

---

45. Término propio de la astrología. Los aspectos son las distancias angulares que existen entre dos o más planetas. Indican cómo se relacionan diferentes facetas de nuestra vida de acuerdo a los planetas implicados, así como los signos y casas relacionados con dichos planetas.

actuar con criterio ya que pueden acontecer sucesos que por momentos generen ciertos interrogantes (fricción entre Mercurio y Júpiter). Si bien las innovaciones que se necesitan para mejorar escenarios diversos solicitan gran realismo, no serán tan imposibles de lograr. La proximidad de Marte (de naturaleza imperativa) con Mercurio (generador de nuevos planes) representa un recurso celeste valioso para conducirse con dinámica, no decaer en caso de desafíos mayores y poder encauzar mejor los sectores sociales en desequilibrio.

Informaciones variadas
Es una etapa que dará lugar a nuevos avances en informática y en sanidad con buen resultado. En agricultura, tanto sus productos tradicionales como atípicos podrán lucirse más. Se incrementará el interés por la protección del medio ambiente, a efectos de conservar la armonía general entre los distintos reinos. Su sector de turismo no perderá vigencia, continuará exhibiendo buenas gráficas gracias a las atractivas regiones del país, y su agradable clima. El arte en sus distintas expresiones tendrá opción de mostrar nuevos talentos y lograr aprobación. En las diferentes ramas del deporte, todo esfuerzo será válido ya que el año se presentará algo competitivo y exigente. Aun así, con empeño, se podrá acceder a los niveles aspirados.

Resumen de las influencias astrales en 2019: Alternarán en el ciclo tiempos en los cuales se avanzará a un ritmo más rápido hacia los objetivos trazados, y otros en que será necesario reflexionar más. De todos modos, las proyecciones anuales tendientes a mejorar esquemas irán encontrando las bases donde apoyarse.

CENTROAMÉRICA

La región centroamericana está compuesta por Belice, Costa Rica, El Salvador, Guatemala, Honduras, Nicaragua y Panamá. Son zonas de bellos paisajes que siempre generan un atractivo especial y convocan a quienes buscan bienestar.

BELICE: Su maravilloso clima y sus bellas regiones continuarán promocionando exitosamente los sectores turísticos durante el año. Si bien según sus astros se ingresa en una etapa algo moderada respecto del crecimiento económico y su producción, con cierto empeño podrán mejorarse sus gráficas anuales en esa dirección. Los sectores educativos, de salud, productos básicos y fuentes de empleo pueden por momentos enlentecer sus ritmos para luego lograr una mayor estabilidad. Seguirán gestándose atractivos proyectos en muchos sentidos y en beneficio de sus grupos sociales.

COSTA RICA: Tendrá un ciclo más afortunado que permitirá regular e impulsar mejor las áreas de mayor incidencia social. Los acuerdos internacionales pueden resultar más productivos y generar un nuevo avance para el país. Esta vez habrá mayor opción de lucirse en lo educativo y cultural, logrando intercambios positivos con otras sociedades. Si bien elaborar nuevas agendas y planes puede demandar esfuerzo, contará con suficiente protección celeste. Año en que el misticismo y las tradiciones ancestrales pueden tomar nueva fuerza. Su producción habitual (café, banana, granos, por ejemplo) continuará con buenos niveles.

EL SALVADOR: La originalidad acompañará las iniciativas que se impulsen en el nuevo ciclo (sociales, de infraestructura, financieras, tecnológicas, entre otras) y a medida que transcurran los meses se podrán notar los buenos resultados. Las investigaciones en arqueología pueden resultar muy innovadoras. Período favorable para las áreas artísticas y sus diferentes intercambios. El cuidado de sus recursos naturales puede intensificarse positivamente así como las mejoras relacionadas con las energías renovables. Los sectores educativos quedarán conectados a buenos avances y habrá un florecimiento espiritual.

GUATEMALA: Durante el año, en sectores de exportación, de inversiones para mejorar sus infraestructuras, de exigencias sociales e inmobiliarias entre otros, el acceso al progreso deseado puede estar ligado a variantes y a nuevas evaluaciones que en definitiva serán útiles para abrir senderos con mayor claridad. En agricultura, sus productos tradicionales (hortalizas, azúcar, plátanos, etcétera) continuarán abriendo mercados. Sus tesoros arqueológicos, una gastronomía original y playas de gran belleza siempre aseguran su prestigio turístico. Paulatinamente se irán cumpliendo objetivos.

HONDURAS: Se anuncian tiempos en los cuales persistirá la tendencia a avanzar respecto del bienestar general y las posibilidades de un crecimiento sostenido. La persecución de objetivos económicos, una mayor modernización en general, una educación más ajustada a lo trazado y un buen desarrollo agrícola son metas que podrán concretarse con resultados satisfactorios. Las influencias planetarias ayudarán a encontrar soluciones en caso de tener que enfrentar diversos vaivenes o dificultades. Se contará con recursos para la preservación del medio ambiente y el cuidado de zonas de valioso contenido histórico.

NICARAGUA: Se estará ante un ciclo de notorios contrastes entre épocas muy productivas frente a otras que solicitarán apelar a los talentos creativos para organizar mejor los diferentes ámbitos de la sociedad nicaragüense (cultura, empleo, tecnología, entre otros ítems). De cualquier manera, existirá ayuda planetaria para ir enfrentando demandas y realizar los acuerdos que permitan el ingreso de mejores dividendos de forma progresiva. En general los ajustes que se realicen serán muy efectivos a medio plazo.

Su fama turística no cesará y tampoco la buena colocación en diferentes mercados de sus productos tradicionales (frutas exóticas y diversas, algodón, maíz, etcétera).

PANAMÁ: En esta etapa, no disminuirán los esfuerzos inclinados a lograr nuevas mejoras en sectores prioritarios tales como salud, educación, empleo, sectores de alimentación, por ejemplo. Lo relativo al transporte y su logística contará con adelantos relevantes. Respecto del comportamiento de las gráficas económicas, aunque existiesen oscilaciones, no faltará el ingenio para regularlas. Será un año de mejores intercambios con otras culturas y de interesantes eventos sociales. Las tradiciones ancestrales tendrán opción a lucirse más. El país continuará generando encanto en quienes visiten por primera vez sus cálidas regiones.

Generalidades: Técnicas más originales y esfuerzos sostenidos en todo el bloque centroamericano pueden cumplir con importantes objetivos en deporte.

Todo monitoreo respecto de áreas volcánicas siempre será altamente beneficioso. Las innovaciones que se realicen a efectos de modernizarse más conducirán a buenos resultados.

Resumen de las influencias astrales en 2019: Las diferentes colectividades y sus aspiraciones anuales se irán desplegando con firme convicción y podrán materializarse a medida que transcurra el año. Serán tiempos dinámicos y de más creatividad que ayudarán a mantener la estabilidad general.

CHILE

NACE EL 18/09/1810. SIGNO SOLAR: VIRGO-Autocrítico, convincente y de especulaciones acertadas. ELEMENTO TIERRA: Confiere tesón y paciencia.

Sus diseños planetarios e influencias sobre su colectividad
Conexiones más favorables como la de Saturno y Plutón –ambos en Capricornio y bien sintonizados con el Sol en Virgo de Chile– esta vez aumentan las expectativas de crecimiento para el país respecto de trayectorias económicas, en infraestructuras que permitan un funcionamiento más efectivo, sobre todo en cuanto a lograr un mayor bienestar social. Se podrán obtener buenos avances en el sector de exportaciones, en el cual la colocación de los principales productos y sus convenios pueden resultar más beneficiosos. Conducciones totalmente innovadoras cambiarán perfiles anteriores propiciando así un resurgimiento de las buenas condiciones que puedan, a lo largo del ciclo, mejorar muchas gráficas a nivel agrícola, industrial y de inversiones diversas.

Si bien es cierto que hasta ahora las desigualdades sociales han representado un fuerte reto, los esfuerzos que se realicen en este sentido no serán en vano. El logro de una mejor capacitación para quienes están dentro del mercado laboral quizá sea una meta mayor, pero no estaría tan lejos de materializarse con los consiguientes beneficios respecto de la productividad y del progreso individual. Asimismo, la educación en general quedará expuesta a nuevos avances.

Las influencias astrológicas en el segundo tramo del período solicitarán el sostenimiento de lo logrado en el primer semestre para continuar avanzando y no desviar la mirada de los principales intereses de toda su colectividad (en fricción, Júpiter con el Sol y Marte). Con algo más de empeño en los últimos meses, igual se hallarán soluciones adecuadas para continuar reafirmándose en todos aquellos proyectos que otorguen nuevos dividendos. Habrá un resurgimiento de las tendencias creativas que por ejemplo mejoren las áreas de la comunicación y el turismo, que intensifiquen las expresiones artísticas en sus diferentes ramas y que brinden nuevos espacios para el intercambio social y sus místicos sectores indígenas.

Medio ambiente, cultivos, zonas volcánicas y deporte
El resguardo de territorios naturales diversos, bosques nativos, la preservación de diferentes especies así como el cuidado de las aguas formarán parte de la agenda medioambiental. Ciclo inclinado a buenas cosechas en sus principales sectores (frutícola, de cereales, de hortalizas diversas, entre otros) y a actualizarse más respecto de nuevas tecnologías de cultivo así como continuar impulsando las siembras de la valiosa quinua, entre otras alternativas. Año de ciertas variabilidades climáticas que se mantendrán dentro de lo estable. Lo relativo a las zonas volcánicas tal vez requiera de nuevos monitoreos y mayor vigilancia. Siempre que en el deporte se mantenga la constancia y el empeño, se podrá acceder a los premios anhelados.

Resumen de las influencias astrales en 2019: El año en cuestión se presentará muy polifacético para la sociedad chilena dándole así nuevas posibilidades que permitan renovar esquemas y llevar adelante objetivos que aporten una mayor rentabilidad.

COLOMBIA

NACE EL 20/07/1810. SIGNO SOLAR: CÁNCER-Respetuoso de sus ancestros y susceptible. ELEMENTO AGUA: Conduce a lo artístico y a sentimientos profundos.

Analizando sus diversos escenarios de vida
Al iniciar este nuevo período, se irán resolviendo muchas gestiones que han estado tal vez postergadas o a la espera de contar con las garantías necesarias para su avance.

Esto se relaciona sobre todo con sectores de exportación e inversiones en beneficio del conjunto social en diversos aspectos (servicios básicos, empleo, medio ambiente entre otros). Las ventajas financieras a las cuales se desea acceder ya no estarán tan lejanas gracias al buen contacto entre Saturno (realismo) y Venus (que genera equilibrio); en este sentido se irán reafirmando estructuras. Las agendas educativas continuarán siendo contempladas a fin de resolver desafíos y promover un buen desarrollo cultural. Las condiciones que se necesitan para que se genere una mayor productividad general esta vez estarán más cercanas, y los buenos acuerdos que garanticen continuidad no estarán excluidos. Las innovaciones en tecnología aplicadas a diferentes áreas hallarán espacios adecuados donde desarrollarse más y así poder proyectarse hacia el futuro. De la misma forma, el acceso a continuar generando energías no tradicionales mantendrá su vigencia y proporcionará beneficios.

En investigaciones y estudios científicos, puede ser un año de descubrimientos relevantes.

Sus múltiples atractivos turísticos no pasarán inadvertidos. En los últimos meses del año se estará bajo influencias que si bien por una parte pueden producir conductas demasiado optimistas o que lleven a exagerar posibilidades, por otro lado contará con aspectaciones beneficiosas y moderadoras como la de su propio Sol en Leo en conjunción con Mercurio para avanzar con confianza hacia los objetivos de prioridad.

A esto se agregaría la posición de Marte en Leo en buen aspecto con Júpiter en Sagitario, que acentuaría la dinámica para continuar actualizando las agendas de mayor importancia.

Acerca de cultivos, geología, arte y deporte

La dedicación a cultivos tradicionales continuará brindando aperturas y avances muy redituables (café, caña de azúcar, arroz, etcétera). Las diferentes regiones durante el año estarán sometidas a un clima muy variable, por lo que observar los calendarios de siembra será básico para superar los desafíos climáticos. Será acertado continuar vigilando todo fenómeno geológico (actividad sísmica y volcánica).

Esta vez los diferentes sectores que participan del arte accederán a un mayor reconocimiento. En exposiciones tanto de artesanías, pintura, música, obras teatrales, se podrán alcanzar niveles muy aceptables. La tenacidad estará presente para mejorar el desempeño deportivo y lucirse más. Los talentos serán notorios hacia la mitad del año año, y hacia el final con la opción de categorizar mejor.

Resumen de las influencias astrales en 2019: Si bien los avances a los cuales se aspira se irán logrando con el paso de los meses, todo se encamina a renovar estructuras que le den a la sociedad en su conjunto un mayor progreso y solidez general.

ECUADOR

NACE EL 10/08/1830. SIGNO SOLAR: LEO-Talento para organizar, enseñar y ejercer liderazgos. ELEMENTO FUEGO: Otorga voluntad y determinación.

Las señales que dan los astros para el futuro cercano
En los primeros meses del año, con un esfuerzo sostenido se alcanzarán posiciones más aceptables para lograr así un panorama general que pueda complacer a toda la colectividad ecuatoriana. Será un tiempo para observar detenidamente las áreas más conflictivas a fin de resolver asuntos a medio plazo y contemplar al detalle los acuerdos que se realicen para que no se produzcan retrocesos. La conexión entre el Sol (diferentes ambiciones) y Júpiter (expansivo por naturaleza) –que por lo general conduce a objetivos de importancia tanto a nivel interno como en lo internacional (ya sea en lo industrial, en sectores de producción, en mejorar infraestructuras viales, etcétera), y esta vez está algo tensa– invita a evaluar con más lógica los recursos disponibles a tales efectos.

Hacia la mitad del período, con realismo y prudencia, se podrán concretar aspiraciones. Es probable que las áreas de educación se presenten más demandantes, igual que diversos servicios sociales; esto en definitiva resultará positivo ya que dará lugar –con el paso de los meses– a buenas transformaciones y por ende a un mejor resultado. Introduciéndonos en el segundo semestre, se observa cómo las influencias anuales aportarán de continuo un notable dinamismo en muchísimos sentidos y las iniciativas se impulsarán mejor (conjunción entre el Sol, Venus y Marte en Leo). Serán meses en los cuales el acceso a una mayor modernización y a una distribución inteligente de la riqueza tanto en lo público como en lo privado beneficiará progresivamente a diversos sectores de la población. Aquí puede ser muy notorio el movimiento que se produzca en cuanto al turismo, que ya de por sí genera importantes dividendos para el país. Gracias a sus bellos paisajes y clima tropical, dicho rubro continuará en primeras posiciones. Ciclo que estimulará más a quienes se ocupen de investigaciones en medicina, sociología, áreas satelitales, y del cuidado intensivo del medio ambiente a efectos de conservar un buen equilibrio ecológico.

Informaciones diversas de interés general
Existirá una tendencia a reafirmarse en lo ancestral, en las tradiciones y raíces a nivel de festejos, en gastronomía y en intercambios culturales respecto de los diferentes grupos que componen las colectividades indígenas, lo cual será positivo. Un año interesante para la moda, sectores de estética y en las áreas literarias que pueden aportar excelentes novedades. Conductas estratégicas en el deporte llevarán a mejores resultados. Las figuras más representativas podrán lucirse y lograr muchas de sus aspiraciones.

Resumen de las influencias astrales en 2019: Se pronostican avances para Ecuador a lo largo del año; si bien se apoyan en procesos, estos conducirán luego a buenas soluciones para resolver las agendas más significativas.

ESPAÑA

NACE EL 11/12/1474. SIGNO SOLAR: SAGITARIO-Se adapta a las circunstancias y es sociable. ELEMENTO FUEGO: Genera optimismo y atracción por lo novedoso.

Comentarios sobre su nuevo panorama celeste
Esta vez el comportamiento de las gráficas más importantes, sobre todo en economía y finanzas, puede resultar más satisfactorio y permitir una mayor apertura para reafirmar en primera instancia los sectores que generan los dividendos de mayor peso. A medida que avance el año se irá observando una reactivación del crecimiento de las exportaciones y diferentes servicios así como una mejor capacitación de la mano de obra en general. Se podrá percibir un nuevo espíritu grupal de entusiasmo e ilusión respecto de perseguir objetivos que permitan recuperar la calidad de vida deseada y enfocar etapas futuras sin demasiados desafíos. Saturno (concentrado y realista) está en buena sintonía con Marte (audaz y ambicioso), y juntos componen un dúo magnífico para que exista más autocontrol y el talento necesario para enfrentar con acierto las exigencias que vayan asomando durante esta etapa. Contar con Júpiter (optimismo y expansión) esta vez instalado en Sagitario, signo del país, ya es una garantía para poder aumentar el prestigio de la nación desde diferentes espacios y así reafirmar posiciones.

Sin duda habrá que continuar invirtiendo esfuerzos y no desviarse de los ideales a alcanzar, pero los procesos que generen suficiente empleo, den un mayor bienestar social en áreas prioritarias y garanticen los buenos pactos con el exterior en varios ámbitos seguirán muy activos. Las conductas serias y coherentes a la hora de las definiciones más importantes estarán incluidas, evitando así desfasajes o pérdidas futuras (Venus-diplomacia, en buen aspecto con Saturno-precisión).

Lo antedicho atenuaría la influencia algo caprichosa y errática de la oposición Urano-Venus en determinados momentos del ciclo. Pueden darse mejoras notorias en cuanto a vialidad, sectores de vivienda y embellecimiento de zonas urbanas. Perspectiva más favorable para sectores académicos en los cuales el conocimiento y los talentos se desplegarán con más fuerza, mejorando esquemas anteriores.

Generalidades

Habrá más interés por el cuidado del agua, del aire y de valiosas especies de los reinos vegetal y animal, lo que redundará en beneficio de todos. Los sectores informáticos y de telecomunicaciones continuarán muy activos y esmerándose respecto de nuevas actualizaciones.

Proseguirá la tendencia a mejorar suelos para realzar diversas cosechas y poder lucirse en los sectores de alimentación más competitivos.

El clima quedará sujeto por momentos a lluvias y vientos sorpresivos así como a temperaturas inusuales en ciertas épocas del año. En cuanto al turismo, los resultados continuarán siendo satisfactorios. Un nuevo impulso en las artes conducirá a renovar diseños que pueden volverse sumamente atractivos.

En el sector de deportes, con el paso de los meses todo esfuerzo resultará efectivo y aproximará éxitos.

Resumen de las influencias astrales en 2019: Los astros incidirán mejor para que el progreso en general lentamente marque nueva presencia. Existirá la opción de fortalecer con el paso del tiempo las estructuras principales donde el país se apoya, y que se oriente hacia una nueva productividad.

ESTADOS UNIDOS DE AMÉRICA

NACE EL: 04/07/1776. SIGNO SOLAR: CÁNCER-Reservado, creativo y ceremonioso. ELEMENTO AGUA: Inclina al misticismo y a la discreción.

Sus distintas realidades de acuerdo a sus astros anuales
Los proyectos que el país haya impulsado anteriormente continuarán desplegándose con buen ritmo durante estos primeros meses. Si bien reformularse en diversos sentidos puede insumir esfuerzos (Marte-impulso, en fricción con Mercurio-planes), a medida que se logren resultados los mismos pueden generar una nueva conformidad.

El interés por llevar adelante nuevos acuerdos en materia comercial, promocionar inversiones diversas y contemplar diferentes contextos laborales con el fin de instalar mejoras son aspiraciones que podrán irse integrando a estos tiempos (Sol y Júpiter en buen aspecto). Por ejemplo las gráficas de servicios, exportaciones, industriales, inmobiliarias, etcétera pueden quedar sujetas a una nueva y positiva dinámica con los consiguientes beneficios. En cuanto a prioridades sociales, se podrá funcionar con el ingenio que estas solicitan dentro de cada área para así regular los aspectos más complejos.

El desafío anual planetario representado por la oposición de Saturno desde Capricornio al Sol en Cáncer del país expresa que a pesar de demoras, con espíritu paciente y objetividad se lograrán adelantos. Siempre que se mantengan modalidades reflexivas, desde la mitad del período hacia delante se podrá acceder a un paisaje general renovado y actualizado acorde con las necesidades que la sociedad estadounidense vaya manifestando (Urano-innovador en sintonía con Venus-equilibrio).

El sector de investigaciones en sus más variadas ramas (geológicas, meteorológicas, sanitarias, astronómicas, etcétera) y en las áreas educativas contará con un nuevo impulso. Siempre será beneficioso el monitoreo de las ya conocidas zonas sísmicas durante el ciclo, así como aquellas expuestas a imponderables climáticos, a los efectos de poder tomar las prevenciones necesarias. Según los astros, si bien hacia finales del año es conveniente obrar con algo más de tenacidad y precisión, estarán presentes las oportunidades para llevar adelante las agendas más relevantes.

Agricultura, arte, turismo y deporte
A pesar de las variaciones del clima según sus diferentes regiones, los cultivos tradicionales continuarán dentro de buenos niveles. El ingenio artístico no retrocederá, y se renovará dentro de una gran diversidad de sectores logrando la aprobación anhelada. Al contar con una atractiva megadiversidad en cuanto a su flora y fauna y con regiones que generan atracción para quienes están en otras latitudes, la actividad turística mantendrá sus buenas posiciones. En deporte, estrategias más elaboradas conducirán a buenos desempeños a la hora de exhibir talentos. A la mitad del ciclo y hacia el final, las puntuaciones serán más significativos para sus variados sectores.

Resumen de las influencias astrales en 2019: De forma gradual se tendrá la opción de mejorar contextos sociales y otros con originalidad. La constancia y el empeño serán la clave para desplegar planes, aunque se contará con los recursos que aseguren el avance deseado.

MÉXICO

NACE EL 16/09/1810. SIGNO SOLAR: VIRGO-Metódico, disciplinado y de gran lucidez intelectual. ELEMENTO TIERRA: Otorga practicidad para lograr objetivos.

Decodificando las nuevas influencias anuales
Se irá manifestando un ciclo en el cual si bien atender las prioridades básicas del colectivo social (vivienda, cesta básica de la compra, empleo, entre otros) puede demandar en principio mayor atención, las conducciones en este sentido pueden resultar acertadas e ir moderando irregularidades con el paso de los meses.

Se resolverán paulatinamente desfases anteriores y al mismo tiempo se irá accediendo a un nuevo mapa de ruta que esta vez puede conducir a un mayor equilibrio general. Los diferentes sectores económicos necesitarán vigilancia (Urano-intempestivo en fricción con el apresurado e impaciente Marte) y la aplicación de técnicas que ofrezcan un efecto protector sobre los distintos patrimonios de la sociedad mexicana, pero se harán acreedores en el año a gráficas más estables.

Si bien por lo antedicho se entra en una etapa que solicitará apelar muchas veces al ingenio y a la adaptación, el país contará siempre con soluciones para lo que pueda ocasionar altibajos durante determinados períodos en el año (buen aspecto entre Júpiter-suerte extra y el sol mexicano, directivas).

Proyectos relativos a lograr mejoras en cuanto a la productividad en muchísimos aspectos (sectores de la industria, de exportaciones, en informática, agricultura) contarán con buenas influencias para impulsar dichas iniciativas y con el paso del tiempo obtener avances.

Respaldan lo anterior Mercurio aludiendo al gran planificador cósmico ubicado en su propio domicilio, Virgo, en buen aspecto con Plutón, de naturaleza alquímica y ubicado en Capricornio, signo realista, práctico y de inteligencia despierta. Los esfuerzos invertidos en mejorar diversas logísticas y lograr lucimientos en cuanto a vialidad generarán un impacto más positivo. Existirá un nuevo espíritu de superación en cuanto a lo cultural, en el que toda nueva metodología puede resultar sumamente eficaz y brindar amplios beneficios en dicha área.

Generalidades
En relación con el clima no estarán de más las prevenciones asociadas a vientos fuertes, paisajes más huracanados o por momentos lluvias abundantes en ciertas épocas del año. Del mismo modo será favorable observar parajes volcánicos y sísmicos.

En cuanto al cuidado de lo forestal e hídrico así como de otros recursos naturales, lo que se implemente al respecto puede ser innovador y ofrecer nuevas soluciones para preservar el equilibrio natural. Año de gráficas turísticas que continuarán vigentes y se conservarán estables. En sus sectores clásicos (maíz, trigo, plátano, entre otros), la agricultura permanecerá activa y con opción a buenas renovaciones.

Existirá un mayor despertar espiritual y la necesidad de reconectarse con las raíces ancestrales. Esforzarse para mejorar reflejos y accionar con concentración será de excelente ayuda esta vez para afrontar mejor los compromisos deportivos.

Resumen de las influencias astrales en 2019: El país estará dentro de un escenario anual que poco a poco irá transformándose según las exigencias que surjan y encontrando, a pesar de desafíos, los senderos que conduzcan a un nuevo crecimiento general.

PARAGUAY

NACE EL 14/05/1811. SIGNO SOLAR: TAURO-Concentrado y persistente. ELEMENTO TIERRA: Inclina al orden y a la laboriosidad.

Nuevos vaticinios para su colectividad
Como resultado de los diferentes aspectos planetarios, Paraguay esta vez ingresaría en una etapa más positiva en la que contaría con mejores posibilidades de desarrollo. Dentro de ese juego astrológico anual interactivo y diversificado, encontramos como aspecto relevante a mencionar la buena sintonía existente entre su Sol ubicado en Tauro (conducciones) con Saturno (solidez) instalado en su propio domicilio, Capricornio, en conjunción con Plutón (trasmutación). Esto incidiría bien para realizar cambios profundos que aseguren estilos de vida más armoniosos y volver a proyectarse exitosamente en lo interno y externo. No deja de ser menos importante el aspecto en trígono de Júpiter (generador de riqueza y expansión) con el planeta Venus (mayor bienestar), lo que permitiría extraer beneficios sobre los diferentes acuerdos del ciclo tendientes a mejorar intercambios económicos, su producción agrícola, en servicios, etcétera. Mercurio creativo y original ocupando el signo de Tauro señala que todos los procesos tendentes a innovar en cualquier sentido no carecerán del análisis y la reflexión necesarios para que puedan llegar a buen fin y de esa forma se reduzcan riesgos. A la hora de las decisiones no faltarán las actitudes rigurosas para así continuar avanzando con seguridad. En cuanto al plano educativo y la formación profesional, es un ciclo que favorece ampliamente a quienes deseen perfeccionarse y acceder a mejores oportunidades. Respecto de las cestas básicas de la compra, asunto tan importante, se comenzaría a transitar por un sendero que permitiría mantener la estabilidad al respecto. Con el pasar de los meses, se podrán visualizar mejoras en cuanto a empleo y en la implementación de diversos servicios sociales en beneficio de sus habitantes.

Comentarios generales
Los proyectos de ingeniería, tecnología y científicos se impulsarán positivamente. Respecto de lo climático (temperaturas, lluvias y aridez), se mostrará a lo largo del año dentro de las gráficas habituales. Relativo a las tradiciones indígenas, se podrán lograr nuevos espacios desde donde manifestar las costumbres heredadas. Tal vez las agendas del medio ambiente demanden más esfuerzo para preservar las

riquezas naturales y conservar el equilibrio entre los distintos reinos (vegetal, animal y mineral). La dinámica tradicional en cuanto al turismo continuará con buen ritmo. En sectores gastronómicos seguirá firme por su cocina tradicional y tan elogiada. En cuanto a siembras y producción, esta nueva etapa puede dar lugar a modernizarse y obtener más ventajas. Habrá acceso a lucimientos deportivos en base a la constancia y el sostenimiento de los ideales que se desea alcanzar. De esa forma llegarán los éxitos con los que se sueña.

Resumen de las influencias astrales en 2019: Año mayormente productivo, de innovaciones que darán beneficios futuros y en el que cada esfuerzo que se realice tendrá su debida recompensa. No faltarán opciones para enfrentar imponderables y reafirmar objetivos.

PERÚ

NACE EL 28/07/1821-SIGNO SOLAR: LEO-Domina lo adverso con voluntad, es protector y honorable. ELEMENTO FUEGO: Da ambición y optimismo.

Los mensajes del cielo peruano para el futuro cercano
Durante el transcurso de los primeros meses del año, los escenarios emergentes representativos de la sociedad peruana pueden necesitar ajustes y tener que recurrir a formas de operar alternativas para sostener mejor las demandas en todo aspecto (economías, empleo, sanidad, servicios sociales, por ejemplo).

Se estará bajo procesos de transformación que solicitarán adaptación, obrar con mesura y sobre todo evitar improvisaciones (Urano-que genera imprevistos, en aspecto de fricción con el Sol-programas a impulsar). Sin embargo, las ideas innovadoras estarán presentes para reforzar y sostener las principales estructuras en las que se apoyarán las agendas de programación del nuevo ciclo a transitar (Mercurio en Leo activa el intelecto, brinda talento ejecutivo).

Se detectarán más fácilmente aquellas áreas a las cuales se les debe dar prioridad para que no se generen demasiadas oscilaciones y así obrar con la flexibilidad que cada temática a analizar requiere. Las intenciones de perfeccionar sistemas de funcionamiento estarán presentes, y eso incidirá de manera muy positiva en un futuro no muy lejano; las buenas relaciones existentes entre Marte y Saturno (por un lado impulsos de superación y por otro gran practicidad) lo pone de manifiesto. Ya en el último tramo de esta etapa quedará en evidencia una mayor expansión a todo nivel, que dará conformidad e incidirá bien para un desarrollo sostenible de los sectores más relevantes, para lograr así las garantías deseadas (Júpiter-nuevo optimismo, muy amigable con el Sol-aspiraciones y Venus-bienestar). Las proyecciones que se realicen enfocando los próximos tiempos pueden desembocar en nuevos beneficios y aperturas que aporten mayor solidez a toda la colectividad en su conjunto.

Informaciones variadas
Los sectores industriales y las exportaciones en general se mostrarán dinámicos y originales. Las tecnologías aplicadas a la obtención de energías solar y eólica accederán a niveles de conformidad. Sus zonas místicas continuarán vigentes para atraer a nuevos visitantes. Los avances en vulcanología y sismología pueden resultar notorios y beneficiosos. Los cambios climáticos que se manifiesten continuarán dentro de franjas previsibles para su gran variedad de regiones. En relación con sus cultivos tradicionales (maca, quinoa, arroz, maíz, frutas y verduras), los procedimientos tendientes a lograr mejoras pueden ser bastante efectivos. En ámbitos literarios y cultura, se podrá lograr una mayor expansión. Ningún esfuerzo deportivo durante el período será en vano, se tendrá la seguridad necesaria para demostrar las buenas capacidades de sus diferentes sectores.

Resumen de las influencias astrales en 2019: En los primeros meses del nuevo ciclo, los astros recomiendan las conductas reflexivas para obtener resultados más satisfactorios. Hacia la mitad del año y hacia el final, llegarán mejores oportunidades que permitan regular altibajos y den acceso a un resurgimiento general.

URUGUAY

NACE EL 25/08/1825-SIGNO SOLAR: VIRGO-Muy adaptable y perfeccionista. ELEMENTO TIERRA: Conduce a logros a base de constancia y reflexión.

Analizando las influencias de sus astros en diversos sectores
Al iniciar el año, realizar nuevas evaluaciones respecto de los

métodos a aplicar para lograr objetivos ya trazados en muchas áreas puede ser muy útil para mejorar resultados y evitar retrasos (Urano-impredecible, discordante con Marte-dinámico).

A pesar de ello, el respaldo que brinda Saturno desde Capricornio hacia la signatura virginiana de Uruguay es un claro indicio de que todos los desvelos por salir adelante en los sectores de gran importancia (economía, exportaciones, promoción de la generación de fuentes de trabajo en lo industrial, agrícola, tecnológico, entre otros) a medida que transcurra el tiempo pueden tener la efectividad deseada.

En cuanto a servicios sociales (salud, educación, contemplar a las clases más carenciadas, cestas básicas familiares, etcétera), estos pueden volverse más demandantes y tener que apelar a soluciones innovadoras para que conserven su equilibrio. Las agendas a todo nivel en el primer semestre pueden requerir una dinámica especial, conductas prácticas y una mayor cautela a la hora de realizar acuerdos múltiples. De esa forma se podrán resolver aspiraciones postergadas y encarar las nuevas con el acierto que merecen.

Pasando al segundo semestre del ciclo, si bien será ideal funcionar con prevenciones, se podrán ampliar un poco más los horizontes accediendo a oportunidades que puedan mejorar la rentabilidad general y aproximar los recursos que cada sector de la sociedad requiere para continuar avanzando. Además, en este tramo, la proximidad de Venus al Sol sería una influencia beneficiosa que ayudaría a moderar algunos posibles desfases. Al mismo tiempo, ir en búsqueda de lo que pueda ofrecer mejores ubicaciones en lo internacional se presentaría viable.

Comentarios diversos

Se avanzará más en tecnología como por ejemplo en medición de sismos, en energías renovables y en lo satelital. Los astros esta vez abrirán un nuevo ciclo para las áreas artísticas, donde se verá acentuada la inspiración de quienes llevan adelante sus diferentes sectores para así renovar escenarios.

El clima quedará sujeto a demasiadas variantes en el año, y tanto los períodos de frío como los de calor se sentirán de forma más intensa. Las influencias predisponen, en determinadas zonas, a tiempos de vientos y lluvias importantes. En el terreno agrícola, y de forma gradual, se podrán mejorar logísticas que permitirán resultados más aceptables sobre todo para los cultivos preferentes.

Con respecto a la ecología, es un área que puede necesitar replanteos y nuevos esfuerzos para que no se produzcan desfases de importancia. Existirá una buena afluencia turística. A medida que avancen los meses, el deporte logrará perfeccionarse cada vez más acercándose a las metas aspiradas gracias al talento de quienes lo estén representando.

Resumen de las influencias astrales en 2019: Se recorrerá este período con la posibilidad de regular las gráficas de mayor interés para la sociedad uruguaya e ir cumpliendo metas con cierta moderación. Alternarán tiempos que solicitarán un análisis exhaustivo con otros que ofrecerán una mayor fluidez.

VENEZUELA

NACE EL 19/04/1810-SIGNO SOLAR: ARIES-De naturaleza extrovertida, vital y emprendedora. ELEMENTO FUEGO: Inclina a asumir proyectos con entusiasmo.

Evaluando sus nuevas configuraciones planetarias

Durante este año los astros solicitarán más empeño para lograr los objetivos que se deseen alcanzar, y de esa manera mejorar aspectos comunitarios. Será positivo recurrir en todo momento a la inventiva para estabilizar aquellos sectores que necesitan ser renovados a los efectos de un mejor funcionamiento y productividad. Lo expuesto surge de la conexión entre el Sol representando las diferentes ambiciones a desplegar, en disonancia con Saturno, de naturaleza restrictiva. También se debe observar el aspecto formado por Júpiter (de influencia expansiva) ubicado en su propio signo, Sagitario, con Neptuno y Venus ubicados ambos en el idealista signo de Piscis, lo cual genera discordancia.

Lo anterior nos lleva a que toda proyección tendente a lograr crecimiento en distintos aspectos necesitará apoyarse en análisis continuos para obtener resultados que complazcan. Las iniciativas que se pongan en marcha al inicio del ciclo con el fin de moderar lo más controvertido irán encontrando, con el paso del tiempo, ciertos recursos que les permitirán materializarse de la mejor forma para la sociedad venezolana y así moderar gradualmente los altibajos que existan en el presente. La sintonía que se manifiesta entre el Sol y

Júpiter permitiría enfocar las agendas puntuales (en educación, urgencias sociales, en generar nueva riqueza, por ejemplo) quizás esta vez con la posibilidad de ir regularizando desfases poco a poco e ir encontrando una dirección que en definitiva genere paisajes de mayor estabilidad.

Informaciones generales
En esta etapa, lo conectado con el medio ambiente y a las protecciones sobre los espacios más vulnerables puede solicitar atención. En lo climático, el nuevo ciclo puede quedar sujeto a variaciones térmicas más notorias, vientos repentinos y períodos en los cuales las lluvias pueden manifestarse con más intensidad en determinadas zonas. Sin duda que se cuenta con un gran potencial agrícola a desarrollar, por lo tanto, aplicando a lo largo de los meses las estrategias y técnicas apropiadas, paulatinamente se estaría en condiciones de recuperar posiciones en cuanto a los cultivos básicos (frutas, verduras, granos, entre otros).

Los esfuerzos que se realicen con miras a mejorar las áreas de tecnología en sus diferentes formas, igual que para lo cultural, pueden ser útiles para acceder a innovaciones que den un nuevo impulso. En deporte, habrá acceso a cambiar estrategias de juego, lo cual será ideal para lograr buenas ubicaciones. Perfeccionar técnicas puede demandar esfuerzos pero resultará efectivo.

Resumen de las influencias astrales en 2019: Ciclo expuesto a oscilaciones; hará falta aplicar conductas ingeniosas para resolver los diferentes desafíos que se presenten en sus variados contextos. Con el correr de los meses, se pueden encontrar alternativas que ayuden a moderar las gráficas principales.

Predicciones preventivas para la Rata basadas en el I CHING, la intuición y el bazi

Acrecentar las reservas.

Queridos roedores:
El I CHING es un oráculo que transmite los ciclos del tiempo.
Y ustedes son los que inician el ciclo zodiacal de los doce animales.

El año del perro les hizo un curso acelerado de materias de índole familiar, social, laboral, sistémicas y llenas de mordeduras ingratas para su sistema cognitivo.

Aprendieron más de sus errores que de sus aciertos.

Muchas ratas volvieron a su centro, origen, vocación, y dejaron atrás el pasado. Se animaron a cortar lazos tóxicos, reformular su pareja, poner en orden sus prioridades, y salir del agujero interior.[46]

Mucha agua corrió bajo el puente; catástrofes pluviales, pérdidas en juicios, estafas, sociedades que se disolvieron por traiciones o consenso de ideas.

Por eso, su cómplice, socio y gran amigo el cerdo «la acercará» a nuevas formas de vivir con talento e imaginación.

La rata sabe lo que es esconderse en la madriguera, en alacenas, en los oscuros y húmedos recovecos del alma ajena hasta socavar las membranas y perforarlas.

Las oportunidades –a través de nuevos contactos regionales, nacionales e internacionales– se abrirán como la flor de loto.

Milagros en pequeña y gran escala acompañarán a la rata con viento a favor.

Su espíritu estará liviano, comprensivo, atento para acompañar a los más humildes, frágiles, necesitados.

La roedora que haya pagado sus deudas interiores estará lista para dar un salto cuántico.

Será muy cotizada, valorada y respetada en el campo profesional. Pondrá su empresa o su pyme con socios y obtendrá su queso favorito: gruyere, sardo, camembert, roquefort, de cabra con orégano y pimientos morrones.

Podrá reconciliarse con sus íntimos enemigos, saldar deudas y festejar con alegría el nuevo tiempo.

---

46. Alude a una canción del grupo musical argentino Virus titulada «Hay que salir del agujero interior».

Regresará a la naturaleza: su lugar en el mundo, armará su madriguera con energía renovable: eólica, solar, y será pionera en el arte de insertarse en un mundo en crisis.

La expansión será calma, serena y solidaria.

Sentirá deseos de reunir a la constelación familiar y dar a cada uno parte de su patrimonio económico, cultural, de recetas ricas y buenos consejos para la lucha en el día a día y la supervivencia, algo que conoce a la perfección.

El acercamiento abarca desde lo humano hasta lo cósmico. Es un abanico de posibilidades internas que se desarrollarán con armonía, sentido común y visión.

La rata estará más demandada y sociable que de costumbre.

Podrá elegir qué hacer y se adaptará a nuevos horarios que le dejen más tiempo para el ocio creativo y el cultivo de una huerta aromática, para realizar artesanías, trabajos grupales como comedores escolares, y se le ocurrirán muchas ideas que la renovarán por dentro y por fuera.

La prevención, precaución y los cambios bruscos de timón serán guiados por su intuición.

Estará dispuesta a convocar a viejos amigos, maestros, celebridades que le aporten un nuevo GPS para salir de la crisis que la visitará en el octavo mes.

Tiempo de concienciar un nuevo mapa del alma, de sus espejismos y miedos, y transmutarlos en acciones pacíficas y solidarias.

Año de cosechar lo que sembró en el pasado, de repunte anímico y emocional, y consolidación de una relación.

La rata –que por su astucia y ventaja fue el primer animal que llegó a Buda cuando él los convocó– recuperará su exquisito sentido del humor, percepción, clarividencia, y nos dará esperanza al resto de los mortales.

L. S. D.

El I CHING les aconseja:
19. Lin / El Acercamiento

EL DICTAMEN
El Acercamiento tiene elevado éxito.
Es propicia la perseverancia.
Al llegar el octavo mes habrá desventura.

El signo, en su conjunto, alude a un tiempo de esperanzado progreso. Se aproxima la primavera. La alegría y la transigencia van acercando entre sí a altos y bajos. El éxito es seguro. Lo único que hace falta es la realización de una labor resuelta y tesonera capaz de aprovechar plenamente los favores del tiempo. Y otra cosa más: el tiempo de primavera no dura eternamente. Llegado el octavo mes los aspectos se invierten. Quedan entonces tan solo dos líneas fuertes, que no obstante, no están avanzando, sino retirándose. Es necesario tener en cuenta a tiempo este viraje y meditar sobre él. Si uno de este modo se enfrenta con el mal antes de que se manifieste como fenómeno, más aún, antes de que haya comenzado a dar señales, llegará a dominarlo.

LA IMAGEN
Por encima del lago está la Tierra: la imagen del Acercamiento.
Así el noble es inagotable en su intención de enseñar,
y en soportar y proteger al pueblo no conoce límites.

La tierra linda desde arriba con el lago: es este el símbolo del Acercamiento y de la condescendencia de alguien superior con los de posición inferior: de las dos partes que conforman la Imagen, surge su comportamiento frente a estos hombres. Así como aparece inagotable la profundidad del lago, así es inagotable la solicitud del sabio para instruir a los hombres: y así como la tierra es vasta sin límites y portadora y protectora de todas las criaturas, así el sabio es portador y protector de los hombres, sin poner fronteras de ninguna clase que puedan excluir parte alguna de la humanidad.

El tránsito de la Rata durante el año del Cerdo

PREDICCIÓN GENERAL
La rata y el cerdo tienen mucho en común si hablamos de energía. Ambos signos son de energía agua. El cerdo deja el escenario perfecto para la confrontación. Las ratas más modernas, conscientes de sus vidas virtuales en internet, serán más propensas a sufrir las consecuencias de cualquier tipo de indiscreción, incluso las ratas de 2008 –que apenas van entrando en la pubertad– podrán salir heridas. Necesita prepararse emocionalmente, hacerse de una autoestima más integral. Entrenar su pensamiento crítico no será difícil, pero este año no se sentirá tan

ella misma; parecerá que todo le es adverso y fallan sus proyectos. Necesitará estrategias certeras y planear siempre a largo plazo.

Enero
Aún es tiempo del perro, pero este mes le dará una idea de cómo será el resto del año. La combinación de energías le brindará la posibilidad de poner a raya cualquier tipo de ansiedad o miedo que se le presente. Podría herir la susceptibilidad de alguien cercano. Tendrá que ser más diplomática, buscar la ayuda de gente que pueda ver una perspectiva distinta. Las ratas más entradas en años seguramente sabrán cómo llegar a ese punto de equilibrio entre su modo de ayudar y su modo de regañar a la gente, pero las ratas más jóvenes comenzarán a sentirse rechazadas, sobre todo las ratas de 2008, que no saben bien cómo aceptar y ser aceptadas en grupos cerrados de gente.

Febrero
El año del cerdo marcará el comienzo de una lucha por su vida pública y social. Las ratas son muy buenas comunicando todo lo que sienten, pero eso pasará a segundo plano debido a los rumores propios de los años del cerdo. Esto hace que la rata se mantenga en un estado constante de frustración porque la gente que la rodea o los que aparecen en los medios la decepcionarán constantemente. El mes del tigre la tendrá también algo entretenida con mudanzas o cambios de empleo y propuestas de proyectos. Podrá sufrir mal de amores, pero serán leves si procura elevar su autoestima.

Marzo
Las ratas tendrán su *sex appeal* al máximo. Podrían iniciar una disciplina de ejercicio para mantener por el resto de su vida; las ratas de 1972 serían las más beneficiadas porque están comenzando a sentir los estragos de una vida sedentaria. Las demás ratas, salvo las jóvenes de 2008, podrían verse envueltas en *affaires* sexuales, tal vez muy divertidos, pero superficiales. Si acaso alguna rata se llegase a enamorar, es posible que no sea correspondida de igual manera, y tendrá que conformarse con eso. Las ratas comprometidas y casadas estarán muy tentadas a romper sus votos: cuidado.

Abril
Nuestra querida rata estará tentada a resolver los problemas del mundo, a convertirse en líder de opinión «influencer» en internet;

pero no es el mejor momento, ya que sus opiniones podrían provocar que la gente la aísle un tiempo. En especial las ratas de 1972 y 1984 podrían meterse en problemas por culpa de discusiones bobas en redes sociales. El peor momento del día será entre las 15 y las 17. Se les recomienda no meterse a intermediar o resolver la vida de nadie, porque podrían imputarle la culpa de cosas que no hizo. Será mejor que enfoque su inteligencia en resolver necesidades básicas. ¿Quién sabe? Podría terminar con una patente registrada al final del mes.

Mayo
El mes serpiente choca con el cerdo y eso involucra a la rata de forma negativa. Estará propensa a pequeñas calamidades, que dependerán de las decisiones que tome. Es importante que piense con detenimiento antes de hablar o dar un paso. Su intuición, casi siempre aguda, le fallará. Es un mes para concluir proyectos pequeños de la casa que ha dejado para después. Con que lleve a cabo uno o dos a la semana podrá mantener a raya la ansiedad que la inundará en estos días. Si esos proyectos consisten en decorar su hogar o cambiar los muebles de lugar, vale la pena que aprenda algo de feng shui.

Junio
El peor mes del año para la rata. Necesitará esconderse un rato. Sería bueno que cerrara sus redes sociales al menos unas semanas. Las ratas de 1984 hacia atrás necesitan poner en orden papeles, documentos sensibles, y deben tener pagados todos sus impuestos y deudas porque este mes es de malentendidos, impuntualidad, problemas legales y hasta rupturas amorosas y amistosas. Todo se confabulará en su contra. Para prevenir estas tragedias, es importante que se informe perfectamente sobre sus obligaciones y cuándo tiene que cumplirlas. También necesita ser más paciente con su pareja.

Julio
Sigue el choque energético. Las ratas boreales lo pasarán peor que las australes y las tropicales, pero aun así todas las ratas del planeta sentirán que no es la mejor etapa de sus vidas. Vienen tiempos difíciles. Si no fue discreta durante los meses anteriores, es posible que este mes se encuentre aislada. Costará mucho trabajo enmendarse con sus amigos, por lo que se le recomienda paciencia y que deje la reconciliación para después, y también que deje en paz internet

por otro rato. Puede aprovechar para conectarse con la naturaleza, comenzar una disciplina saludable y leer buenos libros.

Agosto
Mejora un poco la suerte; necesita tomar aliados solidarios como el mono y el dragón. Todavía no es el momento de socializar, y menos aún con gente desconocida. Algo difícil para las ratitas de 2008, ya que son muy gregarias y tienen una vida muy activa en redes sociales. Estos tiempos de invierno/verano son para crecer intelectual y espiritualmente. Las artes –en particular la literatura– seguirán siendo una tabla de salvación. La escuela representará también un refugio, un lugar donde hasta las ratas que peinan canas podrían encontrar un nuevo motivo para ser más felices y lograr un título universitario.

Septiembre
Sentirá cómo la gente que se había alejado de ella se va acercando de nuevo, poco a poco; como el zorro de *El Principito*. Pero el período anterior alimentó las inseguridades de las ratas más jóvenes que son más sensibles que las ratas mayores y podrían «colgarse» demasiado de quienes han sido fieles a su presencia o de los nuevos amigos y amantes que pudieran hacer. Necesita atesorar esos amores, pero respetar sus espacios, ya que el mes que viene es de rupturas. Este mes resultará ideal para hacer terapia, alimentar la autoestima por medio del amor universal... y es más fácil amar si está tranquila.

Octubre
Como advertimos el mes anterior, este mes es de rupturas definitivas. Las razones, en su mayoría, serán por rumores infundados y problemas de comunicación. Las ratas deberán invertir menos tiempo en tratar de explicar en qué proceden mal quienes las rodean y más tiempo en escuchar lo que los demás les quieren decir. Quién tiene la razón es lo de menos. Importante: haga constelaciones[47] o vaya a terapia. Dese espacio para sanar. Para ello hay que dedicar menos tiempo a las redes sociales y buscar nuevos círculos de amigos, más afines a sus intereses. Lo mismo ha de aplicarse para cuestiones de negocios.

---

47. La constelación familiar es una terapia alternativa que postula que las personas son capaces de percibir de forma inconsciente patrones y estructuras en las relaciones familiares y que estos quedan memorizados, sirviendo como esquemas afectivos y cognitivos que afectan a su conducta. Se apoya en conceptos como la resonancia mórfica y el misticismo cuántico. También toma elementos de la antropología social, la teoría sistémica, la psiquiatría y el psicoanálisis.

Noviembre
El doble cerdo por mes y año refresca el ambiente y agudiza su famosa astucia. Ahora se va a preguntar por qué hizo tanto alboroto el mes pasado. La recuperación emocional será rápida. Pero los patrones de sueño se verán interrumpidos. Se le recomienda llevar un diario de sueños en caso de que se le despierte la inspiración o algún principio de ansiedad. Lo que escriba será la clave de su tranquilidad mental, aunque es mejor que trate de dormir del tirón toda la noche, ya que las ratas de 1960 y 1972 podrían tener algunos problemas con los riñones y dormir de noche mejorará la calidad de su salud y su Qi.

Diciembre
Este mes es para ponerse al corriente con celeridad. Trabajo, inspiración y buenas noticias en la escuela u oficina. La rata se siente más en su centro, y el año anterior ahora solo parece el recuerdo de una pesadilla que se va borrando poco a poco. Su trabajo será bien remunerado, pero resultará mejor aún si cuida su salud, ya que el año que viene celebrará su Běn Mìng Nián 本 命 年, es decir su propio año, y es primordial que lo comience con el pie derecho. El trabajo le ayudará a descansar mejor su mente y su cuerpo; el dinero en su monedero le da tranquilidad... ¡Adiós, mal de amores! Este mes es para disfrutarlo.

Predicciones para la Rata y su Energía

RATA DE MADERA (1924-1984)
El año del cerdo la sorprenderá con asuntos que están encauzados, con mayor estabilidad emocional, con rendimiento físico, emocional y superávit fiscal.

Podrá disfrutar un tiempo erótico con su pareja y engendrar cerdos o ratitas, dedicarse a la vida hogareña convocando a la constelación familiar para saldar deudas, juicios, herencias y quedar en paz.

Su espíritu curioso la invitará a participar de ONG, causas humanitarias y ecológicas, y a ser líder de opinión.

Profesionalmente tendrá nuevas ofertas ligadas al mundo del espectáculo y a formar parte de grupos de autoayuda.

Un año con mucho *rock and roll*.

Rata de Fuego (1936-1996)
Un año de cambios sistémicos y revolución en la madriguera.
Comenzará una etapa de ocio creativo, de relax, viajes cortos por placer y para visitar amigos y transmitir su experiencia profesional.
Estará abierta a escuchar nuevas formas de invertir su capital, repartir su patrimonio, soltar el control remoto para dar espacio, aire a sus socios, hijos, nietos, nueras y yernos.
Es una etapa de expansión y crecimiento desde lo personal, social, afectivo y mediático.
Tendrá que encauzar su voltaje eólico, solar, lunar y hacer yoga, meditación dinámica, *zazen*, deporte, para encauzar su libido y su sobredosis de adrenalina.
Su amigo el cerdo la acompañará en decisiones clave y la respaldará en momentos de crisis.
Suerte y luz verde a su imaginación.

Rata de Tierra (1948-2008)
Tiempo de aterrizaje, consolidación de objetivos a corto, medio y largo plazo. También de acrecentar los logros profesionales, agudizar la intuición, echar raíces en un territorio donde se sienta en armonía con el ecosistema.
Los obstáculos crecerán si no toma recaudos a tiempo.
Habrá rebelión en sociedades, en áreas laborales, y fuertes peleas familiares por dinero o herencias.
Es fundamental que se asesore judicialmente y busque ayuda; posible separación espiritual para transitar un año lleno de nuevas responsabilidades y desafíos.
La rata regresará al amor después del amor.
Mientras dure el tiempo de fortuna podrá compartirlo con el zoo.
Decidirá construir su baticueva y podrá estrenarla en su año.

Rata de Metal (1900-1960)
Tendrá un año de renacimiento desde el ADN hasta su jardín de aromáticas y hierbas mágicas.
Sentirá que es Batman y la diosa Afrodita desplegando sus poderes mágicos.
Será líder de opinión, influenciará a gente joven y podrá desplegar su carisma renovando ideas en la comunidad de los hombres.
Integrará el amor en todas sus manifestaciones y expresiones y sentirá que fluye con WU WEI (no forzar la acción de las cosas).

Entablará un diálogo amable con sus padres, superiores, jefes, y aceptará su jerarquía en la familia y la empresa.
Estará estimulada con su creatividad y acrecentará su patrimonio económico y espiritual.

RATA DE AGUA (1912-1972)
Consolidará su madriguera echando raíces en algún lugar que la atrapó en un viaje.
Estará activa, creativa, llena de estímulos para afianzarse profesionalmente con éxito.
Podrá restablecer vínculos afectivos con relaciones del pasado, hijos, hermanos, y compartir horas de charlas, mesas de quesos sabrosos, asados y lugares que añoraba.
Tendrá la posibilidad de dar un salto cuántico en su oficio, *hobby* o profesión.
Acepte los límites que su cuerpo le pide, haga deporte, yoga, taichí, meditación dinámica y, sobre todo, EL TAO DEL AMOR Y DEL SEXO.
Es una época para la autorreflexión, la iniciativa y el sentido del humor.
Tiempo de equilibrio *yin-yang* en su forma de ver la vida.

L. S. D.

Ratones
Tan grandes como bueyes
son los ratones del granero estatal,
tanto que no tienen miedo alguno
a enfrentarse a la gente.

Los defensores de nuestras murallas
carecen de alimentos,
y también los paisanos
estamos acosados de continuo por el hambre.
¿Quiénes son los que dan el beneplácito
a la insaciable gula de estos roedores?

Anónimo

Escribe tu propia predicción

Predicciones preventivas para el Búfalo basadas en el I CHING, la intuición y el bazi

Tiempo de contemplación y WU WEI (no forzar la acción de las cosas).

El búfalo solo bien se lame, dice el proverbio.
Así es.
El año del perro lo alejó de su universo y lo transportó a otro más lejano.
Desde allí, en forma dual, el búfalo se convierte en un observador a la distancia, y también de sí mismo.
Es tiempo de detener tanto esfuerzo, acciones impulsivas y cambios de lugar, y dedicarse al viaje interior.
Es un tránsito en soledad y con billete de ida.
Su imaginación lo transportará telepáticamente a reencuentros con gente de diversas culturas y generaciones.
Tendrá estímulos nuevos debido a su apertura y podrá analizar cada día con paciencia china, disecando sus movimientos con precisión de reloj suizo.

Dice el I CHING: «Esta fase sirve para ahondar en la conciencia y poner a prueba las ideas. Los conceptos arcaicos se reconocen fácilmente y pueden corregirse. Hay que valorar a las personas y las circunstancias, así como los vínculos que las unen. La confianza aumenta y las relaciones pueden aflorar».

El buey intuye que es tiempo de reserva, de poner en orden papeles, testamento, o su trabajo de toda la vida.

Aumentará su visión interna, aceptará sus zonas erróneas y pedirá disculpas con retraso a quienes ofendió o hirió en sus sentimientos.

El tiempo de estar expuesto será reemplazado por una temporada en la sabana, en los arrozales, en ríos y campos, donde recordará sus acciones con el prójimo.

El cerdo lo aprecia y valora.

Sabe que su motor y su energía son fundamentales para entusiasmar a los que están deprimidos u oprimidos. Conoce su silencio y lo respeta.

Aprecia su capacidad laboral y algunas veces se aprovecha de ello.

El amparo que le dará al buey será negociable; dependerá de sus excesos, vicios o embestidas con el resto del zoo chino.

El búfalo podría pasar de ser un monje trapense a ser un libertino, y sus necesidades oscilarán como un péndulo si no tiene contención afectiva.

Es un año para dedicarse al cultivo de la granja, de las especies aromáticas, las hierbas que curan enfermedades y las flores de estación.

Estará acompañado por alumnos, parientes, y tal vez aparezca un amor de antaño con propuesta de matrimonio y algo más.

El búfalo que no tenga expectativas será recompensado con creces. Administrará su energía con inteligencia emocional y será guía espiritual de quienes se encuentran sin rumbo.

Su salud mejorará notablemente si se muda a la naturaleza.

Surgirán ideas revolucionarias. Será una usina de energía eólica, lunar y solar perenne.

L. S. D.

El I CHING les aconseja:
20. Kuan / La Contemplación (La Vista)

EL DICTAMEN
La contemplación.
Se ha cumplido la ablución, pero aún no la ofrenda.
Plenos de confianza levantan la mirada hacia él.

El acto sacrificial comenzaba en China con una ablución y una libación, con lo cual se convocaba a la divinidad. Luego se ofrendaban los sacrificios. El lapso que media entre ambos actos es el más sagrado, pues es el momento de máximo recogimiento interior. Cuando la devoción está plena de fe y es sincera, el contemplarla ejerce un efecto transformador sobre quienes son sus testigos.

Así puede observarse una sagrada seriedad en la naturaleza, en la regularidad con que transcurren todos los acontecimientos naturales. A un hombre predestinado a influir sobre la humanidad, la contemplación del sentido divino del acaecer universal le confiere los medios para ejercitar idénticos efectos. Para ello hace falta un recogimiento interior como el que produce la contemplación religiosa en hombres grandes y fuertes en su fe. Así contemplan ellos las misteriosas leyes divinas de la vida y, mediante la máxima seriedad de su recogimiento interior, dan lugar a que estas leyes se cumplan en su propia persona. En consecuencia, de la visión que ellos presentan de sí mismos, surge un misterioso poder espiritual que actúa sobre los hombres y los conquista sin que ellos adquieran conciencia de cómo ocurre.

LA IMAGEN
El viento planea sobre la tierra:
la imagen de La Contemplación.
Así los antiguos reyes visitaban las regiones del mundo, contemplaban al pueblo y brindaban enseñanza.

Cuando el viento sopla sobre la tierra llega a todas partes y la hierba se inclina ante su poder: dos procesos que encuentran su confirmación en este signo. Adquirían realidad en las instituciones de los antiguos reyes, pues estos, por una parte, emprendían viajes regulares para poder contemplar a su pueblo, de modo que nada que fuese una costumbre viva en el seno del pueblo pudiera escapárseles; por otra parte, ponían en vigor su influencia gracias a la cual tales costumbres, si eran desatinadas, se modificaban.

El conjunto alude al poder de una personalidad superior. Tal personalidad abarcará con su visión a la gran muchedumbre de los hombres y percibirá sus verdaderas disposiciones y pensamientos, de manera que ningún engaño sea posible ante él, y por otra parte su mera existencia, lo imponente de su personalidad, producirá en ellos una poderosa impresión, de modo que se guiarán por su orientación como la hierba se orienta de conformidad con el viento.

El tránsito del Búfalo durante el año del Cerdo

PREDICCIÓN GENERAL

El año entero será frenético, sin descanso alguno. Mientras no intente competir de más y trabajar hasta romperse, no habrá problemas. Tendrá golpes de inspiración que llenarán su agenda. El secreto para llevarla tranquila será limitarse a hacer una o dos cosas al día, si no, puede perder su centro y no concretar bien lo que es más importante en su vida. Necesitará practicar el WU WEI para no dejarse manipular por los que no pasarán por un buen año. Tendrá tantos viajes y cambios que le costará trabajo intimar y mantener contacto con su seres queridos. Hay posibilidades de realizar un cambio permanente, por lo tanto esa sensación de permanencia deberá ser lo más cómoda posible.

Enero
El año del perro lo tiene aún ensimismado, con pocas ganas de socializar. La competencia con los colegas en el trabajo y un dejo de decepción amorosa podrían deprimirlo un tiempo, pero si aprovecha esa racha de tristeza –porque ¡claro! la tristeza también tiene su lado bueno– podrá vivir un mes de descanso en el cual se dará tiempo para meditar las estrategias para el ya próximo año del cerdo y la forma de mejorar su entorno inmediato. Es un buen momento para volver a terapia o constelar algo que podría estar atorado, porque su sensibilidad le permitirá llegar a los rincones más escabrosos de su mente.

Febrero
El silencio del mes anterior será cambiado abruptamente por el mes del tigre y el año del cerdo, que combinados traerán huracanes a su vida. Ya no hay tiempo para organizar nada... Ni el salón podrá poner en orden. Amor, amistad, accidentes, rupturas, reencuentros. Un día estará triste y al siguiente sus carcajadas se oirán al otro lado del edificio. A los búfalos no les gusta vivir así. Los más afectados por este tiovivo de locos serán los búfalos de 1937 y 2009; los demás estarán tan ocupados cuidando que sus vidas no peligren, que ni se darán cuenta de cuándo se acabará este mes.

Marzo
Una de las cosas que más trabajo le cuesta al búfalo es delegar responsabilidades. No importa si lo va a hacer o no, algún cambio abrupto debido a la gente que lo rodea le obligará a faltar al trabajo o a la escuela. Los búfalos que se dediquen a cuidar de sus familias serán los más afectados, ya que el rol de cuidador siempre cae sobre sus hombros y la jornada de trabajo en casa será hasta triple. Habrá mudanzas inesperadas, molestos viajes de trabajo, y en casos graves, desplazamientos violentos. Debe aprender a descansar por medio de la meditación para lograr ser más asertivo, de lo contrario podría enfermar.

Abril
El mes del dragón no le será beneficioso. La energía tierra, en vez de alimentarlo, lo dejará meditabundo. Es importante que aprenda a controlar los pensamientos obsesivos por medio de alguna disciplina que lo motive a moverse más, como el baile o las artes marciales. Los

búfalos de 1973 serán los más afectados porque andarán por ahí de mal humor. Los demás traerán las baterías al 30%, por lo que necesitarán recargarse, tal vez con algunas vacaciones, o por lo menos con un fin de semana escondidos de todos. También estarán distraídos, cuidado con torceduras y accidentes en la cocina por andar en la luna.

Mayo

La serpiente es buena amiga del búfalo, pero si bien la energía fuego propia de este signo será atractiva, podría producir algunos problemas con el dinero. Los búfalos que tengan jefes, pareja o compañeros de este signo podrían sufrir problemas de dinero si es que comparten negocios. Cuidado con los robos menores. Su buena voluntad de siempre será puesta a prueba. Es importante no invertir en un solo proyecto, y asegurar perfectamente todas las transacciones que haga por internet. Los búfalos de 1937 y 2009 serán los más susceptibles a cualquier estafa, en especial si esta tiene como carnada una propuesta amorosa.

Junio

El cerdo combinado con el mes caballo tendrá a todos alborotados, y el búfalo no podrá quedarse atrás. Pondrá su autoestima a prueba, y más aún si no hizo caso a los consejos del mes anterior. Tendrá conflictos a nivel económico y grandes problemas en el plano amoroso, al grado de sufrir algún desencuentro, y en casos graves, infidelidad y falta de comunicación lo suficientemente fuerte como para llegar a una ruptura dolorosa. Será más fácil para los búfalos solteros, ya que podrían probar algún tipo distinto de relación más acorde con los nuevos tiempos: el poliamor, por ejemplo. Pero los casados estarán desconcertados.

Julio

Dicen que al que madruga Dios lo ayuda, pero en este mes es importante que el búfalo evite estar despierto entre las 5 y 7 horas ya que la combinación del año del cerdo con el mes de la cabra y la hora del conejo provocan accidentes y falta de atención a los nativos del año del búfalo. Para evitar cualquier percance, se le recomienda permanecer tranquilo en donde no tenga que hacer nada; estar dormido es lo más recomendable. Pero si tiene que estar despierto, debe andar con mucho cuidado. En caso de que algo ocurra, se le suplica que no se tome nada a pecho: un error cualquiera lo comete alguna vez en la vida.

Agosto
El mes del mono será agitado pero excelente, fuera de algunos chismes sin fundamento. Es posible que pueda ir de vacaciones, tal vez logre conseguir una buena promoción en el trabajo. De cualquier manera todo saldrá a pedir de boca y en orden, tal como le gusta. El cerdo combinado con el mono le ayudará a tener más elocuencia y a conquistar con más facilidad a clientes, amistades y hasta a mecenas potenciales. Tendrá una conciencia social y ecológica muy bien elaborada, por lo que también puede ayudar a gente menos despierta a comprender el mundo en que vivimos y cómo mejorarlo.

Septiembre
El búfalo tendrá una capacidad de convencimiento envidiable debido a la claridad de sus pensamientos. Pero deberá revaluar todo pensamiento o creencia que tenga si está basado en el miedo. El miedo es escurridizo, se esconde dentro de convicciones que podrían parecer muy racionales, pero que no van de acuerdo con este milenio, próximo a concluir su segunda década. Los búfalos que más difícil encontrarán actualizar su manera de pensar son los de 1937. Los demás solo deben exorcizar sus miedos conviviendo con jóvenes, incluso los bufalitos de alma vieja nacidos en 2009.

Octubre
El búfalo está en todo, este mes podría ser testigo de algo trascendental. No sufrirá percances, solo los podrá observar de cerca. Los búfalos de 1949 y 1973, que tienen alma de periodistas, correrán con buena suerte ya que podrían redactar una noticia digna de un premio. También es un buen mes para hacer cualquier tipo de investigación, algo perfecto para los búfalos de 1997, en caso de que ya estén comenzando alguna tesis o investigación para la universidad. Gozarán de claridad en el pensamiento, y eso también les puede servir para estrechar lazos amistosos y amorosos.

Noviembre
Los búfalos recién casados o que estén por mudarse con sus parejas sentirán el efecto del doble cerdo en sus vidas, por el cual es posible que cualquier cambio de domicilio hecho durante este mes sea permanente o por lo menos le dure un par de décadas. Es decir que si este mes se cambia de casa, vivirá ahí mucho tiempo. Este efecto

puede ser esperanzador para los recién casados y probablemente sus matrimonios realmente duren toda la vida. Sin embargo este mes será complicado por la cantidad de incidentes, aunque solo serán unos cuantos problemas domésticos que después les harán reír.

Diciembre
La rata le traerá buen Qi, ayudará a enderezar el karma por medio de lecciones bien aprendidas. Podrá hacer Dharma (acción benéfica consciente) ayudando espiritualmente a otros, seguramente protegiendo nuestro medio ambiente o realizando acciones a favor de la justicia. Será un buen mediador. Todo esto sin embargo podría deprimir a los búfalos de 1973, que son muy sensibles, e incluso a los de 2009, que apenas están tratando de comprender qué pasa en esta Pachamama que se rebela ante el hombre. Encontrará que para todo hay solución, así que no debe perder el tiempo preocupándose; deje que surja su ser superior.

Predicciones para el Búfalo y su energía

BÚFALO DE MADERA (1925-1985)
Durante este año se concentrará en ordenar su vida familiar. Su prioridad será reconciliarse con hermanos, hijos y padres, dará el ejemplo y llevará el timón para sortear los obstáculos que aparezcan.

Saldrá de un trabajo o empresa que lo agobiaba para formar su pyme con socios y amigos.

En la familia habrá reencuentros, despedidas, nacimientos y vacaciones compartidas.

Año para recolocar el pasado y aceptar el presente imaginando un nuevo mundo.

BÚFALO DE FUEGO (1937-1997)
Estará dispuesto a cerrar un ciclo de su vida contemplando los errores y deudas pendientes para saldarlos.

Saldrá de su pradera y se establecerá en otra, con nuevas formas de vida. Se adaptará a cambios en el país, y aplicará sus técnicas laborales, profesionales y didácticas en un nuevo emprendimiento.

Disfrutará del ocio creativo, de los amigos, de viajes inesperados y de los límites de su agitada existencia; definirá la base para asentarse y construir su casa.

Su tarea humanitaria será reconocida y convocará a sus alumnos para transmitirles su sabiduría.

BÚFALO DE TIERRA (1949-2009)
El año porcino le deparará nuevas responsabilidades familiares. Tendrá que poner en orden papeles, herencias, juicios, y hacer las paces consigo mismo.

Practique HO'OPONOPONO, yoga, meditación, taichí; haga deporte y expanda su experiencia en los más jóvenes.

Encontrará nuevas formas de insertarse en la sociedad: ONG relacionadas con el desarrollo agrícolaganadero, microemprendimientos, apicultura y técnicas de inteligencia artificial que le darán herramientas para su nueva sustentabilidad.

Año de cambios internos que marcarán su GPS existencial.

BÚFALO DE METAL (1901-1961)
Seguirá practicando el WU WEI (no forzar la acción de las cosas) y contemplará a fondo su vida, desde terapias alternativas, yoga, regresión a vidas pasadas y memoria celular.

Comenzará a despertar el eros nuevamente e iniciará una relación afectiva diferente que le dará otra visión de usted y su vida.

Establecerá reglas de convivencia, intercambio de roles, y estará más dinámico, sociable y cariñoso.

Su vocación encontrará eco en mecenas y patrocinadores que lo apoyarán en su creatividad.

Año de contemplación desde el *dron*, integrando sus cambios sistémicos.

BÚFALO DE AGUA (1913-1973)
Tiempo de recolección de la siembra de los últimos años y de comenzar a imaginar un futuro en la naturaleza con proyectos afines.

Estará con ánimo de conocer nuevas formas laborales para esta transición y de ponerlas en práctica con éxito.

Recibirá ofertas para asociarse con gente que acepta sus ideas y las financia a medio plazo.

Tiempo de contemplar su vida, aceptar sus límites y convocar a la gente que lo estimula para su crecimiento espiritual.

El cerdo le dará hándicap para lograr sus objetivos.

L. S. D.

Viejo Carbonero
El viejo, tras cortar los troncos,
elabora su carbón
en la montaña austral
y luego, ennegrecido el rostro,
se llega con sus largos dedos renegridos
a venderlo para poder vivir.
Pese a su ligera vestimenta
ansía siempre el más agudo frío
para lograrse una mejor venta.
Como anoche afortunadamente nevó,
arrea hoy sobre el hielo su carreta.
Un alto en el camino para disimular
del buey la fatiga y el hambre del carbonero.
En eso aparecen dos caballos
jineteados por sendos eunucos palaciegos.
Descabalgan y, enfrentándosele,
pregonan un edicto imperial,
para después, tomando las riendas,
imponerle el camino a quien
sumiso tendrá que allí dejar
sus 500 kilos de leña ennegrecida.
Como pago le entregan
una cinta de gasa
que prenden al cuello del buey.

Anónimo

Escribe tu propia predicción

Predicciones preventivas para el Tigre basadas en el I CHING, la intuición y el bazi

La duración como estado del alma.

Mientras escucho cantar a los pájaros del jardín del museo Lope de Vega, después de un aguacero madrileño que cubrió de un verde esperanza los añejos robles, cipreses, pinos, y plantas exuberantes, me dispongo a contarles a los tigres su porvenir en el año del cerdo.

El perro, su amigo incondicional, lo llevó de paseo por territorios inexplorados, algo inusual para el audaz felino que no deja sin explorar un centímetro cuadrado de la jungla.

La calesita con alguna sortija que obtuvo en una noche de apuestas, de ganancia fácil y lúdica, de seguir en el TAO (camino) con la pisada certera, la puntería afilada, la flexible postura para cazar las oportunidades es cada vez más escasa en tiempos devastados en el planeta.

El I CHING le pronostica LA DURACIÓN en el tiempo porcino, y es un hexagrama positivo si el tigre valora, preserva y evalúa sus logros a través de años de adversidad.

Los movimientos en la familia y en la pareja han sido terremotos, maremotos, ciénagas y escaladas en el Everest.

Sus cambios de hábitos, costumbres, su migración a países lejanos, las rebeliones y su capacidad de adaptación a nuevos lugares, dejando su hogar, tierra, amigos e íntimos enemigos han esculpido la templanza del tigre con estoicismo.

Su adaptabilidad marcará su nueva etapa:

Pondrá su energía en «revolcarse» en el chiquero y reformular su vida con las prioridades domésticas, familiares, cotidianas, integrando a los excluidos dentro de la constelación familiar y en la tribu del zoo.

Las propuestas que recibirán tigres y tigresas serán muy favorables y podrán contar con el apoyo de sus socios, jefes o superiores para proyectarse a corto y medio plazo.

Su experiencia será muy valorada, el entusiasmo lo bendecirá con personas que confiarán en su certera conducción y nuevamente formará un equipo de gente joven y de su generación que hará fluir una nueva manera de vivir en épocas de crisis y cambio de paradigma.

«Ser perseverantes durante los cambios y las transformaciones», les aconseja el I CHING.

Su estabilidad emocional es clave para aceptar la partida de miembros de su familia, de amigos, o la renovación y reformulación de su pareja con quien compartió grandes hazañas y apoyo incondicional en diferentes etapas de la vida.

El estado anímico del felino oscilará como un péndulo; el secreto será no dejarse influenciar por el cambio geopolítico, social, cultural del mundo, del país y de su comunidad.

La naturaleza llama al tigre para salir de las grandes urbes.

Podrá equilibrar descanso y ocio creativo con terapias alternativas y mucho TAO DEL AMOR Y DEL SEXO.

El cerdo admira al tigre por su audacia, intuición, capacidad de liderazgo, liviandad del ser y convicciones a la hora de actuar; y ahora tendrá un lugar protagonista en su vida, será el alma, la llama sagrada para brindarle apoyo en cada decisión que tome, y lo inspirará como Sherezade en *Las mil y una noches*.

La liberación del felino estará relacionada con su conciencia.

En épocas en que el mundo se estanca, se paraliza en el barro, el tigre saldrá de cacería en la selva para proveer a su comunidad de alimentos, ideas, asistencia social y humanitaria.

El tigre conoce como ningún signo las adversidades e inclemencias del nuevo tiempo y, como los camellos en el desierto, reunirá fuerza, agua, energía sustentable para administrar a los suyos.

El año porcino será una forma de detener su velocidad en cada situación que se presente.

La ansiedad o estados alterados no lo ayudarán a lograr la inteligencia emocional que necesita para sus planes.

Golpes de suerte en el azar y en negocios inmobiliarios lo estimularán para asentarse en un lugar en la naturaleza.

Podrá criar hijos, sobrinos, a sus amadas mascotas, desarrollar su parte artística, literaria y musical, recuperar el buen humor, las habilidades domésticas, y hacer las paces con exparejas llegando a acuerdos legales que eviten *La guerra de los Roses*.

Año de equilibrio, reflexión, solidaridad y despegue en el rumbo de su vida en los próximos siete años. SUERTE.

L. S. D.

El I CHING les aconseja:
32. Heng / La Duración
EL DICTAMEN

Éxito. No hay falla.
Es propicia la perseverancia.
Es propicio que uno tenga a donde ir.

La duración es un estado cuyo movimiento no se atenúa a causa de impedimentos, de frenos. No es un estado de quietud, pues una simple detención constituye de por sí un retroceso. Duración es, antes bien, el movimiento de un todo rigurosamente organizado y acabado en sí mismo, que se lleva a cabo según leyes fijas, concluye en sí mismo y, por tanto, se renueva a cada momento: un movimiento en el cual cada terminación es seguida por un nuevo comienzo. El fin es alcanzado por el movimiento dirigido hacia adentro; la inspiración del aliento, la sístole, la concentración; ese movimiento se vuelca hacia un nuevo comienzo, en el cual el impulso se dirige hacia fuera: la espiración, la diástole, la expansión.

Así los cuerpos celestes conservan sus órbitas en el cielo y en consecuencia pueden alumbrar de un modo duradero. Las estaciones obedecen a una rigurosa ley de cambio y transformación y por esa razón pueden obrar de un modo duradero.

Y así también el hombre de vocación, el predestinado, encuentra en su camino un sentido duradero y gracias a ello el mundo cumple su formación cabal. Por aquello en lo cual las cosas tienen su duración, puede reconocerse la naturaleza de todos los seres en el cielo y sobre la tierra.

LA IMAGEN
Trueno y viento: la imagen de la duración.
Así el noble permanece firme y no modifica su rumbo.

El trueno retumba y el viento sopla: ambas manifestaciones representan lo sumamente móvil, de modo que, según las apariencias, se trataría de algo opuesto a la duración. Sin embargo, su aparición y desaparición, su avance y retroceso, su ida y venida, obedece a leyes duraderas. Así la independencia del hombre noble tampoco se basa en inmovilidad o rigidez. Siempre vive de acuerdo con el tiempo y varía con este. Lo duradero es el rumbo firme, la ley interior de su ser, la que determina todos sus actos.

El tránsito del Tigre durante el año del Cerdo

PREDICCIÓN GENERAL

El cerdo provoca una combinación de madera, que es la energía fija del tigre. Andará iracundo. Estará más *yang*, más ambicioso. Sentirá ganas de devorar al mundo entero, pero podría atragantarse. El tigre quemó la vela por ambos cabos y lo que se le acumule este año podría acarrearle problemas en hígado, vesícula, torceduras y rabietas. Los tigres de 2010 sacarán de quicio a sus maestros y no serán los únicos indomables; los jóvenes de 1998, ávidos de justicia, levantarán revueltas y los demás tigres buscarán tener una mente más crítica para debatir en las redes sociales. Los más calmados serán los de 1938 y 1950, porque ya saben cómo va esta historia y en qué acaba.

Enero

El búfalo combinado con el perro que rige este inicio de año gregoriano ayudará al tigre a sacar todo lo que había pasado a segundo plano. Las tareas sin resolver, el papeleo atorado, impuestos; todo lo que no podía poner en orden caerá en su lugar con facilidad. Será más sencillo para los tigres comprometidos o casados, pero las tigresas solteras lo tendrán complicado porque se enfocarán en el trabajo, acarreando así desaprobación de personas que creen que solo los hijos y el matrimonio hacen plenas a las mujeres, pero las tigresas podrán encontrar argumentos coherentes a favor de la independencia emocional.

Febrero

Con la llegada del año del cerdo se produce un efecto que provoca exceso de energía madera. Esto atrae chismes y constante enojo, sobre todo durante este mes, el del tigre. Los tigres que nacieron en el siglo pasado tendrán problemas con la bilis, por lo tanto necesitan buscar modos más saludables para sacar la ira, y una dieta baja en grasas para que su hígado trabaje mejor. Los más propensos a las rabietas infundadas serán los de 1974. Se les recomienda salir a caminar, bailar, comenzar con una nueva disciplina, de preferencia algún tipo de arte marcial o taichí con espada o abanico.

Marzo

Más madera, más problemas. El baile será su salvación, según la teoría de las cinco energías chinas wŭ xíng, lo opuesto a la ira es la depresión, en dosis controladas la tristeza no es tan mala, basta con ver películas dramáticas y culebrones para sacar la energía madera acumulada y hacer que el tigre encuentre el equilibrio. También trabajar con metales ayuda a controlar el exceso de madera. Puede comenzar a aprender huecograbado, orfebrería, cetrería y crianza de aves, que tienen una gran cantidad de energía metal. Buscar la compañía y el consejo de gente del signo del gallo también ayudará.

Abril
Este será un mes algo inane. El dragón lo ayuda a no pensar demasiado. Se sentirá ambicioso pero estará cansado. Todavía hay enojo porque igual que los meses anteriores, existe mucha energía madera y la emoción ligada a esa energía es la ira. Necesitará comer más verduras de hojas verde oscuro y leguminosas, además de continuar con los consejos dados los dos meses anteriores. La ira es la expresión típica de la energía madera, un sentimiento que los tigres nacidos durante el siglo xx conocen bien, pero los chicos de 2010 todavía no saben cómo manejar de la forma correcta; se les pide paciencia y toneladas de amor a los padres y maestros de estos felinos.

Mayo
El fuego del mes de la serpiente pondrá incómodo al tigre. Será imposible escapar de la cultura pop, cada día menos cercana a sus gustos, sin importar la edad que tenga, por eso se les pide que se alejen un poco de las redes sociales. El antagonismo entre el cerdo y la serpiente pondrá al tigre a reflexionar mucho en lo que aún no consigue, y eso podría transformarse en entusiasmo u obsesión. Hay que evitar creerse los chismes, y en cambio meditar, respirar, hacer ejercicio; todo lo que mejore su carácter y salud. Aunque no lo aprenda enseguida, por lo menos lo tendrá ocupado un rato.

Junio
Los tigres sentirán por fin que las cosas se acomodan a su favor y estarán mucho más alegres. Subirá la energía fuego que controla a la energía madera producida por la combinación de Qi anual, lo cual lo hará más osado. Lo invitarán a proyectos que salen de la nada, o tal vez se presentará algún encuentro con viejos amores. Eso sí, necesita tener cuidado con las parrandas, hay que medirse un poco porque si bien tanto el signo del caballo, que rige el mes, y el del cerdo, que

rige el año, son compatibles, es posible que el tigre no mida bien sus impulsos y olvide protegerse o controlar lo que salga de su boca.

Julio
La energía cabra sube el Qi madera en todos los ambientes, no solo en la vida del tigre sino entre la gente que lo rodea, esto además se incrementa cuando las energías se combinan en horas y días del cerdo. Serán tiempos de indulgencia, ocio, placer, mimos. Esperemos que este puente de placer no lo pille solo. Los tigres con amantes o pareja vivirán mejor este momento, pero los tigres solteros podrían ver cómo las ansias se convierten en ira. Si están solteros dedíquense a la filosofía, a las artes marciales y a la orfebrería. Tal vez hasta inicien una nueva relación amorosa, pero encerrados no conseguirán nada.

Agosto
Mes agitado y lleno de cambios de trabajo, amistades que van y vienen, saldos a favor y en contra. Para transitar con calma todo esto hay que ser muy flexible y, sobre todo, consciente de lo que se hace y se dice en público. Si busca la ayuda de sus signos amigos –el perro y el caballo– es posible que logre transitar el mes del mono sin un solo problema social, además de que conseguirá calmar la sensación de no poder controlarlo todo. La ira que fue el hilo conductor de los meses anteriores se atenuará bastante, y por ende es posible que concrete muchos de los proyectos que dejó pendientes.

Septiembre
La influencia del cerdo estará detenida momentáneamente debido a la acción de la energía del mes del gallo; eso le dará al tigre la oportunidad de calmar sus ansias y relajarse un poco. También estará algo emotivo, con ganas de transmitir a otros lo que siente y piensa. Escribir un diario o acercarse a la poesía lo ayudará mucho porque todo lo que ha acumulado, sin importar la edad que tenga, le servirá a su comunidad, no solo funcionará como desahogo. Hasta los tigres de 1998 y los niños de 2010 tendrán algo para decir al resto del zoo. No basta solo con soltar discursos y elogios, el tigre tiene que enseñar con el ejemplo, cosa que no costará trabajo.

Octubre
El tigre crecerá como los árboles frondosos, por lo que necesitará tierra de donde asirse. Los amigos del año del perro lo ayudarán con

eso y más. Obtendrá tranquilidad y alegría, la combinación perfecta para conseguir lo que sea. Tendrá rachas de genialidad que pondrá a más de un tigre a darle forma a algún proyecto abandonado. Tal vez sea bueno que lleve alguna de esas ideas a un concurso o que suscriba alguna patente. Este mes va a protegerlo, y más le vale adelantar algo porque durante el próximo mes va a estar metido en el chiquero hasta los bigotes, y lo que haga le costará el triple.

Noviembre
Mes de locura. El doble cerdo por mes y año será más que frenético. El tigre cambiará la selva por la piara. De nuevo estará insoportable por su mal genio. Los consejos para este mes son como los de los meses del tigre (febrero), del conejo (marzo) y del dragón (abril) juntos. Se le recomienda leer de nuevo todo eso y seguir al pie de la letra cada consejo dado en cada párrafo. Los tigres que peinan canas necesitan hacer feliz a su hígado, o corren el riesgo de ir a dar al quirófano con la vesícula hecha una desgracia y aunque esto sea una predicción, es más un regaño: no se enojen por tonterías.

Diciembre
El tigre se ganó a pulso algunas enemistades a lo largo del año. Que no lo sorprenda que esté de vuelta en su cueva, con las rayas de su pelaje menos simétricas. Necesita descansar, más le vale que este sea su mes de vacaciones; lo quiera o no, se sentirá aislado. Además, es posible que no desee ver a nadie hasta que se le pase toda la frustración acumulada. Si algún amigo o amante valiente se le acerca ofreciendo comprensión y abrazos, más le vale al tigre aceptarlo como lo más valioso en su vida, porque de verdad es difícil estar con él en momentos de tensión. ¡WÚ WÈI 无为! Ya casi se acaba esto.

Predicciones para el Tigre y su energía

TIGRE DE MADERA (1914-1974)
Después del empujón de su mejor amigo, el perro, sentirá sobre su tersa piel atigrada un nuevo horizonte de eventos.
Cambios sistémicos producidos por sus decisiones afectivas y familiares lo llevarán hacia un nuevo terreno donde dejará de ser nómada y establecerá su hogar.

Su energía se dosificará en cuotas, y estará más entregado al ocio creativo y a recuperar una pasión de *allá lejos y hace tiempo*.

La inspiración lo visitará y formará grupos de ayuda educativa y deportiva en la comunidad de los hombres.

Recibirá reconocimiento profesional y honores en el extranjero.

Año de vanguardia y revolución en hábitos y costumbres.

TIGRE DE FUEGO (1926-1986)
Año de reflexión, autocrítica y desapego en temas centrales de su vida.

Cambiará viajes y aventuras en la jungla por rutina y horarios en la vida cotidiana. Pasará horas extra en el chiquero, practicando el kamasutra, el arte de la cocina y de la laborterapia.

Estará inspirado por un maestro o guía espiritual que lo ayudará a reformular las prioridades de cada etapa de su vida, despertando su potencial esotérico y místico.

Tiempo de cultivar la perseverancia, las virtudes del TAO, la paciencia y el desapego.

Será bendecido por los cerditos al llegar a su morada.

TIGRE DE TIERRA (1938-1998)
Cambios en la cosmovisión de la vida le permitirán asentarse en un nuevo territorio.

En la familia habrá ajuste de cuentas y cambios profundos en su manera de distribuir su tiempo e ingresos.

Un gran amor resurgirá de las cenizas como el ave fénix.

Estará dispuesto a ceder en situaciones afectivas y dejar en equilibrio la balanza en la constelación de origen.

Será mecenas y protector de los excluidos y trabajará con solidaridad en la comunidad de los hombres. La concreción de sus planes a largo plazo tiene posibilidades de éxito.

No descuide a sus empleados ni a sus socios; las pasiones estarán al rojo vivo en el año del cerdo.

Fuerte reencuentro con amigos del pasado.

TIGRE DE METAL (1950-2010)
Año de asentamiento en sus ideales, proyectos artísticos, profesionales, familiares y sociales. Renacerá la pasión con su pareja y planificarán una nueva etapa integrando la naturaleza.

Aprenderá el feng shui, el cultivo de la huerta orgánica, aromaterapia, equinoterapia, medicina alternativa, sanación con cristales y reiki.

Apaciguará su ferocidad con energía porcina, que le sacará el mal humor, la destemplanza y la vocación para victimizarse.
Año de cariño y revelaciones familiares.

TIGRE DE AGUA (1902-1962)
Año de decisiones en sus planes existenciales.
A pesar de los cambios abruptos en la constelación familiar, si mantiene sus proyectos logrará concretarlos con éxito.
Podrá sentir que es jefe y empleado a la vez.
Sumará aliados en nuevos y prósperos emprendimientos que lo gratificarán holísticamente.
Conocerá sus límites físicos y emocionales; sea prudente con vicios y excesos. Es recomendable que ejerza la medicina preventiva, busque ayuda terapéutica o vea a los amigos positivos.
Tiempo de compartir sus logros con su tribu cósmica, de recuperar la sonrisa y el buen humor; propicio para su autoestima.

L. S. D.

Descansando un momento
Veo una sombra donde el trigo se parte en dos.
La tarde está en calma.
Doradas mariposas trazan círculos con su tempestad fantástica.
Llegué hasta aquí siguiendo un falso río de losas y arcilla.
Mi pena es vieja, como un tigre blando de ocho mil años;
pero descanso un momento bajo la Torre de los Caballos,
y sigo, a pie, mi camino.

Fan Meng Li - Dinastía Sui

Escribe tu propia predicción

Predicciones preventivas para el Conejo basadas en el I CHING, la intuición y el bazi

La fertilidad y la abundancia personal y en la comunidad.

Desde La Coruña, frente al mar, con las gaviotas blancas sobrevolando las cristalinas aguas, les escribo las predicciones porcinas a los conejos, gatos y liebres.

El cerdo es el mejor amigo, socio, aliado y cómplice del conejo, por eso les desea que su año represente un manantial de alegría, paz, sabiduría y especialmente amor y sanación en las relaciones afectivas, familiares, laborales y sociales.

Comenzarán el año chino festejando a «lo cerdo-gato», con placeres dionisíacos y báquicos.

El I CHING los favorece con el hexagrama 48 «El Pozo de Agua».

Desde sus profundidades recuperarán su esencia, su TAO (camino), su originalidad, sentido del humor y talento.

Este tiempo es muy favorable para el conejo, que podrá seducir al cerdo sin escrúpulos y obtener su protección y buena energía.

Sus planes a corto y medio plazo serán elaborados con sensatez y sentido común, sopesando los factores en pro y en contra del tiempo mundial y su crisis política, económica y social.

Su creatividad florecerá como en primavera y podrá contagiar a los más débiles e indefensos con ideas prácticas, altruistas y sensatas.

Su voz y su estrategia serán valoradas, y el zoo se acercará en busca de consejos y ayuda material.

En la familia habrá reconciliaciones, aceptación de las diferencias y los límites propios y ajenos para no interferir en el karma.

Inesperadas situaciones familiares lo pondrán al frente de la familia y resolverá los problemas con madurez y eficacia.

Estará dispuesto a viajar, a instalarse una temporada en otra ciudad o país y explorar el nuevo terreno para construir su casa con buen FENG SHUI.

Su corazón inestable encontrará paz y podrá establecer un vínculo maduro y con desapego.

El I CHING le dice: «En términos prácticos habla del estado natural, el funcionamiento básico del ser humano, de la sociedad, que si se cuida y se sabe dirigir, logrará grandes cosas. Es necesario tener la

mente abierta, dejar atrás preconceptos para viajar al origen de la fuente primigenia».
Es el momento de buscar la verdad en cada situación, pues así podrá salir adelante. Tiempo de desechar gente tóxica y vampiros que le chupen el prana.

El mejor año para reinventarse, salir de la chimenea, del sofá y los almohadones de seda para conocer lo que pasa en el barrio, la ciudad, el país y el planeta, y para ser un animal beneficioso para los demás.

Su amigo el cerdo lo necesita para sus alianzas y estrategias políticas; sabe que la ductilidad y el *sex appeal* del conejo son clave para conquistar nuevos votos en la comunidad de los hombres.

Año de grandes logros, con saltos cuánticos.

L. S. D.

El I CHING les aconseja:
48. Ching / El Pozo de Agua

EL DICTAMEN
El Pozo.
Puede cambiarse de ciudad,
mas no puede cambiarse de pozo.
Este no disminuye y no aumenta.
Ellos vienen y van y recogen del pozo.
Cuando casi se ha alcanzado el agua del pozo
pero todavía no se llegó abajo con la cuerda
o se rompe el cántaro, eso trae desventura.

Las ciudades capitales eran a veces trasladadas en la antigua China, en parte por motivos de ubicación, en parte al producirse cambios de dinastía. El estilo de edificación se modificaba en el curso de los siglos, pero la forma del pozo sigue siendo la misma desde tiempos antiquísimos hasta nuestros días. Así el pozo es un símbolo de la organización social de la humanidad en cuanto a sus necesidades vitales primarias, e independiente de todas las formaciones políticas. Las formaciones políticas, las naciones, cambian, pero la vida de los hombres con sus exigencias sigue siendo eternamente la misma. Esto no puede modificarse. Asimismo, esa vida es inagotable. No disminuye ni aumenta y está ahí para todos. Las generaciones vienen y se van y todas ellas disfrutan de la vida en su inagotable plenitud.

Sin embargo, para una buena organización estatal o social de los hombres hacen falta dos cosas. Es necesario descender hasta los fundamentos de la vida. Toda superficialidad en el ordenamiento de la vida, que deje insatisfechas las más hondas necesidades vitales, es tan imperfecta que no difiere de un Estado en el cual ni siquiera se hubiese hecho algún intento de ordenamiento. Asimismo, acarrea males una negligencia a causa de la cual se rompe el cántaro. Cuando la protección militar de un Estado, por ejemplo, se exagera hasta el extremo de provocar guerras por las que se ve destruido el poder del Estado, esto equivale a la rotura del cántaro. También en lo relativo al hombre individual debe tomarse en consideración este signo. Por diversas que sean las inclinaciones y las formaciones de los hombres, la naturaleza humana en sus fundamentos es la misma en todos los casos. Y cada cual puede proveerse durante su formación, recurriendo a la fuente inagotable de la naturaleza divina de la esencia humana. Pero también al respecto existe la amenaza de dos riesgos: en primer lugar, que durante su formación uno no penetre hasta las verdaderas raíces de lo humano y más bien quede atascado en medio de las convenciones –semejante semicultura es tan mala como la incultura–, o bien que súbitamente uno claudique y descuide la formación de su ser.

LA IMAGEN
Sobre la madera está el agua: la imagen del pozo.
Así el noble alienta al pueblo durante el trabajo
y lo exhorta a ayudarse mutuamente.

Abajo está el signo Sung, madera, y encima el signo K´an, agua. La madera succiona el agua hacia arriba. Así como la madera en cuanto organismo imita la actividad del pozo que redunda en beneficio de las diferentes partes de la planta, ordena el noble la sociedad humana, de modo que a la manera de un organismo vegetal haya una mutua interpretación para bien del todo.

El tránsito del Conejo durante el año del Cerdo

PREDICCIÓN GENERAL
El signo del conejo es famoso por dos cosas: su carisma, que lo hace coqueto y tierno a la vez, y su incapacidad para controlar su enojo cuando las cosas no salen como quiere. El conejo estallará a

la menor provocación, y eso tendrá a padres y maestros del pequeño conejo de 2011 extrañados por los súbitos cambios de humor. Sin embargo, la combinación de energías hará de él un ser mucho más osado que en otros años. Tendrá la energía vital fuerte, lo cual le dará motivos para vivir y soñar despierto con lo que quiere cambiar en su entorno. Su poder de convocatoria mejorará, y estará en condiciones de convertirse en líder de cualquier grupo de personas. ¡Adelante! Puede con semejante cargo y aún más que eso.

Enero
El mes traerá molestias menores fáciles de controlar por medio de actividades de ocio y artes que le alimenten el alma cuando comience el sainete loco en el que lo involucrará el cerdo. El mes podrá ser usado para limpiar a fondo la casa y tirar, donar o intercambiar prendas y objetos viejos. También es recomendable que se haga más consciente de las situaciones en las que podría perder los estribos. Como ejercicio, le proponemos que describa exactamente qué lo hace enojar y por qué. De ese modo, el año que viene podrá identificar mejor los gatillos de su ira y será capaz de controlarse mejor.

Febrero
El tigre que rige el mes traerá consigo al cerdo. Todas las combinaciones posibles de energía madera estarán presentes, por lo que se le sugiere releer la introducción y el mes de enero descriptos anteriormente. Su estado de ánimo parecerá una montaña rusa, por lo que la estabilidad será un recurso muy apreciado. Se le recomienda no madrugar; estar despierto entre las tres y las cinco de la madrugada podría arruinarle considerablemente el día entero. Aun así, es posible que se tope con disparadores de mal genio hasta las nueve de la mañana. Necesita encontrar un verdadero estado de WÚ WÈI 无为.

Marzo
El mes propio lo pondrá al corriente con el trabajo. Pero también seguirá alimentando la energía madera, que viene con sus pros y sus contras. De las 13 a las 15 horas la energía madera estará completamente exaltada, y en ese momento los conejos del planeta se encontrarán más asertivos que nunca. Esa osadía cíclica puede meterlos en confrontaciones incómodas con los signos contrarios al signo del cerdo, que son la serpiente, el mono y el gallo. Si quiere llevar la fiesta en paz con esos signos, es recomendable que en esas dos horas

evite quedar atrapado en el tránsito o hacer algún tipo de trabajo en equipo en espacios muy cerrados.

Abril
El conejo se llevará bien con el mes del dragón siempre y cuando haya un tigre intermediando esta combinación de energías. Es posible que los conejos sufran insomnio debido a esa combinación ya que la hora del tigre activa la energía madera, que provoca sentimientos iracundos. Para mantener a raya esas emociones, el conejo deberá cuidar bien de su dieta e incorporar ejercicios de moderados a intensos al menos de media unos 30 minutos al día. De esa manera dormirá mejor y evitará que sus impulsos lo metan en problemas con personas que no entenderán que sea tan certero con sus observaciones y críticas.

Mayo
El mes de la serpiente puede meter en muchos problemas al conejo. Nuestro roedor será primero bombardeado con información buena o malintencionada; luego, la energía madera al contacto con el conflicto entre la serpiente y el cerdo provocará que los conejos se conviertan en el territorio central de todos los conflictos sociales que los rodeen. Si aprende a guardar todo lo que sabe de los complejos secretos de su vida laboral y familiar evitará rupturas y conflictos. También será un mes frívolo, enfocado en la farándula y la moda, temas que la mayoría de los conejos adora, aunque muchos no lo admitan.

Junio
El conejo se irá sintiendo cada vez más alegre. La energía iracunda de la madera dará lugar al fuego, cuyo sentimiento es la alegría. El conejo sentirá que puede entenderse mejor con la gente que lo rodea y llegar a acuerdos pacíficos con sus colaboradores, subordinados e incluso con maestros en el caso de que aún esté en la escuela. Es un buen mes para enmendar cualquier malentendido y para recuperar viejas amistades. Gozará de una diplomacia que no le es común y tal vez se sienta fuera de su papel habitual, pero verá que no es una mala idea arreglar sus problemas y retos por medio de la empatía.

Julio
Esperemos que el conejo haya aprendido algo en el mes anterior, porque con la llegada del mes de la cabra, el conejo formará una

combinación de madera. Estará iracundo, más valiente que nunca. Los conejos de 1987, 1999 y hasta los de 2011 realizarán proezas increíbles, y las documentarán en todas las redes sociales, mientras que los de otras generaciones ya entradas en años podrán afrontar miedos añejos por medio de terapia y nuevas actividades. Es posible que se enfrenten a muchos obstáculos, principalmente a su falta de paciencia, y también a personas a las que han lastimado sin querer.

Agosto
Lo sembrado en meses anteriores será cosechado durante el actual. Ojalá que los consejos antes dados, sobre todo los referentes al mal carácter hayan sido tomados en cuenta, porque la raíz de todos los problemas a los que se enfrentará este mes tendrá que ver con los súbitos cambios de humor sufridos hasta la fecha. También estará propenso a sufrir torceduras o, en el caso particular de los conejos de 1975, incluso fracturas; los tendones en particular estarán débiles. El hígado será el gran problema. Se le suplica al conejo comer más vegetales de hoja verde y moderar el consumo de bebidas amargas.

Septiembre
El mes del gallo no solo choca con el conejo, que es su opuesto complementario, sino que choca también con el cerdo, y por eso es importante que el conejo busque la compañía y ayuda de su nutrido ejército de amigos. Juntos, cabras, cerdos, tigres y dragones podrán crear estrategias para mejorar en todo, tener más valor al iniciar una nueva empresa o incluso incursionar en algo totalmente novedoso. Los únicos conejos que tal vez necesiten un poco de ayuda extra en caso de tener resentimientos ya pasados serán los de 1975, pues es posible que se topen con algunos fantasmas del pasado.

Octubre
Como si le abrieran la jaula, el conejo se sentirá alegre y libre de nuevo. La combinación con el perro eleva la energía fuego y atrae felicidad. Los conejos de 1951 y 1975 que padezcan sobrepeso podrían tener problemas con el sistema circulatorio, así que la recomendación es hacer ejercicio moderado, como dar largas caminatas en bosques y parques y bailar. La dieta será importante para todos los conejos, pero también el mantener despierto el sentido del humor. Se le recomienda que aproveche para deshacerse de algún mal hábito por medio de terapia, aunque le cueste trabajo.

Noviembre

El mes del cerdo traerá energía agua. Esto se va a sumar a una combinación de energía de madera que se activará todos los días de este mes desde las 13 hasta las 15 horas. El conejo estará de nuevo susceptible, se enojará a la menor provocación. El único antídoto será el trabajo arduo, porque mantendrá la cabeza ocupada en otra cosa. Si el trabajo es el origen de su mal humor, puede buscar un pasatiempo que le haga perder las horas sin pensar en todas las injusticias, problemas políticos y guerras del mundo. Dedicar unas horas al día a labores comunitarias será de gran ayuda y levantará su estado de ánimo.

Diciembre

La rata que rige al mes traerá una muestra de lo que le espera el año siguiente. El conejo se sentirá atractivo y tendrá una gran facilidad de palabra. Este mes le servirá para socializar y enmendar malentendidos que obstaculizaron su desarrollo emocional. Esto abrirá las puertas a viejos amantes del pasado y a nuevas amistades que podrían convertirse en romances pasajeros pero muy divertidos. Los conejos de 1963 podrían desarrollar algún problema ligado a las hormonas y el aparato reproductor, pero si padece estos problemas durante este mes, no le afectarán en el año de la rata.

Predicciones para el Conejo y su energía

Conejo de Madera (1915-1975)

Después del psicodélico año del perro pondrá en foco sus prioridades para hacer cambios de ruta en su destino. Podrá radicarse temporalmente en el exterior y conseguir una beca, una pasantía, o un mecenas que lo contrate para desarrollar su vocación o profesión.

Conocerá nuevos amigos, tendrá socios que lo mantendrán informado y le abrirán puertas para su crecimiento económico.

Renovará el *look*, sentirá ganas de reencontrarse con un amor del pasado y traer cerditos al mundo.

El *bonus track* del año dependerá de su capacidad de reinventarse, ser solidario y abrir nuevos caminos.

Conejo de Fuego (1927-1987)

Año de reconciliación en la constelación familiar, de saldar deudas afectivas y de buscar la armonía en las relaciones más complicadas, practicando el HO'OPONOPONO. Podrá recuperar amigos del pasado, mejorar y sanar la constelación familiar.

Tendrá muchas oportunidades para reformular su vocación, empleo u oficio.

Sentirá deseos de integrar nuevas técnicas artesanales, informáticas y de diversidad cultural en su forma de vivir.

Podrá establecerse en la naturaleza, sentir que tiene una huerta, un jardín, un espacio con luz para criar a sus hijos y a los que adoptará en esta etapa de altruismo y solidaridad.

Año de alegría, inspiración y creatividad que podrá expresar en la comunidad de los hombres.

Conejo de Tierra (1939-1999)
Año de crecimiento espiritual y material.

Podrá planear su vida a corto, mediano y largo plazo.

Estará activo, con nuevas oportunidades para dar un giro en su profesión, carrera, y transmitir su experiencia a gente joven.

Surgirá un manantial de ideas fecundas, originales, para desarrollar en su empresa, ONG, fundación, con su talento creativo.

El año del cerdo lo estimulará desde la dermis a la epidermis, sanando sus zonas erróneas y sus caprichos.

Viajará al exterior y descubrirá nuevas culturas; también aprenderá nuevas formas de comunicación.

Conejo de Metal (1951-2011)
Después de lo suscitativo y de los cambios bruscos del año del perro, podrá regresar por un tiempo a los placeres, los vicios, y al WU WEI (no forzar la acción de las cosas).

Sentirá ganas de cerrar una etapa de su vida y de echar raíces en un nuevo lugar, alejado del mundanal ruido.

Despedidas y nacimientos formarán parte del año del cerdo.

Pondrá en orden papeles, herencias, contratos *stand by* y situaciones confusas entre socios y amigos.

Aparecerán mecenas, patrocinadores, y amigos del exterior que lo invitarán a tomarse un año sabático.

Estará muy solicitado social y políticamente por su adaptabilidad a los cambios, sus ideas, estrategia y diplomacia.

Un golpe de azar inesperado cambiará su patrimonio, y lo acrecentará.

Año intenso, fecundo y mágico.

CONEJO DE AGUA (1903-1963)
El año del cerdo será equivalente a ganar «la primitiva», un sorteo de lotería de La Coruña, con todos sus beneficios.
La gente recurrirá a usted, que será un pozo de agua, un manantial fecundo de creatividad, ideas. Si se cuida y sabe dirigir sus acciones, logrará grandes cosas.
Es propicio que sea fiel a sus sentimientos, y que ponga fin a relaciones tóxicas y a especulaciones para sacar ventajas.
Recuperará la autoestima, el motor, para regresar a la fuente de inspiración y creatividad que perdió *allá lejos y hace tiempo*.
El amor será estable y continuo como el manantial de un río de montaña.
Año de recompensas y paz.

L. S. D.

Diablo extranjero
Mi Emperador murió en rebelión, contra el Falso Emperador,
en el mes que apaga la primavera.
Mi querido pájaro negro sirvió de escudo el mismo día;
y ayer, años después pero en la misma época fatídica,
alguien destruyó mi gato atigrado, el patriarca de mis gatos,
que se sentaba al sol como un Buda sabio e irritable.
Marco Polo, mi amigo,
el diablo extranjero,
nombra los meses con un extraña manera bárbara.
La muerte, con su deshonra, me transforma en intruso apátrida.
Quisiera morir en abril, junto a mis amigos.

Tseng Feng Hsi - Dinastía Yuan

Escribe tu propia predicción

Predicciones preventivas para el Dragón basadas en el I CHING, la intuición y el bazi

La nutrición con perfil bajo.

Queridos dragones:
Imagino la temporada terrenal y felicito a los que cursaron las materias previas para dejar de ser semidioses hacia la mortalidad. La metamorfosis que se produjo debajo de sus escamas tornasoladas y su corazón lo guiarán durante el reinado porcino para nutrirlos en cuerpo y alma.

El *egotrip*[48] del rey del cielo chino se disolvió en miles de partículas homeopáticas hacia la noosfera.

Su luz fue led bajo consumo, y aparecieron las velas y los faroles de noche para pasar más inadvertido entre el zoo.

Su humor será como el cambio climático; habrá que estar preparado para los bruscos escenarios en los que deberá demostrar cordura, lucidez, sentido común y ganas de «escuchar» sus zonas erróneas, alienadas y confusas para purificarlas y domesticarlas.

El I CHING le habla del equilibrio entre ambas partes: la necesidad de estar bien físicamente, haciendo taichí, yoga, *fitness*, deportes y sobre todo regresar al TAO DEL AMOR Y DEL SEXO.

Es conveniente que vuelva a la medicina china, ayurveda[49], a la herboristería y a la sanación pránica antes de automedicarse, iniciar una operación quirúrgica o decidir algún cambio externo en el *look*.

El cerdo lo admira, pero también le exige más constancia en sus debilidades y antojos.

Necesitará compartir sus sentimientos, dudas y decisiones con amigos íntimos, pareja o club de fanes.

La evolución en cada etapa o sección de su vida: anímica, espiritual, familiar, social, en la comunidad será a través de la nutrición que elija para cada día; deseche las relaciones tóxicas y a quienes lo vampirizan.

El cerdo le demandará más de lo que puede dar: su fuerza espiritual será un motor que ayudará a la gente en momentos de decisiones clave.

Aprenderá finalmente a equilibrar el *yin-yang*; hará meditación dinámica, HOPONOPONO, y las técnicas orientales como *zazen* y registros

---
48. Véase la nota al pie de página 50.
49. Medicina tradicional india.

akáshicos le abrirán nuevas posibilidades de transmutación. Sentirá que cada día es un desafío como escalar el Champaquí sin guía de turismo.

Apelará a sus voces interiores, a los maestros, nahuales y espíritus protectores para estar en armonía, sinergia, paz antes de actuar y generar el *boomerang*.

El año del cerdo encontrará al dragón desnudo como Diógenes al encontrarse con Alejandro Magno.

Su verborrea transmutará al silencio de los monjes en el Tíbet, su exhibicionismo al minimalismo, su inconsciencia a conciencia.

En la familia habrá cambio de roles, y delegará responsabilidades dejando atrás el rol de Superman o Superwoman.

La profesión será regada con nuevas ideas y la participación de otras culturas que le aportarán originalidad y creatividad.

Año de situaciones inesperadas que resolverá con maestría, cambios en la profesión u oficio que lo revitalizarán y brindarán más foco en el futuro...

L. S. D.

El I CHING les aconseja:
27. I / Las Comisuras de la Boca (La Nutrición)

EL DICTAMEN
Las Comisuras de la Boca. Perseverancia trae ventura.
Presta atención a la nutrición y a aquello con que trata de llenar su boca uno mismo.

Al dispensar cuidados y alimentos es importante que uno se ocupe de personas rectas y se preocupe en cuanto a su propia alimentación, del modo recto de realizarla. Cuando se quiere conocer a alguien, solo es menester prestar atención a quién dispensa sus cuidados y cuáles son los aspectos de su propio ser que cultiva y alimenta. La naturaleza nutre todos los seres. El gran hombre alimenta y cultiva a los experimentados y capaces, valiéndose de ellos para velar por todos los hombres.

Mong Tse (VI, A, 14) dice al respecto: «Para reconocer si alguien es capaz o incapaz, no hace falta observar ninguna otra cosa sino a qué parte de su naturaleza concede particular importancia. El cuerpo tiene partes nobles e innobles, partes importantes y partes nimias. No debe perjudicarse lo importante a favor de lo nimio, ni perjudicar lo noble a favor de lo innoble. El que cultiva las partes nimias de su ser, es un hombre nimio. El que cultiva las partes nobles de su ser, es un hombre noble».

LA IMAGEN
Abajo, junto a la montaña, está el trueno: la imagen de la Nutrición.
Así el noble presta atención a sus palabras
y es moderado en el comer y el beber.

«Dios surge en el signo de Lo Suscitativo». Cuando con la primavera se agitan nuevamente las energías vitales, vuelven a engendrarse todas las cosas. «Él consuma en el signo del Aquietamiento». Así, a comienzos de la primavera, cuando las semillas caen hacia la tierra, todas las cosas se tornan cabales. Esto da la imagen de La Nutrición expresada en el movimiento y la quietud. El noble toma esto por modelo en lo relativo a la alimentación y al cultivo del carácter. Las palabras son un movimiento que va desde adentro hacia fuera. El comer y el beber son el movimiento que va desde fuera hacia adentro. Las dos modalidades del movimiento han de moderarse mediante la quietud, el silencio. Así el silencio hace que las palabras que salen de la boca no sobrepasen la justa medida y que tampoco sobrepase la justa medida el alimento que entra por la boca. De este modo se cultiva el carácter.

El tránsito del Dragón durante el año del Cerdo

PREDICCIÓN GENERAL
El año del perro no trató bien a los dragones. Demasiados cambios, demasiadas rupturas, accidentes, robos, pérdidas. El año del cerdo no será mejor por todos los cabos sueltos que ha dejado atrás y por tratar de apresurar las cosas. El año del cerdo trae posibilidades para formalizar una relación amorosa nueva o reciclada, y también será un tiempo de rumores. Habrá falta de comunicación con los demás, por eso tendrá que aprender a hablar con las personas sin adivinar primero lo que cree que están pensando. Se verá rodeado de gente superficial que lo buscará como si fuera un entretenimiento, por lo tanto se le recomienda no pasar mucho tiempo metido en las redes sociales.

Enero
Aún bajo el influjo del Suì Pò 歲 破, que significa «año opuesto», el dragón todavía necesita ajustarse a las carencias y excesos del año del perro, aunque –como siempre– caerá bien parado o flotará lejos del mundanal y habitual desorden que lo rodea. El mes atrae una combinación desastrosa a nivel emocional para las dragonas; cualquier anuncio o sospecha de ruptura que haya ocurrido en meses anteriores se convertirá en algo real. Si regresa a la soltería, se lo deberá tomar con filosofía: el vaso medio vacío es una oportunidad para refrescar el contenido y conseguir mejores compañías.

Febrero
Comienza el mes del tigre, y con él comienza también el año del cerdo, por lo tanto, el dragón podrá sacar a relucir las escamas nuevamente. Este año será frívolo, lleno de amor y amistad, es momento de reponer el tiempo perdido y olvidar las épocas de soledad o de maltrato. La energía de este mes ofrece una combinación que trae algunos problemas menores relacionados con alguna alergia o problemas con la piel, pero todo esto será pasajero. Sería bueno aprovechar para actualizar la agenda, llamar por teléfono a los amigos o textear; las redes sociales le serán de mucha ayuda para encontrar viejos amigos.

Marzo
El conejo se aliará con el cerdo y agudizará la combinación de energía que hará de este mes una especie de ancla energética que mantendrá al dragón muy ocupado con el trabajo y algo propenso a accidentes. Aunque no todo será tan complejo como en otros años, ya que junto con el trabajo y las metidas de pata menores vendrá una oleada de actividades sociales muy entretenidas. Bastará que aprenda a crear lazos duraderos con la gente con la que convivirá estos meses para tener un lugar seguro adonde volver siempre que las cosas salgan mal; en pocas palabras: las amistades hechas este mes serán para siempre.

Abril
Este mes del dragón traerá oleadas de ideas novedosas, historias de todo tipo, tesis científicas y toda clase de remedios. Los dragones del año 2000 tendrán las primeras oportunidades desarrollando

aplicaciones y esas cosas que se les escapan a las viejas generaciones. También los dragones que peinan canas tendrán momentos de inspiración tremendos, por lo que se les recomienda ordenar cualquier espacio que vean libre para poder hacerse un taller o estudio y dar rienda suelta a su imaginación. Las artes y las ciencias recibirán de buen agrado lo que provenga de la mente y las manos de los dragones del mundo.

Mayo
Será un mes complejo. La serpiente sube la energía fuego, por lo que el dragón estará entre los muchos animalitos del zoo que se pondrán felices a la menor provocación, aunque esto también traerá enredos para el dragón, de tal manera que podría cometer alguna imprudencia. En particular los hombres dragón escucharán cantos de sirena y serán seducidos. Fuera de los dragones poliamorosos, que tienen muy bien identificados los contratos emocionales hechos con los compañeros de vida, los demás dragones se la verán complicada a la hora de presentar excusas. Deben poner las cosas en claro a la mayor brevedad posible.

Junio
El mes del caballo atrae algunos tropiezos molestos, posiblemente resultado de cualquier indiscreción cometida durante el mes pasado. Entre las 17 y las 19 horas es recomendable que tenga mucho cuidado. Los rumores ciertos o falsos serán cosa de todos los días y le causarán preocupaciones constantes, lo cual lo tendrá distraído, más propenso a sufrir accidentes. Si nuestro dragón llegase a tener y entender un calendario chino, sería recomendable que revise ahí los días gobernados por el signo del gallo, que son los que activan combinaciones de energía poco deseados para este mes, a fin de evitar accidentes y robos.

Julio
Todas las distracciones que sufrió anteriormente repercutirán en este mes. Necesitará ser mucho más vigilante con el dinero, en especial con el dinero virtual y sus tarjetas de crédito. Hay peligro de desfalcos o de pagos rebotados. Tampoco es un mes propicio para prestarle dinero a nadie; eso le ganará algunas enemistades si se niega, pero a la larga es mejor mantener las cuentas claras y el dinero lo más seguro posible. Fuera de eso el cerdo sigue benévolo a nivel social.

Será un mes en el que podrá visitar viejas amistades y pasarla al lado de la familia; aunque se haya quedado sin dinero ya encontrará la forma de hacerlo.

Agosto
Tendrá más oportunidades de alcanzar sus objetivos, sobre todo en lo amoroso, durante los días y las horas de la rata; si bien estas horas van entre las 23 y la 1 de la madrugada, será el tiempo adecuado para meditar, hacer el amor y dormir de verdad, de manera reparadora. Los objetivos en la vida no solo se consiguen trabajando, sino también recompensando al cuerpo por ser el sustento de la mente. Para hacer todavía más brillantes estos momentos, se le recomienda realizar alguna meditación suave o escuchar ondas alfa a partir de las 23 horas. Al día siguiente despertará con más energía y notará que los objetivos del trabajo y los estudios ocurrirán con mayor rapidez, tal como le gusta.

Septiembre
El mes del gallo sube la energía tierra, que controla el exceso de energía agua del cerdo que tiene a todos medio alocados. Para el dragón, sube también la energía metal, lo cual lo pondrá mucho más agudo con sus comentarios. Será un crack en las redes sociales y nadie le podrá ganar en el arte de la mayéutica. Es posible que suba un poco el estrés y con ello los dolores de estómago, provocando gastritis en los nativos más susceptibles, como los de 1976 y el aprehensivo dragón de 1940. El amor sexual también está en el aire, por lo que los dragones de todos los años sucumbirán ante la limerencia (encaprichamiento sexual).

Octubre
Cualquier asunto mal resuelto durante el año del perro vendrá a repercutirle en este mes. Pero el karma es benévolo, ya que le ofrece la oportunidad de reparar los errores cometidos. Deberá hablar con su terapeuta o, en el caso de dragones religiosos –que no son muchos–, hablar con un confesor también podría ayudar mucho. Se sentirá algo obsesionado con algún error del pasado, aunque sea mínimo, y los pensamientos recurrentes podrían convertirse en un verdadero dolor de cabeza. Este mes le haría bien salir a dar largas caminatas para despejar los demonios que aún venga arrastrando.

Noviembre
Este mes lo tendrá con la cabeza en las nubes. El cerdo viene multiplicado por dos, lo cual trae enamoramientos, nuevas amistades, empatía, habilidades sociales renovadas. Pero también frivolidad, chismes, pérdida de tiempo. Será bueno desactivar los juegos de azar y rompecabezas en el teléfono móvil o evitar hacer maratones de series por internet. Le llegarán algunos rumores molestos sobre amigos y enemigos que le arruinarán el momento. Más le vale hacer oídos sordos a todo eso, o el mes se le complicará mucho por hablar más de la cuenta, porque estará constantemente rodeado de gente.

Diciembre
El mes de la rata lo pondrá a trabajar aun en vacaciones. Es típico que ocurra esto porque la rata es el jefe del dragón y él no puede evitar la llamada, está en su naturaleza mantenerse ocupado. Por eso el dragón se ha ganado a pulso la mala fama de egoísta o de adicto al trabajo, pero la gente no sabe nada acerca de la verdad: el dragón ama lo que hace, pero no más de lo que ama a su familia y amigos. El tiempo correrá deprisa en la mente del dragón y cuando se dé cuenta ya será fin de año. Poco interesa, lo importante es que está en lo suyo, dejando al mundo mejor de como lo encontró.

Predicciones para el Dragón y su energía

DRAGÓN DE MADERA (1904-1964)
El I CHING habla de cómo cultivamos nuestro carácter con lo que ingerimos y expulsamos, tanto en el plano corporal como espiritual y emocional.

«Las palabras también cambian: el mismo mensaje se puede transmitir de dos formas distintas y provocar en los demás reacciones diferentes».

Por eso en este año: «Dime con quién andas y te diré quién eres».
Caerán los velos definitivos para que viva con lo que es, sembró y cosechó.
La tierra será su refugio para la sanación pránica.

DRAGÓN DE FUEGO (1916-1976)
Las pruebas cursadas en el año del perro tendrán que plasmarse durante el año porcino.

Su vida anímica necesitará atención: tendrá estados anímicos cambiantes, y contener a la constelación familiar será tarea cotidiana y sin remuneración.

En la pareja habrá crisis; es recomendable que no lance sus llamaradas, pues habría que acudir a los bomberos.

El I CHING aconseja: «Este alimento que nos cambia está presente en nuestra rutina, en las personas que nos rodean, en los conocimientos que adquirimos... pero también en lo que debemos dar al otro».

Año de choque con la realidad y despedida de la ilusión.

DRAGÓN DE TIERRA (1928-1988)
El cerdo le facilitará la visa para aterrizar sin turbulencias en un nuevo mapa existencial.

Cambios en la forma de relacionarse con el otro serán la clave para su equilibrio emocional, su escala de valores y las ganas de estar más conectado con sus sentimientos.

Conquistará nuevas áreas laborales, brillará en la comunidad de los hombres transmitiendo sus experiencias, compartiendo proyectos en común y ayudando a los excluidos.

Profundizará en su vocación, arte o ciencia con resultados a medio plazo.

DRAGÓN DE METAL (1940-2000)
El año del cerdo logrará que haga las paces consigo mismo.

Después de un tiempo de reclusión podrá nutrir su cuerpo y su alma en forma simultánea.

Escuchará consejos, ayudará a quienes lo soliciten y podrá programar el futuro con socios y amigos en el extranjero o en una nueva comunidad en su país.

Aceptará sus límites físicos y anímicos, estará más hogareño y con ganas de formar una nueva familia.

Su corazón dudará, los placeres y las tentaciones del cerdo pueden desviar su TAO (camino).

DRAGÓN DE AGUA (1952-2012)
El I CHING le aconseja que preste atención a qué partes de su ser alimenta: «Cuando surgen conflictos entre personas, se debe considerar cómo es uno ante los demás, y también qué es lo que recibe: estímulos, ánimos u ofrendas; o expectativas, acusaciones y recriminaciones.

»Hay que someter las palabras y los pensamientos a una estricta disciplina, y tratar con esmero cualquier tipo de relación, con uno o con el otro.
»Los alimentos sanos y la actitud positiva son la mejor manera de fortalecer cuerpo, alma y mente».
El año del cerdo le aconsejará cambiar sus malos hábitos y hacer las paces con sus zonas erróneas.

L. S. D.

Las ruinas del viejo trono
Helados magistrados pueblan como estatuas
el espectral pasillo de la justicia.
Únicamente la venganza espera
en la sala de las Audiencias.
Me acerco de noche a las ruinas del Viejo Trono.
La Terraza del Emperador está desierta,
cubierta de hojas secas que se agitan despacio;
se inclinan reverentes ante el débil soplo fantástico de la Luna llena,
como raras joyas subalternas.
Un viento ha barrido la rebelión de Tai Ping
y sus jefes ya no existen.
¿Quién pedirá justicia ahora, bajo el Cielo?
Solo un tambor sangriento.
El prudente dragón se ha perdido en una nube amarilla.
Y yo, el último Tai Ping, estoy solo.

Chuh Fo - Dinastía Ch'ing

Escribe tu propia predicción

Predicciones preventivas para la Serpiente basadas en el I CHING, la intuición y el bazi

Cambiando la piel desde las pruebas en el inframundo.

Bienvenidas, queridas sierpes, al año del cerdo.

De todas las relaciones de opuestos complementarios, la más compleja, antagónica y kármica es la del cerdo con la serpiente.

El I CHING les augura un buen año si ponen a favor este vínculo, que es una atracción fatal entre ambos signos, una lucha de gladiadores, una pelea en el *ring*, una encrucijada, un partido de ajedrez, una reconciliación de espejos sin ego, un duelo en sol mayor.

Para los chinos, los animales menos espirituales son los cerdos y los peces. Por eso, la sabia serpiente sentirá el desafío de encontrar el punto G, vulnerable, el talón de Aquiles del cerdo para tenerlo a favor y no en contra.

Las vicisitudes por las que pasó durante el año del perro han dejado al ofidio pensativo...

La sensación de ser casi semidiós o Cleopatra han disminuido en las fauces del mastín que les ladró sus pecados mortales y capitales en sonido estereofónico.

Las deudas morales, éticas y económicas están en revisión con tribunales del supramundo y del inframundo.

Y como todo tiene principio y fin, la serpiente entrega su patrimonio al gran espíritu para que la ayude en «la verdad interior». Este hexagrama es muy valioso, pues las líneas enteras y partidas están en el lugar correcto.

Los cambios son traumáticos para la sierpe; pero en el año del cerdo serán inexorables. Llegarán para cerrar ciclos y abrir otros, para conectarla con lo más profundo de su ser, desestructurarla, reinventarla y descubrir su verdadero poder.

El año será práctico; dejará de lado el *show off*, los escándalos mediáticos, las venganzas de «ojo por ojo, diente por diente», y comenzará a meditar, sanar, retirarse a un templo o viaje iniciático.

El gong ha llegado para quedarse y acompañarla con mantras y cánticos del Tíbet.

La serpiente ordenará sus prioridades: familia, pareja, bienes, socios y amigos.

Tendrá que atravesar una temporada entre letrados y jueces para cerrar una querella, y es recomendable que lo haga a la brevedad.

Su corazón estará claro, templado, seguro; el pasado no lo atormentará y vivirá una primavera merecida, en la que sentirá que retorna el eros a su vida.

El mayor logro consistirá en esperar la oportunidad para influenciar en la psique del otro y lograr su objetivo.

Necesitará aliados para pagar karma, tributar, agradecer a quienes la esperaron pacientemente para su cambio de piel, metanoia, sin pedirle «ni el oro ni el moro».

La verdad interior exige renuncias y coraje.

La serpiente necesitará escucharse, tal vez como nunca se animó en esta reencarnación. Deberá practicar la compasión, el HO'OPONOPONO, el silencio, la meditación dinámica; desovillar la constelación familiar y buscar su lugar sistémico.

El año del cerdo le traerá sorpresas agridulces, *bonus track*, espacios entre el sueño y la vigilia para sentirse poderosa Afrodita o Adonis.

Cambios inevitables la sorprenderán; y si se prepara interiormente será mejor el equilibrio emocional.

Año clave en su memoria celular.

L. S. D.

El I CHING **les aconseja:**
61. Chung Fu / La Verdad Interior

EL DICTAMEN
Verdad interior. Cerdos y peces. ¡Ventura!
Es propicio cruzar las grandes aguas.
Es propicia la perseverancia.

Los cerdos y los peces son los animales menos espirituales y por lo tanto los más difíciles de ser influidos. Es preciso que el poder de la verdad interior haya alcanzado un alto grado antes de que su influjo alcance también a semejantes seres. Cuando uno se halla frente a personas tan indómitas y tan difíciles de ser influidas, todo el secreto del éxito consiste en encontrar el camino adecuado para dar con el acceso a su ánimo. En primer lugar, interiormente hay que liberarse por completo de los propios prejuicios. Se debe permitir, por así decirlo, que la psique del otro actúe sobre uno con toda naturalidad; entonces uno se le acercará íntimamente, lo comprenderá y adquirirá poder sobre él, de modo que la fuerza de la propia personalidad llegará a cobrar influencia sobre el otro a través de esa pequeña puerta abierta. Cuando luego ya no haya obstáculos insuperables de ninguna clase, podrán emprenderse aun las cosas más arriesgadas –como la travesía del agua grande– y se obtendrá éxito. Pero es importante comprender en qué se funda la fuerza de la verdad interior. Esta no se identifica con una simple intimidad o con una solidaridad clandestina. Vínculos íntimos también pueden darse entre bandidos. También en este caso significa, por cierto, una fuerza. Pero no es una fuerza venturosa puesto que no es invencible. Toda asociación basada en intereses comunes solo puede llegar hasta un punto determinado. Donde cesa la comunidad de intereses, también termina la solidaridad, y la amistad más íntima se transforma a menudo en odio. Tan solo allí donde lo recto, la constancia, constituye el fundamento, la unión seguirá siendo tan sólida que triunfará del todo.

LA IMAGEN
Por sobre el lago está el viento:
La imagen de la verdad interior.
Así el noble discute los asuntos penales,
con el fin de detener las ejecuciones.

El viento mueve el agua porque es capaz de penetrar en sus grietas. Así el noble, cuando debe juzgar faltas cometidas por los hombres, trata de penetrar en su fuero interno con gran comprensión para formarse un concepto caritativo de las circunstancias. Toda la antigua jurisprudencia de los chinos tenía por guía esa idea. La más elevada comprensión, que sabe perdonar, se consideraba como la más alta justicia. Semejante procedimiento judicial no carecía de éxito; pues se procuraba que la impresión moral fuese tan fuerte como para no dar motivos de temer abusos como consecuencia de tal flexibilidad. Pues esta no era fruto de la flaqueza, sino de una claridad superior.

El tránsito de la Serpiente durante el año del Cerdo

PREDICCIÓN GENERAL

Este año representa al opuesto complementario: Suì Pò 歳 破. El año del cerdo tendrá a la serpiente en jaque, y si no conoce *El arte de la guerra*, quedará sin una sola pieza en el tablero. No es un año para enfrentamientos. Y su lengua no tendrá el buen tino de siempre. Es mejor que mantenga la guardia en alto y el perfil bajo. Podría cambiar de trabajo o tener problemas con colegas. Es posible que se deprima un poco ya que la energía del año la agota y le quita alegría. Aun así estará muy reflexiva. Podrá poner en papel lo que siente y las soluciones a lo que no le funciona; este año cambiará de piel una vez más, y la serpiente que salga de ese trance será brillante.

Enero
La serpiente estará de lo más feliz, muy metida en su mundo ya que sigue siendo el año del perro, pero en cuanto pise el cerdo su reinado, la serpiente se verá fuera de su elemento. Este mes es para crear estrategias infalibles para sobrevivir el Suì Pò 歳 破; así, todo lo que le ocurra será menos problemático. A la serpiente, cauta como siempre, le gustaría que la gente fuera igual que ella, pero eso no es posible. Entonces, debe mantener un margen de error en sus planes, más si se trata de armar presupuestos, ya que la salud estará débil y podría sufrir alguna pérdida grave si llega a enfermarse.

Febrero
Este siempre es un mes difícil para la serpiente, porque la energía madera del tigre la pone muy mal, pero al combinarse esa energía con la del cerdo todo se multiplicará por diez; por lo tanto es de suma importancia que se aleje de las redes sociales, que no concurra a reuniones donde haya gente que no le cae bien y, sobre todo, que mantenga la cabeza fría si quieren meterla en conflictos o proyectos tontos. No es un mes para invertir en nada, ni siquiera en tiempo. Podría aprovechar para terminar algún proyecto, pero jamás para tratar de resolver el mundo ni las vidas de los que ama.

Marzo
Este mes del conejo será aún más complicado por culpa de una serie de incidentes comunes en esta combinación de energías.

Vivirá crisis difíciles de resolver, problemas con espacios cerrados, descomposturas, chismes, tránsito… esto último será una constante, incluso para las serpientes que viven en lugares sin tanta población. Es posible que el mes entero se quede atrapado en el camino a la oficina o la escuela. Lo más urgente que debe hacer es pagar sus deudas e impuestos, por más que se sienta tentada a hacer como que nadie le explicó, aquí está la advertencia: tiene que mantener las cuentas claras ¡ya!

Abril
El mes del dragón le trae a la serpiente una pequeña tregua, tras el mes anterior que fue todo un lío. Le llegarán buenas noticias, ya sea por correo o a viva voz. Es posible que nazca algún cerdito en la familia, y no resultaría nada raro que los padres sean serpientes. Muchas veces ocurre. El mes atrae algunos problemas menores con mujeres jóvenes, sobre todo compañeras de escuela o colegas en el trabajo. Solo hay que evitar meterse en donde nadie la llama y evitar confrontaciones. Las mujeres serpiente, sobre todo las de 2001, podrían sufrir una ruptura amorosa muy dolorosa, posiblemente la primera de su vida.

Mayo
Este mes, en general, será el peor del año; la gente le echará la culpa sin razón, por lo tanto la serpiente necesita alejarse de sitios conflictivos. Justo ahora necesitará tener más paciencia y una buena dosis de sentido del humor, porque el mundo entero estará alterado y la serpiente no soporta que gente sin buena clase le salga con críticas. Deberá mantener a raya cualquier propensión a la paranoia y rodearse de amigos sinceros. Esto será especialmente bueno ya que necesitará apoyarse en alguien, sobre todo en gente más fuerte que ella en temas de relaciones, inteligencia emocional y empatía.

Junio
Será un mes de espejismos. Estará vulnerable por todo lo vivido en meses anteriores. Es muy posible que se enamore perdidamente. Todas las serpientes estarán más emotivas, dispuestas y ansiosas, pero este mes presenta complicaciones ya que todos esos amores serán más falsos que un billete de juguete. El año del cerdo no es recomendable para iniciar nada nuevo, y menos una relación amorosa. Solo las serpientes que tengan bien entendida la diferencia entre amor y sexo

podrán pasarlo bien, pero son pocas las que llegan al zen erótico sin sentir que quieren más intimidad emocional que física.

Julio
La energía del cerdo se combina con la del mes de la cabra y eso sube la energía de madera, la cual enciende con una llama al ofidio. Sube la energía fuego, pero eso no cubre a la salud emocional. La serpiente necesitará descansar física y mentalmente. Estará tentada a gastar más dinero del que tiene con tal de aparentar que todo va bien, pero es mejor que sea sincera con su cuenta bancaria y con sus sentimientos. Si quiere llorar, que llore, si quiere reír, que ría. Es de suma importancia que exprese exactamente la realidad en la que está metida. De esa manera no habrá lugar para rumores.

Agosto
Este mes traerá más conflictos emocionales a los hombres serpiente que a las mujeres, y pondrá inusualmente agresivos a los chicos de 2001, por eso se pide a padres y maestros que les pongan atención, aunque estos chicos sean formalmente adultos. La serpiente por nada del mundo deberá desvelarse; tiene que estar metida en la cama a más tardar a la medianoche ya que la hora del tigre, de 3 a 5 de la madrugada, solo la hará sentir iracunda y temerosa al mismo tiempo, una combinación desastrosa, sobre todo si acaba de sufrir algún cambio de trabajo, de domicilio, o una separación.

Septiembre
El mes del gallo pone a las serpientes a trabajar a disgusto porque atrae cambios. Esto será inevitable, así que es mejor que no le dé vueltas al asunto. Si por alguna razón se siente contenta en su trabajo o escuela, la gente encontrará cómo hacerla responsable cuando algo falle. Podrá sufrir incidentes molestos que la dejarán más agotada. Tiene que aprender a poner límites. Las serpientes de 2001 y de 2013 serán las más vulnerables y podrían sufrir acoso escolar. Estas serpientes en particular tendrán el bagaje emocional para defenderse, pero la justicia no estará de su parte, necesitarán aliados adultos.

Octubre
Este mes, el perro va a intermediar entre el cerdo y la serpiente para traer una tregua por medio de la confianza, el amor y un poco de solidaridad, que realmente le hace falta. Aun así, no se le recomienda

formalizar nada de manera legal, no es el momento adecuado para firmar papeles importantes, iniciar negocios o cerrar trato alguno porque lo que sea atendido con abogados o notarios en su año opuesto no durará lo suficiente. Aunque sienta ganas de casarse, no se le recomienda hacerlo todavía. En cambio, este mes es bueno para estrechar lazos amistosos, hablar con confianza y llegar a acuerdos.

Noviembre
Este mes es de doble cerdo, todo vendrá por duplicado, incluyendo el doble de problemas. Cuidado porque hasta las buenas intenciones pueden volverse de forma negativa. Es mejor que se quede en su canasta y no se atreva a asomar las narices, aunque un encantador de serpientes le toque su canción favorita. Necesita poner especial atención en todo lo que haga, no confiar en nadie y tratar de hacer actividades que la mantengan entretenida; mejor si esas actividades incluyen alguna disciplina deportiva de bajo impacto dentro de su propia casa o entre gente que la ame incondicionalmente, y que la proteja en caso de que se le atore el cascabel en algún lado, por ejemplo.

Diciembre
El exceso de energía agua en el ambiente la pondrá un poco nostálgica y temerosa de perder a los seres amados. Deberá aprender a distinguir entre el temor y los instintos. Las serpientes más sensibles tendrán muy agudizada la empatía, lo cual le servirá mucho para descubrir aliados en los lugares menos esperados. Es posible que se reencuentre con viejas amistades o parientes lejanos que de pronto irán a saludarla… o a pedir algún favor. Es muy posible que no le devuelvan ninguno de esos favores, pero será mejor tener la fiesta en paz y verlo todo como una oportunidad para quemar karma. Ni hablar. A esto le faltan aún un par de meses, solo hay que recordar que nada permanece para siempre. WÚ WÈI.

Predicciones para la Serpiente y su energía

SERPIENTE DE MADERA (1905-1965)
Su tercer ojo, su intuición y su búsqueda espiritual serán acertados para dejar net de karma el año del cerdo.
Sentirá un alivio al cerrar un ciclo afectivo que le impedía evolucionar en su TAO (camino).

El I CHING le aconseja: «La comprensión de la verdad interior impulsa la claridad intelectual, la profundidad emocional y la conducta honesta. Uno debe acercarse a la situación abiertamente y sin prejuicios. Podrá sentirse parte del todo si integra holísticamente su situación actual al presente».

SERPIENTE DE FUEGO (1917-1977)
El año del cerdo le traerá entusiasmo y grandes estímulos.
Si deja en orden las asignaturas pendientes del año anterior gozará de un tiempo de progreso y prosperidad.
El I CHING le aconseja: «En los asuntos políticos, privados y empresariales, la cordialidad y la benevolencia crean un marco de lealtad».
Debe estar alerta para evitar a los embaucadores, adulones y la gente que quiere sacar provecho de usted.
Este año la serpiente revertirá las situaciones que le impedían avanzar y visualizar el futuro del éxtasis.

SERPIENTE DE TIERRA (1929-1989)
Año de cuestionamiento, autoexamen, y para saldar deudas interiores y económicas.
Tendrá intenciones de reformular su vida desde la dermis a la epidermis.
Tómese su tiempo para analizar fríamente las diferentes situaciones que se presentan en su vida.
Pondrá en orden los roles en la constelación familiar y abrirá el tercer ojo a nuevas relaciones de amigos, vecinos o gente que conocerá por redes sociales para establecer vínculos afectivos, sociales y económicos.
Año de transmutación y cambio de piel.

SERPIENTE DE METAL (1941-2001)
Año de entrega hacia la verdad interior y de saldar deudas familiares.
Dice el I CHING: «Si uno consigue tener una percepción de sí mismo, será capaz de dirigir a los demás sin ninguna presión, con justicia y armonía para sí mismo y el mundo que lo rodea».
Estará en condiciones de viajar al lugar donde quedó bloqueado su pasado afectivo y recuperar el eros, la armonía y la vocación.

Sus amigos le rendirán homenajes, recibirá premios y será solicitado por su sabiduría en la comunidad de los hombres.
Podrá dejar en orden su patrimonio y vivir sin presiones el aquí y ahora.

Serpiente de Agua (1953-2013)
Año de apuestas altas en su vida personal, social y política.
Estará dispuesta a jugar su prestigio, reputación y cargo en la comunidad de los hombres.
Tendrá que buscar apoyo terapéutico, familiar, y técnicas de autoayuda: reiki, yoga, meditación, flores de Bach, y regresar a su vocación o *hobby* para florecer.
Tendrá choques y embestidas que la pondrán a prueba para ver si es una sirena o una pitón.
Su sensibilidad e inteligencia emocional enfrentarán desafíos entre el supramundo y el inframundo.

L. S. D.

Enfermedad de jardín
Nunca dejaré de hacerlo;
sin embargo, inútil será cuánto lave la seda.
Perpetuamente me embestirá su borde amarillo.
Es otoño y las hojas del árbol de mi jardín
tienen el color que corresponde a su tiempo.
No obstante, algo que no es normal
y repta sigiloso me perturba.
Es convulso y pequeño, difícil de ver,
roto desde siempre
y altera el concierto de las cosas.
El otro amarillo, el que no es imperial.

Teng Hsiao Chou - Dinastía Han

Escribe tu propia predicción

Predicciones preventivas para el Caballo basadas en el I CHING, la intuición y el bazi

Al trote en el año del cerdo.

Después del idilio con su amigo y cómplice, el perro, y un tiempo de pruebas difíciles, inesperadas, agridulces, que los convirtió en caballos mansos de abajo y de arriba, con nuevo jinete o amazona que los fue domando, su temperamento y humor cambiaron notablemente.

Las pruebas en la constelación familiar fueron cursadas sin llevarse ninguna materia a marzo, y los resultados lo convirtieron en un caballo que ha tomado las riendas de su vida con «la mordedura tajante».

El cerdo le genera respeto y obediencia; sabe que lo aprecia, estimula y valora, pero que no es víctima de su seducción y carisma.

El tiempo de ser protagonista en la empresa, el trabajo o la ciudad cumpliendo un rol social y político llama a su establo.

Antes, hay que vencer obstáculos que lo paralizan e inmovilizan y ser decidido a la hora de actuar.

Su corazón estuvo plagado de un virus que le quitó energía y creatividad.

Problemas ajenos por celos, envidia, competencia, distintos valores éticos y morales lo llevaron a tomar decisiones judiciales y penales que serán parte del karma del año porcino.

Tiempo de madurez.

La tendencia del caballo o la yegua fue siempre postergar los problemas, esconderlos, o banalizarlos con tal de no enfrentarlos.

Estará receptivo como una yegua entregada para aceptar los designios cósmicos, telúricos y buscar ayuda legal.

Su hedonismo, sensualidad y *sex app*eal estarán acentuados durante este tiempo: volverán los flirteos, flechazos, coqueteos entre coces, brincos y algún galope furtivo que lo espera en la calesita.

La mayor cuenta pendiente será con usted mismo: saldará deudas con socios, empresas estatales o privadas, parejas y exesposos.

Tomar resoluciones lo hará crecer sistémicamente.

Tal vez desconozca el paso de baile, y la influencia planetaria, mundial, social y política de su país lo agote.

Es recomendable que pase una temporada en la naturaleza, visualizándose dentro de un tiempo con una vida más saludable, estable y feliz.

Los amigos lo respaldarán, lo apoyarán en sus nuevas ideas y encontrará eco para desarrollar «equinoterapia».

El I CHING le aconseja: «Algún elemento externo, un obstáculo o una persona destructiva está causando entorpecimiento. Este problema no desaparecerá hasta que se averigüe quién o qué lo ha provocado. Una vez identificado el origen, se actuará con determinación y se evitarán males mayores.

»No conviene retirarse, hay que enfrentar con resolución cualquier problema que se presente. Actuando así, puede resolverse cualquier problema que se presente».

Año de decisiones que serán los cimientos del futuro.

L. S. D.

El I CHING les aconseja:
21. Shih Ho / La Mordedura Tajante

EL DICTAMEN
La Mordedura Tajante tiene éxito.
Es propicio administrar justicia.

Cuando un obstáculo se opone a la unión, el éxito se obtiene atravesándolo con una enérgica mordedura. Esto rige en todas las circunstancias. En todos los casos en que no se logra la unidad, ello se debe a que es demorada por un entrometido, un traidor, un obstaculizador, alguien que frena. Entonces es necesario intervenir a fondo y con energía, para que no surja ningún perjuicio duradero. Tales obstáculos conscientes no desaparecen por sí mismos. El enjuiciamiento y castigo se hacen necesarios para provocar la intimidación y la consiguiente eliminación.

Pero es preciso proceder al respecto de un modo adecuado. El signo se compone de Li, claridad, y Chen, conmoción. Li es blando, Chen es duro. La dureza y la conmoción sin más serían demasiado vehementes al aplicar castigos. A su vez, la claridad y la blandura serían demasiado débiles. Pero los atributos de ambos trigramas unidos generan la medida justa. Es importante que el hombre que decide, representado por el quinto trazo, sea de naturaleza bondadosa, aun cuando en virtud de su posición, inspire una actitud de gran respeto.

LA IMAGEN
Trueno y rayo: la imagen de la Mordedura Tajante.
Así los reyes de antaño
afirmaban las leyes mediante penalidades claramente establecidas.

Las penalidades son aplicaciones ocasionales de las leyes. Las leyes contienen el registro de los castigos. Reina claridad cuando al establecer los castigos se discrimina entre leves y graves de acuerdo con los correspondientes delitos. Esto lo simboliza la claridad del relámpago. La afirmación de las leyes se lleva a cabo mediante la justa aplicación de los castigos. Esto es simbolizado por el terror del trueno. Claridad y severidad cuyo objetivo es mantener a los hombres en la observación del debido respeto. Los castigos no son importantes en sí mismos. Los obstáculos en la convivencia de los hombres se acrecientan siempre por la falta de claridad en las determinaciones penales y debido a la negligencia en su ejecución. Únicamente mediante la claridad y una resuelta rapidez en la ejecución de los castigos se afirman las leyes.

El tránsito del Caballo durante el año del Cerdo

PREDICCIÓN GENERAL

El perro fue hasta cierto punto benévolo aunque lo tuvo al galope todo el año; el caballo está más que cansado y, como siempre, todavía no sabe bien qué es lo que tiene que hacer para parar. El dinero fue el punto débil, y ahora necesitará energía para proteger los bienes y a sus seres queridos ya que el cerdo lo pondrá a prueba con gastos imprevistos, ocasionados en su mayoría por problemas de salud y sucesos onerosos de todo tipo. Este no es un año para invertir en nada que no sea tangible. Necesitará cuidar la salud mental, emotiva y reproductiva por medio de actividades que induzcan a la risa como ver, escribir o participar en comedias.

Enero
Todavía es año del perro y estará tentado a hacer otro viaje o a gastar más dinero. Es preferible que ahorre un poco este mes ya que el cerdo lo podría tomar por sorpresa con una gripe o algo aún más complicado. Hay que aprovechar para ir a terapia y ver el mundo desde una perspectiva más sana. También es recomendable retomar

una disciplina, volver a tocar un instrumento abandonado o alguna actividad física; podría sorprenderse por cuánto disfruta hacer eso y las horas de este mes se le irán sin sentir preocupaciones.

Febrero
El cerdo del año y el tigre del mes traen una combinación de energía que alimenta el fuego del caballo, y más aún entre las 7 a las 8 de la noche, que es hora del perro. Esta energía le ayuda al caballo a mejorar su estado de ánimo y con ello su creatividad. Es un mes para hacer y deshacer a su gusto gracias a la ayuda que podría recibir por parte de sus amigos más fieles. Pero también es posible que esa energía provoque poca tolerancia a las agresiones, lo cual podría hacerle reaccionar de manera agresiva si lo provocan. Tiene que evitar el tránsito y las disputas bobas en internet o en bares.

Marzo
El mes del conejo sirve como intermediario entre la energía del cerdo y la carrera desbocada del caballo. Si a lo largo de todo el año se alía con nativos del año del conejo, le irá mejor porque el conejo es una especie de amuleto que lo ayudará a controlarse y a no perder el optimismo. Además, esta combinación eleva la energía sexual y erótico afectiva, por lo cual es recomendable hablar honestamente con los potros de 2002. Los caballos de todas las edades son bichos inteligentes y sensibles, pero si uno les impone reglas injustas, las van a romper con desborde de violencia. ¡Cuidado!

Abril
Si el mes pasado fue erótico, el dragón le trae lo contrario. Los caballos vivirán un culebrón durante este mes, sobre todo las yeguas, que además de todo son unas románticas incurables. Cuidado con los malentendidos y las rivalidades entre mujeres; estas rivalidades se curan por medio de sororidad y empatía. Es un mes para que el caballo de cualquier signo aprenda a estar bien consigo mismo. Basta con saber meditar, hacer taichí y yoga para sobrellevar el mal de amores, porque las energías combinadas del cerdo y el dragón lo ponen muy sensible. Este mes le podría agriar el año entero si no se toma las cosas con calma y atendiendo su salud mental.

Mayo

Siguiendo la tónica del mes del dragón, el mes de la serpiente no lo tratará mejor, aunque el espectro de daño no abarca solo lo emocional, sino ahora también su vida social. El mes trae malentendidos, chismes y frivolidad. Esos chismes podrían afectar incluso a los caballos más discretos. Para evitar confrontaciones, el equino deberá pedir ayuda a las cabras, que son más sensatas. En esta ocasión no podrá pedir ayuda a perros y tigres ya que juntos los tres podrían hacer más daño que beneficio. Necesita cuidar más sus finanzas y no prestar un solo centavo a nadie.

Junio

El caballo podría cometer equivocaciones en el trabajo; no estará asertivo ni concentrado. Si puede ir a terapia o hacer ejercicio evitará una racha depresiva o paranoica que en caballos con casos clínicos podría ser grave. No estará en condiciones de tomar buenas decisiones a nivel pareja ni de trabajar en equipo con nadie, menos aún con otros caballos. Los equinos rendirán más si se aíslan un poco de las redes sociales y tratan de entrar en contacto con sus amigos en el plano físico. Este mes podría aprovecharlo mejor si se va de vacaciones aunque sea a pasar dos días de campamento a pocos kilómetros de su casa.

Julio

Con el mes de la cabra sube la energía tierra que es la que detiene al caballo sin quitarle una gota de alegría o creatividad. El único inconveniente será la digestión de los caballos de 1966 y 1978 que acostumbran somatizar todo lo emocional. Es recomendable que no se queden solos, menos aún los adolescentes de 2002, no solamente porque podrían acostumbrarse a no hacer nada, sino porque necesitan aprovechar la energía benéfica de la cabra trabajando y aprendiendo cosas nuevas. Los potros de 2014 inquietarán a sus padres con ideas extrañas que posiblemente hayan sacado de conversaciones entre adultos.

Agosto

Al caballo le vendrá bien buscar más la compañía de amigos y amantes; una buena idea es que salga de viaje con ellos. Necesita más actividades sociales, relajarse, hacer ejercicio, pero con cuidado;

tiene que evitar conducir cansado, a alta velocidad o de noche. No hacer viajes hacia las direcciones desfavorables, según lo que señala el Lo Shu en este mismo libro.

También necesita ser cuidadoso con su cuenta bancaria e impuestos, ya que se le podrían acumular más deudas sobre las deudas. Si hace falta, resultará de suma importancia que se acerque a un experto en finanzas que más adelante será esencial en su vida.

Septiembre
Un mes de amores con disgustos y sorpresas desagradables. Necesita usar protección. Los caballos de 2002 estarán curioseando su sexualidad, pero este no es el año adecuado para comenzar con una vida sexual activa, es importante que busquen consejeros profesionales que les ayuden a tomar una decisión más informada. El amor y el sexo se confundirán un poco. Los caballos solteros podrían enamorarse rápidamente. Los comprometidos podrían estrechar los lazos con sus parejas formales. En el trabajo la cosa va mejorando un poco, pero hay que evitar la pereza, si procrastina lo va a lamentar.

Octubre
El caballo por fin tendrá las rachas de genialidad que le habían hecho falta, sobre todo a los de 1942, 1954 y 1966, que llevaban unas cuantas décadas sin que las musas lo visitaran en forma. Tendrá buenas oportunidades para exponer su trabajo y obtener reconocimientos, pero necesita tomarse todo con calma, y planificar de manera profesional. En estos tiempos es más fácil encontrar clases gratuitas en línea sobre toda clase de temas. Si tiene su propio negocio, necesita enfocar la atención de sus clientes en sus capacidades más brillantes y el modo en que ha resuelto conflictos anteriormente.

Noviembre
El mes del cerdo y el año del cerdo pondrán al caballo en la barbacoa. Estará propenso a accidentes de todos los tamaños, desde un tropiezo hasta algo más grave. Tiene que andar con precaución, no cometer alguna imprudencia, más aún si bebe alcohol. Los caballos de 2002 serán más propensos a tratar de llamar la atención o de dar solución a sus problemas con velocidad, sin medir las consecuencias. Las lecciones que aprenda ahora lo acompañarán toda la vida, en forma de recuerdos e incluso de cicatrices físicas. Gracias a la experiencia, es más probable que los caballos viejos sean discretos,

y por lo tanto tengan menos problemas, pero de todos modos se les recomienda poner atención en lo que hacen.

Diciembre
El choque con la rata resultará tremendo. Es de suma importancia que sea prudente con las amistades y compañeros de trabajo o escuela. Además, por tratar de ahorrar dinero, podría verse tentado a recurrir a algún truco ilegal, lo cual será peligroso. Su energía se verá disminuida porque la energía agua que lo rodea apaga el fuego, que representa alegría. Los caballos que sufran algún trastorno depresivo necesitan estar rodeados por sus amigos y familiares más cercanos y que estos sean a su vez un verdadero soporte emocional. Es importante que no conduzca coches o cualquier tipo de máquina durante la noche, menos aún entre las 23 y la 1 de la madrugada.

Predicciones para el Caballo y su energía

Caballo de Madera (1954-2014)
Año de *revival*, recuerdos, nostalgia.
«Todo tiempo futuro es mejor».

En cómodas cuotas podrá recibir indexación de sus afectos, y reconciliarse con su pasado, cerrando un gran ciclo para proyectarse con entrega al futuro.

Tendrá capacidad para ser más dócil, *yin*, manso, y aceptar las pruebas con mayor filosofía y sentido del humor.

Es necesario que atienda su salud holísticamente, desde lo físico, lo psíquico y emocional hasta recuperar vínculos interrumpidos en la constelación familiar.

El año le brindará nuevas oportunidades laborales, cambios de roles en las empresas, ONG y en la comunidad de los hombres.

Tiempo de dejarse conducir por lo creativo y ser feliz.

Caballo de Fuego (1906-1966)
El I CHING le aconseja tomar decisiones drásticas, actuar más con la cabeza que con el corazón, y resolver temas legales o en la justicia que le succionan el prana (energía).

En la familia habrá despedidas, nacimientos, reencuentros y atravesará épocas de incertidumbre.

Año de autocrítica y ayuda de los amigos.

Su corazón necesitará anclar en un amor que le brinde estabilidad, sustento y contención.
La creatividad aflorará y encontrará eco en la comunidad de los hombres.
Su situación económica mejorará cuando haga una buena poda de sus zonas erróneas y practique el HO'OPONOPONO.

CABALLO DE TIERRA (1918-1978)
Año de equilibrio existencial y planificación de sus prioridades.
Sentirá ganas de radicarse en la naturaleza, construir su establo o empezar a soñarlo.
Es fundamental que comience el año al paso, al trote y tal vez, cuando se asiente, renazca en su vocación y en su profesión, y pueda galopar.
Será una voz fundamental en la comunidad de los hombres, actuará en lugares de ayuda a los excluidos, en ONG, fundaciones para plasmar su espíritu solidario y altruista.
Llegarán cerditos propios o adoptados, nuevos amigos, gente que conoció en viajes por el mundo, integrando grupos sustentables y de nuevas formas de insertarse en la comunidad.
Tiempo de logros a corto y medio plazo, y una temporada en el chiquero.

CABALLO DE METAL (1930-1990)
Año de despegue en su carrera, vocación y profesión.
Tendrá ofertas para desarrollar su talento en el extranjero con becas, patrocinadores, o con su grupo de estudio.
Podrá visitar a parientes, amigos y maestros que le brindarán apoyo, cariño y muestras de confianza para plasmar sus sueños y utopías.
Estará decidido a invertir en bienes raíces, en su país, o integrar un *club-house* de tiempo compartido.
En la pareja surgirá una crisis; es aconsejable tomar distancia, practicar el diálogo más que relinchar, y pedir ayuda terapéutica en situaciones límite.
Practique yoga, taichí, meditación dinámica, y busque lugares externos a su trabajo que lo distraigan y le devuelvan su capacidad creativa.

CABALLO DE AGUA (1942-2002)
Año de dudas, autocrítica y desapego a sus decisiones impulsivas.
Podrá plasmar un gran sueño: recuperar con éxito el trabajo de su vida y compartirlo en la comunidad de los hombres.
Tendrá tiempo para ver amigos, salir a trotar y superar el estrés que le ocasionó llevar las riendas de su familia.
Año de recuperación del eros, de la alegría por las pequeñas cosas de la vida cotidiana, y de reconquistar la autoestima, la economía, y los lugares propios para la creación.
Sentirá que el año del cerdo le dará calma, solidez y equilibrio emocional.
Visitará amigos en las fueras de la ciudad, y recuperará su amor por la naturaleza.

L. S. D.

Despedida flotante
Hace once años que partiste.
Nadie toca ese laúd pintado de rojo
pero yo todavía escucho su despedida flotante.
Los caballos pasaron ayer frente a la casa donde vivo;
sin embargo, el coral aún tintinea sobre mi mesa.
La tarde no ha terminado
y el campesino sigue empeñado en el arrozal.
Ni la más severa disciplina logró dispersar la niebla de la mañana,
que conservo en el hueco de mi mano.

Yang Ch'eng - Dinastía T'ang

Escribe tu propia predicción

Predicciones preventivas para la Cabra basadas en el I CHING, la intuición y el bazi

La plenitud en el aquí y ahora.

Bienvenidos, cabras, cabritos y chivos longevos:
El 5 de febrero de 2019 celebrarán con timbales, bombos y platillos la llegada de su amado amigo, cómplice y patrocinador, el cerdo de tierra.

Como ocurrió con *la lámpara de Aladino*, su vida se transformará en una temporada de plenitud, abundancia y celebración de rituales de gratitud y sanación que estabilizará su salud holísticamente.

Dentro de los años beneficiosos que tiene la cabra, el del cerdo es uno de los mejores para iniciar un nuevo ciclo o poner en orden las prioridades de su vida.

Y al recuperar el buen humor, la creatividad, el contacto social con sus seres queridos, florecerá como una magnolia.

La cabra será reconocida y premiada en su carrera y profesión.

Tendrá ofertas tentadoras en su país, y también en el exterior para asesorar e iniciar con éxito nuevos emprendimientos.

Con liviandad del ser desplegará su arsenal multifacético: simpatía, talento, originalidad y trabajo.

Ofrecerá posibilidades a los más débiles y excluidos y formará ONG, centros de ayuda espiritual, social y sustentable en la comunidad.

El I CHING le aconseja:
«Llega una época de grandes logros y éxitos, y aunque probablemente sea breve, se debe aprovechar al máximo. Todo lo que te propongas se hará realidad, es tu momento y no debes temer, pues solo quienes estén seguros de sí mismos podrán sacar todo el partido de la situación. Es normal que sientas la aflicción de quien sabe que esta gran época no dura para siempre, pero no te dejes arrastrar por ello. Disfrútalo, si has llegado hasta aquí es porque has trabajado mucho para ello. Tienes las capacidades y los conocimientos para sacarle partido. Todo está de tu parte, porque estás en el lugar al que aspirabas y en el que debes estar, y el miedo no ha de entrar en tu corazón».

Es un año en el cual todas las postergaciones y sacrificios realizados tendrán su recompensa.

L. S. D.

El I CHING les aconseja:
55. Feng / La Plenitud

EL DICTAMEN
La plenitud tiene éxito.
El rey la alcanza.
No estés triste; debes ser como el sol al mediodía.

No cualquier mortal está predestinado a promover una época de máxima grandeza y plenitud. El que pueda lograr semejante cosa ha de ser un soberano nato que gobierna a los hombres, pues su voluntad se orienta hacia lo grande. Una época de tal plenitud es, por lo general, breve. Un sabio bien podría entristecerse tal vez en vista del ocaso que habrá de producirse a continuación. Pero semejante tristeza no le cuadra. Únicamente un hombre interiormente libre de preocupación y aflicción es capaz de hacer surgir una época de plenitud. Él habrá de ser como el sol a mediodía, que alumbra y alegra todo lo que hay bajo el cielo.

LA IMAGEN
Trueno y rayo llegan ambos: la imagen de la plenitud.
Así el noble decide los procesos judiciales y ejecuta los castigos.

Este signo tiene cierta afinidad con el signo «La Mordedura Tajante», donde igualmente se juntan trueno y rayo, aunque en secuencia inversa. Mientras que allí se fijan las leyes, aquí se ejecutan y se aplican. La claridad en lo interior posibilita un examen exacto de las circunstancias, y la conmoción en lo exterior procura una severa y precisa ejecución de las penas.

El tránsito de la Cabra durante el año del Cerdo

PREDICCIÓN GENERAL
La cabra viene arrastrando las consecuencias de todo lo hecho y no hecho desde el año del gallo. Al pasar por el año del perro, su tiempo libre se convirtió en un recurso no renovable, y ahora viene el cerdo 2019 a rescatarla. El año del cerdo será un año perfecto para ahorrar, concretar proyectos, mejorar la salud, amar y ser amada. Solo si pone empeño de su parte y se decide a cambiar lo que ya no necesita por

actitudes y objetos más útiles para su desarrollo integral podrá vivir este año como uno de los mejores de su vida. De no hacer eso, se quedará en el mismo atoramiento de siempre y este año será solo una sucesión de días más o menos agradables sin más recompensa que la existencia a secas. ¡Hay que aprovecharlo al máximo!

Enero
Hay choque mutuo con el búfalo y sigue el año del perro, que aún la pone a prueba. Será esencial que no pierda contacto con la familia y los amigos. El trabajo le ayuda a despejar la mente y evitar problemas, pero usar el trabajo como escudo emocional tampoco es bueno, necesita administrar su tiempo y dejar un espacio para emprender un nuevo pasatiempo, salir al campo, curar su cuerpo. Cuidado con los accidentes, cortes, discusiones con desconocidos tanto en persona como en las redes sociales. No es un buen mes en general. Busque cómo comunicarse mejor con la gente que la ama.

Febrero
Con la llegada del cerdo y una pequeña ayuda del tigre que gobierna el mes, la cabra encontrará por fin tierra a la vista. Se presentarán oportunidades laborales, y una excelente capacidad de concentración a la que puede sacar partido. El año del perro será un recuerdo molesto que bien puede dejar atrás. Ahora hay que concentrarse en su reconstrucción. Habrá oportunidades para la frivolidad y el cotilleo, y será natural que se distraiga. Eso podría evitar que se dé cuenta de que hay gente que llega a su vida y quiere estar a su lado, algo que podría traerle muy buenas sorpresas.

Marzo
El mes del conejo se combina con el año del cerdo y la energía vital de la cabra. Esta combinación atrae energía madera por montones, lo cual la pone malhumorada, pero mucho más asertiva y vibrante. Será el alma de las fiestas y la consejera estrella en la escuela y el trabajo. Las cabras de 2003 serán las más populares de la escuela, atrayendo toda clase de admiración a su paso. Cuidado, este ejemplar de cabra es muy precoz, por lo que hay que seguir de cerca sus pasos. Las cabras de 1979 serán las más atareadas, seguidas de cerca por las de 1955, que están haciendo lo posible por mejorar sus vidas.

Abril
Este mes es de cambios. Los signos compatibles con cerdo, cabra y conejo compartirán con el dragón del mes el efecto del Běn Mìng Nián (año propio), que atrae cambios fuertes que muchas veces son irreversibles. En este caso, el mes del dragón le trae a la cabra mal de amores. Los amores no correspondidos atacan más a las mujeres cabra que a los hombres, pero igual se sentirá en el aire un dejo de tristeza por los amores que no cuajan como ellas quieren. Esto lo pueden remediar por medio de la comunicación, pero a veces no hay más que resignarse. Si algo no tiene solución, es que ya está resuelto.

Mayo
Después de la inmovilidad del mes anterior, este mes viene a sacarla de su lugar de confort para enfrentarla a un cambio más. Es un mes de mudanzas, golpes de timón que la llevarán al otro lado del mundo o por lo menos fuera de su rango de acción común.

A las cabras les gusta la estabilidad, sufren mucho con las mudanzas, pero no demuestran demasiado sus emociones. Si busca ayuda, no tendrá que ser solo para mover muebles y guardar en cajas, sino que la ayuda debe incluir llevar a la cabra al bosque, darle un masaje y decirle que todo va a salir bien, siempre y cuando le dedique tiempo a organizarse.

Junio
Este mes el caballo le ayuda a calmar un poco el caos anterior. Es un mes para hacer nido, encontrar rincones soleados donde descansar y dejarse llevar por el placer. Las cabras de 1955 y 2015, que lo razonan todo, pasarán por largos períodos de reflexión que podrían convertirse en ideas desordenadas; hasta para pensar necesitarán disciplina. Las demás cabras estarán de nuevo ocupadas, pero tendrán buenas ideas que darán lugar a un mejor trato en sus empleos y en la escuela. El sistema digestivo será muy débil. Es recomendable que –por salud y economía– no consuma mariscos o comida muy exótica de aquí hasta septiembre.

Julio
El signo propio le ayudará a levantar la cabeza. Igual que en meses anteriores, necesita poner atención a su alimentación, pero la buena nueva es que este mes será muy creativo. La cabra combinada con el cerdo ayudará a las cabras de 1955 y 2015 a encontrar una

vocación. Para las cabras de 1943 y 2003 será un poco más difícil mantener las finanzas en orden, ya que podrían sufrir algunas fugas de capital; deberá evitar gastos superfluos. Las demás cabras tendrán mucho trabajo y ganas de superar todos los retos que se presenten, pero necesitan evitar el tránsito. Tendrán que salir de la casa más temprano.

Agosto
El mono siempre ha sido una especie de «amigo-enemigo» que por un lado le trae amor y cariño, pero por el otro, promesas rotas y pequeños accidentes. La cabra debe comprender que no es a propósito, y que no son los monos en particular sino la energía metal propia del mono la que la tiene tan atolondrada. Para evitar los efectos negativos de la combinación de energías, la cabra deberá de estar en contacto con la naturaleza. Dar largas caminatas en bosques y parques servirá para que encuentre su centro, y si las hace a diario, mejor; así podrá abrir su corazón.

Septiembre
La combinación de gallo con cerdo le recordará la razón de todo lo que le sale mal en la vida. Le será imposible evadir confrontaciones. Las únicas cabras que tratarán de decir que se sienten seguras gracias a su juventud y falta de experiencia son las de 2003 y 2015, pero este mes será especialmente bueno para enseñarles a ser congruentes y responsables por sus actos, así que padres y maestros de este loco rebaño tienen una gran oportunidad de meter en cintura a las cabras. Las demás cabras ya conocen cómo es la cosa y saben que si bien es divertido romper las reglas de vez en cuando, si se equivocan, no podrán escapar.

Octubre
Este mes les ofrece una oportunidad única, porque no tendrán mayores incidentes. Algunas cabras podrían deprimirse un poco, porque ya están acostumbradas a vivir bajo presión, por lo que esta tregua la vivirán como rechazo o falta de interés del mundo por saber lo que están haciendo. El mes del perro les ayudará a reponer el tiempo perdido con la familia y los amigos. Es un mes para descansar también, leer lo que no ha podido leer, salir, jugar juegos de mesa, escribir alguna fantasía que no se atreve a contar a cualquiera. Un mes neutro no debería ser desperdiciado jamás.

Noviembre
Con el doble cerdo –por mes y año– la cabra podría ser llamada para ayudar a otros, sobre todo a sus amigos y familiares porcinos que ahora no la están pasando bien. El mes anterior la cabra no tuvo complicaciones, por lo que estará con tiempo, claridad mental y energía vital para ayudarlos, pero cuidado con engancharse y hacer propios los problemas ajenos.

Este es un buen mes para crear en la cocina, las artes, o en el campo de las ciencias: cualquier actividad que implique combinar compuestos será sencilla y divertida para ella, además de que su aporte será valioso para quienes la rodean.

Diciembre
El signo de la rata siempre alborota al rebaño de cabras. Este mes será bueno para los jugueteos amorosos, aunque sugerimos que se cuide mucho para evitar infecciones de transmisión sexual y malentendidos con amantes o la pareja formal.

Estará más enamorada del amor que de una persona en particular, lo cual provocará que vea como príncipe azul o princesa encantada a cualquiera que se le pare enfrente. Esto provocará dramones entre las juveniles cabras de 2003, que vivirán el primero o segundo amor de su vida, y lo mejor será estar al lado de ellas con una caja de pañuelos desechables.

Predicciones para la Cabra y su energía

CABRA DE MADERA (1955-2015)
Llegará al año del cerdo radiante, en excelente estado físico y mental y con equilibrio emocional.

Aprenderá a convivir con personas que le pedirán asilo en el corral, y compartirá I-SHO-KU-JU: techo, vestimenta y comida.

La plenitud será total: se reactivará la pasión, EL TAO DEL AMOR Y DEL SEXO y la comunión en la pareja.

Participará de festivales de arte, será premiada con honores y viajará al exterior dejando amigos, maestros y enseñanzas en gente sedienta de prana.

En la familia habrá que estar más atenta a reclamos, a situaciones límite en la salud mental y a cambios de lugar en roles familiares.

Año de cosecha a corto y medio plazo. Bebebebebebeeeee.

CABRA DE FUEGO (1907-1967)
Comenzará el año porcino llena de entusiasmo y ganas de renovarse por dentro y por fuera.
Estará más activa, curiosa, atenta a propuestas decentes e indecentes que le brindará su patrocinador, el cerdo.
Comenzará una etapa zen; practicará yoga, meditación dinámica, taichí, constelaciones empresariales, y pondrá atención en asignaturas pendientes.
Su capacidad de gestión será valorada en la comunidad de los hombres.
La familia funcionará como una usina eólica, solar y lunar de amor e inspiración.
Viajará al exterior y tendrá reencuentros afectivos que serán el motor para su nueva vida.
Se reinventará y tendrá nuevas herramientas de crecimiento en su nueva profesión u oficio.
Año de concretar un largo sueño con el zoo.

CABRA DE TIERRA (1919-1979)
Año de solidez en su carrera y en sus planes a corto y medio plazo.
Sentirá que tiene fuerza para dar un salto cuántico en su vida y hallar un nuevo país, lugar o corral donde asentarse para desarrollar en armonía sus proyectos creativos, su *hobby*, nuevos estudios y experiencias que serán muy valorados en la comunidad de los hombres.
Tendrá diferentes responsabilidades en la familia; cambio de roles, despedidas y nacimientos la llevarán a replantearse nuevos paradigmas y cambios de hábitat.
El amor se manifestará de forma sorpresiva e inesperada para transformar su GPS existencial.
Año de logros y estímulos creativos en su crecimiento personal.

CABRA DE METAL (1931-1991)
Durante el año del cerdo florecerá el amor a cámara lenta y de pronto, entre berridos y berrinches, aparecerán cerditos que endulzarán su vida.
Estará abierta a dejarse llevar por influencias místicas y esotéricas que abrirán un portal galáctico.
Su trabajo será más original y creativo, y tendrá nuevos compañeros, amigos y asesores que le brindarán novedosos puntos de vista para estimular su talento.

En la familia habrá rebeliones, partidas y nacimientos, discusiones, cambios de roles necesarios para concentrarse en la inteligencia emocional.

Año de plenitud, romance y consolidación de su patrimonio.

CABRA DE AGUA (1943-2003)

Tiempo de recuperar el timón de su vida.

Estará abierta a nuevos proyectos creativos que marcarán su capacidad de trabajar en equipo, de ayudar a excluidos y marginales integrándolos en la comunidad de los hombres.

Regresarán amigos del pasado, socios y amores que le pedirán consejos, protección y compartir el corral con nuevos integrantes.

Su corazón latirá fuerte, tendrá que decidir entre permanecer en una relación cómoda o jugársela por un amor sin fronteras.

Medite y siga el movimiento del espíritu antes de decidir en qué pradera pasará los próximos años de su vida.

Tiempo de recolección afectiva, creativa y de retorno a la naturaleza.

L. S. D.

Mañana
La flor de durazno está más roja
por la lluvia de anoche.
Los sauces están más verdes
en la niebla de la mañana.
Los pétalos que caen aún no fueron barridos
por los sirvientes.
los pájaros cantan, el huésped
de la mañana aún duerme.

Wang Wei - Dinastía Tang

Escribe tu propia predicción

Predicciones preventivas para el Mono basadas en el I CHING, la intuición y el bazi

La verdad interior con testigos.

Queridos simios del planeta Tierra en extinción:
El año del perro nos dejó grandes enseñanzas en lo humano, personal, social, y sobre todo en recordarnos quiénes somos y hacia dónde vamos.

Las mordidas de gente cercana, amigos que ya no lo son, hermanos, parientes reaparecidos y exparejas desnudaron nuestra esencia y la dejaron a la intemperie.

El año del cerdo continuará con el *peeling* existencial que irá desde el ADN hasta los valores adormecidos en tiempos de tsunamis.

Dejar la ilusión, la máscara. Los roles que ocupamos por sentirnos Superwoman o el Mago de Oz serán enterrados en el fango al que el cerdo nos llevará para culminar un ciclo. El I CHING nos conduce a repensar y reformular nuestra existencia.

El WU WEI (no forzar la acción de las cosas) es recomendable frente a las embestidas del jabalí salvaje, que dejará de ser el cerdo de la hucha de cerámica para afilar sus colmillos ante situaciones que lo desprogramen y saquen de su eje.

El mono deberá graduar su CHI (energía) y sobre todo evitar que lo vampiricen en el año del cerdo.

Las asignaturas pendientes tendrán que ser recursadas; no hay forma de hacer trampa, seducir a profesores o evadir su responsabilidad.

Su gran desafío será consigo mismo.

Tendrá que tomar el timón en la constelación familiar y aceptar las reglas de juego con buen humor y sentido común.

Es recomendable que durante este año no se mueva mucho, administre su energía y mantenga sus hábitos y rutina.

Los planes deberán ser modestos, concretos y solidarios.

La energía porcina lo contagiará y estará más casero, dedicado a preservar su territorio físico y espiritual, sin dar explicaciones de su vida privada o pública.

El mono sabio dejará atrás una vida de «flashes, circo y *glamour*» para meditar como Buda debajo del *bodhi tree*.

Desde su «iluminación» acompañará a los débiles, desposeídos. A los que han sido excluidos del arca de Noé, y cooperará para elevar su autoestima, recursos materiales y crecimiento.

El I CHING le aconseja:
«La honestidad se despliega desde lo interior.
»Cerdos y peces: presagio afortunado (los peces son las criaturas que viven ocultas, mientras los cerdos son los animales más humildes). "La sinceridad interior" aporta "un presagio afortunado", porque con ella entramos en resonancia con el cielo y su plenitud».

L. S. D.

El I CHING les aconseja:
61. Chung Fu / La Verdad Interior

EL DICTAMEN
Verdad interior. Cerdos y peces. ¡Ventura!
Es propicio cruzar las grandes aguas.
Es propicia la perseverancia.

Los cerdos y los peces son los animales menos espirituales y por lo tanto los más difíciles de ser influidos. Es preciso que el poder de la verdad interior haya alcanzado un alto grado antes de que su influjo alcance también a semejantes seres. Cuando uno se halla frente a personas tan indómitas y tan difíciles de ser influidas, todo el secreto del éxito consiste en encontrar el camino adecuado para dar con el acceso a su ánimo. En primer lugar, interiormente hay que liberarse por completo de los propios prejuicios. Se debe permitir, por así decirlo, que la psique del otro actúe sobre uno con toda naturalidad; entonces uno se le acercará íntimamente, lo comprenderá y adquirirá poder sobre él, de modo que la fuerza de la propia personalidad llegará a cobrar influencia sobre el otro a través de esa pequeña puerta abierta. Cuando luego ya no haya obstáculos insuperables de ninguna clase, podrán emprenderse aun las cosas más riesgosas –como la travesía del agua grande– y se obtendrá éxito. Pero es importante comprender en qué se funda la fuerza de la verdad interior. Esta no se identifica con una simple intimidad o con una solidaridad clandestina. Vínculos íntimos también pueden darse entre bandidos. También en este caso significa, por cierto, una fuerza. Pero no es una fuerza venturosa puesto que no es invencible. Toda asociación basada en intereses comunes solo puede llegar hasta un punto determinado. Donde cesa la comunidad de intereses, también termina la solidaridad, y la amistad más íntima se transforma a menudo en odio. Tan solo allí donde lo recto, la constancia, constituye el fundamento, la unión seguirá siendo tan sólida que triunfará del todo.

LA IMAGEN
Por sobre el lago está el viento:
La imagen de la verdad interior.
Así el noble discute los asuntos penales,
con el fin de detener las ejecuciones.

El viento mueve el agua porque es capaz de penetrar en sus intersticios. Así el noble, cuando debe juzgar faltas cometidas por los hombres, trata de penetrar en su fuero interno con gran comprensión para formarse un concepto caritativo de las circunstancias. Toda la antigua jurisprudencia de los chinos tenía por guía esa idea. La más elevada comprensión, que sabe perdonar, se consideraba como la más alta justicia. Semejante procedimiento judicial no carecía de éxito; pues se procuraba que la impresión moral fuese tan fuerte como para no dar motivos de temer abusos como consecuencia de tal lenidad. Pues esta no era fruto de la flaqueza, sino de una claridad superior.

El tránsito del Mono durante el año del Cerdo

PREDICCIÓN GENERAL
Será un año de altibajos. Primero, aún bajo el cobijo del perro, el mono deberá guardar energía para que a partir del inicio del año del cerdo, en febrero, pueda convivir con el mayor decoro posible en el chiquero. El mono querrá seguir con su ritmo de siempre, pero el año no se presta para ello. Tendrá mucho trabajo, sobre todo en el plano emocional. Este año será para aprender a hacer su vida en un ambiente variado: unas veces difícil, y otras demasiado fácil como para parecer verdadero, y de pronto de nuevo será complicado. Se sentirá drenado constantemente, como si fuera la madre soltera de un niño de dos años. La recomendación general es que trate de organizar mejor los pensamientos por medio de terapia o alguna disciplina artística, y que administre mejor su tiempo libre.

Enero

El mono aprendió mucho durante el año del perro porque el can fue un maestro estricto, pero amable. Ahora el mes del búfalo viene a descontrolar un poco todo y el aprendizaje provendrá del placer. Para los occidentales el placer es un premio, pero en el pensamiento chino, el placer es una oportunidad, y vendrá desde los rincones más insospechados: una vieja carta de amor, una entrada de cine gratis, un libro que se le traspapeló hace años y ahora podrá leer en paz. Aproveche al máximo estos días, porque el año del cerdo lo llevará a un ritmo dispar y lleno de rumores.

Febrero

Solo los monos que necesitan desesperadamente la energía madera podrán manejarse bien ante la influencia del tigre en este mes. Cerdo y felino confabularán para poner frente al mono más aventuras de las que podrá controlar. Los monos de 1956 lo tendrán más difícil a la hora de equilibrar el trabajo con los gastos comunes y sentirán que los días no les rinden para nada. Los de 1944 y 2004 andarán de mal humor sin saber qué los enoja tanto, y las personas que viven con ellos se verán afectadas. Entre las 9 y las 11 de la mañana, la combinación de energías hará que sea un poco más egoísta que de costumbre.

Marzo

El mes del conejo le deja un poco del ímpetu del mes anterior y le da la oportunidad de ganar un poco más de dinero que en otros meses, para pagar deudas y obtener bienestar general. Necesitará hacer las paces con la gente que le es incondicional, ya que solo con un apoyo constante y amoroso el mono puede desarrollar todo su potencial. En cuanto a salud y su carrera, el mes es neutro; no deja beneficios ni problemas, por lo que deberá aprovecharlo para reactivar su vida social y hacer ejercicio o retomar un viejo pasatiempo. También puede dedicarse a organizar mejor sus presupuestos y prevenir cualquier inconveniente futuro.

Abril

La energía del mes del dragón se combinará con el universo para convertir al mono en una fuente de inspiración y comunicación para otros, lo cual es una buena noticia para quienes lo rodean, porque hay muchos monos trabajando en la farándula, los medios de información y las artes. Esa inspiración lo mantendrá despierto hasta altas horas de la noche, pero las mejores horas para hacer uso de esa inspiración de una manera más proactiva serán las de las 23 hasta la 1 de la madrugada. Es importante que no se pase de esas dos horas, ya que desvelarse podría afectar su salud renal.

Mayo
Estará en medio de la batalla energética entre el cerdo y la serpiente, y no tendrá la suficiente energía como para mediar entre ellos. El mono deberá aprender a retirarse y no involucrarse ni un solo segundo en pleitos ajenos. Además la salud será débil, sobre todo si acostumbra investigar sus malestares en internet para hacer su propio diagnóstico o, peor aún, automedicarse con remedios caseros antes de ir a un médico. Le vendrán con chismes y tenderá a perder el tiempo con frivolidades. Es recomendable que aprenda a manejar bien el método científico y el pensamiento crítico.

Junio
El mes del caballo será difícil. Toda la inspiración que tuvo antes desaparecerá casi por completo. Es común que los monos experimenten estas alzas y bajas de energía como si fuera en una montaña rusa, así que el consejo que sigue servirá durante toda la vida: cuando sienta que está atrapado y que las ideas dejan de fluir con naturalidad, deberá buscar la ayuda de un nativo del año de la rata, que tiene la energía especial para bloquear la influencia de la energía fuego que acompaña el mes del caballo. Nadar también podría mejorar su bienestar integral y elevar su estado de ánimo.

Julio
La energía del mes es compatible con la del año y todo lo que le pase al mono parecerá producto de un complot en su contra. Para poder afrontar con entereza el exceso de energía madera, el mono necesita encontrar estrategias para mejorar la autoestima y para aprender a soltar lo que ya no necesita, sobre todo las relaciones amistosas que no conducen a ningún lado. Sin embargo, si llega a haber un indicio de verdadero amor y una amistad profunda, en este mes podría casarse o comprometerse, y por lo general, los monos que se enamoran en un año del cerdo, se enamoran para siempre.

Agosto
El mes propio viene con problemas personales. Muchos serán por cosas que puede hacer o decir que molestarán a quienes están alrededor, pero no porque estén mal, sino porque el mundo no se encuentra preparado para su evolución. Los monos de 1944 y 2004, que tienen la misma energía, podían sufrir depresión o rachas de tristeza muy fuertes que requerirán oídos solidarios porque se encontrarán muy expuestos a abuso y negligencia. Los demás monos estarán sensibles, pero más fuertes; aunque necesitarán sentir que su espacio y su tiempo son solo de ellos y que aún son libres de hacer lo que les dé la gana.

Septiembre
El gallo le resultará beneficioso. Si bien el mes será complicado para medio mundo, el mono se apoyará en la energía metálica y podrá aumentar su carisma de tal manera que si está buscando pareja podrá conseguirla en un tris. Es posible que cualquier relación que comience este mes se convierta en una relación de largo aliento, pero también una muy apasionada. En el caso de los monos comprometidos y monógamos, hay que tener mucho cuidado, ya que la combinación de energías propicia infidelidades y será imposible mantener secretos porque el año del cerdo propicia rumores.

Octubre
El mes del perro dejará tranquilos a los monos. Hay una combinación de energía metal beneficiosa que les dará libertad de movimiento. Este mes es perfecto para arreglar viejas rencillas familiares. Tendrá una oportunidad imperdible para cancelar cualquier deuda tanto moral como económica, atraer paz mental y crear una red solidaria entre la gente que lo quiere y le es completamente leal. Podrá hacer y deshacer a su gusto, lo cual mejoraría su calidad de vida permanentemente si dentro de las actividades que se le ocurran incluye el mejoramiento de su físico por medio de ejercicios de impacto medio, como caminar, trotar, bailar, hacer taichí. Solo tiene que mantener esas rutinas para siempre.

Noviembre
Este mes será complicado. El doble cerdo atrae tal cantidad de rumores a la vida del mono, que por querer ayudar a la gente podría

verse envuelto en un escándalo entre su círculo social o dentro de su familia, y perder así su reputación. Más aún si en un desliz él es el protagonista de alguna indiscreción digna de ir a parar a un tabloide.

Tendrá que ser muy cuidadoso con el feng shui particular, con ayuda de un verdadero maestro, ya que si su habitación o puerta de entrada se encuentra en una zona negativa permanente o si el Tai Sui está en esa zona permanente, podría perder también su dinero y su salud.

Diciembre

Todo volverá a la calma durante el mes de la rata. El huraquín vivido el mes pasado será una mala pesadilla siempre y cuando haya atendido bien a los consejos dados. La rata lo va a consentir emocionalmente, se sentirá limpio y renovado, aunque este mes será de mucho trabajo. Le traerá algunos arreglos menores en la casa que lo mantendrán ocupado, en especial las fugas de agua serán constantes. El trabajo se desbordará de sus manos, pero hará que se sienta bendecido, porque después de todo, ¿qué es el mono si no está haciendo algo productivo? El año de la rata será movido, pero muy provechoso, y solo un avance de lo que vivirá más adelante.

Predicciones para el Mono y su energía

Mono de Madera (1944-2004)
Durante este año estará sumergido en «la insoportable levedad del ser».

Las cuentas pendientes deberán ser saldadas o exhumadas para planificar después su presente y futuro.

Estará dispuesto a dejar su rutina para ayudar en tareas solidarias y altruistas aportando su experiencia y creatividad.

Podrá instalarse un tiempo en la naturaleza, cultivar su huerta aromática y comenzar con el trueque en la comunidad de los hombres.

Partidas y nacimientos dentro del zoo lo mantendrán más cerca de la constelación familiar, sanando *cien años de soledad*.

Tiempo de reconexión afectiva, social y renacimiento espiritual.

Mono de Fuego (1956-2016)
El i ching dice: «Cuando se ayuda a algo o a alguien a crecer se obtienen a cambio una paz y una alegría inigualables. Crecemos interiormente al tiempo que apoyamos proyectos, ideas y personas

que se sacrificaron antes. Es un momento de ganancias e ingresos, tanto materiales como sociales y espirituales.

»Debemos aprovechar el tiempo para sacar el mayor partido mientras dure, porque como todo, este llegará a su fin».

Desde el 5 de febrero de 2019 deberá aplicar todas las técnicas de autoayuda para no salir del eje.

El cerdo le exigirá ir «más allá del arcoíris», y su sensibilidad estará a flor de piel. Un gran amor reaparecerá y deberá tomar decisiones que cambiarán sus hábitos y costumbres.

Practique el HO'OPONOPONO, medite, haga deporte o inicie tareas solidarias para olvidarse de sus inventos, que son *boomerangs*.

Mono de Tierra (1908-1968)

Durante el año del cerdo deberá tener la mayor honestidad intelectual y emocional, y una conducta honesta para convivir con el otro.

Nuevos desafíos tocarán su alma; no es tiempo de delegar sino de ocuparse del zoo a pesar de que le quite horas de inspiración, viajes y creatividad.

Tendrá más demanda laboral y nuevas responsabilidades con su familia; es propicio que busque apoyo terapéutico o novedosas formas de sustentabilidad.

Una crisis en la relación con su pareja lo llevará a diseñar un nuevo GPS para rescatar lo mejor de sí mismo.

Año lento para el mono, pero con logros esenciales en su bienestar. Le hará bien cerrar ciclos y quedar ligero de equipaje.

Mono de Metal (1920-1980)

Año de nuevas responsabilidades familiares que lo pondrán a prueba con sus límites emocionales.

Sentirá deseos de expandir su empresa, pyme u ONG y transformar el modo de conducción integrando gente creativa, extranjeros y nuevos amigos.

Volverá al terreno, a poner en orden asuntos legales y jurídicos, y a despedirse de lugares que lo ataban a situaciones traumáticas.

Deberá atender su ciclotimia, buscar ayuda terapéutica o algún maestro que lo guíe en su hiperrealismo mágico.

El cerdo lo bajará de la palmera y le devolverá el corazón vagabundo para depositarlo en un gran amor.

Mono de Agua (1932-1992)
Año de fuertes cambios en su vida afectiva.
Pondrá en la balanza los pros y los contras de sus prioridades y regresará al terreno en busca de sus afectos.

Comenzará un ciclo creativo, solidario, de fuertes cambios en la conciencia y en proyectos humanistas, ecológicos y de inclusión social.

Repartirá su tiempo entre la vida en la naturaleza, los amigos, y una nueva empresa o estudio que ayude a mejorar la calidad de vida en la comunidad de los hombres.

Deberá estar atento a las cáscaras de banana que le pondrán en su carrera, trabajo o lugar de privilegio.

Tendrá una cita con sus zonas erróneas y transmutará el ego en agua santa.

L. S. D.

Tomando trabajos
El soldado atraviesa el Yan Tse Kiang amarillo y azul,
aunque la espuma amenace tragarlos, a él y a su cabalgadura,
con la velocidad de las joyas resplandecientes.
Mi país tiene muchas montañas,
selvas con monos coloreados.
Y escaleras abruptas de los trabajos que he tomado por tu amor.

Nan Chao Li - Dinastía Sung

Escribe tu propia predicción

Predicciones preventivas para el Gallo basadas en el I CHING, la intuición y el bazi

Receptivo como un samurái.

Queridos gallos, gallinas y pollos:
Los visualizo en un campo fértil, con granos de maíz y mucha algarabía esperando la llegada del año del cerdo, el 5 de febrero de 2019.
Los gallos previsores atravesaron con estoicismo el año del perro; los que creyeron que sería un tiempo de reconstitución celular en un *spa* o en una vida vip están juntando las plumas en el camino.
OMOMOM.
La relación entre ambos signos es de respeto, cordialidad y examen mutuo.
A pesar de la autonomía del gallo para tomar decisiones, en sociedades, en la pareja, y en el gallinero, durante este año deberá estar receptivo a lo que ocurra en su entorno.
Su capacidad de organización estará alterada, jaqueada, bloqueada, y tendrá que aceptar sus límites físicos y emocionales para salir adelante.
El mensaje del año del cerdo es reaprender las lecciones básicas, cursar las materias previas y dejarse guiar por el padre cielo.
Sus hazañas no fueron valoradas en el azaroso año del perro, no tuvo perfil bajo y picoteó a sus jefes y socios con insistencia.
Reubicarse, encontrar su lugar en la constelación familiar, social, nacional y cósmica será el desafío durante el reinado porcino.
No es recomendable convertirse en pavo real, sí ser humilde y sincero.
Deberá afrontar pérdidas familiares y materiales con «filosofía alta y tacones». Desandar caminos recorridos para reencontrarse consigo mismo. Apoyar las patas en el lodo y afianzar sus convicciones sin patrocinador que lo sostenga.
El I CHING le dice que debe ser receptivo y nutrir su cuerpo y alma con armonía y templanza, evitando los excesos.
Triturar el ego en partículas homeopáticas, y regar la Pachamama.
Debe buscar la verdad en cada conflicto para resolverlo diplomáticamente.
No es propicio «cruzar las grandes aguas», ni alejarse del zoo, del gallinero, del excluido e indefenso.

Tendrá sobresaltos familiares que deberá resolver con sabiduría.
Comenzará una etapa más contemplativa, de enseñanza, y con adeptos a sus teorías originales y prácticas para el mundo que está en transformación.
El año será denso, pesado, sin respiro para interesarse en temas frívolos y viajes improvisados.
Atender lo cercano, cerrar ciclos y digerirlos antes de abrir otros es un ejercicio cotidiano.
Enfrentará su propio espejo con valores nobles e innobles.
Delegará el cocorocó a sus hijos, hermanos y discípulos.
Aprenderá a curar sus heridas con medicina macrobiótica, china, ayurveda, y podrá ser ejemplo en la comunidad de los hombres.
Es grande el tiempo de lo receptivo; sus prioridades serán humanas y solidarias. La rutina se convertirá en su aliada, podrá recuperar el cronos y el kairós, intercambiar sus productos en el club del trueque o con valores que serán negociables.
Año de autoexamen y evolución holística.

L. S. D.

El I CHING les aconseja:
2. K'un / Lo Receptivo

EL DICTAMEN
Lo receptivo obra elevado éxito,
propiciante por la perseverancia de una yegua.
Cuando el noble ha de emprender algo y quiere avanzar,
se extravía; mas si va en seguimiento encuentra conducción.
Es propicio encontrar amigos al Oeste y al Sur,
evitar los amigos al Este y al Norte.
Una tranquila perseverancia trae ventura.

Las cuatro direcciones fundamentales de lo Creativo: «Elevado éxito propicio por la perseverancia», se encuentran también como calificación de lo Receptivo. Solo que la perseverancia se define aquí con mayor precisión como perseverancia de una yegua. Lo Receptivo designa la realidad espacial frente a la posibilidad espiritual de lo creativo. Cuando lo posible se vuelve real y lo espiritual se torna espacial, se trata de un acontecimiento que se produce siempre merced a un designio individual restrictivo. Esto queda indicado por el hecho de que aquí a la expresión «perseverancia» se le añade la definición más concreta «de una yegua». El caballo le corresponde a la tierra así como el dragón al cielo; en virtud de su infatigable movimiento a través de la planicie simboliza la vasta espacialidad de la tierra. Se elige la expresión «yegua» porque en la yegua se combinan la fuerza y velocidad del caballo con la suavidad y docilidad de la vaca.

Únicamente porque está a la altura de lo que es esencial en lo Creativo, puede la naturaleza realizar aquello a lo cual lo Creativo la incita. Su riqueza consiste en el hecho de alimentar a todos los seres y su grandeza en el hecho de otorgar belleza y magnificencia a todas las cosas. Da así origen a la prosperidad de todo lo viviente. Mientras que lo Creativo engendra las cosas, estas son paridas por lo Receptivo. Traducido a circunstancias humanas, se trata de conducirse de acuerdo con la situación dada. Uno no se encuentra en posición independiente, sino que cumple las funciones auxiliares. Entonces es cuestión de rendir algo. No se trata de conducir –pues así uno solo se extraviaría– sino de dejarse conducir: en eso consiste la tarea. Si uno sabe adoptar frente al destino una actitud de entrega, encontrará con seguridad la conducción que le corresponde. El noble se deja guiar. No avanza ciegamente, sino que deduce de las circunstancias qué es lo que se espera de él, y obedece este señalamiento del destino.

Puesto que uno debe rendir algo, le hacen falta ayudantes y amigos a la hora de la labor y del esfuerzo, una vez firmemente definidas las ideas que deben convertirse en realidad. Esa época del trabajo y del esfuerzo se expresa con la mención del Oeste y del Sur. Pues el Sur y el Oeste constituyen el símbolo del sitio donde lo Receptivo trabaja para lo Creativo, como lo hace la naturaleza en el verano y en el otoño; si en ese momento no junta uno todas sus fuerzas, no llevará a término la labor que debe realizar. Por eso, obtener amistades significa en este caso, precisamente, encontrar el rendimiento. Pero aparte del trabajo y del esfuerzo, también existe una época de planificación y ordenamiento; esta requiere soledad. El Este simboliza el sitio donde uno recibe los mandatos de su señor y el Norte el sitio donde se rinde cuentas sobre lo realizado. Ahí es cuestión de permanecer solo y de ser objetivo. En esa hora sagrada es necesario privarse de los compañeros a fin de que los odios y favores de las partes no enturbien la pureza.

LA IMAGEN
El estado de la Tierra es la receptiva entrega.
Así el noble, de naturaleza amplia, sostiene al mundo externo.

Así como existe un solo Cielo, también existe una sola Tierra. Pero mientras que en el caso del cielo la duplicación del signo significa duración temporal, en el caso de la tierra equivale a la extensión espacial y a la firmeza con que esta sostiene y mantiene todo lo que vive y actúa. Sin exclusiones, la tierra, en su ferviente entrega, sostiene el bien y el mal. Así el noble cultiva su carácter haciéndolo amplio, sólido y capaz de dar sostén de modo que pueda portar y soportar a los hombres y las cosas.

El tránsito del Gallo durante el año del Cerdo

PREDICCIÓN GENERAL
Serán tiempos alocados. Cuidado, porque podría verse como gallito... pero de bádminton. Este será un año para que los cambios hechos a medias puedan adquirir carácter permanente. Por ejemplo, si se separó, este año se divorciaría definitivamente; si terminó una carrera, este año recibiría su título.

Los gallos hombre resentirán un poco más estos tiempos porque el año les representa temporadas de soledad que le suplicamos tome de la manera más saludable, sin echar la culpa al género opuesto ya que cualquier acto de violencia aunque sea mental, se le regresará el doble. Deberá controlar lo que piensa y dice para evitar problemas que lamentará toda la vida.

Enero
El signo del perro aún lo cobijará un mes más, por lo que tendrá energía y ganas de hacer con la confianza de que su público espectador le dará todos los aplausos y abrazos que necesita para vivir. Este mes es especial porque vendrán ideas geniales que podrá desarrollar hasta la materialización, pero ese impulso tiene que aprovecharlo también en su modo de ver el mundo y en organizar perfectamente un plan de trabajo que lo acompañe el año entero, porque más adelante todo se volverá precipitado y veloz. La organización será importante, pero además deberá contar con consejeros leales que le den buena información.

Febrero
Este mes será muy complicado. La combinación del tigre con el cerdo lo hará más ambicioso que de costumbre, y por querer picotear

más de lo que puede digerir pondría en riesgo su buen nombre, alguna amistad o algo importante. Por lo tanto no puede dejarse llevar por rumores, ni es recomendable que use las redes sociales, sobre todo las que no permiten editar al 100% lo que dice en público, como las redes para compartir videos en tiempo real o textos rápidos. Estará muy expuesto al acoso de gente que le guarda algún viejo rencor o que no lo conoce. Los gallos de 2005 serán los más expuestos.

Marzo
El mes del conejo trae aislamiento, rupturas amorosas y en casos más graves reclusión. Es de suma importancia que no se arriesgue para nada. Que no beba alcohol ni consuma ningún estupefaciente, sobre todo si va a conducir vehículos o cualquier tipo de maquinaria. También necesita dormir bien, poner atención en su dieta y mantener a los amigos leales a pesar de que sienta ganas de criticarlos o pedirles que hagan algo. Es importante que en cambio realice alguna actividad segura en espacios sin contaminantes, una disciplina artística o deportiva podría ayudar ahora y el resto del año.

Abril
El dragón es un gran protector y su suerte va a mejorar. A partir de este momento, será más fácil moverse y decir todo lo que le salga de la cabeza sin terminar odiado por gente desconocida. Este mes será seco debido a la energía tierra, la cual es emocionalmente nutritiva para el gallo, pero esa energía tiene que ir combinada con agua, por lo que se le recomienda nadar, tomar baños de inmersión y patinar sobre hielo, pero lo mejor será beber agua; la cantidad dependerá de lo que le recomiende un médico especialista, ya que no es buena idea que sustituya un buen consejo profesional con búsquedas en internet.

Mayo
Su voz será cáustica. Debe tener cuidado en la política o si tiene un puesto administrativo importante, sobre todo los gallos ya mayores de los años 1933, 1945 y 1957, porque podrían ser reemplazados aunque tengan razón o una trayectoria significativa en la empresa. Estos tiempos se van a ir complicando ya que el cerdo es un signo que busca innovaciones, pero por medio del arte y el ocio, cosa que no le hace tanta gracia al gallo. Los *millennial* de 1981 y 1993 la sufrirán

menos porque están dispuestos a hacer oír sus voces que van más acordes con los tiempos, pero atención porque la competencia será reñida.

Junio
Este mes tendrá un efecto y como el gallo no es compatible con el año, se le recomienda que se ponga en contacto con un maestro profesional para detectar si la persona de la que se está enamorando es verdaderamente compatible; y en el caso de querer casarse, concertar una fecha propicia. Si no lo hiciera, el gallo podría enfrascarse en una relación de larga duración que no lo llevará a ningún lado. En cambio, estar perfectamente consciente de la pareja elegida y su compatibilidad podría evitarles a ambos –y quizá a toda la familia– la pérdida de mucho tiempo, dinero y tranquilidad emocional. Ni hablar, hay que ser muy selectivo.

Julio
Los gallos vivirán una gran ruptura amorosa. Considerando lo ocurrido en junio, no es de extrañar que este mes el mal de amores sea suficientemente grande como para arruinarles el año entero. Los gallos que ya peinan canas son más pragmáticos y podrán salir de este trance más o menos rápido, pero los de 2005 estarán metidos en un culebrón tremendo y necesitarán ayuda de adultos y de sus amigos menos sensibles. La limerencia, que significa obsesión erótica por una persona, será la palabra a aprenderse durante este mes y es que al gallo no se le da enamorarse con facilidad y cuando lo hace entrega todo al grado de perderse en el camino. Cuidado.

Agosto
El mes del mono se alía con su propia energía metálica, la cual se refuerza de las 19 a las 21 horas; sería bueno que aproveche esas dos horas para terminar de armar un proyecto y volverlo una realidad. Estará creativo y mucho más concentrado que antes. Es posible que los gallos de 2005 sigan algo deprimidos por lo perdido en meses anteriores, pero el mono vendrá a subirle el ánimo, solo es importante que no se vaya a enredar en una «relación de rebote» que no le ayudará a recuperarse. Este mes podría ser el centro de toda clase de rumores; y poco importará que sean verdad o mentira: todos resultarán molestos.

Septiembre

El mes del gallo ayudará mucho a aumentar su suerte, reputación y estado de ánimo. Será especialmente bueno si dedica su tiempo libre a un pasatiempo y a despejar problemas en el trabajo y la escuela. Algunos gallos estarán muy cansados, pero es muy probable que ellos mismos se hayan metido en un tren de trabajo que va más allá de la resistencia de cualquier mortal. Tienen que bajar un poco la intensidad, no sucederá nada si aprenden a darle tiempo al descanso. No olviden a sus amigos y familiares y eviten a toda costa que otros, acostumbrados a su calidad de trabajo, los exploten.

Octubre

El mes del perro será igual que el mes anterior. Podría recibir reconocimiento por parte de amigos y colegas laborales. Es un buen mes para pedir un aumento en el trabajo, un punto extra en la escuela; conseguir nuevos clientes y concretar tratos que conduzcan a ventas más numerosas. Lo que gane deberá ahorrarlo en donde considere seguro, pero dadas las condiciones políticas y económicas, no es recomendable que invierta en bienes intangibles. De las 15 a las 17 horas podrá convencer a quien sea por medio del periodismo, la música, la política y la oratoria, pero deberá comprobar sus fuentes.

Noviembre

Vuelve el mal de amores, tal vez porque quien le haya roto el corazón anteriormente lo busque de nuevo. Les recomendamos a los gallos que no vayan a caer en la trampa, especialmente los jóvenes de 2005 que aún están sensibles y podrían meterse en una relación muy destructiva. Para sacar adelante el mes con las plumas intactas, el gallo podría aprovechar que todavía guarda algo del entusiasmo y la capacidad de convencimiento del mes anterior para conocer gente nueva que será mucho más beneficiosa en su vida en este momento. Seguirán los problemas con rumores infundados, que le convendrá ignorar.

Diciembre

Este mes será como un feliz preestreno de lo que vendrá con el año de la rata, que resultará mejor, mucho más productivo, y le traerá sorpresas agradables. Tendrá nuevos aliados y podrá recuperar amigos y socios, quienes llegarán con buenas noticias y soluciones congruentes para todos los problemas sociales y de negocios adquiridos en otros años. Para los gallos de 2005 vendrá resignación y paz mental; los de 1933 y 1993 estarán más tranquilos, con sus miles de proyectos mucho más seguros. Los demás gallos podrán por fin salir de vacaciones… ¡y vaya que les hace falta algo de paz!

Predicciones para el Gallo y su energía

GALLO DE MADERA (1945-2005)
Durante el año del cerdo, el gallo completará en cada fase y área las materias pendientes.

Su prioridad será poner en orden el gallinero, desde las prioridades de asuntos sin resolver entre partes de la familia, en cuestiones afectivas, legales, pendientes para lograr avanzar en su vida holísticamente.

Tendrá tiempo para iniciar una investigación, un estudio, un deporte; y ser líder en la sociedad.

Viajará por amor, trabajo, y podrá visualizarse en un tiempo cercano siendo granjero en las fueras de la ciudad.

Año de cambios interiores que lo afianzarán en sus decisiones profesionales; y si se deja guiar con nuevas alianzas creativas logrará sus sueños.

GALLO DE FUEGO (1957-2017)
Año para nutrir el cuerpo, el alma y las relaciones en la familia. Para dedicar tiempo a sus amigos y también a los temas que ha venido postergando una y otra vez.

Estará receptivo para dejarse guiar por maestros, superiores y gente que lo inspirará para ser más creativo en su labor, oficio y profesión.

Elegirá vivir en un nuevo lugar en contacto con la naturaleza, y criar, adoptar a los excluidos, ser parte de alguna ONG para defender los derechos humanos, la ecología y las utopías.

GALLO DE TIERRA (1909-1969)
Año de enfrentar los asuntos pendientes y darles un cierre con armonía, inteligencia emocional y sentido común.

Enfrentará situaciones difíciles en la constelación familiar; practicar el WU WEI (no forzar la acción de las cosas), el HO'OPONOPONO, y delegar responsabilidades profesionales en gente idónea le dará alas para el futuro.

Cambiará de gallinero o chiquero, estará abierto a escuchar nuevas ideas de jefes, amigos, maestros para continuar con su vocación o con su ONG.

Será líder de obras de solidaridad y conductor de excluidos y niños desplazados por serios problemas sociales y climáticos.

Tiempo de nuevos paradigmas; de reflexión, diseño y «reseteo» de su vida.

GALLO DE METAL (1921-1981)
Año de cambios sistémicos desde el ADN, la familia, la vocación y su nueva cosmovisión.

Podrá compartir el tiempo con más equilibrio entre la familia, el trabajo y el ocio creativo, o el intento de nuevas empresas con socios que podrán compartir ideas, planes sociales, creatividad en la salud pública y social.

Año productivo y con gratas sorpresas afectivas.

Su tiempo y su dedicación serán bien remunerados y su trabajo tendrá proyección al futuro.

GALLO DE AGUA (1933-1993)
Tendrá nuevas oportunidades para desarrollar su vocación, para reformular sus prioridades y construir su gallinero con la colaboración de sus seres queridos.

Trate de estar abierto a diferentes opiniones y propuestas, y no se limite a su punto de vista.

Enfrentará problemas legales; es necesario que se deje guiar y asesorar por expertos para llegar a un acuerdo.

La salud deberá ser atendida con medicina preventiva, nutrición del cuerpo y del alma y con conciencia sobre los límites y exigencias que se impone.

El cerdo admira al gallo y le traerá beneficios a corto y largo plazo.

L. S. D.

Despedida de una recién casada
Si la liana entrelaza con el cañaveral
no crecerá enhiesta sino diseminada.
Mujer en nupcias con soldado
más te valiera haber quedado soltera.

Aunque nos casamos anoche,
aún fría permanece la manta sobre el tálamo
y yo continuaré sola al partir tú de madrugada.
No sé qué tanta prisa, pues.
Allí en el vecino Ho Yan
tendrás tu campo de batalla
mientras mi cuerpo desde ahora
queda tal como antes de la boda.
¿Cómo explicárselo a mis padres?
Cuando con ellos vivía
me cuidaban mimándome hogareños.
Pero ya sé: la hembra
debe encontrar un marido, obedecerlo y seguirlo
sea este perro o gallo.
Hacia la muerte tú
y la tristeza conmigo,
gigante desearía ser para,
rompiendo el imposible, poder acompañarte.
No pienses ni te preocupes por mí,
pon la atención en tu sable.
Ya sabes mi deseo, pero sé
que las ordenanzas lo prohíben.
Soy de origen pobre
y quizá por esto mi febril fidelidad
desconoce toda codicia.
Resignada guardo ahora bajo llave
mi traje de novia
y me desprenderé frente a ti del maquillaje,
al revés que las aves aparejadas
que contemplo separando el azul,
nosotros, quizá, por siempre separados.

Anónimo

Escribe tu propia predicción

Predicciones preventivas para el Perro basadas en el I CHING, la intuición y el bazi

La modestia como ejemplo entre sus amigos y enemigos.

Después de la batucada de su año, ¿cómo están mis cachorros?

Celebrarán con un puchero suculento la llegada del año del cerdo el 5 de febrero de 2019, y debajo de la sombra de un ombú, aguaribay, fresno, magnolia, o en la caseta escucharán el consejo del I CHING:
«Todas las cosas tienen como objetivo el equilibrio y la moderación.
»Esta ley se aplica a la vida humana. Las fuerzas dominantes siempre actúan con moderación y equilibrio, tratando de armonizar intereses divergentes. En esta fase se armonizan las relaciones personales. Hay que conocer el objetivo, y preguntarse si las expectativas son demasiado altas, o los deseos egoístas.

»Se deben evitar las grandes hazañas, pues en este momento el desarrollo interior requiere una actitud modesta y humilde.

»Para alcanzar el equilibrio el sabio reduce los excesos y amplifica lo pequeño.

»Es el tiempo de establecer un equilibrio entre el individuo y el entorno. Cuando uno alcanza la quietud interna y la deja salir al exterior se armoniza con las fuerzas universales».

Queridos perros: hay que practicar la humildad y la modestia.
Como existen diferentes pedigrís de perros, cada uno sabrá cuál es su lugar en el casillero de ajedrez para transitar el año del cerdo.
El espíritu canino es solidario: tendrá que ayudar espiritual y materialmente a su familia, amigos, socios, alumnos para que reformulen su vida en un tiempo de ídolos de barro y lodo.
El perfil bajo, la restricción en gastos, la conciencia en el dar y recibir, desde lo afectivo hasta lo material, algún tipo de trueque conformarán el arte del perro durante este año.
Tendrá que abarcar un abanico de responsabilidades familiares inéditas: partidas, nacimientos, adopción, integración de nuevas formas de sustentabilidad, consejos, reciclado de ropa, objetos viejos, y hasta de sus mordiscos y ladridos inoportunos para ser aceptado en ámbitos culturales, artísticos y en la propia casa.
Respirará hondo cada día, intercambiará ideas para mejorar su FENG SHUI, su forma de vestir, sus modales y especialmente sus

conceptos ideológicos, que se desvanecerán como pompas de jabón. Se convertirá en monje zen, *sannyasin*, recorriendo el sinuoso año del cerdo.

L. S. D.

El I CHING les aconseja:
15. Ch'ien / La Modestia

EL DICTAMEN
La Modestia va creando el éxito.
El noble lleva a buen término.

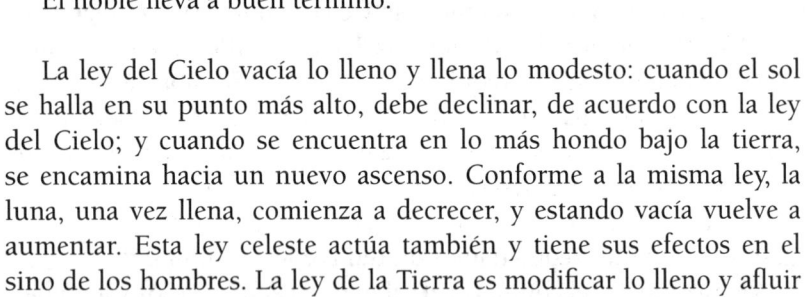

La ley del Cielo vacía lo lleno y llena lo modesto: cuando el sol se halla en su punto más alto, debe declinar, de acuerdo con la ley del Cielo; y cuando se encuentra en lo más hondo bajo la tierra, se encamina hacia un nuevo ascenso. Conforme a la misma ley, la luna, una vez llena, comienza a decrecer, y estando vacía vuelve a aumentar. Esta ley celeste actúa también y tiene sus efectos en el sino de los hombres. La ley de la Tierra es modificar lo lleno y afluir hacia lo modesto: las altas montañas son derruidas por las aguas y los valles se rellenan. La ley de los poderes del sino es dañar lo lleno y dispensar la dicha a lo modesto. Y también los hombres odian lo lleno y aman lo modesto.

Los destinos se guían por leyes fijas que actúan y se cumplen con necesariedad. El hombre, no obstante, tiene en sus manos el recurso de configurar su destino, y su éxito en ello depende de si se expone mediante comportamiento al influjo de las fuerzas cargadas de bendición o de destrucción. Si el hombre está en elevada posición y se muestra modesto, resplandece con la luz de la sabiduría. Cuando está en baja posición y se muestra modesto, no puede ser pasado por alto. De este modo logra el noble llevar a término su obra sin vanagloriarse de lo hecho.

LA IMAGEN
En medio de la tierra hay una montaña:
la imagen de La Modestia.
Así disminuye el noble lo que está de más
y aumenta lo que está de menos.
Sopesa las cosas y las iguala.

La tierra, en cuyo interior se oculta una montaña, no ostenta su riqueza, pues la altura de la montaña sirve para compensación de las hondonadas y cavidades. Así se complementan lo alto y lo profundo, y el resultado es la llanura. Este es el símbolo de la modestia, que señala que aquello que ha requerido una prolongada acción y efecto, aparece como obvio y fácil. Así procede el noble cuando establece el orden sobre la tierra. Él compensa los opuestos sociales que son fuente de desunión, de falta de paz, y crea con ello condiciones justas y llanas.

El tránsito del Perro durante el año del Cerdo

PREDICCIÓN GENERAL

El pobre perro viene de su año propio con la cola entre las patas y sin ganas de salir de su caseta. Por lo general el año próximo será como un regalo, pero el perro ha dejado tantos cabos sueltos que este año será para amarrar lo que ha mandado al garete. Vivirá una montaña rusa compleja que dependerá de su estado de ánimo y el cuidado que ponga a cada paso que dé, porque será propenso a perder el equilibrio. También necesita poner atención si se enamora, ya que podría ser muy frustrante, y los amoríos que tenga –por más que le invadan cada poro– no serán bien correspondidos; este año no es para bajar la guardia con amores superficiales sino para trabajar en sí mismo, crecer y ser libre.

Enero
El can tiene que aprovechar este mes para ponerse al corriente. Sería ideal que planeara algún tipo de ahorro que le procure una mejor situación financiera este año, pero no se le recomienda invertir en la bolsa, so pena de meterse en más problemas. Ahorrar a la vieja usanza es lo mejor. Podrá venir con algún invento, alguna idea novedosa que ayude a llegar a las metas que se propuso anteriormente. Es importante que no desperdicie su energía y su tiempo en gente que no está realmente interesada en lo que le importa, no todos tienen su sensibilidad y capacidad artística. Mejor que se vayan de su vida.

Febrero
El tigre y el cerdo generan una energía que los lleva como si fueran bailando conga, y eso provocará que el perro se sienta curioso, con

ánimo para divertirse y celebrar lo que sea, sobre todo cuando el sol esté en el cenit. También tendrá el espíritu renovado, dispuesto al crecimiento espiritual, lo cual puede hacer que algunos amigos y nuevos conocidos materialistas y cerrados traten de hacerle cambiar su forma de ver la vida. Sería una verdadera tragedia que el perro dejara de ser el eterno idealista que conocemos, por eso se le recomienda hacer lo que provenga del corazón y de la compasión, y no del miedo.

Marzo
Se sentirá algo iracundo y con la suficiente motivación se convertiría en «perro que muerde»: cuidado. Cualquier principio de enojo que se guarde podría lastimarle el hígado y el apéndice, por lo que deberá buscar un modo suave y efectivo para manejar la ira. Comer más vegetales de hoja verde también lo ayudará a mejorar la digestión no solo de los alimentos, sino de malos tragos ocasionados por rencillas en el trabajo y una competencia desmedida propia de estos tiempos tan poco sensatos. Es posible que aparezcan nuevos amores, cosa buena entre perros solteros, aunque confuso para perros casados.

Abril
Este es un mes en el que los accidentes pueden ir desde romperse una uña hasta un percance mucho más fuerte. Los perros de 1934 en particular necesitan tener cuidado con las caídas, así como los perros de 1994, que a pesar de ser más jóvenes y resistentes, podrían lastimarse tanto como sus compañeros que ya peinan canas. Los perros de 2006 estarían en problemas con el dinero, por lo tanto es el momento de aprender la importancia de cuidar sus finanzas, por muy menores que sean todavía. Los demás perros podrían tener enfermedades infecciosas, por lo que deberán tener cuidado con la higiene.

Mayo
Por muy atractivos que se vean, todos los perros deberán tener cuidado con lo que hacen o dicen acerca de sus vidas sexuales y emocionales ya que este mes atrae rumores. No podrá guardar ningún secreto aunque lo intente, así que es mejor no hacer nada que se deba ocultar de la vista del pueblo. Aunque intente ser discreto,

los ojos estarán puestos sobre todos y en tiempos de redes sociales hasta hacer la cosa más banal será motivo de escrutinio. Los perros de 2006 no podrán manejar esto porque están demasiado conectados a redes sociales, aunque los de 1994 gozarán también de sus quince minutos de fama.

Junio
Este mes le traerá trabajo a montones. Mientras más ocupado, mejor; así el perro no tendrá excusas para distraerse con tonterías en internet o en los cotilleos escolares. Pero eso no significa que podrá dejar sin atender a sus amigos y a su familia, ya que es importante mantener los contactos en caso de que se sature de trabajo o las presiones comunes de estos tiempos le provoquen algún problema de salud. El mes le aporta creatividad; cuando sienta que le llega una buena idea a la cabeza, es recomendable que tome nota de todo lo que se le ocurra, porque también andará distraído.

Julio
El mes de la cabra, a pesar de ser un signo compatible, le traerá muchos problemas, en especial durante la madrugada, así que es recomendable que pase las noches perfectamente dormido y no en pleno jolgorio, o peor aún, tras el volante. El mes trae una combinación negativa que provoca rupturas, problemas a gente joven, falta de brillo en el trabajo o en la escuela y malentendidos, por lo tanto, para que no se dupliquen los malos tragos deberá evitar todo contacto con redes sociales, sobre todo los perros adolescentes de 2006.

Agosto
El mono confabulará junto con el cerdo y pondrá al can como al clásico perro vagabundo. Tendrá que desempolvar el pasaporte ya que es posible que viaje mucho. También se ven cambios de trabajo, mudanzas, graduaciones. Este mes será peligroso no solo para los nativos del año del perro sino para los perros mismos. Cuidado con sus amigos peludos, no los dejen salir a la calle sin correa y presten atención para que no se puedan escapar de sus casas en un descuido. Los perros humanos deberán, además, cuidar su alimentación; podrían contraer alguna infección exótica durante uno de los tantos viajes que no podrán evitar.

Septiembre
El perro vivirá más emociones de las que es capaz de asimilar. Se sentirá tentado a aislarse, posiblemente a romper con un viejo amor o separarse un poco de la familia para poder recomponer las partes de su rompecabezas emocional. Sus amigos más fieles le darán alguna que otra sorpresa agradable, pero aún así será difícil levantarle el ánimo, a menos que específicamente los amigos de los signos tigre y caballo lo saquen de la desnutrición emocional en la que se encuentra. Puede mejorar su estado de ánimo yendo al bosque a descansar.

Octubre
Para los hombres perro este mes podría ser irrepetible, no importa la edad que tengan; los pondrá a terminar algún proyecto. Es posible que los perros de la farándula nos regalen un gran espectáculo como solo a los perros les sale. Las mujeres perro tendrán que lidiar con un mundo que todavía las quiere meter en la cocina, pero por favor, no desistan. Busquen ayuda de otras mujeres que las apoyen en todo lo que se les ocurra, porque el mundo necesita lo que las mujeres perro –famosas o no– nos pueden brindar, sobre todo inspiración.

Noviembre
Al perro se le van a sumar los problemas por falta de organización o de energía vital. Le costará trabajo concentrarse. Necesita dos cosas: una buena alimentación y gente que le brinde apoyo y claridad mental. Los cachorros de 2006 podrían coquetear con el uso de estimulantes químicos y eso sería fatal; es importante que les aclaren que no hace falta buscar ese tipo de «ayudas» para crear o mantener una buena posición social. Los demás perros estarán demasiado ocupados remediando los pequeños tropiezos de la vida en este mundo: con organizar bien sus agendas será suficiente para ir tranquilos.

Diciembre
La rata y el cerdo juntos suben la energía agua, que entra en conflicto con la energía tierra del perro y podría provocar toda clase de pensamientos. Se va a obsesionar con un solo tema, por eso, en vez de pensar en algo triste aproveche esta racha energética para hacer ejercicios de introspección o para meditar e ir a terapia. Los perros con trastornos depresivos necesitan ser claros para hablar y pedir ayuda. No es bueno que se aíslen a propósito, y menos en este mes de fiestas en que es importante estar con la familia y visitar a los amigos.

Predicciones para el Perro y su energía

PERRO DE MADERA (1934-1994)
Año de metanoia (cambio de dirección) en su destino.
Estará rodeado de afectos, hijos, nietos o de su gran amigo del pasado, que lo saca a pasear.
Repasará cada etapa de su vida y podrá reconciliarse con sus metidas de pata, mordiscos y zonas erróneas siendo humilde y modesto.
Cambios de casa, país, ciudad o trabajo marcarán un hito en su vida.
Estará entusiasmado en estudiar ciencias políticas y humanistas.
Será revalorizado en su trabajo, tendrá ascensos, becas y honores.
Aparecerá un mecenas que sacará a la luz su trayectoria y disfrutará del éxito en la comunidad de los hombres.

PERRO DE FUEGO (1946-2006)
Año de darse los placeres que evitó, de aceptar sus límites emocionales frente a los cambios inesperados en la constelación familiar. Pondrá más atención en reconciliarse con gente con quien compartió parte de su vida laboral, social, mundana, dejando *net* de karma el pasado.
Renacerá el contacto con la naturaleza, ejercitará *zazen*, yoga, taichí, meditación dinámica, deporte, y EL TAO DEL AMOR Y DEL SEXO.
Estará más sabio a la hora de participar en debates políticos e involucrarse. Pondrá en orden juicios, herencias, papeles, asuntos en el extranjero con sentido común y ecuanimidad.
El eros regresará a su vida: volcará la pasión en un amor que lo mantuvo inspirado la mitad de su vida y logrará concretar su pasión.
Año de renacimiento desde el ADN hasta las confesiones de su corazón vagabundo.

PERRO DE TIERRA (1958-2018)
Bienvenidos al año del cerdo, tiempo de grandes cambios en sus decisiones personales, laborales, profesionales y familiares.
La Modestia como inicio del año es muy favorable. El tiempo requiere olfato, intuición, percepción para moverse en medio del chiquero del mundo, el país y su entorno.
Podrá tener nuevos vínculos afectivos basados en la confianza, el trueque, el arte, viajes compartidos, y en una nueva forma de negociar su valía.
Pasará un tiempo en la naturaleza con amigos. Organizará encuentros para debatir un nuevo tiempo en la comunidad de los hombres.

Llegarán nietos, hijos del exterior a cuidarlo y compartir experiencias en común. En la pareja habrá nuevos aires para recuperar el diálogo y el humor.´

Pondrá en orden su patrimonio y gozará del eros, los placeres de la buena comida, el arte y los amigos.

El cerdo lo premiará con un *bonus track*.

PERRO DE METAL (1910-1970)
Durante el año del cerdo asentará una relación afectiva y compartirá una nueva vida entre su caseta y el chiquero.

Recuperará la autoestima, el tiempo creativo y los buenos amigos.

Tendrá fuerza, seguridad y cuidará de su cría con instinto canino.

Un ascenso en su profesión o la independencia largamente soñada se producirá durante el año del cerdo. Viajará a nuevos lugares y decidirá establecerse *lejos del mundanal ruido*.

Año de cambios sistémicos en su vida.

PERRO DE AGUA (1922-1982)
Año de recuperación de sus siete cuerpos y alma.

Después de la odisea y las pruebas de su año, el cerdo lo mimará y le dará su lugar en la constelación familiar, en lo laboral y en el círculo de amigos.

Recuperará el humor, el *glamour*, y las ganas de encontrar un nuevo amor que le saque las pulgas y las flechas de su corazón.

Nuevos paradigmas, búsquedas solidarias, ONG y fundaciones lo esperan para que comparta su altruismo con el mundo.

La modestia es la mejor carta de presentación para que se le abran las puertas del paraíso.

L. S. D.

Víspera del año nuevo
En el hotel, desvelado bajo la lámpara,
el viejo siente sobre sí
una inmensa soledad. ¿Por qué?
Porque recuerda la tierra que lo vio nacer.
Y sabe que se celebra un año menos de su vida.

Anónimo

Escribe tu propia predicción

Predicciones preventivas para el Cerdo basadas en el I CHING, la intuición y el bazi

La receptividad, el WU WEI *(no forzar la acción de las cosas) frente a la muralla china.*

Queridos cerdos y cerdas de mi corazón:
Escribo las predicciones de su año después de un masaje en los pies en una peluquería china en Madrid que me transportó al NIRVANA.
¡PLACER, PLACER Y PLACER!

Y en medio del éxtasis meditativo retorné a China, donde descubrí que para el pueblo este signo conocido como jabalí salvaje es considerado una persona que trae suerte a la familia por su generosidad, gran corazón, solidaridad, inteligencia, pragmatismo y sentido común.

El I CHING les presagia un tiempo «receptivo», de gran entrega, complementario y no antagónico del cielo, padre de lo creativo.

Es aconsejable que fluya, que siga el WU WEI (no forzar la acción de las cosas), que se deje guiar por quienes lo aman, conocen, y son los conductores del tiempo y el espacio.

Su año lo pondrá a prueba en todos los frentes y materias. Por eso, debe dejarse conducir entregándose a ser copiloto o ayudante en tiempos de peligro e incertidumbre.

Tendrá dos etapas en el año: la planificación de sus proyectos, con equilibrio y reflexión, pisando la pacha, oliéndola, saboreando sus pastizales y frutos exóticos, para después concretarlos con su sentido hiperrealista, que lo mantendrá alerta y consciente de los peligros que lo acechan.

El empujón del año del perro lo estimuló a tener una tregua para realizar sus sueños prohibidos, utópicos, y planificarlos a corto, medio y largo plazo.

«Ser fiel a su naturaleza sin traicionarse» es el secreto para esta etapa de asentar sus pezuñas con firmeza y pisar la tierra, su hábitat, donde goza y retoza disfrutando de la labor que esta le inspira.

Lo receptivo lo ayudará a fluir sin horario, jefes ni situaciones que lo excedan en su humor y salud.

Sentirá mariposas en la panza y estará enamorado del aire que respira.

El cerdo que cursó todas las materias y no hizo *zapping* sentirá plenitud y paz en su corazón.

Quienes especularon en el mercado de las vanidades estarán TAO *off*.

Este año tendrá que dejar *net* su karma. Y eso implica practicar el HO'OPONOPONO, el perdón, la compasión.

Si permite que lo guíen en los temas que no conoce y es amigable con quien le brinda estos favores revertirá su suerte con *bonus track*.

Propuestas del exterior llegarán a su chiquero y pondrá en la balanza los factores en pro y en contra para estar más estable emocionalmente.

Su corazón latirá al compás del dos por cuatro y sabrá quién lo ama o lo usa para su conveniencia.

El cerdo quemará etapas, el sinuoso camino que ha transitado tiene recompensas, y la Madre Tierra le brindará todo lo que necesite para su desarrollo y productividad.

Deberá practicar la medicina preventiva para evitar las flechas envenenadas, y estudiar FENG SHUI para tener una buena relación con los vecinos.

El I CHING le dice: «En esta fase, se tratan los hechos más que el potencial y es necesario aceptar el destino sin reserva alguna.

»Esta actitud refuerza el carácter y contribuye a la formación de una visión sabia del conjunto. Hay que integrar a otros en el plan; juntos llegarán lejos.

»No hay que monopolizar el liderazgo, pero sí dejar que otros lleven la iniciativa. Uno debe tomarse su tiempo para reflexionar sobre el sentido de la vida. En este momento, es importante que encuentre una solución natural a los acontecimientos que le rodean; una respuesta en armonía con las leyes naturales estará por encima de las preocupaciones terrenales y promoverá paz interior».

L. S. D.

El I CHING **les aconseja:**
2. K'un / Lo Receptivo

EL DICTAMEN
Lo receptivo obra elevado éxito,
propiciante por la perseverancia de una yegua.
Cuando el noble ha de emprender algo y quiere avanzar,
se extravía; mas si va en seguimiento encuentra conducción.

Es propicio encontrar amigos al Oeste y al Sur,
evitar los amigos al Este y al Norte.
Una tranquila perseverancia trae ventura.

Las cuatro direcciones fundamentales de lo Creativo: «Elevado éxito propiciante por la perseverancia», se encuentran también como calificación de lo Receptivo. Solo que la perseverancia se define aquí con mayor precisión como perseverancia de una yegua. Lo Receptivo designa la realidad espacial frente a la posibilidad espiritual de lo creativo. Cuando lo posible se vuelve real y lo espiritual se torna espacial, se trata de un acontecimiento que se produce siempre merced a un designio individual restrictivo. Esto queda indicado por el hecho de que aquí a la expresión «perseverancia» se le añade la definición más concreta «de una yegua». El caballo le corresponde a la tierra así como el dragón al cielo; en virtud de su infatigable movimiento a través de la planicie simboliza la vasta espacialidad de la tierra. Se elige la expresión «yegua» porque en la yegua se combinan la fuerza y velocidad del caballo con la suavidad y docilidad de la vaca.

Únicamente porque está a la altura de lo que es esencial en lo Creativo, puede la naturaleza realizar aquello a lo cual lo Creativo la incita. Su riqueza consiste en el hecho de alimentar a todos los seres y su grandeza en el hecho de otorgar belleza y magnificencia a todas las cosas. Da así origen a la prosperidad de todo lo viviente. Mientras que lo Creativo engendra las cosas, estas son paridas por lo Receptivo. Traducido a circunstancias humanas, se trata de conducirse de acuerdo con la situación dada. Uno no se encuentra en posición independiente, sino que cumple las funciones auxiliares. Entonces es cuestión de rendir algo. No se trata de conducir –pues así uno solo se extraviaría– sino de dejarse conducir: en eso consiste la tarea. Si uno sabe adoptar frente al destino una actitud de entrega, encontrará con seguridad la conducción que le corresponde. El noble se deja guiar. No avanza ciegamente, sino que deduce de las circunstancias qué es lo que se espera de él, y obedece este señalamiento del destino.

Puesto que uno debe rendir algo, le hacen falta ayudantes y amigos a la hora de la labor y del esfuerzo, una vez firmemente definidas las ideas que deben convertirse en realidad. Esa época del trabajo y del esfuerzo se expresa con la mención del Oeste y del Sur. Pues el Sur y el Oeste constituyen el símbolo del sitio donde lo Receptivo trabaja para lo Creativo, como lo hace la naturaleza en el verano y en el otoño; si en ese momento no junta uno todas sus fuerzas, no llevará a término la labor que debe realizar. Por eso, obtener amistades significa en este caso, precisamente, encontrar el rendimiento. Pero aparte del trabajo y del esfuerzo, también existe una época de planificación y ordenamiento; esta requiere soledad. El Este simboliza el sitio donde uno recibe los mandatos de su señor y el Norte el sitio donde se rinde cuentas sobre lo realizado. Ahí es cuestión de permanecer solo y de ser objetivo. En esa hora sagrada es necesario privarse de los compañeros a fin de que los odios y favores de las partes no enturbien la pureza.

LA IMAGEN
El estado de la Tierra es la receptiva entrega.
Así el noble, de naturaleza amplia, sostiene al mundo externo.

Así como existe un solo Cielo, también existe una sola Tierra. Pero mientras que en el caso del cielo la duplicación del signo significa duración temporal, en el caso de la tierra equivale a la extensión espacial y a la firmeza con que esta sostiene y mantiene todo lo que vive y actúa. Sin exclusiones, la tierra, en su ferviente entrega, sostiene el bien y el mal. Así el noble cultiva su carácter haciéndolo amplio, sólido y capaz de dar sostén de modo que pueda portar y soportar a los hombres y las cosas.

El tránsito del Cerdo durante su propio año

PREDICCIÓN GENERAL
Bienvenido a tu Běn Mìng Nián 本命年, querido cerdo. Vamos a llevarlo paso a paso por este momento de su vida en el cual las pruebas serán enormes. Este es el tiempo para aprender el evasivo arte del WÚ WÈI 无为, que significa hacer sin esfuerzo, sin cortapisas, sin dañarse a uno mismo o a cualquier otro. Para que esto surta efecto es importante ser como el agua, tal cual explicaba Bruce Lee con tanto tino: el agua es flexible, suave. Tan grande como para cubrir al 90% del planeta, tan pequeña para caber en el poro más minúsculo. En 2019, la combinación de energía nos habla de fertilidad. El cerdo viene a fecundar, a dejar el mundo mejor de como lo encontró. Si se mantiene bajo los preceptos de WÚ WÈI vivirá este año de aprendizaje sin sufrir y podrá recibir de pie las recompensas que vienen al sobrevivir el año propio.

Enero
El cerdo se tiene que preparar para lo que venga porque el mes atrae buenas nuevas combinadas con decepciones amorosas, competencia desleal entre colegas del trabajo o la escuela y rencillas de pareja. Todo eso lo tendrá distraído otra vez. Atención con dejar algo sin terminar, puede ser un gran proyecto, como una tesis o una pieza de arte, o un guiso descuidado en la cocina; necesita estar atento. Hay peligro de enfermar del estómago nuevamente. Necesita organizar muy bien su año, y preferir el descanso en casa en vez de salir de vacaciones para no afectar sus ahorros y el bienestar.

Febrero
El mes del tigre presenta exceso de madera porque estos dos signos provocan una especie de fertilidad que si no está bien encauzada provoca ira. Nuestro cerdo será asertivo pero también le será fácil enojarse por tonterías sin remedio. Cuidado con el hígado porque ahí se acumula la ira mal encauzada. Los más susceptibles son los cerdos que ya peinan canas, sobre todo los de 1947. Los que apenas cumplieron o están por cumplir 12 años podrían provocar el enojo de padres y maestros gracias a sus ocurrencias. Necesitarán ser más discretos, más medidos. Los cerdos que nazcan en este mes serán excelentes bailarines.

Marzo
Los cerdos que nazcan en el mes del conejo no solo serán tan buenos bailarines como los cerdos de febrero, sino que serán superdotados con lo que se llama «la triple amenaza», podrán bailar, cantar y actuar. Serán los grandes del teatro musical y el cine. Solo se necesitará paciencia por parte de maestros y padres que no los comprenderán más adelante. Los demás cerdos podrán brillar en sociedad, siempre y cuando no descuiden las obligaciones porque este mes será fatal para el dinero. Tendrán que ahorrar hasta el último céntimo, por lo tanto las páginas de compras por internet son poco recomendables.

Abril
Este mes no es bueno que haga cosas demasiado osadas, de hecho todo este año es peligroso, no puede andar saltando en paracaídas o caminando sobre sumideros en la calle, menos aún puede comer cosas en la calle. Cada paso que dé tiene que ser muy medido, con

cuidado, sobre todo entre las 11 y las 13 y entre las 17 y las 19. Lo mejor del mes del dragón tiene que ver con las relaciones amorosas, por lo que debe atesorar los momentos que pase junto a su pareja, y si está soltero, es posible que conozca a alguien nuevo o que encuentre a un viejo amor.

Mayo
El mes representa un choque fuerte con el cerdo. Es el peor mes del año. Hay que manejar todo con sumo cuidado en los detalles. Mejor que se guarde en su chiquero para evitar cualquier evento social, ya que no se sentirá a gusto entre extraños. En redes sociales podría sufrir acoso de gente a la que le gusta decir mentiras solo por molestar. El trabajo lo tendrá ocupado al máximo, pero debe buscar la compañía de su familia y amigos para no desanimarse. Los cerdos que apenas cumplen doce años serán muy vulnerables. Los que nazcan este mes tendrán una vida muy agitada, a veces dura. Hay que cuidarlos.

Junio
Este será un mes de accidentes y problemas pulmonares y estomacales. Lo que pase en el planeta se reflejará en los cerdos, por lo que necesitan contar con una red solidaria que los contenga, sobre todo los cerdos de 1947, los de 2007 y los bebés, en especial los nacidos el mes pasado. Los demás cerdos tendrán menos problemas. Las horas más difíciles de este mes serán desde las 17 hasta las 21. Durante esas horas, los familiares y amigos del cerdo necesitan cuidarlos mucho, más si tienen que desplazarse lejos de su casa o trabajo o si deben trabajar con herramientas.

Julio
La energía del mes de la cabra viene con conexiones profesionales. Podría cambiar su vida si le pone atención a los detalles políticos en el trabajo y en la escuela; también si responde bien a lo que quieren los demás. Necesitará aprender a ser más diplomático con la gente más joven o menos culta que él, ya que se sentirá tentado a corregirlos en público y con eso puede cortar conexiones de trabajo que necesitará más adelante. También las redes sociales podrían ser un problema porque este mes es posible que cundan mentiras que le afectarán durante el resto del año. Necesita prestar atención a su salud estomacal. «Cuidado» es la palabra clave.

Agosto
Un mes calamitoso. El mono no será benevolente. El cerdo se sentirá explotado por superiores, autoridades en un escalafón político más elevado que el suyo, y en el caso de los más jóvenes, por sus maestros. Necesitará organizar muy bien tiempo, dinero y recursos emocionales para que no se obstruya todo lo que ha logrado tras años de esfuerzo. Seguirá con el estómago delicado, por lo que no es recomendable que consuma mariscos sino hasta el mes que viene. Evite caminar distraído y conducir coches, en especial al mediodía. Cuidado con objetos punzocortantes.

Septiembre
Este mes será una extensión del mes anterior, pero los posibles problemas de salud serán lo suficientemente fuertes como para tenerlo en cama un tiempo. Los más afectados serán los cerditos recién nacidos. Los más vulnerables, los cerdos de 1947; pero también los de 2007 podrían pasar una temporada en el hospital. Los cerdos de 1971 estarán propensos a accidentes en el trabajo o mientras reparan algo; necesitan usar el equipo adecuado y proteger los ojos y las manos. El dinero será poco, las satisfacciones también, pero si es paciente y explica la situación a su familia, ella será su mayor riqueza. Los demás cerdos podrán estar un poco tranquilos, pero no tienten a su suerte.

Octubre
El mes del perro será una especie de vacaciones en medio de este *Annus Horribilis*. Le trae sorpresas agradables. Será un poquito complicado para las mujeres cerdo, porque posiblemente no tengan suerte en el amor y el sexo, pero la buena nueva es que no hay combinaciones de energía destructiva, por lo que esa falta de *sex appeal* será menos profunda y solo se sentirán fuera de plano. Todos los cerdos tienen la oportunidad de centrarse en lo positivo que hay en sus vidas, y eso no les costará trabajo. Además, es un mes en el que pueden hacer ejercicios de meditación e introspección que serán reveladores.

Noviembre
El mes propio mejora la suerte un poco, pero solo en el aspecto emocional. En lo demás se sentirá confundido, con problemas de dinero y salud. Necesita activarse de alguna manera, tomar las

riendas de su propio destino y de su vida. Este mes la salud también mejorará, por lo tanto no hay excusas, tiene que hacer ejercicio, por lo menos caminar uno o dos kilómetros al día, beber más agua –esto es esencial– y lo más importante: debe buscar más a sus amigos y a su familia. Es bueno que esté acompañado, ya que eso lo va a inspirar a hacer más, enseñar a otros, trabajar tranquilamente. ¡Ánimo! Ya estamos en la recta final.

Diciembre
Si bien la rata que rige diciembre le trae algunos problemas amorosos a los hombres cerdo, también los ayuda a levantar el ánimo. Es curioso el efecto, porque tanta energía agua provoca que el cerdo se sienta ansioso y eso hace que se mueva más, que termine lo que ha comenzado y que salga más a menudo en busca de aventuras. También mejorará su sentido del humor, que parecía estar ausente. De aquí hasta el 4 de febrero se irá sintiendo como si le quitaran un grillete. Aún tendrá la salud algo débil y seguirá distraído, pero es importante que no se desanime y que dé la oportunidad a su familia para que se acerque y llene su porqueriza de arte una vez más. ¡Ánimo!

Predicciones para el Cerdo y su energía

CERDO DE MADERA (1935-1995)
A cada cerdo le llega la factura kármica de su vida.
Dependerá de la sabiduría, sentido común y flexibilidad atravesar su año con buen humor, integridad, mejorando las relaciones con su entorno: pareja, socios, amigos y familia.
El cerdo sabe que puede vivir en la tierra, cultivar la huerta, hacer laborterapia y participar en acciones solidarias en la comunidad de los hombres.
Deberá practicar la medicina preventiva, cuidar su patrimonio y estar asesorado a la hora de firmar papeles, herencias o contratos.
El ajuste de cuentas será afectivo.
Tal vez, deba «resetear» la relación antes de traer más cerditos al chiquero.

CERDO DE FUEGO (1947-2007)
Año de grandes recompensas a su trayectoria profesional, a su solidaridad en la comunidad de los hombres, y a su entrega

vocacional y profesional. Estará atento a las «flechas envenenadas» que lo esperan a la vuelta de la esquina.

Practique el FENG SHUI y proteja la zona que lo afecta.

Sentirá mariposas en la panza al recuperar el eros, aceptar «el amor después del amor» y pasar una temporada sibarita con amigos.

Su mayor logro será recuperar a sus hijos y hermanos en la constelación familiar.

Año de balance en soledad y apertura a una nueva vida.

Cerdo de Tierra (1959-2019)

Bienvenidos a su TAI SUI, año celestial. A los 60 años, edad en la cual los chinos dicen que un varón sabe lo que quiere en la vida.

El I CHING les aconseja en Lo Receptivo. «Uno siempre debe dejarse llevar por la situación. Esto significa que no debes tomar las riendas sino adaptarte a lo que dicen los otros, amparado por lo creativo. No dirijas, déjate dirigir. Acepta lo que te ha deparado el destino y sigue ese camino sin oponerte a él. Debes rodearte de la gente adecuada: amigos, compañeros. Ellos te ayudarán a llevar adelante la empresa».

Habrá dos etapas en tu año: acompañado y solo.

La soledad te ayudará a poner en orden el trabajo y planificarlo.

Si sigues el WU WEI (no forzar la acción de las cosas) celebrarás con alegría tu madurez.

Cerdo de Metal (1911-1971)

Después del *bonus track* de su amigo el perro, el cerdo gozará de estabilidad emocional, económica y afectiva.

Podrá continuar con sus ideas, guiado por gente que le inspire confianza y admiración.

Tendrá más tiempo para viajes cortos, el ocio creativo y muchos contactos con amigos que le inspirarán ganas de dar un vuelco de timón a su vida.

Alerta meteorológico con los revolcones en el chiquero, vicios ocultos y excesos.

Tiene que aprender qué hábitos y costumbres son los que mantienen la autodisciplina y generan bienestar.

Cerdo de Agua (1923-1983)

Año de cambios internos que se manifestarán en movimientos externos.

Pondrá las prioridades en su vida afectiva, podando lo que no sirve.
Se mudará a un nuevo lugar donde florecerán sueños y utopías.
Conocerá a una persona, guía, maestro o a un amor que transformará su ADN, humor y forma de vivir.
Estará dispuesto a dejarse guiar por lo creativo, siendo dócil y flexible como un bambú.
Año de búsqueda espiritual y revolución en sus ideas y creencias.

L. S. D.

**A la memoria del Rey Tzing,
derrotado por una coalición de reyes**
Vi Tres Reyes Triunfantes, Tres Reyes Terribles.
¿Qué terrateniente podría compararse al dragón,
que vuela por el Cielo y posee todas las nubes?
Un hombre se miró,
pero ningún arquero vigiló al hombre de la imagen.
Para mí ya no habrá benevolencia
pues un espejo no tiene sangre.

Teng Hsiao Chou - Dinastía Han

Escribe tu propia predicción

Los años lunares exactos desde 1912 a 2020

SIGNO					
Rata	18/02/1912	a	05/02/1913	agua	+
Búfalo	06/02/1913	a	25/01/1914	agua	-
Tigre	26/01/1914	a	13/02/1915	madera	+
Conejo	14/02/1915	a	02/02/1916	madera	-
Dragón	03/02/1916	a	22/01/1917	fuego	+
Serpiente	23/01/1917	a	10/02/1918	fuego	-
Caballo	11/02/1918	a	31/01/1919	tierra	+
Cabra	01/02/1919	a	19/02/1920	tierra	-
Mono	20/02/1920	a	07/02/1921	metal	+
Gallo	08/02/1921	a	27/01/1922	metal	-
Perro	28/01/1922	a	15/02/1923	agua	+
Cerdo	16/02/1923	a	04/02/1924	agua	-
Rata	05/02/1924	a	24/01/1925	madera	+
Búfalo	25/01/1925	a	12/02/1926	madera	-
Tigre	13/02/1926	a	01/02/1927	fuego	+
Conejo	02/02/1927	a	22/01/1928	fuego	-
Dragón	23/01/1928	a	09/02/1929	tierra	+
Serpiente	10/02/1929	a	29/01/1930	tierra	-
Caballo	30/01/1930	a	16/02/1931	metal	+
Cabra	17/02/1931	a	05/02/1932	metal	-
Mono	06/02/1932	a	25/01/1933	agua	+
Gallo	26/01/1933	a	13/02/1934	agua	-
Perro	14/02/1934	a	03/02/1935	madera	+
Cerdo	04/02/1935	a	23/01/1936	madera	-
Rata	24/01/1936	a	10/02/1937	fuego	+
Búfalo	11/02/1937	a	30/01/1938	fuego	-
Tigre	31/01/1938	a	18/02/1939	tierra	+
Conejo	19/02/1939	a	07/02/1940	tierra	-
Dragón	08/02/1940	a	26/01/1941	metal	+
Serpiente	27/01/1941	a	14/02/1942	metal	-
Caballo	15/02/1942	a	04/02/1943	agua	+
Cabra	05/02/1943	a	24/01/1944	agua	-
Mono	25/01/1944	a	12/02/1945	madera	+
Gallo	13/02/1945	a	01/02/1946	madera	-
Perro	02/02/1946	a	21/01/1947	fuego	+
Cerdo	22/01/1947	a	09/02/1948	fuego	-

SIGNO						
Rata	10/02/1948	a	28/01/1949	tierra	+
Búfalo	29/01/1949	a	16/02/1950	tierra	-
Tigre	17/02/1950	a	05/02/1951	metal	+
Conejo	06/02/1951	a	26/01/1952	metal	-
Dragón	27/01/1952	a	13/02/1953	agua	+
Serpiente	14/02/1953	a	02/02/1954	agua	-
Caballo	03/02/1954	a	23/01/1955	madera	+
Cabra	24/01/1955	a	11/02/1956	madera	-
Mono	12/02/1956	a	30/01/1957	fuego	+
Gallo	31/01/1957	a	17/02/1958	fuego	-
Perro	18/02/1958	a	07/02/1959	tierra	+
Cerdo	08/02/1959	a	27/01/1960	tierra	-
Rata	28/01/1960	a	14/02/1961	metal	+
Búfalo	15/02/1961	a	04/02/1962	metal	-
Tigre	05/02/1962	a	24/01/1963	agua	+
Conejo	25/01/1963	a	12/02/1964	agua	-
Dragón	13/02/1964	a	01/02/1965	madera	+
Serpiente	02/02/1965	a	20/01/1966	madera	-
Caballo	21/01/1966	a	08/02/1967	fuego	+
Cabra	09/02/1967	a	29/01/1968	fuego	-
Mono	30/01/1968	a	16/02/1969	tierra	+
Gallo	17/02/1969	a	05/02/1970	tierra	-
Perro	06/02/1970	a	26/01/1971	metal	+
Cerdo	27/01/1971	a	14/02/1972	metal	-
Rata	15/02/1972	a	02/02/1973	agua	+
Búfalo	03/02/1973	a	22/01/1974	agua	-
Tigre	23/01/1974	a	10/02/1975	madera	+
Conejo	11/02/1975	a	30/01/1976	madera	-
Dragón	31/01/1976	a	17/02/1977	fuego	+
Serpiente	18/02/1977	a	06/02/1978	fuego	-
Caballo	07/02/1978	a	27/01/1979	tierra	+
Cabra	28/01/1979	a	15/02/1980	tierra	-
Mono	16/02/1980	a	04/02/1981	metal	+
Gallo	05/02/1981	a	24/01/1982	metal	-
Perro	25/01/1982	a	12/02/1983	agua	+
Cerdo	13/02/1983	a	01/02/1984	agua	-

SIGNO					
Rata	02/02/1984	a	19/02/1985	madera	+
Búfalo	20/02/1985	a	08/02/1986	madera	-
Tigre	09/02/1986	a	28/01/1987	fuego	+
Conejo	29/01/1987	a	16/02/1988	fuego	-
Dragón	17/02/1988	a	05/02/1989	tierra	+
Serpiente	06/02/1989	a	26/01/1990	tierra	-
Caballo	27/01/1990	a	14/02/1991	metal	+
Cabra	15/02/1991	a	03/02/1992	metal	-
Mono	04/02/1992	a	22/01/1993	agua	+
Gallo	23/01/1993	a	09/02/1994	agua	-
Perro	10/02/1994	a	30/01/1995	madera	+
Cerdo	31/01/1995	a	18/02/1996	madera	-
Rata	19/02/1996	a	06/02/1997	fuego	+
Búfalo	07/02/1997	a	27/01/1998	fuego	-
Tigre	28/01/1998	a	15/02/1999	tierra	+
Conejo	16/02/1999	a	04/02/2000	tierra	-
Dragón	05/02/2000	a	23/01/2001	metal	+
Serpiente	24/01/2001	a	11/02/2002	metal	-
Caballo	12/02/2002	a	31/01/2003	agua	+
Cabra	01/02/2003	a	21/01/2004	agua	-
Mono	22/01/2004	a	08/02/2005	madera	+
Gallo	09/02/2005	a	28/01/2006	madera	-
Perro	29/01/2006	a	17/02/2007	fuego	+
Cerdo	18/02/2007	a	06/02/2008	fuego	-
Rata	07/02/2008	a	25/01/2009	tierra	+
Búfalo	26/01/2009	a	13/02/2010	tierra	-
Tigre	14/02/2010	a	02/02/2011	metal	+
Conejo	03/02/2011	a	22/01/2012	metal	-
Dragón	23/01/2012	a	09/02/2013	agua	+
Serpiente	10/02/2013	a	30/01/2014	agua	-
Caballo	31/01/2014	a	18/02/2015	madera	+
Cabra	19/02/2015	a	07/02/2016	madera	-
Mono	08/02/2016	a	27/01/2017	fuego	+
Gallo	28/01/2017	a	15/02/2018	fuego	-
Perro	16/02/2018	a	04/02/2019	tierra	+
Cerdo	05/02/2019	a	24/01/2020	tierra	-

Correspondencia según fecha de nacimiento y Ki nueve estrellas

AÑO	10 KAN		12 SHI		KI 9 ESTRELLAS
1918	Tierra mayor	9	Caballo	1	Agua blanca
1919	Tierra menor	6	Oveja (cabra)	9	Fuego púrpura
1920	Metal mayor	3	Mono	8	Tierra blanca
1921	Metal menor	9	Gallo	7	Metal rojo
1922	Agua mayor	6	Perro	6	Metal blanco
1923	Agua menor	3	Jabalí (cerdo-cerdo)	5	Tierra amarilla
1924	Árbol mayor	9	Rata	4	Árbol verde oscuro
1925	Árbol menor	6	Vaca (buey-búfalo)	3	Árbol verde brillante
1926	Fuego mayor	3	Tigre	2	Tierra negra
1927	Fuego menor	9	Conejo (liebre-gato)	1	Agua blanca
1928	Tierra mayor	6	Dragón	9	Fuego púrpura
1929	Tierra menor	3	Serpiente	8	Tierra blanca
1930	Metal mayor	9	Caballo	7	Metal rojo
1931	Metal menor	6	Oveja (cabra)	6	Metal blanco
1932	Agua mayor	3	Mono	5	Tierra amarilla
1933	Agua menor	9	Gallo	4	Árbol verde oscuro
1934	Árbol mayor	6	Perro	3	Árbol verde brillante
1935	Árbol menor	3	Jabalí (cerdo-cerdo)	2	Tierra negra
1936	Fuego mayor	9	Rata	1	Agua blanca
1937	Fuego menor	6	Vaca (buey-búfalo)	9	Fuego púrpura
1938	Tierra mayor	3	Tigre	8	Tierra blanca
1939	Tierra menor	9	Conejo (liebre-gato)	7	Metal rojo
1940	Metal mayor	6	Dragón	6	Metal blanco
1941	Metal menor	3	Serpiente	5	Tierra amarilla
1942	Agua mayor	9	Caballo	4	Árbol verde oscuro
1943	Agua menor	6	Oveja (cabra)	3	Árbol verde brillante
1944	Árbol mayor	3	Mono	2	Tierra negra
1945	Árbol menor	9	Gallo	1	Agua blanca
1946	Fuego mayor	6	Perro	9	Fuego púrpura
1947	Fuego menor	3	Jabalí (cerdo-cerdo)	8	Tierra blanca
1948	Tierra mayor	9	Rata	7	Metal rojo
1949	Tierra menor	6	Vaca (buey-búfalo)	6	Metal blanco
1950	Metal mayor	3	Tigre	5	Tierra amarilla

AÑO	10 KAN		12 SHI		KI 9 ESTRELLAS
1951	Metal menor	9	Conejo (liebre-gato)	4	Árbol verde oscuro
1952	Agua mayor	6	Dragón	3	Árbol verde brillante
1953	Agua menor	3	Serpiente	2	Tierra negra
1954	Árbol mayor	9	Caballo	1	Agua blanca
1955	Árbol menor	6	Oveja (cabra)	9	Fuego púrpura
1956	Fuego mayor	3	Mono	8	Tierra blanca
1957	Fuego menor	9	Gallo	7	Metal rojo
1958	Tierra mayor	6	Perro	6	Metal blanco
1959	Tierra menor	3	Jabalí (cerdo-cerdo)	5	Tierra amarilla
1960	Metal mayor	9	Rata	4	Árbol verde oscuro
1961	Metal menor	6	Vaca (buey-búfalo)	3	Árbol verde brillante
1962	Agua mayor	3	Tigre	2	Tierra negra
1963	Agua menor	9	Conejo (liebre-gato)	1	Agua blanca
1964	Árbol mayor	6	Dragón	9	Fuego púrpura
1965	Árbol menor	3	Serpiente	8	Tierra blanca
1966	Fuego mayor	9	Caballo	7	Metal rojo
1967	Fuego menor	6	Oveja (cabra)	6	Metal blanco
1968	Tierra mayor	3	Mono	5	Tierra amarilla
1969	Tierra menor	9	Gallo	4	Árbol verde oscuro
1970	Metal mayor	6	Perro	3	Árbol verde brillante
1971	Metal menor	3	Jabalí (cerdo-cerdo)	2	Tierra negra
1972	Agua mayor	9	Rata	1	Agua blanca
1973	Agua menor	6	Vaca (buey-búfalo)	9	Fuego púrpura
1974	Árbol mayor	3	Tigre	8	Tierra blanca
1975	Árbol menor	9	Conejo (liebre-gato)	7	Metal rojo
1976	Fuego mayor	6	Dragón	6	Metal blanco
1977	Fuego menor	3	Serpiente	5	Tierra amarilla
1978	Tierra mayor	9	Caballo	4	Árbol verde oscuro
1979	Tierra menor	6	Oveja (cabra)	3	Árbol verde brillante
1980	Metal mayor	3	Mono	2	Tierra negra
1981	Metal menor	9	Gallo	1	Agua blanca
1982	Agua mayor	6	Perro	9	Fuego púrpura
1983	Agua menor	3	Jabalí (cerdo-cerdo)	8	Tierra blanca
1984	Árbol mayor	9	Rata	7	Metal rojo

AÑO	10 KAN		12 SHI		KI 9 ESTRELLAS
1985	Árbol menor	6	Vaca (buey-búfalo)	6	Metal blanco
1986	Fuego mayor	3	Tigre	5	Tierra amarilla
1987	Fuego menor	9	Conejo (liebre-gato)	4	Árbol verde oscuro
1988	Tierra mayor	6	Dragón	3	Árbol verde brillante
1989	Tierra menor	3	Serpiente	2	Tierra negra
1990	Metal mayor	9	Caballo	1	Agua blanca
1991	Metal menor	6	Oveja (cabra)	9	Fuego púrpura
1992	Agua mayor	3	Mono	8	Tierra blanca
1993	Agua menor	9	Gallo	7	Metal rojo
1994	Árbol mayor	6	Perro	6	Metal blanco
1995	Árbol menor	3	Jabalí (cerdo-cerdo)	5	Tierra amarilla
1996	Fuego mayor	9	Rata	4	Árbol verde oscuro
1997	Fuego menor	6	Vaca (buey-búfalo)	3	Árbol verde brillante
1998	Tierra mayor	3	Tigre	2	Tierra negra
1999	Tierra menor	9	Conejo (liebre-gato)	1	Agua blanca
2000	Metal mayor	6	Dragón	9	Fuego púrpura
2001	Metal menor	3	Serpiente	8	Tierra blanca
2002	Agua mayor	9	Caballo	7	Metal rojo
2003	Agua menor	6	Oveja (cabra)	6	Metal blanco
2004	Árbol mayor	3	Mono	5	Tierra amarilla
2005	Árbol menor	9	Gallo	1	Agua blanca
2006	Fuego mayor	6	Perro	9	Fuego púrpura
2007	Fuego menor	3	Jabalí (cerdo-cerdo)	8	Tierra blanca
2008	Tierra mayor	9	Rata	7	Metal rojo
2009	Tierra menor	6	Vaca (buey-búfalo)	6	Metal blanco
2010	Metal mayor	3	Tigre	5	Tierra amarilla
2011	Metal menor	9	Conejo (liebre-gato)	4	Árbol verde oscuro
2012	Agua mayor	6	Dragón	3	Árbol verde brillante
2013	Agua menor	3	Serpiente	2	Tierra negra
2014	Árbol mayor	9	Caballo	1	Agua blanca
2015	Árbol menor	6	Oveja (cabra)	9	Fuego púrpura
2016	Fuego mayor	3	Mono	8	Tierra blanca
2017	Fuego menor	9	Gallo	7	Metal rojo
2018	Tierra mayor	6	Perro	6	Metal blanco
2019	Tierra menor	3	Jabalí (cerdo-cerdo)	5	Tierra amarilla

Un viaje por los años del Cerdo

Cerdo de Metal 30-01-1911 al 17-02-1912
- En Argentina se promulgó una ley de propiedad literaria y artística.
- José Batlle y Ordóñez asumió en Uruguay su segunda presidencia, en la cual desarrolló una enorme labor reformista.
- Fue botado el transatlántico *RMS Titanic* en el Reino Unido.
- En Perú, el arqueólogo Hiram Bingham redescubrió Machu Picchu, adonde había llegado nueve años antes el agricultor peruano Agustín Lizárraga, que no la dio a conocer.
- El explorador noruego Roald Amundsen llegó al Polo Sur.
- En París, Vicenzo Peruggia robó el cuadro *La Gioconda* del Museo del Louvre.

Cerdo de Agua 16-02-1923 al 04-02-1924
- Albert Einstein visitó Barcelona invitado por el científico Esteban Terradas.
- En México fue asesinado Pancho Villa, líder popular.
- El gran terremoto de Kanto azotó gran parte de Japón y provocó 142 807 muertes.
- Jorge Luis Borges publicó *Fervor de Buenos Aires*, su primer libro.
- Rainer Maria Rilke publicó *Elegías de Duino* y *Los sonetos de Orfeo*.

Cerdo de Madera 04-02-1935 al 23-01-1936
- Se fundó en Perú el Instituto Sanmartiniano del Perú, el segundo en el mundo.
- En Argentina se fundó el IRAM, primer organismo de normalización en Latinoamérica.
- En Akron, estado de Ohio, EE.UU., William Griffith y Robert Smith fundaron Alcohólicos Anónimos.
- Representantes de Paraguay y Bolivia firmaron en Buenos Aires, Argentina, el Protocolo de Paz, que suspendió la Guerra del Chaco, que tuvo lugar entre 1932 y 1935.
- Irène Joliot Curie, física y química francesa, fue galardonada con el premio Nobel de Química.

Cerdo de Fuego 22-01-1947 al 09-02-1948
- Edwin Land presentó la cámara instantánea de fotos Polaroid Land Camera.

- India y Pakistán se independizaron del Imperio británico.
- En Argentina se sancionó la Ley 13 010 de Sufragio femenino.
- En Israel se descubrieron los Manuscritos del mar Muerto. Los primeros siete rollos que con certeza proceden de las cuevas de Qumran fueron encontrados por dos pastores beduinos mientras buscaban a sus cabras.
- En Formosa, Argentina, en el paraje La Bomba, cerca de Las Lomitas, se llevó a cabo la Masacre de Rincón Bomba, en que la gendarmería nacional ametralló a más de 1000 hombres, mujeres, niños y ancianos indefensos de la etnia pilagá.

Cerdo de Tierra 08-02-1959 al 27-01-1960
- La nave soviética Luna 3 envió las primeras fotografías de la cara oculta de la Luna.
- En Argentina se sancionó la Ley 14.855 para la creación de la Universidad Tecnológica Nacional.
- En Nueva York la Asamblea General de las Naciones Unidas presentó la Declaración de los Derechos del Niño.
- Camerún se independizó del Imperio colonial francés.
- En Egipto comenzó la construcción de la gigantesca presa de Asuán durante el gobierno de Gamal Abdel Nasser.

Cerdo de Metal 27-01-1971 al 14-02-1972
- Se firmó el Convenio de Ramsar para la conservación y el uso racional de los humedales en el mundo. Entró en vigor recién en 1975. • En Suiza las mujeres obtuvieron el derecho a votar.
- La Universidad del Valle, en Cali, Colombia, llevó adelante una de las más grandes manifestaciones en el país contra la privatización de la educación.
- El poeta chileno Pablo Neruda recibió el premio Nobel de Literatura.
- En Canadá nació Greenpeace, en protesta ante la práctica nuclear estadounidense en el archipiélago de Amchitk (Alaska).
- La sonda estadounidense Mariner 9 transmitió fotos desde Marte.

Cerdo de Agua 13-02-1983 al 01-02-1984
- Tras siete años de la dictadura más sangrienta de su historia, en Argentina se realizaron las primeras elecciones democráticas. El vencedor fue el doctor Raúl Alfonsín, padre de la democracia argentina.

- En Colombia, la ciudad de Popayán fue destruida por un terremoto.
- El transbordador espacial Challenger, de la NASA, realizó su primer vuelo.
- Se produjo el «Incidente del Equinoccio de Otoño», en que el mundo estuvo a punto de una guerra nuclear debido a un error en un satélite. El desempeño del teniente soviético Stanislav Petrov evitó el desastre.

Cerdo de Madera 31-01-1995 al 18-02-1996
- Arancha Sánchez Vicario se convirtió en la primera tenista española en encabezar la lista de las mejores tenistas del mundo (ATP).
- Se inauguró el nuevo edificio del Museo de Arte Moderno de San Francisco (EEUU), diseñado por el arquitecto Mario Botta.
- En Italia fue creado el Parque Nacional del Vesubio, en torno al volcán Vesubio. Ocupa unos 135 kilómetros cuadrados, todos ellos dentro de la ciudad de Nápoles.
- El escritor y político peruano Mario Vargas Llosa tomó posesión de la silla L de la Real Academia Española, en España.
- Se estrenó en Broadway el musical *Victor Victoria*, protagonizado por Julie Andrews.

Cerdo de Fuego 18-02-2007 al 06-02-2008
- Se dio a conocer el listado de las Siete Maravillas del Mundo Moderno, que fueron elegidas por votación popular a través de internet. Ellas son: el Cristo Redentor, en Río de Janeiro, Brasil; Machu Picchu, en Perú; la Gran Muralla China; la ciudad de Petra, en Jordania; el Taj Majal, en India; el Coliseo, en Roma, Italia; y Chichén Itzá, en México.
- Nevó en la ciudad de Buenos Aires, Argentina, después de 89 años. En la ciudad de Córdoba se registraron nevadas luego de 50 años.
- En España se inauguraron las líneas Madrid-Segovia-Valladolid y Madrid-Málaga de trenes de alta velocidad.
- En México, Adal Ramones anunció el final de su programa *Otro Rollo*, que fue transmitido a lo largo de doce años.

BIBLIOGRAFÍA

- Douglas, Alfred: *The Oracle Of Change. How To Consult The I Ching*
- Holitzka, Klaus, Marlies: I Ching, Librero, Madrid, 2014.
- *I Ching, Conoce Tu Destino*, Alfaguara, Barcelona 2018.
- *La Peinture Chinoise*. Texto de James Cahill.
- Laiseca, Alberto: *Poemas Chinos*, Gárgola, Buenos Aires, 2005.
- Lao Tzu: *Tao Te Ching*. Nueva traducción de R. B. Blakney.
- Squirru, Ludovica: *Horóscopo Chino*, Atlántida, Buenos Aires, 1995 y 1999.
- Squirru, Ludovica: *Horóscopo Chino*, Ediciones B, Buenos Aires, 2003.
- *The Sayings Of Confucius*. Nueva traducción de James R. Ware.
- Wang Bi: *Yijing El Libro de los Cambios*, Atalanta, Girona, 2006.
- Wilheim, Richard: *I Ching*, Editorial Hermes, Sudamericana, 1996.
- Wilheim, Richard: *I Ging. Text Und Materialien*.

- https://es.wikipedia.org